개정판

물류관리론

백종실 · 김영민 · 우정욱 공저

도서출판 두남

머리말

교통물류기술 발전과 인터넷을 비롯한 정보통신기술의 보급·확대로 전세계 고객들은 상품에 대한 다양한 요구와 정보를 가지고 있다. 기업들은 여전한 세계 경제의 저성장, 지속적인 유가상승, 급격한 환율변동, 물류보안과 친환경 물류체계 강화, 치열한 글로벌 경쟁환경 등의 환경 하에 물류비용이 증가하여 경쟁력 확보와 차별화가 어려운 실정이다. 따라서, 기업들은 고객 니즈를 충족시키기 위해 보다 신속하고 정확한 물류시스템을 구축하는 등 물류관리의 중요성을 절실하게 인식하고 있다.

물류활동은 수송, 보관, 포장, 하역, 유통가공, 정보활동 등을 나타내며, 물류관리는 물류활동을 통해 물품의 흐름을 체계적, 논리적으로 상호연관성 있게 종합적으로 관리하는 것이다. 물류관리는 원재료나 부품의 조달에서부터 소비자에게 전달하기까지 활동은 물론, 그 이후의 회수와 폐기에 이르는 광범위한 활동을 대상으로 하고 있다. 이제 물류는 단순한 운송과 하역 등 노동집약적 서비스 제공이 아닌 상품의 디자인과 포장, 구매, 생산, 마케팅, 재무, 거점전략수립, 고객지원 등 기업활동의 전반에 영향력을 미칠 만큼 그 영역이 확대되고 있으며, 동시에 세분화된 각 분야별로 깊이를 더해 가고 있다.

더구나, 경영활동의 글로벌화의 진전에 따라 물류활동도 점점 글로벌화되고 있어 기업들은 사업확장뿐만 아니라 국경을 초월한 사업 참여 기업들 간의 유기적이고 협력적인 관계 구축을 필요로 하고 있다. 최근 기업들은 전자상거래 시장 확대에 따른 전자상거래 물류, O2O 서비스, last mile delivery 서비스 향상에도 많은 관심을 가지고 있다. 특히 다른 산업에서 개발된 드론, 로봇, 자율화물트럭, 빅데이터, 사물인터넷, 3D 프린터 등 기술이 속속 물류산업분야에도 접목되어 스마트 물류시스템이 가시화되고 있다. 이러한 물류환경에 대처하기 위해 스마트 물류기술을 활용한 글로벌 SCM체제를 강화하여 비용절감, 고객서비스 향상을 통한 경영효율화를 추진중이다. 즉, 치열한 경쟁에 대비해 신속한 시장변화에 대한 대응, 과다 재고 예방, 보다 짧은 판매와 운영기획(S&OP: Sale & Operation Planning), 빠르고 신뢰 가능한 약속가능재고(ATP: Available to Promise) 등 수요자 내지 온디맨드(On-Demand) 형태의 SCM의 구축을 서두르고 있다.

기업은 물론 국가 차원에서도 물류는 21세기 국가경쟁력을 좌우하는 중요한 요소로 인식되고 있다. 정부는 효율적인 물류 인프라 구축이 우리 기업의 국제경쟁력 향상과 외국기업 유치에 기여한다는 인식 하에 스마트 물류체계 구축과 함께 관련 법・제도의 정비, 글로벌 물류기업 육성, 물류아웃소싱 확대, 녹색물류와 물류표준화 추진 등 다양한 정책을 추진하고 있다. 더욱이 급변하는 물류환경 하에서 물류전문가에 대한 수요가 확대됨에 따라 1996년부터 물류관리사제도를 도입하여 기업이 일관된 물류체계를 구축하고 물류비 절감을 위한 물류전략을 수립할 수 있도록 지원해 오고 있다.

이 책은 물류에 관심을 가진 학생이나 직장인이 알아야 할 물류관리의 기초 이론, 물류서비스, 물류관리조직, 물류비, 포장물류, 물류표준화와 공동화, 물류정보시스템, SCM 및 제3자물류, 보관하역, 운송, 녹색물류와 물류보안, 스마트 물류기술 등과 같은 최신 물류기법과 최근 물류환경의 변화 등을 체계적으로 다루었다. 나아가 최근의 정보기술을 활용한 혁신적인 물류관리기법의 이해와 적용도 이해할 수 있도록 내용에 반영하였다. 물류관리는 대상범위가 넓고 다양하며, 물류기술발전에 따라 새로운 물류서비스가 등장하는 등 변화가 심하기 때문에 많은 관심을 가지고 지속적으로 학습할 필요가 있기 때문이다. 이 책을 통하여 물류에 대한 기본적인 지식과 함께 물류를 둘러싼 여러 가지 이슈에 대한 이해와 분석의 시각을 함양하여 향후 물류전문가로서 발돋움하는데 도움이 되기를 기원한다. 끝으로 본서를 발간하기까지 아낌없이 후원해 주신 도서출판 두남 사장님과 편집부 관계자들께 깊이 감사드리는 바이다.

2018년 2월

백종실, 김영민, 우정욱

Contents

제1장 물류의 개념 / 15

Contents

Contents

Contents

Contents

Contents

Contents

Contents

제11장 물류정보시스템 / 293

Contents

제12장 SCM / 333

제13장 제3자물류 및 전자상거래 물류 / 359

Contents

제 1 장 물류의 개념

제1절 물류의 정의

1. 물류의 개념

유통이란 재화를 생산자로부터 소비자에게로 이전시키는 사회적 · 물리적 활동을 말하는 것으로, 유통에는 상적 유통과 물적 유통이 있다. 상적 유통은 재화의 매매에 의해서 재화의 소유권이 판매자로부터 구매자에게로 이전해 가는 상거래 활동을 말하며, 물류업계에서는 물류의 조건을 형성하는 화주기업의 상관습, 거래처에 대한 납품조건, 작업지시의 흐름 등을 총칭하여 상적 유통, 즉 상류라고 한다. 물적 유통은 물자유통과 정보유통으로 구분할 수 있는데, 여기서 말하는 물적 유통, 즉 물류란 생산자로부터 소비자에 이르기까지의 재화의 흐름을 가리키는 것으로 재화의 공급자와 소비자 간 시간적·공간적 격차를 물리적으로 극복함으로써 그 재화의 효율을 증대시켜 궁극적으로는 공급자와 소비자 모두의 이익을 극대화하는 것을 목적으로 하고 있다.

물류는 발생지에서 소비지에 이르는 원재료, 중간재, 완성품의 흐름을 가능하게 하는 제반활동으로, 여기서는 생산과 소비 간의 공간적 격차를 극복하는 수송, 시간적 격차를 극복하는 하역 및 보관, 상품의 외형 또는 거래단위를 변경시키는 유통가공 및 포장, 그리고 이들을 지원하기 위한 정보통신활동(물류 표준화 및 정보화 활동 포함)의 기능이 포함되어 있으며, 이러한 제반활동들이 유기적으로 관련되어 하나의 전체적인 효과를 거두는 활동을 말한다.

2. 물류 용어의 기원과 발전

1) 프랑스어 Logistique(1897년)

나폴레옹이 군수품을 보급하는 부대의 이름을 Logistique로 명명한 것에서 유래되었다.

2) A.W. Show(1912년)

경영활동을 생산활동, 유통활동 및 조성활동으로 구분하고, 다시 유통활동을 수요창출활동과 물적공급활동으로 대별하면서 물적공급활동을 유통활동의 구성요소로서 인식하였는데, 여기서의 물류활동은 현재의 판매물류를 가리키는 것으로 해석된다.

3) F.E. Clark(1922년)

'Physical Distribution'이란 용어를 처음으로 사용하였는데, 그는 마케팅기능을 교환기능, 물적공급기능, 보조적 및 조성적 기능으로 구분하고, 물적공급기능을 교환기능에 상대되는 유통의 기본적 기능으로 설명하였다.

4) 미국마케팅협회(AMA : American Marketing Association)(1948년)

물류란 제품의 생산단계에서부터 사용 또는 소비단계에 이르기까지 재화의 흐름을 취급・관리하는 것이라고 정의하고 있으며, 물류를 개별기업의 입장에서 접근하여 재화의 이동과 취급에 따른 관리 측면을 강조하고 있을 뿐만 아니라 물류를 생산물류활동과 판매물류활동에 한정하여 인식하고 있다.

5) 미국물류협회(NCPDM : National Council of Distribution Management) (1963년 발표, 1976년 개정)

물류를 생산의 최종시점에서 소비지점에 이르기까지 원자재, 중간재, 완성재, 그리고 관련 정보를 이동시키는 것과 관련된 흐름과 저장을 효율적이면서 효과적으로 계획・수행・통제하는 과정으로 정의하고 있으며, 이 활동에는 고객서비스, 수요예측, 유통정보교환, 재고관리, 하역, 수주처리, 사후서비스, 공장・창고입지 선정, 구매, 포장, 반품처리, 폐기처리, 수송, 창고관리 및 보관을 포함시키고 있다.

6) 미국로지스틱스협의회(CLM : Council of Logistics Management)(1985년)

로지스틱스란 고객의 요구조건에 부합하기 위해 원산지로부터 소비지점에 이르기까지 원자재, 중간재. 완성재 및 관련 정보의 흐름과 보관을 효율적이면서 비용을 최소화하기 위한 계획 입안・실시・통제를 하는 과정으로 정의하고 있다. 기존의 물류의 개념이 경제・경영의 기능・영역을 나타내는 것이었다면, 여기서는 그 차원을 달리하여 로지스틱스, 즉 물류활동의 관리개념으로 보고 있다는 것이 특징이다.

7) SCM전문가협의회(CSCMP : Council of SCM Professional)(2005년)

물류는 SCM(Supply Chain Management)의 한 부분이며, 고객의 요구사항을 충족시킬 수 있는 효율적이고 효과적인 물류 및 역물류, 상품보관, 서비스 및 관련정보를 계획・실행・통제하는 것으로 정의하고 있다. 또한 물류관리의 범위를 출하, 운송관리, 차량관리, 물류센터관리, 원료취급, 주문실행, 물류네트워크 디자인, 재고관리, 공급・수요계획 수립, 제3자물류업체 관리까지 확대시키고 있는 것이 특징이며, 여기서는 마케팅, 영업, 제조, 회계, IT 등 다른 업무와 기능을 모두 통합하여 공급사슬 전체의 최적화에 초점을 두고 있다.

8) 한국 물류정책기본법상의 물류의 정의

물류란 재화가 공급자로부터 조달・생산되어 수요자에게 전달되거나 소비자로부터 회수되어 폐기될 때까지 이루어지는 운송・보관・하역 등과 이에 부가되어 가치를 창출하는 가공・조립・분류・수리・포장・상표부착・판매・정보통신 등을 말한다.

국가별 물류의 정의

- 미국 : 개별 경제적 관점, 즉 경제・경영의 영역이나 기능에서 물류를 파악
- 일본 : 물류가 처음부터 그 재화의 효율을 증대시키는 것을 목표로 등장. 1960년대 후반부터 수송・보관・하역・포장 등의 개별 활동을 통합한 개념인 '물류'가 사용되기 시작
- 한국 : 유형・무형의 재화에 대한 폐기와 반품을 포함해서 공급과 수요를 연결하는 공간과 시간의 극복에 관한 물리적인 경제활동

3. 물류관련 용어

1) 로지스틱스(Logistics)

로지스틱스란 용어가 널리 사용되기 시작한 것은 제2차 세계대전 중에 미군(육군)에서 널리 사용하면서부터이며, 전장의 후방에 위치하면서 전선의 부대에 필요한 물자를 공급, 보충하고 후방 연락선의 확보를 임무로 하는 보급, 후방 혹은 병참을 의미한다. 현재에는 비즈니스의 세계에서 사용되면서 원재료 및 부품 등의 조달에서 고객납품, 폐기, 환원, 회수에 이르기까지를 일관된 흐름으로 보고 관리하는 개념으로 발전하였다. 즉, 로지스틱스의 영역은 조달물류, 생산물류, 판매물류, 폐기물류, 반품물류, 회수물류 등을 포함하는 것으로 물류보다 폭 넓은 개념이라 할 수 있다.

2) SCM(Supply Chain Management)

원재료의 공급자로부터 최종 소비자에 이르는 전 과정의 개별 업무 프로세스를 전체적으로 하나의 비즈니스 프로세스로 파악하여 기업과 조직의 경계를 넘어 비즈니스 프로세스 전체의 최적화를 지속적으로 추구함으로써 제품 및 서비스의 가치를 높여 기업경영에 이바지하는 전략적인 경영관리기법을 가리킨다. 다수 기업 간, 복수부문 간의 정보공유를 통하여 필요한 재화를 필요한 양만큼 필요한 시기에 공급함으로써 기업시스템의 최적화 도모하는 확대된 로지스틱스의 개념이다. 상품개발・기획의 단계에서 물류효율, 재고관리 등을 충분히 의식한 정보공유전략이 공급사슬의 강력한 파트너십 하에 이루어진다.

물류, 로지스틱스, SCM의 차이점

- 물류란 물류의 구성요소, 즉 수송, 보관, 하역, 포장, 유통가공, 재고관리, 정보처리, 그 밖의 각각의 활동을 하나로 합친 것이며, 재화 자체에 직접적으로 관여하는 활동만을 대상으로 하여 그것의 통합을 꾀하려는 것이다.
- 로지스틱스란 각각의 물류활동을 관리하는 것, 즉 물류관리의 조직, 물류거점의 배치, 물류경로의 설정, 물류비 관리 등의 활동까지도 포함시키는 것으로, 시장과 생산・매입의 동기화(同期化)를 도모하기 위한 관리를 말한다.
- 기업의 경계를 넘어 로지스틱스 활동을 중심으로 이루어지는 기업시스템의 최적화를 도모하는 관리방법이다. 즉 확대된 로지스틱스의 개념이다.

3) 로크레매틱스(Rhochrematics)

로크레매틱스는 1960년 미국 워싱턴 대학의 브르워(S.H. Brewer)교수에 의해 제창된 용어로, 'Rho'는 흐름을 의미하고 'chrema'는 제품, 자료 따위의 물자와 정보를 의미하며, 'ics'는 학술적인 과학을 의미하는 것으로 조달물류를 포함한 물자의 흐름과 관련된 정보를 정량화시켜 컴퓨터 등의 하드웨어를 이용하여 관리하는 물류공학을 일컫는다. 예를 들어 공장・물류시설의 배치 등을 어떻게 합리적으로 할 것인가 하는 문제를 관리하는 점에서는 로지스틱스와도 유사개념으로 사용되고 있다.

물류시스템의 범위

광의의 물류가 재화의 흐름을 대상으로 한다면 그 대상이 되는 시스템의 범위는 원료·재료의 조달시장에서부터 생산된 제품의 판매시장인 최종소비자에게 이르기까지의 재화의 흐름에 관련된 전 과정뿐만 아니라 그 과정에서 발생된 폐기물이나 재사용을 위한 회수과정의 흐름까지를 포함한다.

[그림 1-1] 물류의 범위

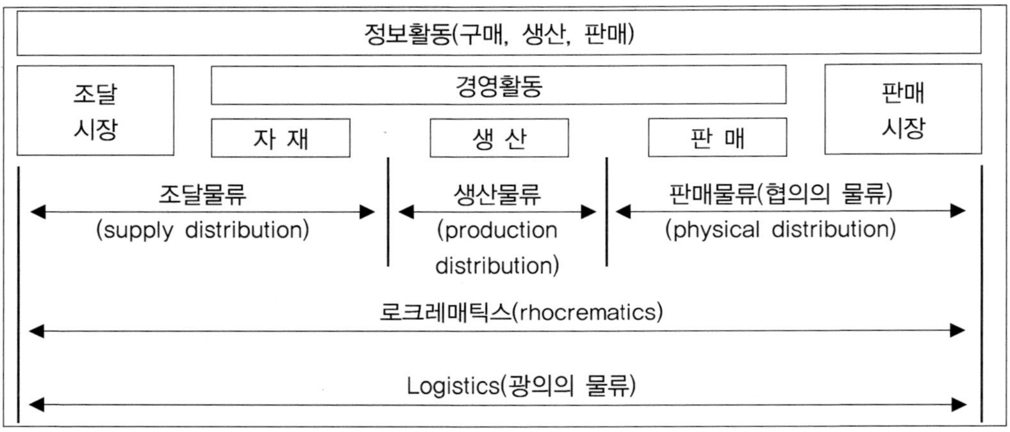

4. 물류 개념의 시대적 변화

1) 물류관리(Physical Distribution Management)(1960~70년대)

물류비 절감의 중요성을 인식하고 물류의 각 기능별 합리화에 초점을 둔 시기이다.

2) 로지스틱스관리(Logistics Management)(1980~90년대)

물류의 각 기능별 합리화와 통합화를 통해 총체적인 효과를 실현하기 위한 통합물류관리에 초점을 둔 시기이다.

3) 공급사슬관리(SCM : Supply Chain Management)(2000년 이후)

공급사슬관리(SCM)는 물류시스템을 어느 한 기업의 내부에 한정하지 않고 부품의 조달에서 생산, 판매, 유통, 최종소비자에 이르기까지 제품의 공급과정에 관련된 모든 업체 간에 통합물류시스템을 구축함으로써 공급사슬(경로) 전체의 효율성을 높이고자 하는 것으로서 이 시기는 공급사슬 참여기업 간 조정(coordination)과 협력(collaboration)을 바탕으로 정보기술을 이용하여 재화, 서비스 및 정보의 흐름을 체계적으로 관리하여 공급사슬 전체의 최적화에 초점을 둔 시기이다.

5. 물류와 상류의 관계

유통활동은 상적유통(상류)과 물적유통(물류)으로 구분할 수 있다. 상적유통(상류) 활동은 소유권 이전활동이라고 할 수 있으며, 상거래 계약 이후 서류, 대금지급 및 상품의 소유권 이전과 관련된 활동을 말한다. 직접적인 상거래 활동뿐만 아니라 상거래 활동에 수반되는 금융, 보험 등의 간접적인 활동이 포함된다. 물적유통(물류) 활동은 상거래 성립 이후 소비자 또는 고객에게 상품(화물)을 인도함으로써 시간적·공간적 효용을 창출하는 활동을 말한다. 따라서 물적유통(물류)에는 수송, 하역, 보관, 포장, 물류정보 등의 활동이 포함된다.

[그림 1-2] 물류와 상류의 관계

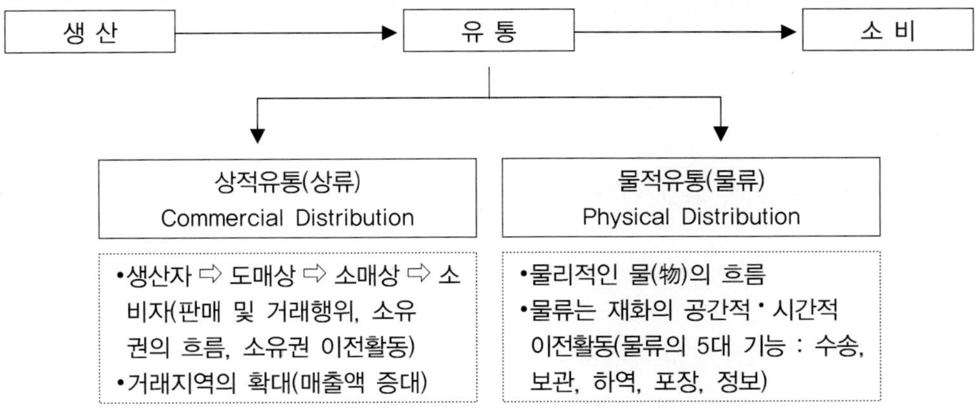

[출처 : 로지스틱스21(2009), 「물류관리론」]

제2절 물류를 둘러싼 환경변화

1. 국내 물류여건의 변화

1) 물류환경변화

지식집약 첨단산업 중심의 산업구조로의 개편 등 경제의 질적 성장에 따라 물류활동이 다빈도・소량 주문, 다품종・소량 생산의 형태가 강해지고 있다. 또한 1970년대 후반에서 1980년대 초반 물류산업에 대한 규제완화가 시작된 이래 최근 물류분야를 포함한 각 분야의 규제완화를 적극 추진하면서 물류시장의 경쟁이 격화되고 있다. 치열한 경쟁 환경하에서 경쟁력을 확보하지 못한 기업은 시장에서 퇴출되고, 경쟁력을 갖춘 기업은 고객의 지속적인 확보를 통해 성장을 계속해 나가고 있다.

2) 판매환경 및 소비자 행동 변화

국민소득의 향상과 가치관의 변화 그리고 유통시장의 발전으로 소비자의 수요도 다양화, 개성화를 추구하고 있어 제품생산의 경박단소화 및 다품종 소량화, 화물운송의 다빈도 소량화, 제품의 납기 단축화, 정시수송을 통한 재고 최소화, 포장단위의 표준화 등을 충족시킬 수 있는 수송체제로서 상품이 다양화되어 가고 있다. 또한 프리미엄 제품의 증가로 인해 주문량은 점점 더 소량화되어 가고 있으며 공장에서 가정으로 직접 배달해야 하는 경우가 증가하고 있다. 고객 니즈가 고도화・다양화됨에 따라 일반 소화물의 다빈도 정시운송은 물론 서비스 영역도 'Door to Door' 단계를 지나 'Desk to Desk' 단계에 이르기까지 점점 확대되어 가고 있다.

3) 기업경영변화

기업의 생산비 절감을 위한 중요한 분야로서 물류부문의 비중이 증가하고 있으며 기업간 경쟁 격화에 따른 물류효율화의 필요성이 고조되고 있다. 제품수명주기의 단축과 고품질화, 기업의 글로벌화의 진전 및 소비부진에 따라 기업은 저비용・고품질의 제품 개발과 생산 압력을 받고 있으며 기업 간 경쟁에서 승리하기 위해서도 물류비용 감축을 위한 노력이 요구되고 있다.

4) 정보기술(Information Technology)의 발전

IT(인터넷, 모바일, RFID)의 발전으로 전자상거래 시장이 확대되면서 홈쇼핑, 온라인 시장이 매년 큰 폭으로 성장하고 있고 이에 따라 택배시장도 성장하는 등 운송시장이 급변하고 있다.

5) 채널 파워(Channel Power)

재고통제방법의 발달로 인하여 유통경로 내의 재고가 도매상에게 집중되는 경향이 있으며, 유통시장의 개방으로 외국 국적의 유통업체들이 국내로 진출하면서 유통업체가 대형화됨에 따라 유통채널의 파워가 제조업체로부터 유통업체로 본격적으로 이전되고 있다.

6) 수익상승효과(Profit Leverage)의 중시

물류비용의 절감은 판매 혹은 다른 비용을 요구하지 않으므로 매출에서의 증가보다 기업의 수익성에 훨씬 많은 영향을 미친다.

7) 사회적 환경변화

노동력 부족, 공해 발생, 교통 정체 및 도로 혼잡(물류비 증대), 지가 상승으로 적정 토지 확보 곤란(물류거점, 창고용지 등) 등 기업을 둘러싼 사회적 환경변화로 인해 물류비 절감과 매출 증대의 중요성이 강조되고 있다.

물류의 환경변화

1. 산업의 발전 ⇨ 대량 생산 · 유통 ⇨ 비용 증가 ⇨ 합리화 대책 강구시대
2. 소득의 증대 ⇨ 고객 욕구 다양화 ⇨ 고객 욕구 충족 ⇨ 신속한 수송 ⇨ 경쟁시대

2. 글로벌 물류여건의 변화

1) 세계 교역의 증가와 기업 활동의 글로벌화의 진전

최근 세계는 WTO 자유무역주의 기조 하에 글로벌화가 급속히 진전되고 있다. 기업의 해외투자액의 지속적인 증가와 함께 진출분야도 다양하고 대상국도 거의 모든 국가로 다각화되고 있다. 또한, 국가 간에 상품, 서비스, 자본 등의 이동을 촉진시키고 정보의 교환을 확대시키는 정보통신기술과 그 인프라의 발전으로 운송시장도 급진적으로 확대되고 있다.

한편, 서비스 시장의 국제화에 따라 운송시장도 국제화가 급속히 진전되었다. 물류업체들은 자국에서 기반을 구축하고, 이웃 국가 또는 근거리 지역의 국가에 진출하는 단계를 넘어서 세계 주요 경제권 또는 신흥시장 등에 진출하여 물류서비스를 제공하고 있다. 또한 다국적 기업의 조달, 생산, 판매활동을 지원하기 위하여 해외진출이 확대되고 있다. 해외 제3자물류업체의 가장 큰 특징은 고객의 요구에 따른 서비스 범위의 확장과 국제화에 따른 서비스 지역의 확장이다. 제조·유통업체들이 국제화 추세에 따라 해외 진출을 추진함에 따라 국제물류서비스를 제공하는 물류업체에 대한 이용 또한 증가하고 있다.

2) 인터넷, 모바일 네트워크의 전자상거래 확산

무역거래에서 실행되던 국제마케팅은 텔레마케팅으로 전환되었고, 전통적 수출입거래는 인터넷 무역, 전자상거래(Electronic Commerce), 웹 상거래(Web Commerce)로 바뀌고 있다.

3) 물류아웃소싱 및 제3자물류(3PL)의 활성화

화주기업은 물류서비스의 수준향상과 물류운영원가의 절감을 위하여 핵심역량이 아닌 물류서비스는 아웃소싱(Outsourcing)을 확대하고 있다. 유통산업의 구조변화로 제조업체와 소매점 간의 직거래가 확대되면서 이에 수반되는 물류·배송업무를 효율적으로 위탁관리해 주는 물류전문업체들의 시장 진출이 활발히 전개되고 있다. 아웃소싱시장의 확대는 물류정보화의 발전, 물류서비스의 저가격 고품질화에 대한 요구 확대, 물류시장의 대외개방에 따른 외국 물류전문업체의 진출 등에 의해 이루어지고 있다. 한편, 화주기업이 물류전문업체에게 요구하는 물류 아웃소싱의 범위도 기존의 물류 단위업무의 관리·운영에서 점차 물류 전략·관리·운영 등 전체 물류업무의 최적지원으로 확대되고 있다. 이에 따라 물류기업들은 물류 진단, 컨설팅, 제안, 물류업무의 재설계, 시스템 구축, 실행, 사후관리 및 물류개선활동 등 물류활동 전체의 최적화를 위한 Total Solution 제공 능력을 확보하기 위해 노력하고 있다. 대부분의 화주기업들은 공급체인상의 통합된 물류서비스를 모든 지역을 대상으로 제공하는 물류업체를 선호하고 있다.

4) 공급사슬관리(SCM)의 확산

인터넷의 등장으로 인해 달라진 것 가운데 하나가 기업들의 전략이 글로벌 정책을 표방해 간다는 것이다. 전 세계를 하나로 묶는 인터넷의 등장으로 전세계 시장을 대상으로 한 경쟁력을 지니지 못한 기업은 이제 살아남을 수 없게 되었다. 인터넷 기반의 e-SCM과 함께 SCM의 또 다른 변화는 바로 '글로벌 SCM'의 등장이다. 글로벌 환경 하에서 SCM은 인터넷을 통한 정보의 공유와 생각의 속도로 처리되는 디지털 도구를 사용하여 가치사슬상의 모든 기업이 가상으로 연계되는 단계로 발전하고 있다. 따라서 제품을 만드는 과정에서의 SCM만으로는 글로벌 고객을 만족시키기 어려운 시대가 되었다. 즉, 마케팅과 관련된 SCM, 제품을 만드는 과정에서의 SCM, 제품의 흐름을 관리하고 제품을 배송하는 SCM이라는 측면에서 글로벌 SCM을 이해하지 않고서는 더 이상 세계시장에서 경쟁한다는 것은 의미가 없어지게 된 것이다.

5) 보안과 환경에 관련된 규제강화

9·11 테러사태 이후 제기된 안전, 보안을 중심으로 하는 물류정책과 법·제도의 제정은 미국과 EU 등 주요 국가는 물론 관련 국제기구의 지원을 받아 물류분야의 새로운 이슈로 확산되고 있다. 미국이 도입한 컨테이너 보안협정(CSI: Container Security Initiative)이 대표적인데, 세계관세기구(WOC)와 EU 등이 종합우수인증업체(AEO: Authorized Economic Operator)라는 유사한 제도를 도입하는 등 물류보안이 세계 규범으로 자리잡으면서 새로운 질서변화로 인식되고 있다.

또한, 2005년 교토의정서의 채택 이후 미국, EU, 일본 등 주요 국가들은 CO_2 배출량의 삭감과 모달시프트(Modal Shift) 등 녹색물류(Green Logistics)를 자국의 물류정책에 포함시키고 있다. 특히 교토의정서에서 합의된 '2012년까지 온실가스 배출량 6% 삭감' 조항은 향후 국내 운송수단, 항만, 공항 등 물류시설 등에도 적용되어 국제적인 규제의 대상이 될 가능성이 높다.

최근 글로벌물류의 환경변화 이슈

- 글로벌 물류네트워크 중요성 증대
  - 파나마 운하 확장, 북극항로 등장, 중국 일대일로 등으로 인한 글로벌 물류 네트워크 변화 및 확대
- 전자상거래 무역시장 확대
  - 산업간 융복합 촉진에 따른 모바일 커머스와 같은 전자상거래 시장 확대
  - 전통적인 수출입산업 중심에서 구매자와 판매자 중심의 직구형태로 변화
- 선박 대형화 추세 및 초대형선박 기항을 위한 항만시설 확충
  - 대형선사를 중심으로 초대형 선박 발주 및 운항
- 물류기업 사업 다각화
  - 육해공 종합서비스 추세에 맞춰 글로벌 종합물류기업으로 성장
- 신규 물류시장 성장
  - 글로벌 콜드체인 급성장
  - 의약용 헬스케어 코드체인 시장 확대
  - 국가조달물류 시장 성숙과 정부지원 확대
- 지식기반 경제 심화
  - 전자상거래 물류시장 확장 및 물류와 유통 등 연관 업종의 융복합
  - 고객 중심의 옴니채널(Omni-Channel) 활성화
- 물류시장의 확대, 통합, 다양화 등으로 인수, 제휴, 연계 활성화
- 파나마 운하 확장으로 선박 대형화 지속

제3절 물류의 기능

1. 물류활동의 기본적 기능

1) 장소적 기능

생산과 소비 장소와의 장소적 거리(격차)를 조정

2) 시간적 기능

생산되는 시기와 소비되는 시기의 불일치를 조정

3) 수량적 기능

생산자의 생산단위 수량과 소비자의 소비단위 수량을 조정

4) 품질적 기능

소비자의 욕구에 맞는 품질의 재화를 적기에 소비자에게 공급

5) 가격적 기능

물류활동이 가격 결정의 요소로 작용

6) 인격적 기능

생산과 소비의 인간적 유대 강화

2. 물류활동의 기본적 기능

넓은 의미에서 물류활동은 물자유통활동과 정보유통활동 및 거래활동으로 구분할 수 있다.

[그림 1-3] 물류활동의 구분

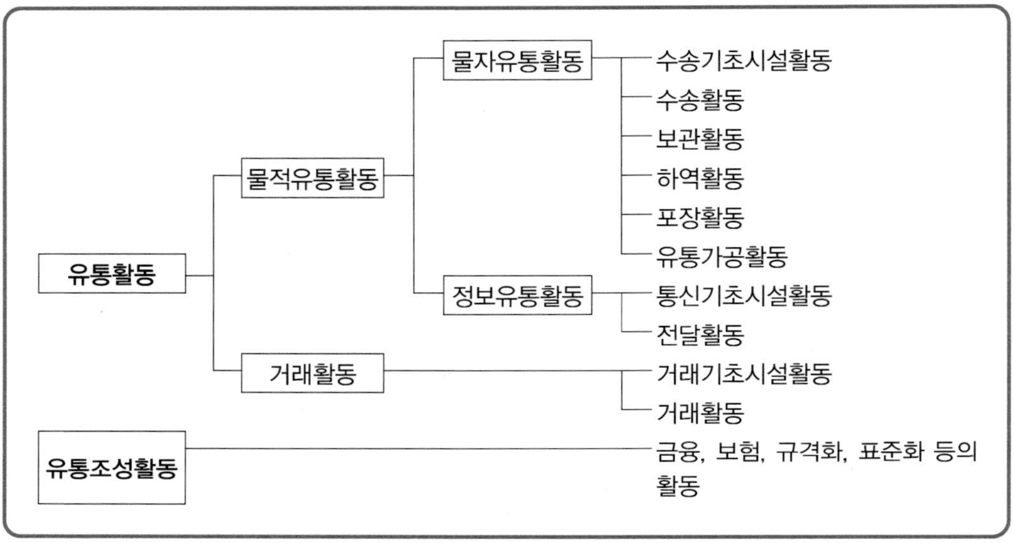

1) 물자유통활동

물자의 이동과 관련한 물류활동을 말하며, 여기에는 수송활동, 보관활동, 하역활동, 포장활동, 유통가공활동 등이 있다.

(1) 수송 (transportation[delivery])

수송이란 재화를 서로 다른 두 지점으로 이동시키는 활동을 가리킨다. 활발한 수송활동은 생산활동 증진, 시장 확대, 물자의 편재 완화, 물가를 평준화시키는 기능을 가지고 있다.

물류담당자, 즉 물류주체에 따라서 만일 화주의 경우에는 생산자와 소비자 간에 어떤 경로로 재화를 수송할 것인가가 중요하다. 무엇을(재화의 종류), 언제(공급빈도), 얼마나(공급단위), 어디까지(거리), 얼마에(비용) 등이 선택조건이 되며, 이에 따라 수송방법이 결정될 뿐만 아니라 수송기관이 선택된다. 수송기관은 각각 장단점이나 특성을 지니고 있는데,

그것이 수송수단 선택의 기준이 되기도 하고, 수송을 직접하는 것이 좋을지, 아니면 운수업자를 이용하는 것이 좋을지를 판단하는 기준이 되며, 수송조건의 설정과 이에 따른 수송수단의 선택이 중요하다.

(2) 보관(storage)

보관은 재화의 수요와 공급의 시간적인 격차를 조정함으로써 경제생활을 안정시킬 뿐만 아니라 촉진시키는 역할을 한다. 보관은 단지 저장하는 것만이 아니라 관리의 의미도 함께 포함되어 있다. 물류관리에 있어서 보관은 상품의 안전관리, 품질관리, 보관공간의 효율적인 사용 등이 과제가 되고 있다. 보관의 기능에는 시간적 수급조정기능, 가격조정기능, 수배송 및 출하작업의 준비기능 등이 있다.

(3) 하역(materials handling)

하역은 수송과 보관 사이에서 이루어지는 재화의 취급활동을 가리킨다. 하역은 하역기기의 대형화, 컨테이너화 등에 의하여 대량·신속화되고 있다. 하역의 성력화(기계화·자동화)를 위한 원칙으로는 이동거리(시간)의 최소화, 제품의 운반과 움직임을 편리하게 하는 활성화, 유닛화, 기계화, 동력이용, 공정과 공정 간의 인터페이스 원활화, 시스템화 등이 있다.

(4) 포장(packaging[Industrial packaging])

포장의 목적은 제품을 보호하고, 취급을 용이하게 하며, 상품가치를 제고시키는 데 있다. 포장의 형태에는 개별 포장, 외부포장, 선적용 포장, 내부 포장 등이 있으며, 포장에서는 포장의 연계성, 환경친화적 포장이 중요시 되고 있다.

(5) 유통가공(distribution processing)

유통가공이란 유통단계에서 제품의 간단한 가공이나 조립, 재포장, 주문에 따른 조정작업 등 동일기능의 형태 이전을 위한 활동을 말한다. 유통가공은 고객의 요구에 보다 부합되기 위한 활동으로 부가가치와 직결된다.

(6) 물류정보(logistics information)

물류와 관련하여 재화의 흐름에 반드시 수반되는 것이 정보의 흐름이다. 물류활동에 참여하는 주체의 다양성으로 인해 정보교환은 공간적으로 부서 내에서 뿐만 아니라, 기업 간, 국가 간에도 활발하게 이루어져야 하기 때문에 매우 중요한 요소라 할 수 있다. 정보는 그 자체가 물류기능을 발휘하는 것이 아니라 물류시스템에 있어서 물류의 각 기능이 유기적으로 작용하도록 연결시켜 주는 역할을 수행하기 때문에 물류의 핵심적인 기능을 담당한다.

물류 선진국(미국, 일본, 네덜란드, 싱가포르 등)에서는 이미 1980년대 초반부터 물류정보의 중요성을 인식하여 물류정보화 정책을 지속적으로 추진하여 왔으며, 첨단정보통신기술을 활용하여 실시간으로 화물과 화물차량을 관리하고 있다. 한국은 국토해양부(종합물류전산망 사업), 지식경제부(전자무역 사업), 관세청(통관시스템), 국토해양부(항만운영정보시스템), 철도공사(철도운영시스템) 등이 정보화 사업을 추진하고 있다.

(7) 수송기초시설활동(transportation infrastructure activities)

물자유통을 위한 철도, 도로, 항만, 공항 등의 기본시설 및 부대설비를 제공하는 활동을 말한다.

2) 정보유통활동

재화의 유통활동을 촉진시키기 위해 필요한 각종 정보를 유통시키는 경제활동을 말하며, 여기에는 통신기초시설활동, 전달활동 등이 있다.

(1) **통신기초시설활동** : 수송기초시설활동에 대응하는 개념으로 전신, 전화, 우편 등 주요 산업용 통신의 기본시설 및 그에 부가되는 활동을 가리킨다.

(2) **전달활동** : 물자유통활동 중 수송에서 유통가공에 이르는 활동과 대응되는 개념으로 메시지 및 메시지의 담당자에 의한 정보의 시간적·공간적 전달 및 정보통신의 유통가공을 말한다.

거래활동 일체의 유형·무형의 경제재의 매매에 따른 공급 주체와 수요 주체가 재화 교환의 사회적 매개를 행하는 활동을 말하는 것으로, 여기에는 거래활동을 위해 장소나 설비를 제공하는 거래기초시설활동과 거래활동(동산뿐만 아니라 부동산까지도 포함)이 있다.

3. 물류활동의 수요 기능

1) 수요충족기능

고객 니즈에 대응하여 생산된 제품을 소비자에게 전달시키는 활동

2) 수요창출기능

물류서비스가 새로운 고객의 수요를 창출하는 마케팅 기능

3) 수요(수급)조정기능

판매정보와 재고정보를 파악하여 수요와 공급의 균형을 조정하는 기능

제4절 물류활동의 원칙

경제의 글로벌화, 소비자 욕구의 다양화, 기업의 경쟁력 강화를 위하여 물류효율화에 대한 필요성이 고조되고 있는 가운데 화주기업에서는 물류비용 절감을 위한 방안 마련이 중요한 과제로 대두되고 있다. 물류비용의 절감을 위해서는 물류서비스 수준을 저하시키지 않으면서 물류의 체계 및 구조 개혁, 시스템화나 정보화를 도모함으로써 물류 자체의 효율을 향상시키는 것이 중요하며 이러한 원칙 하에 물류관리를 실행하는 것이 필요하다.

1. 3S 1L 원칙

필요한 재화를 필요한 장소에 신속하게(Speedy), 저렴하게(Lowly), 안전하게(Safely), 확실하게(Surely) 고객에게 전달해야만 기업이 추구하는 물류의 목적을 달성시킬 수 있다는 원칙이다.

[그림 1-4] 3S 1L 원칙

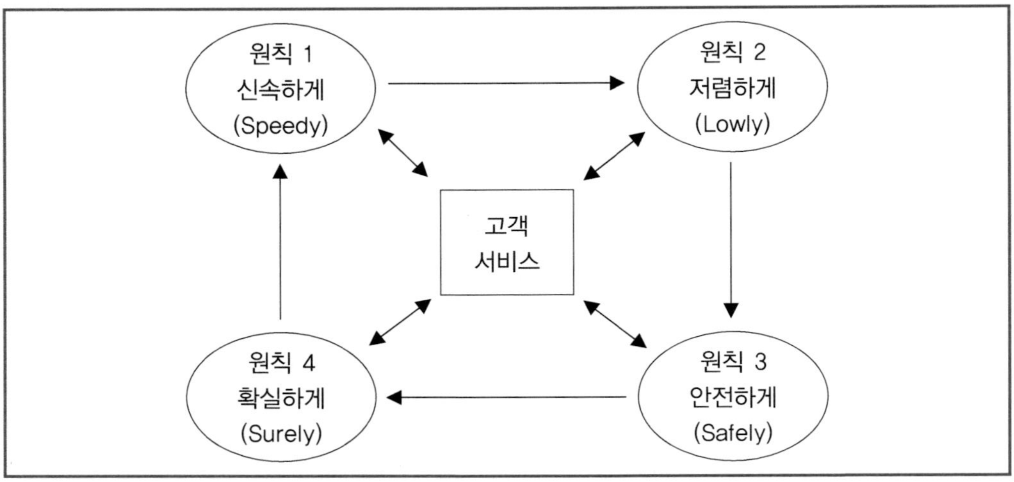

2. 7R 원칙

1) 미국 미시건대학의 스마이키(E.W. Smykey) 교수가 제창한 원칙으로서 "고객이 요구하는 상품을 고객이 요구하는 상품의 품질을 유지하여 고객이 원하는 수량만큼, 고객이 요구하는 시기에, 고객이 요구하는 장소에, 좋은 인상을 주면서 적정 가격으로 전달하는 것이 필요하다"는 것을 의미하며, 여기서는 물류의 목적을 달성하기 위해서는 고객이 요구하는 수준의 서비스 제공이 중요하다는 점을 강조하고 있다.

(1) Right Commodity : 적절한 상품(고객이 요구하는 상품)
(2) Right Quality : 적절한 품질(고객이 요구하는 상품의 품질)
(3) Right Quantity : 적량(고객이 원하는 수량)
(4) Right Time : 적시(고객이 요구하는 시기)
(5) Right Place : 적절한 장소(고객이 요구하는 장소)
(6) Right Impression : 좋은 인상
(7) Right Price : 적정 가격

2) 이를 잘 실행하기 위해서는 수송, 하역, 보관, 포장, 유통가공, 정보 등의 물류하부 시스템을 통합시키는 것이 필요하다.

[그림 1-5] 7R 원칙

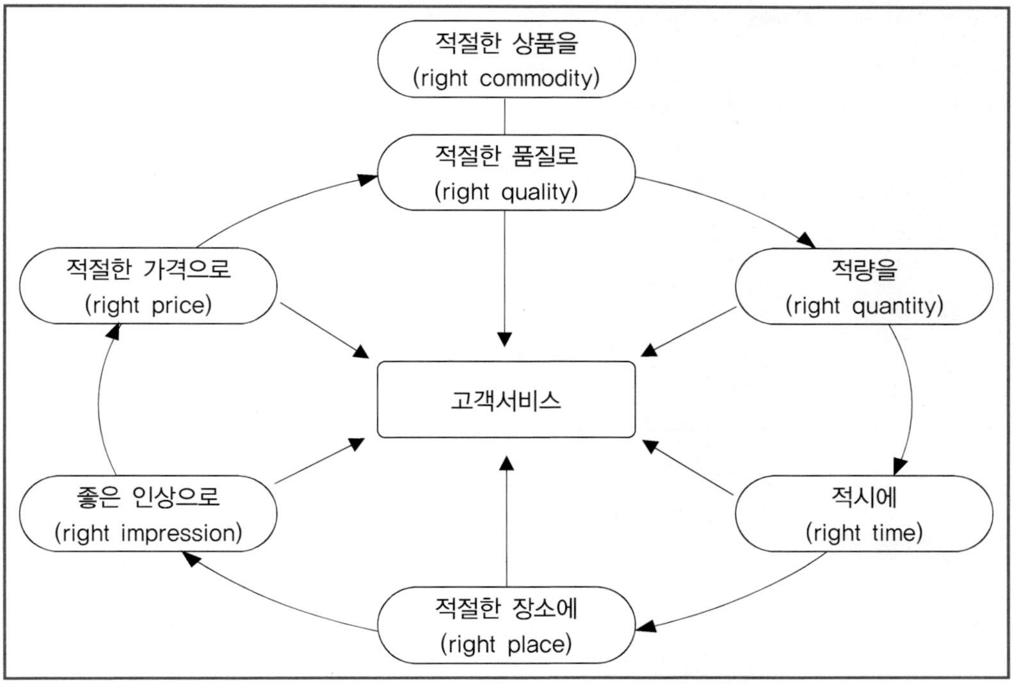

제5절 물류의 영역

1. 조달물류

생산현장을 중심으로 봤을 때 조달물류는 생산에 필요한 원재료나 부품이 협력회사나 도매업자로부터 제조업자의 자재창고로 운송되어 생산 공정에 투입되기 직전까지의 물류활동을 가리킨다. 조달물류와 생산물류의 사이에는 각각의 물류활동의 완충 역할을 하는 보관시스템이 존재하며, 각기 서로 다른 보관시스템 간에는 수송 및 반송시스템이 존재한다.

〈표 1-1〉 조달물류에서 특별히 유의해야 할 사항

구분	내용
단위화부문	파렛트 풀 결성에 동참(파렛트를 한 곳에서 모아서 관리)
포장부문	포장의 모듈화 및 간이화(일관시스템이 중요)
하역부문	오더피킹제도 이용(오더가 피킹지역에 자동으로 전달됨으로써 시스템이 작업자에게 해당지역에 원하는 수량, 원하는 품목, 원하는 지역을 표기하여 문서에 의한 송장 없이 자동피킹이 가능하도록 유도)
창고 · 보관부문	자재창고의 자동화
재고관리부문	MRP(자재소요계획, Material Requirement Planning)제도의 도입과 JIT(Just In Time)를 통해 재고 적정화
수배송부문	대행업체를 통한 납품의 공동화
정보통신부문	입주업체, 모기업, 관련업체 간에 온라인시스템 등을 구축

2. 생산물류

생산물류는 원재료 입하 후, 생산 공정에서 가공하여 제품으로서 완성될 때까지의 물류활동을 가리킨다. 생산물류의 범주에는 작업대내, 생산라인내, 부서 간, 공장내, 공장 간의 운반, 하역, 제품창고의 입고작업 등이 포함된다.

〈표 1-2〉 생산 물류의 합리적 관리를 위한 요건

구분	내용
일반적인 조건	물류사양서 및 표준화, 물류기기와 부대장비의 평가 및 선정 요령, 공장내 컨테이너 운반법 숙지, 물류기기의 보전절차, 원부재료의 물류손상방지법, 작업의 안정성 등
생산물류요원의 기본 요건	물류담당자의 교육훈련 · 지식, 물류비 산정방법, 물류현장의 연구개선 및 적용, 새로운 물류장비의 정보 취합과 현장에의 적용 건의, 물류정보 관리 및 활용방법 숙지

3. 사내물류

사내물류는 생산업체의 생산된 제품의 출하시부터 판매보관창고에 이르기까지의 물류활동을 가리킨다. 여기에는 사내 수송, 사내 보관 등이 포함된다.

4. 판매물류

판매물류는 완제품의 판매로 출하되어 고객에게 인도될 때까지의 물류활동을 가리킨다. 제품의 창고에서 출고하는 과정과 중간 물류거점인 배송센터까지의 운송, 배송센터내에서의 유통가공 및 제품분류작업, 각 대리점 및 고객에게 배송하는 작업 등이 포함된다.

판매물류에서의 중점사항

1. 단위화 : 사내 파렛트 풀 결성
2. 포장 : 모듈화, 간이화, 기계화
3. 하역 · 운반부문(제품분류작업제도를 적용하여 기계화 · 자동화)

5. 반품물류

반품물류는 판매된 제품의 반품에 따른 물류활동을 가리키며, 반환된 물품을 회수, 운반, 분류, 정리, 보관, 처리하는 업무가 이에 해당한다. 반품 발생에 대한 대책으로는 회사의 전사적인 입장에서 고객의 욕구를 파악한 후 제품 설계 시부터 관련부문 간 협조를 통해 반품의 가능성을 없애는 것이 필요하다.

6. 회수물류

회수물류는 제품이나 상품의 판매물류에 부수적으로 발생하는 파렛트, 컨테이너 등과 같은 빈 물류용기를 회수하는 물류활동을 가리킨다. 그린(green)물류, 정맥물류, 환경물류 등으로 불리며, 폐기물의 회수와 재활용에 대한 관심이 커지면서 회수물류의 중요성이 대두되고 있다.

7. 폐기물류

폐기물류는 제품 및 포장용 용기 또는 수송용 용기 · 자재 등을 폐기하기 위한 물류활동을 가리킨다. 폐기물 처리에 따른 환경문제의 대두로 환경친화적인 물품생산을 통하여 폐기물의 감소를 유도할 필요가 있다.

리버스(역, Reverse)물류는 세부적으로 반품물류, 회수물류, 폐기물류로 구분됨

8. 환경물류

환경물류(Green Logistics)란 제품의 설계시부터 구매, 생산, 유통, 판매 후 폐기 및 재사용에 이르기까지 물류의 전 과정을 통해 환경친화적인 요소를 고려하는 동시에 환경의 유해요소들을 제거하거나 최소화할 수 있는 물류활동을 의미한다.

[그림 1-6] 물류의 영역

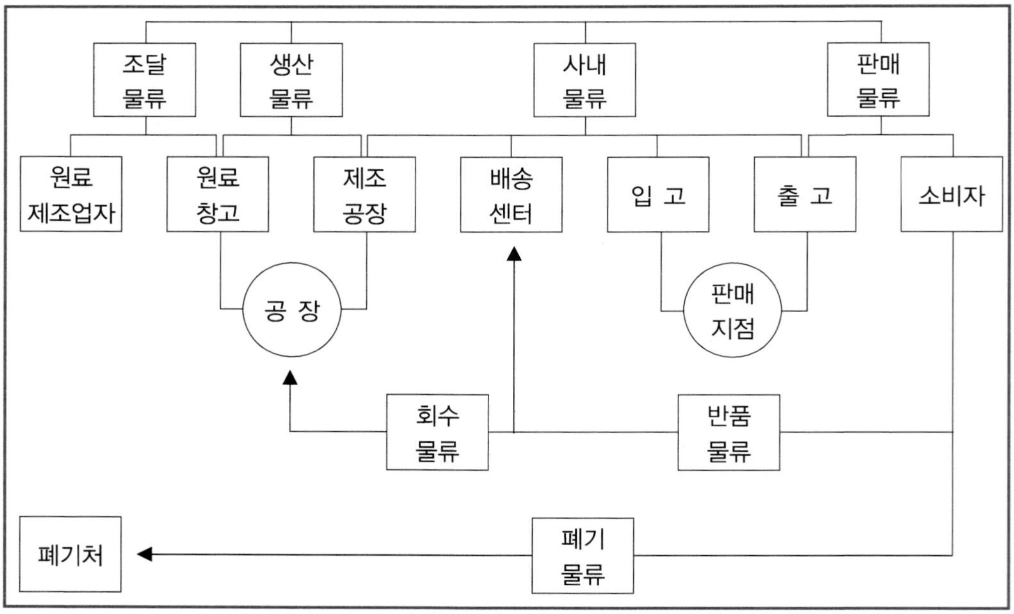

제6절 우리나라에서의 물류변천과정

1. 우리나라의 물류발전과정

1) 물류의 전근대기(1970년 이전)

물류에 대한 인식이 거의 없던 시기로 정치, 경제, 사회 등이 매우 혼란한 상태였으며, 유통기구 또는 유통구조 또한 미비한 상태였다. 경제개발 5개년 계획 추진을 바탕으로 경인선, 경전선의 도로시설과 부산항, 인천항 등의 본격적인 시설 확충 및 울산, 목포, 포항 등 공업항만 등의 사회간접자본의 건설이 이루어지기 시작하였으나 전체적으로 미약한 상태였다.

2) 물류의 발아기(1970년대)

유통근대화 5개년 계획이 수립되고, 정부 주도 하에 고도경제성장을 이룩한 시기였다. 경부고속도로, 영동고속도로, 호남남해고속도로, 동해고속도로, 구마고속도로의 개통 등 활발한 도로건설 투자와 중앙선, 태백선, 수도권 철도, 영동선의 전철화 등 철도에 대한 투자도 이루어진 시기였다.

3) 물류의 개화기(1980년대)

물류근대화가 시작된 시기로, 유통에 관한 기본법규의 정비, 운송 · 하역 · 포장 · 보관 등에 관한 제반시설의 환경적 · 제도적인 배경을 만들어 준 시기였다.

4) 물류의 도약기(1990년 이후)

정보기술에 대한 정부의 투자가 활발히 이루어지기 시작하였으며, 국제물류의 중요성을 인식하여 군장신항, 평택 · 당진항, 광양항의 시설 확충이 이루어졌을 뿐만 아니라 종합물류단지의 조성, 물류공동화 추진 준비 등 물류의 효율화에도 관심을 갖기 시작하였다.

2. 일본의 물류발전과정

1) 물류의 발아기(1950년대)

일본에서 물류라는 용어의 사용은 1956년에 미국을 방문한 유통기술전문시찰단이 마케팅에서의 'Physical Distribution Management'라는 개념이 기업경영에 있어서 중요한 의미를 가진다는 뜻에서 일본으로 가지고 돌아와 번역한 것이 시작이다. 일본의 고도경제성장이 시작된 이 시기에는 재화를 생산거점에서 시장으로 원활히 유통시키는 것이 무엇보다 필요한 상황이었으나 당시에는 이를 지원하는 경제 및 경영기능이 존재하지 않아 물류라는 용어와 개념의 확립이 필요하게 되었다.

2) 물류시스템화 시대(1960년대)

1965년에 물적유통협회가 만들어지면서 물류라는 용어가 전문용어로 정착하게 되었으며, 물류관리와 물류시스템의 개념 정립에 관한 연구가 이루어졌다. 또한 일본정부의 정책적 지원이 이루어지기 시작한 시기이기도 하다.

3) 물류효율화 시대(1970년대)

일본경제의 고도성장이 끝나고 안정기에 접어들면서 물류량의 증가도 안정추세를 보인 시기로 물류에 있어서는 물류의 양적인 처리능력의 확대보다는 물류의 효율성 혹은 물류의 생산성 향상 측면에서의 노력이 더욱 필요하게 되었다. 따라서 이 시기부터 통합개념의 물류시스템 전체의 효율성 향상을 추구하기 시작하였으며, 주로 비용면에서의 효율화에 중점을 두었다. 또한 컴퓨터의 활용 등 물류정보네트워크의 구축에도 힘을 기울이기 시작하였다.

4) 로지스틱스 시대(1980년대)

일본경제가 성숙기를 맞이하여 소비의 고도화가 시작되었으며, 이에 따라 단순한 물류비의 절감보다는 물류서비스의 차별화가 요구됨에 따라 다품종 소량 및 다빈도 수송체제의 구축과 리드타임의 단축 등에 힘을 기울이기 시작하였다. 또한 물류에서는 이러한 소비행태의 변화 등에 대응하기 위한 기업의 마케팅전략의 변화를 지원하기 위해 단순히 능률만을 추구하는 물류가 아닌 물류시스템 전체가 경영기능의 하나로써 지원될 수 있도록 하는 로지스틱스의 사고와 방법이 도입되었다. 또한 이 시기부터 기업의 사회적인 책임이 중시되면서 물류에서도 도시교통의 혼잡, 거주환경의 악화, 대기오염 방지와 관련하여 물류의 사회공헌을 중요시하게 되었다.

5) SCM 시대(1990년대부터 2000년대)

〈표 1-3〉 우리나라와 일본의 물류변천과정

구 분	일 본	한 국
발아기	1950년대(고도경제성장기) •물적 유통을 물류라는 약어로 사용 •화물유통과 관련한 개별활동 개선시대	1970년대(고도경제성장기) •고속도로 최초 개통 •농수산물 집하장 설치 •농수산물 유통정보센터 설치
개화기	1960년대(고도경제성장기) •1965년(물류의 원년) •물적유통협회 설치 •대량생산, 대량유통, 대량소비에 따른 물류시설 확충	1980년대(물류의 근대화) •유통산업근대화촉진법 제정 •기업물류비 계산준칙의 제정 및 공포
도약기	1970년대(물류의 합리화, 물류관리기) •안정성장 전기 •물류시스템화, 효율화 추구 •유닛로드화(Unit Load), 파렛트화, 컨테이너화 진전 •물류정보화 진전	1990년대(물류의 합리화) •물류단지 조성 •물류정보시스템 개발
성숙기	1980년대(물류의 사회공헌, 로지스틱스 시대) •안정성장 후기 •트럭터미널 건설 •택배서비스 기업 출현 •국철 민영화 •물류의 사회공헌 중시	1990년대 후반 이후 •물류정보화의 진전 •국제물류의 거점인 허브항만, 허브공항정비 •종합물류단지 조성 •물류공동화 추진
	1990년대 이후(SCM시대) •그린로지스틱스 •IT혁명에 따른 물류정보시스템의 진전	

일본경제의 장기불황이 계속된 시기로 물류에서는 IT혁명에 의한 정보통신기술의 진보에 힘입어 생산방식과 판매전략의 개선을 통해 재고부담을 줄이는 로지스틱스 매니지먼트의 개념이 도입되었으며, 나아가 재고의 물리적 배분과 관리를 주요 목적으로 하는 SCM의 개념으로 더욱 확장되어 물류가 고도의 경영시스템으로서 자리매김하게 되었다. 또한 1980년대 이후부터 계속되어진 기업의 사회적 책임 강화에 따라 폐기 및 회수 물류에 대한 관심이 집중되고 있다.

제7절 물류정책의 변화

1. 국가물류기본계획(2016~2025)

1) 계획의 성격

국가물류기본계획은 육 · 해 · 공 물류분야 전반을 포괄하는 계획으로서 물류의 종합적 발전방향과 추진전략을 제시하고 있으며, 물류시설 및 인프라, 국제물류 네트워크, 물류산업, 물류기술 및 정보화, 녹색물류 및 물류보안, 물류인력 양성 등에 필요한 사항을 포함하고 있다. 물류정책기본법에 따라 10년 단위로 수립하고 매 5년마다 계획하도록 되어 있는 물류분야 최상위 법정계획이다. 지난 2000년에 처음 수립돼 2006년 1차 수정, 2011년 제2차 수정 이후, 2016년 8월에 새로운 국가물류기본계획(2016~2026)이 확정 · 고시되었다.

2) 물류정책 추진방향

기존 국가물류기본계획('11~'20)의 추진실태, 국내외 물류여건 및 미래 전망 등을 바탕으로 미래 물류정책 추진방향을 제시하였다.

첫째, 정부재정 지원에 의존하는 정부주도 물류에서 창의적 서비스의 자발적 창출을 도모하는 민간주도 물류로 전환한다.

둘째, 경제성장을 지원하는 수출입 지원물류 중심에서 수출입 물류와 국민생활 편의를 지향하는 생활밀착물류까지 포함한다.

셋째, 단일부처, 단일 산업기반의 단독·분업적 물류에서 공유·협업 지향의 융복합 물류로 전환한다.

넷째, 제조·유통이 주도하는 지원 물류에서 제조·유통을 주도하는 선도 물류로 전환한다.

다섯째, 국내지역 중심형 물류에서 통일·유라시아시대에 대비하는 글로벌 연계·확장형 물류로 전환한다.

3) 비전, 목표 및 추진전략

① 비전

- 물류혁신과 신산업 창출을 통한 글로벌 물류강국 실현

② 목표

- 물류산업 일자리 : 59만개 → 70만개
- 국제 물류경쟁력 지수(LPI) : 21위 → 10위
- 물류산업 매출액 : 91조원 → 150조원

③ 추진전략

〈전략 1〉 산업트렌드 변화에 대응한 고부가가치 물류산업 육성

- 고부가가치 물류 신산업 창출
- 물류 신산업 창출을 위한 지원체계 마련
- 물류허브 경쟁력 강화

〈전략 2〉 세계 물류지형 변화에 따른 글로벌 물류시장 진출확대

- 한국형 글로벌 터미널 운영사(GTO) 육성 등 글로벌 물류거점 진출
- 동북아·유라시아 물류시장 진출 네트워크 확보
- 북극해 항로 상용화, 파나마 운하 확장 등 대응
- 국경간 전자상거래 배송지원체계 강화
- 해외진출 지원을 위한 공동플랫폼 구축

〈전략 3〉 미래대응형 스마트 물류기술 개발 및 확산

- 드론, 물류센터 로봇기술 등 조기 상용화
- 핵심 스마트 물류기술 개발 추진

- 중장기 로드맵 수립·추진
- 육·해·공 통합정보 활용체계 마련

〈전략 4〉 지속가능한 물류산업 환경 조성

- 30년 온실가스 감축목표 달성 기반조성
- 친환경 녹색물류 추진
- 국가 위험물 안전관리 시스템 구축 등
- e-Navigation 등 기술개발

2. 제1차 지속가능 국가교통물류발전 기본계획(2011~2020)

1) 계획의 목적 및 성격

기후변화, 에너지 위기 및 환경보호 요구 등 교통물류 여건 변화에 대응하고 지속가능한 교통물류체계의 발전을 촉진하기 위하여 수립되었으며, '지속가능 국가교통물류정책의 중장기 목표와 전략' 및 '지속가능 지방교통물류발전계획의 수립 방향'을 제시하는 성격을 띠고 있다.

2) 계획의 목표 및 추진전략

(1) 비전

지속가능 교통물류 글로벌 선도국가 실현

(2) 목표

친환경·사람 중심의 녹색교통 구현, 저탄소에너지절감형 교통물류체계 구축, 녹색교통물류 신성장 동력 창출

(3) 추진전략

교통수요관리 강화 및 교통운영 효율화, 생활 밀착형 보행·자전거 활성화, 대중교통 인프라 확충 및 서비스 개선, 저탄소녹색물류체계 구축, 친환경 교통물류 기술 개발의 5대 추진전략이 수립되었는데 이 중에서 물류와 관련된 부분은 '저탄소 녹색물류체계 구축'

과 '친환경 교통물류 기술 개발'이며 구체적인 내용은 다음과 같다.

① **저탄소 녹색물류체계 구축** : 내륙물류거점 확대, 무선식별(RFID) 기반 물류거점 정보시스템 구축, 제3자물류 활성화, 녹색항만(Green Port) 도입, 온실가스 · 에너지 목표관리제 시행, 전환교통(Modal Shift) 촉진, 철도 · 연안해운 활성화 지원, 철도복합일관수송 확대, 친환경 철도차량 보급 확대, 연안선박건조금융 지원, 항만시설 사용료 감면, 정보기술(IT) 기반 해양교통정보시스템 구축 등

② **친환경 교통물류 기술 개발** : 에너지 절감형 물류시설 · 장비 및 운영기술 개발, 항공사의 자발적 연료소모 감축 활동 전개, 연속강하운항(CDO) 확대, 다목적전공역위성항법보정시스템 개발, 녹색선박 기술 개발, 항만물류 시설 · 장비 고도화, 해양교통시설 녹색에너지 전원시스템 개발 등

3) 기대효과

교통물류부문의 에너지 소비량 및 온실가스 배출량 감축, 지속가능 교통물류체계 구축을 위한 투자 증대로 신규 고용 창출, 지속가능 교통물류체계 구축을 통해 교통혼잡비용 · 물류비용 · 교통사고비용 감소 등 편익 발생

제 2 장

물류관리와 물류고객서비스

제1절 물류관리의 개념과 중요성

1. 물류관리의 개념

물류관리(Logistics management)란 원재료의 조달과 제품의 생산・소비에 이르기까지 수반되는 물류의 제반 업무를 종합적이고 체계적으로 관리하여 제품의 비용절감과 재화의 시간적・공간적 효용가치를 통한 시장능력의 강화를 추구하는 것을 말한다. 따라서 물류관리의 핵심은 고객서비스의 향상과 물류비 절감이며, 고객에 대한 서비스를 극대화하는 동시에 물류비용을 최소화하여 이익을 추구하는 것이다.

기업의 물류관리는 구매, 생산, 마케팅 등의 활동과 상호 밀접하게 연관되어 있으며, 최소의 물류비용으로 고객이 만족할 수 있는 서비스 제공을 위하여 이들 관련 활동들이 유기적으로 연결될 수 있도록 정보 활용을 통해 기업 전체의 경영전략차원에서 시스템적 접근이 이루어지도록 하여야 한다.

2. 물류관리의 필요성

(1) 기업 활동에서 생산·판매부문의 원가절감에 한계
(2) 운송비, 보관비, 포장비 등 물류비의 지속적인 증가
(3) 고객 욕구의 다양화, 전문화, 고도화로 고객서비스 향상이 중시
(4) 기업 간 경쟁에서 우위를 점하기 위해서는 물류의 선진화가 필수
(5) 노동력 부족, 공해 발생, 교통 정체, 지가 상승, 도로혼잡비용 증대
(6) 재고비의 상승과 소비자 행동의 변화 - 다빈도 소량주문
(7) 다품종 소량 생산 체제의 등장과 생산비의 절감
(8) WTO 체제의 시장개방 압력 가중, 경쟁 격화, 글로벌 경제화, 지역주의 심화
(9) 물류정보기술의 발전, B2B, B2C, B2G, C2C 등 전자상거래의 확산

3. 물류관리의 중요성과 목표

1) 물류관리의 중요성

기업 활동에서 제조부문에서의 원가절감은 기계화, 원가관리의 합리화, 나아가 자본의 고정화에 따른 고정자산의 증대로 인해 어려운 것이 현실이다. 지금까지 제품의 운송, 보관, 재고통제 등의 물류분야는 관리의 혁신을 통해 대폭적인 비용절감을 기대할 수 있는 분야였음에도 불구하고 관심부족으로 타 분야에 비해 미개척 영역으로 남아 있다.

물류의 중요성에 대해서는 여러 학자들에 의해 언급되어져 왔는데 먼저, 미국의 드러커(P.F. Drucker) 교수는 '경제의 암흑대륙 또는 이윤의 보고'로 언급한 바 있으며, 파커(D.D. Parker) 교수는 '비용절감을 위한 최후의 보루(비용절감을 위한 최후의 미개척 분야)'로 표현하고 있다. 또한, 유통학자 캔버스(P. Converce)는 '물류는 마케팅의 절반'이라 하여

물류를 마케팅 이익을 극대화하는 관리기술로 인식하고 있다. 일본에서도 1965년부터 물류에 대하여 '제3의 이윤원', '비용절감의 보고' 등으로 물류의 중요성을 강조하고 있다.

이와 같이 물류의 중요성이 강조되는 이유에 대하여 스튜어트(W. M. Stewart)는 다음과 같이 지적하고 있다.

첫째, 재고비용 절감을 위해 주문횟수를 증대시키기 위해서는 증가된 주문횟수를 처리할 새로운 시스템의 도입이 필요하다.

둘째, 소비자의 제품에 대한 다양한 요구는 재고저장단위수의 증대를 필요로 하며, 이는 다목적 창고재고 유지, 재고불균형 등의 문제를 발생시킨다.

셋째, 소비자의 상품에 대한 저가 압력은 능률적이며 간접적인 유통경로의 등장을 강요하게 되었다.

넷째, 가격 결정에 있어서 신축성을 부여하기 위해서는 전국적인 평균비용에 의존하기보다는 개별시장으로의 운송에 소요되는 실제 유통비용의 산출이 필요하게 되었다.

다섯째, 물류서비스를 개선하고 물류비 절감을 통해 기업은 고객에 대한 서비스 수준을 높일 수 있으며, 이는 높은 수요를 창출할 수 있다[1].

기업의 비용절감에 대한 인식변화 단계

- 제1의 이윤원 : 생산원가 절감을 통한 이익창출
- 제2의 이윤원 : 마케팅비용 절감을 통한 이익창출
- 제3의 이윤원 : 물류비용 절감을 통한 이익창출
- 제4의 이윤원 : 생산, 마케팅, 물류부서의 전사적 통합관리를 통한 시너지 효과 극대화

1) 신종국・천명환・박민숙, 「최신 유통원론 (개정판)」, McGraw-Hill Korea, 2008, pp. 270-271.

제2절 물류관리의 역할

1. 개별 기업 측면에서의 물류관리의 역할

기업의 비용절감에 대한 인식변화 단계는 상품을 제조 · 판매하기 위한 원재료의 구입과 제품판매에 관련된 제반업무를 총괄하는 물류관리에 중점을 두고 있다. 물류관리는 고객에 대한 서비스 수준의 향상, 물류비의 절감, 구매 · 생산 · 판매부문을 지원하는 정보의 피드백 등을 통해 경영 효율화에 기여하게 되므로 서비스 경쟁, 즉 고객 니즈에 부합하는 물류서비스의 제공이 제품의 판매수단으로 중요시 되고 있다.

2. 국민경제적 측면에서의 물류관리의 역할

국민경제적 측면에서 볼 때 물류의 합리화는 상품흐름의 합리화를 초래하여 상거래의 대형화를 유발하고 유통 효율을 향상시켜 물류비를 절감함으로써 기업의 체질 개선과 소비자 물가 및 도매 물가의 상승을 억제한다. 또한, 품질유지와 정시배송을 통한 서비스 향상에 이바지하여 소비자에게 질적으로 향상된 서비스를 제공하게 되며, 자재와 자원의 효율적인 이용에 기여하고 균등한 지역경제의 발전기회를 부여함으로써 인구의 지역적인 편중을 억제할 수 있게 해 준다. 나아가 물류개선을 위한 사회간접자본의 증가와 각종 설비투자의 기회 부여 및 도시재개발에 따른 생활환경 개선에 이바지한다.

3. 사회경제적 측면에서의 물류관리의 역할

물류관리의 활동은 재화의 물리적 흐름에 관한 경제활동으로서 그 범위는 운송통신활동과 상업활동을 주체로 하고, 이들을 지원하는 여러 활동을 포함하며 거시적 관점에서 사회경제적 물류비의 절감에 목적을 두고 있다.

제3절 물류관리의 목표와 고객서비스

1. 물류관리의 목표

물류관리의 목표는 고객서비스 수준의 향상, 물류의 생산성 제고, 물류이익의 추구라는 측면을 함께 고려하여 세워야 한다. 오늘날 대부분의 기업들의 물류관리 목표는 최소의 비용으로 적정 상품을 적절한 장소에 정확한 시간에 전달하는데 있다. 그러나 고객서비스의 향상은 필연적으로 물류비용의 증가를 가져오게 하는 상충관계(Trade-off)를 초래하게 된다. 기업의 비용을 최소화하기 위해서는 서비스 향상과 물류비 절감 중에서 어느 부분에 더 중점을 둘 것인가를 정해야 하며, 이를 위해서는 물류시스템을 구성하는 제반 물류활동에서 발생하는 비용을 최적화할 수 있는 시스템적 접근이 필요하다.

물류관리의 주요 목표

- 물류비용의 절감, 품질보증, 납기준수율 극대화
- 물류서비스 향상
- 종합물류서비스체계의 구축으로 능률 향상
- 물류센터의 설치·운영으로 효율 향상
- 상품의 수불관리시스템 구축으로 손실 방지

2. 물류관리의 목표로서의 고객서비스

1) 고객서비스와 물류관리

고객서비스란 고객 욕구에 대한 만족도를 나타내는 것으로 서비스 상태를 측정하고 관리하기 위한 지표로서 중요하다. 고객서비스는 효과적으로 활용될 경우, 수요를 창출하고 고객 로열티를 존속시키는데 큰 영향을 미칠 수 있는 핵심변수의 하나이기도 하다. 또한 고객서비스는 구체적으로 주문접수에서 제품인도에 이르는 고객만족 활동의 사슬을 의미하며, 경우에 따라서는 장비 서비스, 유지보수 또는 기타 기술적 지원을 포함하기도 한다.

물류고객서비스는 고객이 주문한 제품의 제공에 수반되는 속도(speed)와 신뢰성(dependability)을 의미하기도 한다[Heskett, 1994]. 최근에는 고객서비스를 충족 프로세스(fulfillment process)로 지칭하기도 한다. 여기에는 주문접수, 지불관리, 피킹 및 제품포장, 출하, 인도, 최종 이용자를 위한 고객서비스 제공 및 반품활동 등이 포함된다[Doctker, 2000]. 고객서비스 수준의 결정은 고객 지향적이 되어야 하며, 그 기업이 달성하고자 하는 특정 수준의 서비스를 최소의 비용으로 고객에게 제공할 수 있도록 하여야 한다.

2) 고객서비스의 요소

고객서비스는 마케팅서비스, 물류서비스, 경영기술서비스 등으로 구성되어 있다. 마케팅서비스에서는 가격서비스가 주가 되며, 물류서비스에서는 납품서비스, 시간서비스, 품질서비스, 재고서비스 등이 주가 된다. 개별기업의 관점에서 볼 때 고객서비스는 마케팅 전략의 필수적인 요소이다. 마케팅은 제품(product), 가격(price), 판매촉진(promotion), 입지(place)의 4가지 요소가 혼합되어 이루어지는데, 여기서 입지는 물류(physical distribution)와 가장 관련이 깊은 요소이다.

물류서비스는 물류시스템의 유효성을 측정하는 수단일 뿐만 아니라, 기존 고객과 잠재고객까지도 고객화하여 판매량을 증대시키는 중요한 수단이 된다. 물류서비스는 시간(time), 신뢰성, 정보교환(communications), 편의성(convenience) 등의 4가지 기본요소로 구성되어 있는데 물류부문에서의 가장 큰 고객서비스 요소로는 시간에 해당하는 주문주기시간(order cycle time)과 재고(제품)가용성을 들 수 있다.

물류부문의 주된 고객서비스 요소

- 주문주기시간 : 고객이 주문을 한 시점과 주문품이 고객에게 인도되는 시점 사이에 경과된 시간을 말하며, 여기서 주문주기(order cycle)는 고객이 주문한 제품을 받기까지 걸리는 총 시간과 사건을 말한다.
- 재고(제품)가용성 : 재고가용성이란 제품이 사용가능한 상태를 말한다.

3) 물류고객서비스의 요소

미국물류관리협의회(NCPDM : National Council of Physical Distribution Management)에서는 고객서비스 요소를 다음과 같이 분류하고 있다.

(1) 거래 前 요소(Pre-transaction elements)

우수한 고객서비스 환경을 구축하기 위한 서비스 요소로, 여기에는 명시된 회사정책, 회사에 대한 고객의 평가, 회사조직, 시스템의 유연성, 기술적인 서비스 등이 포함되어 있다. 발주 후에 정확한 제품 인도 일시, 반송이나 미납품 주문의 처리, 적재방법 등에 대한 고객서비스 지침을 사전에 제공함으로써 고객 자신이 받을 서비스에 대해서 미리 알 수 있도록 해 준다.

(2) 거래 時 요소(Transaction elements)

제품을 고객에게 인도하는데 직접적으로 관련된 서비스 요소로, 재고품절수준, 백오더 이용가능성, 주문주기 구성요소, 시간, 환적, 주문의 편리성, 제품의 대체성 등이 있다. 재고수준을 설정하고, 수송수단을 선택하며, 주문처리 절차를 확립한다.

(3) 거래 後 요소(Post-transaction elements)

[그림 2-1] 고객서비스의 구성요소

현장에서 제품을 지원하기 위해 필요한 서비스 요소로, 결함이 있는 제품으로부터 소비자를 보호한다. 재활용이 가능한 빈병, 파렛트 등의 포장용기를 회수하거나 반품, 소비자 불만, 클레임 처리 등이 포함된다. 거래 후 요소는 제품을 판매한 후에 발생하지만 이들은 거래 전이나 거래시점에서 계획되어야 한다.

4) 고객서비스의 중요성

구매자들은 고객서비스 가운데 물류요소를 매우 중요한 것으로 여기고 있으며, 이들을 제품 가격, 품질, 마케팅, 재정, 그리고 생산에 관련된 다른 요소를 보다 중요하게 생각하고 있다. 미국 오하이오 주립대학교 Logistics 연구소의 발표에 따르면 향후 10년간(1990년대) 마케팅과 물류에서 가장 중요한 전략의 비중이 고객서비스가 될 것으로 지적하고 있다. 특히 최근과 같이 기술혁신으로 품질과 가격 면에서 평준화가 이루어진 상태에서는 고객서비스의 비중이 더욱 높아질 것으로 예상되고 있다.

5) 물류서비스의 3대 요소

(1) 고객이 요구하는 상품(고객의 니즈 보증)
(2) 고객이 요구하는 상품을 기간내 인도(적기 인도)
(3) 고객의 만족(반복 구매)

6) 고객서비스 수준의 개선방법

물류가 제공하는 서비스는 고객의 니즈에 알맞는 시간과 장소에 필요한 서비스의 이용 가능성을 제공하는데 있다. 따라서 물류가 마케팅의 일부분으로 고려되기 위해서는 물류관리에서도 마케팅의 개념을 적용할 수 있어야 하며, 물류서비스 또한 고객의 필요로부터 도출되어야 한다.

(1) 고객의 니즈에 대한 철저한 조사
(2) 실질적인 이익과 비용 간 상충관계를 반영한 서비스 수준의 설정
(3) 주문처리시스템의 최근 기술성과 응용
(4) 개별 유통성과에 대한 측정 및 평가를 통해 고객서비스 개선

7) 고객만족도와 경영성과

(1) 고객만족도지수(CSI : Customer Satisfaction Index)

고객들을 만족시키기 위해서는 고객의 입장에서 고객의 소리를 평가하고 계량화하는 작업이 요구된다. 즉, 고객접점에 대한 철저한 조사를 바탕으로 고객만족도를 산출해야 한다. 종업원의 자사에 대한 불만족은 불량품 또는 불량서비스라는 구체적 형태로 고객에게 전달되어 영향을 미치기 때문에 종업원 만족에 대한 조사가 필요하다. 중간고객의 만족에 대한 조사도 필요한데, 중간고객은 단순히 제품을 최종고객에게 전달해 주는 유통업자의 자격을 넘어서 기업의 사상이나 이념을 최종고객에 전달함으로써 영향을 미치기 때문이다. 마지막으로 품질뿐 아니라 고객만족을 구성하는 여러 측면에서 최종고객의 만족을 유도해야 한다.

(2) 고객만족의 3요소

① 제품 요소 : 품질, 성능, 가격, 디자인, 상표 등
② 서비스 요소 : 점포 분위기, 판매원의 친절, 미소, 신속, 정확, 상품지식 등
③ 기업 이미지 요소 : 사회공헌활동, 환경보호활동 등

(3) 고객만족경영의 성과

신규 고객의 개발에 드는 만족 비용보다 기존 고객을 유지하는데 드는 만족 비용이 더 적게 들고 기존 고객의 유지가 신규 고객의 개발에도 더 효과적이라는 경험적 증거가 많이 있다. 즉, 고객유지와 고객개발이 분리되어 있지 않기 때문에 고객으로부터 신뢰를 얻는 것은 고객만족을 통해서만 가능하고, 그 성과는 브랜드 자산 가치에 누적된다.

8) 주문주기시간(Order Cycle Time)

주문주기시간은 고객이 제품을 주문해서 받을 때까지 걸리는 총시간을 가리키는 것으로 고객서비스의 중요한 요소들이 포함되어 있다. 주문주기를 구성하는 요소에는 주문전달시간, 주문처리시간, 오더어셈블리시간, 재고가용성 및 인도시간이 있다.

(1) 주문전달시간(order transmittal time)

주문을 주고받는데 사용되는 방법에 따라 판매원, 우편, 통신, 전자송달(인터넷)로 구분할 수 있다.

(2) 주문처리시간(order processing time)

적재서류 준비, 재고기록 갱신, 신용장 처리작업, 주문 확인, 주문정보를 생산, 판매, 회계부서에 전달하는 활동이 포함된다.

(3) 오더어셈블리시간(order assembly time)

주문을 받아서 주문정보를 창고나 발송부서에 전달한 후부터 주문받은 제품을 발송, 준비하는데 걸리는 시간이 포함된다(재고품으로부터 주문품을 인출하고, 창고내에서 적재지점으로 제품이동, 필요한 포장작업 그리고 다른 주문들과 혼재하는 작업 포함). 주문처리시간과 오더어셈블리 작업은 상당 부분이 동시에 이루어지고 있다.

(4) 재고가용성(stock availability)

창고에 보유하고 있는 재고가 없을 경우에 생산지의 재고로부터 보충하는데 소요되는 시간을 말한다.

(5) 인도시간(delivery time)

주문품을 재고지점에서 고객에게 전달하는데 걸리는 시간을 말한다. 창고에 재고가 있는 경우에는 공장을 거치지 않고 곧바로 고객에게 인도하는데 걸리는 시간이 인도시간이 된다.

[그림 2-2] 주문주기시간

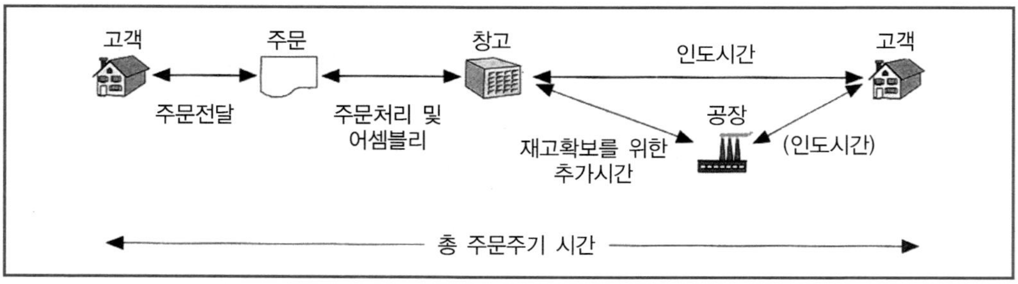

9) 제품수명주기(Product Life Cycle)

제품이 시장에 투입되고 나서 점차 팔리지 않게 되어 자취를 감출 때까지의 과정을 말한다. 일반적으로 제품수명주기는 도입기, 성장기, 성숙기, 쇠퇴기의 4단계로 구분하고 있는데 시간의 흐름에 따라 특정 제품이 속한 카테고리의 매출・이익이 거쳐 나가는 과정을 양적인 표현에 의해 가설적으로 나타낸 것이라 할 수 있다. 제품수명주기는 각 단계별로 물류전략이 어떻게 변경되어야 하는가를 알 수 있게 해 준다.

〈표 2-1〉 제품수명주기 단계별 물류전략

도입기	■ 새로운 제품이 시장에 처음으로 도입되는 단계로 제품의 인지도가 낮고 잠재고객들이 많은 위험을 지각하므로 수요가 매우 적은 시기 ■ 제품이 실패할 가능성이 높고 신제품이라는 특성 때문에 경쟁이 비교적 약한 편이며, 시장 실패에 대한 의 걱정으로 유통망 확보가 어려운 시기 ■ 판매망을 소수의 지점에 제한하면서 신중하게 이루어지는 반면, 제품의 가용성은 제한
성장기	■ 가속적인 구매확산과 대량생산을 통한 가격인하의 연쇄관계가 형성됨에 따라 전체 시장의 규모가 급속하게 확대되는 단계 ■ 경쟁자들이 시장에 참여하기 시작하여 제품차별화의 기회가 다양하게 모색되며, 가격인하 경쟁이 나타나기도 함 ■ 성장기 후반에는 가격인하 경쟁에 대응하고 선택적 수요를 자극하기 위한 촉진비용이 많이 소요되므로 이익은 다시 감소하기 시작 ■ 장기적으로 시장 지위를 확보하기 위하여 유통망을 확충할 필요가 있으나 재고거점의 수나, 재고수준을 결정하는데 있어서 정보가 충분하지 않으므로 물류관리자의 판단에 따른 물류계획이 필요
성숙기	■ 매출액이 체감적으로 증가하거나 안정된 상태를 유지하는 단계 ■ 제품의 유통지역이 가장 광범위해지며, 시장에서 제품가용성을 높이기 위하여 많은 수의 재고거점 필요 ■ 많은 기업들의 진출과 과잉생산능력에 의하여 경쟁이 심화되는 시기이기도 하므로 고객별로 차별화된 물류서비스의 제공이 필요
쇠퇴기	■ 소비자의 기호변화, 성능이 우수하고 저렴한 대체품의 등장, 경쟁자의 월등한 마케팅 전략으로 인한 결정적 우위 차지, 정치적 요인이나 법적 요인 등 마케팅환경요인의 변화 등에 의해 수요가 지속적으로 감소하는 단계 ■ 재고보유거점수가 줄어들어 제품의 재고가 소수의 지점에 집중하게 되므로 효율적인 유통을 유지하기 위해서는 제품의 이동형태와 재고배치의 수정이 필요

[그림 2-3] 제품수명주기

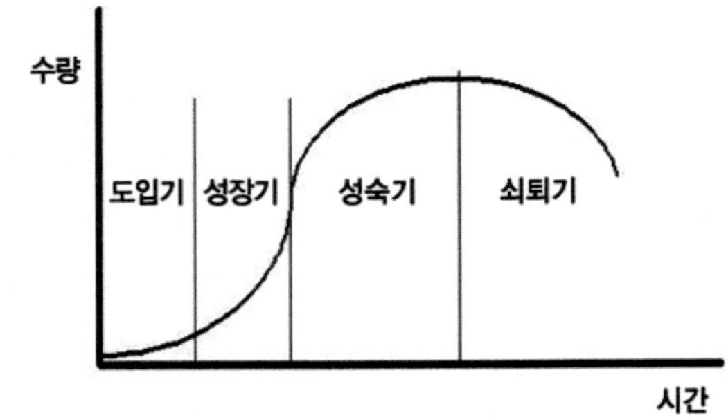

3. 물류서비스와 비용관리

물류관리의 목표로서의 비용은 물류활동에 따른 비용을 수단으로 삼아서 관리하는 것을 의미한다. 제조업자는 달성하고자 하는 고객서비스를 최소의 물류비용으로 제공할 수 있기를 원한다. 즉, 물류관리에 있어서 비용은 정확한 물류비 계산을 전제로 한 물류관리의 수단으로서 중요하며, 물류비는 물류활동내에 존재하는 상충관계(Trade-off)를 고려한 총비용의 최소화를 목표로 추구되어야 한다. 이를 위해서는 개개의 물류활동이 서로 유기적인 관련을 맺어 이를 통합할 수 있는 물류시스템을 개발하여야 한다.

[그림 2-4] 물류비용의 Trade-off 관계

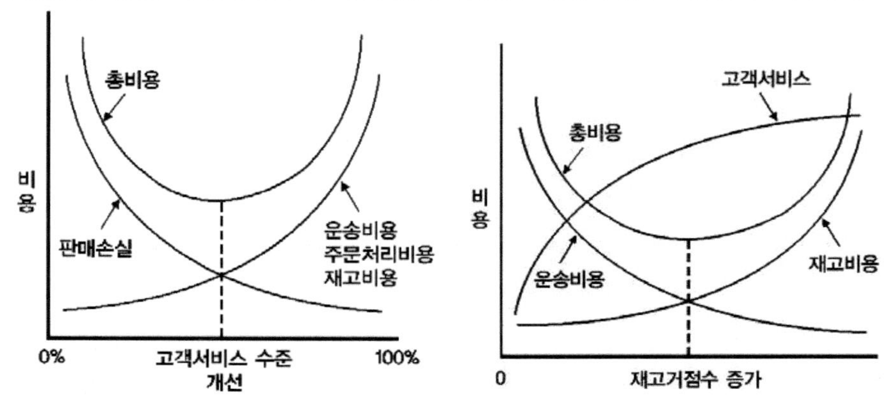

(가) 고객서비스 수준 설정 (나) 창고수 결정

1) 물류관리 관점에서의 물류비의 특징

비용은 활동의 실태를 솔직하고, 충실히 반영한다. 활동이 합리적이지 못하면 비용은 커지고, 이와는 반대로 활동이 합리적으로 수행되면 그 비용은 작아진다. 그러므로 비용의 동태를 보면 관리상태상의 문제점의 유무를 알 수 있다. 여러 가지 활동을 비용이라는 통일적인 척도로 파악함으로써 이들의 제활동을 동일한 기준 위에 올려놓을 수 있다. 이에 따라 이질적인 활동을 비교·분석할 수 있게 된다. 이와 같이 물류활동을 비용으로 바꾸어 놓는 것은 관리라는 관점에서 유효하므로 물류관리에서는 비용에 의한 관리가 중요하다.

2) 물류서비스와 비용과의 관계

기업이 보다 높은 고객서비스 수준을 충족시키기 위해서 활동수준을 높이면 비용은 빠르게 증가하고, 판매와 서비스 관계에서 나타나는 수확체감과 상승하는 비용 – 서비스 곡선은 아래 같은 [그림 2-5]에서 볼 수 있는 형태의 이익곡선을 도출한다. 이익기여곡선은 다양한 서비스 수준에서의 비용(logistics costs)과 수익(revenue) 간의 차이로부터 발생하며, 이익기여곡선상에서 이익이 최대가 되는 점이 물류시스템 계획에서 추구되는 최적의 서비스 수준이 된다.

[그림 2-5] 물류서비스 수준에서의 비용과 수익의 관계

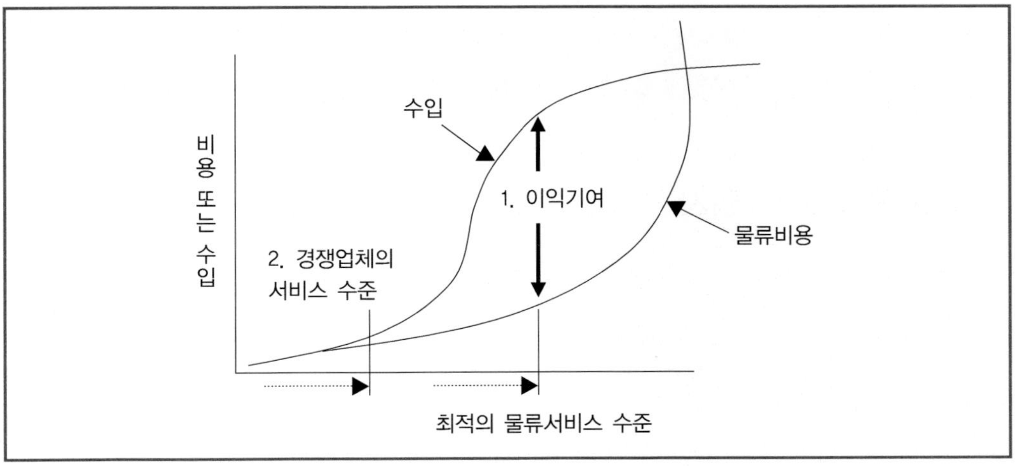

3) 물류코스트전략

(1) Service 일정 / Cost Down 전략

물류서비스 수준을 일정하게 하고, 물류코스트를 절감하는 전략이다. 물류서비스를 일정한 수준으로 정해 놓고, 물류시스템을 개선하는 것으로 가능한 한 적은 코스트로 일정 서비스를 달성하는 효율화 추구 개념이다.

(2) Service Up / Cost 일정 전략

물류코스트를 일정하게 유지하면서 물류서비스를 향상시키는 전략으로 대부분의 기업이 생각하고 있는 물류서비스 향상 개념이다.

(3) Service Up / Cost Up 전략

물류서비스를 향상시키기 위해 물류코스트를 증가시키는 전략으로 적극적으로 코스트를 생각하는 방법으로 물류코스트를 유효하게 활용하는 개념이다.

(4) Service Up / Cost Down 전략

물류서비스를 향상시키고 코스트는 절감시키는 전략이다. 보다 낮은 코스트로 보다 높은 수준의 물류서비스를 실현하는 것으로 '매출증대'와 '이익확대'를 추구하는 전략적 개념이다.

제4절 물류관리의 단계

1. 물류관리 실시 절차

1) 기업의 물류관리 실시 절차

물류관리 영역 및 대상 설정, 물류관리 계획, 물류관리조직 설정, 물류관리 수단과 방법 설정 순으로 되어 있다.

2) 기업의 물류관리 영역

스케쥴관리, 예산관리, 효율관리, 인원관리, 활동관리

3) 기업의 물류관리 수단과 방법

(1) 물류비용에 근거한 관리
(2) 물류서비스에 근거한 관리
    물류서비스시간(리드타임), 재고충족률, 공급의 안정성 및 정확성, 공급에 따른 부가서비스 등
(3) 종합적인 물류효율화에 근거한 관리
(4) 경영전략에 근거하여 설정된 비용·효율 이외의 물류목표에 의한 관리
(5) 기타(일정 시점에서의 물류목표, CI(Corporate Identity), ISO 기준 취득 등)

2. 물류관리의 단계

1) 물류정책결정단계

재고 수준, 서비스의 신속성 수준, 비용 수준 등 물류를 둘러싼 부문 간의 상충관계를 고려하여 서비스와 비용 수준을 계획한다.

2) 물류계획단계

물류정책결정단계에서 계획된 사안을 계획단계에서 구체적인 지표와 방식으로 계획하고 실천단계로 전개시켜 구체적인 예산과 목표의 형태로 결정짓는다.

3) 물류운영(operation) 단계

예산과 실적의 차이를 분석해야 하며 이것이 정책결정단계에서의 비용·효과 분석과 연결된다.

4) 정책결정 실시단계

정책결정 실시단계에서 부문 간 조정을 하고 이것이 서비스와 코스트의 수준을 검토하는 계획단계로 순환되는 형태를 취하게 된다.

〈표 2-2〉 물류관리의 단계

<table>
<tr><th>단 계</th><th>물류관리기능</th><th>주요 내용</th></tr>
<tr><td>plan</td><td>계 획</td><td>•각종 지표의 파악
•물류서비스 수준의 설정
•물류코스트 수준의 설정
•물류거점계획
•재고계획(재고수준, 보충기간, 보충방식 등)
•수배송계획(수송수단 선택, 수송업체 선택, 배송경로 등)
•포장계획(자재, 사양, 규격화 등)
•하역계획(자동차, 기계화, 유닛로드화 등)
•정보처리계획(정보네트워크화, 수발주처리, 배송관리 등)
•인사계획(채용, 배치, 교육 등)
•관리계획(예산, 평가방식, 작업매뉴얼 등)</td></tr>
<tr><td>do</td><td>실 시</td><td>•수배송활동
•보관활동
•하역활동
•재고관리활동
•정보처리활동</td></tr>
<tr><td rowspan="3">see</td><td>평 가</td><td>•물류비용평가
•서비스평가(납기, 품절 등)
•계획지표와의 차이 분석(물류비용 차이, 서비스 수준 차이)
•예산과 실적 차이 분석</td></tr>
<tr><td>조 정</td><td>•부문 간, 물류기능 간의 Trade-off 조정</td></tr>
<tr><td>문제발견</td><td>•구입계획, 제품계획, 유통계획</td></tr>
</table>

제 3 장 물류관리전략

제1절 경영전략과 물류관리전략

1. 경영전략

경영전략이란 기업의 장기적 목적 및 목표의 결정, 이들 목표의 결정을 실행하기 위하여 기업활동을 전체적·계획적으로 적응시키는 전략으로 기업을 둘러싼 환경변화에 능동적으로 대처하여 기업의 존속과 성장을 꾀하는 것을 말한다.

경영전략의 수립은 기업의 목적을 명확히 정의하는데서 출발한다. 즉, 이윤의 추구, 생존,

사회적 기여, 투자수익률(ROI), 시장점유율, 성장 등이 이에 해당하며, 다음으로 비전수립(visioning) 과정이 필요하다.

경영전략 수립시 고객(customer), 공급자(supplier), 경쟁자(competitors), 전략의 주체가 되는 기업(company)의 4가지 요소를 고려해야 하는데 이를 위해서는 이들 각각의 니즈, 강점, 약점, 지향하는 목표, 전망 등을 평가하고 최적의 전략을 도출하기 위한 brainstorming 과정을 거쳐야 한다.

경영전략의 효율적인 실행을 위해서는 포괄적이고 일반적인 비전 · 전략들을 보다 구체적인 계획으로 전환해야 한다. 비용구조, 재무적 강점과 약점, 시장점유 수준, 자산 기반과 배치, 외부환경, 경쟁력, 고용자의 기술 등에 대한 명확한 이해를 바탕으로 기업이 직면하고 있는 위협과 기회로부터 도출되는 대안 전략들을 선택하고, 이들 전략들이 수립된 비전을 실현할 수 있는 구체적인 방향을 제공해야 한다.

2. 경영전략과 물류전략의 관계

기업전략은 다음 [그림 3-1]에 나타난 것과 같이 세부적인 기능별 전략을 포함한다. 즉, 제조, 마케팅, 재무, 그리고 물류활동에 대한 각각의 계획을 구체화함으로써 기업전략은 구현될 수 있다. 물류전략은 기업의 경영전략에 포함, 기업전체의 최적화를 목적으로 전략적인 체계하에서 효과적으로 운영되어야 한다.

[그림 3-1] 경영전략과 물류전략

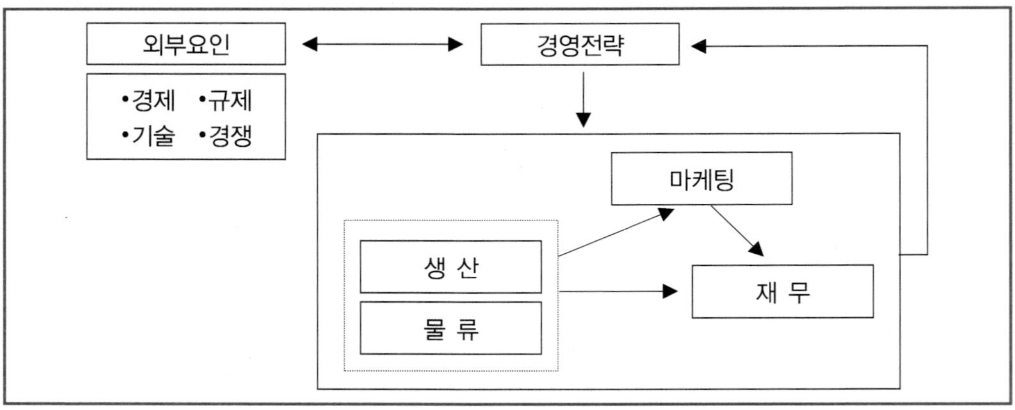

제2절 마케팅전략과 물류관리전략

1. 마케팅의 정의와 물류

미국마케팅협회(AMA : American Marketing Association)에서는 마케팅을 개인이나 조직의 목적 달성과 욕구 충족을 가능하게 하는 교환을 창출하기 위하여 아이디어, 재화 및 서비스의 이념화, 제품화, 수요예측, 판매 촉진 및 유통을 계획하고 집행하는 과정이라고 정의하고 있다. 즉, 마케팅이란 기본적으로 소비자의 니즈(수요창조, demand creation)와 욕구충족(수요충족, demand satisfaction)의 역할을 수행하기 위한 일련의 활동들을 말한다. 물류는 마케팅에서의 교환활동의 일부로 고객의 필요에 따라 원재료 및 최종 상품의 생산지점에서 사용지점에 이르기까지의 물리적 흐름을 계획, 실행, 통제함으로써 고객의 니즈와 욕구를 충족시키기 위하여 행해지는 활동이다[P. Kotler, 2000].

이와 같이 마케팅은 수요를 창출하고 조절하는 역할을 하는데 반해 물류의 경우에는 발생한 수요에 대해 서비스를 공급함으로써 수요를 충족시킨다. 실제로 물류의 경우 시장에서의 수요발생 이전의 상품의 존재가 수요를 창출하기도 하기 때문에 엄밀히 말하자면 수요의 창출과 조절기능을 분리시킬 수는 없다. 물류의 역량이 강한 기업일수록 수요창출 및 조절에 유리한 것을 보더라도 물류서비스가 수요창출에도 영향을 미치고 있음을 알 수 있다.

- 전통적 마케팅 : 소비자의 욕구가 반영되지 않음. 후행적 마케팅, Push 방식
- 현대적 마케팅 : 소비자의 욕구가 반영됨. 선행적 마케팅, Pull 방식,
  고객과의 관계 강조 ⇨ 고객 · 시장지향적 관리

2. 마케팅의 기능

마케팅의 기능에는 환경 분석, 마케팅 조사, 소비자 분석, 상품기획, 유통계획, 촉진계

획 그리고 가격결정 등이 있다. 이 중에서 환경 분석, 마케팅 조사, 소비자 분석은 시장세분화를 통한 표적시장의 선택과 상품의 포지셔닝 등의 기본적인 마케팅 전략의 수립을 위해 수행되는 기능이며, 상품(product), 가격(price), 촉진(promotion), 유통(place)의 4P's와 관련된 계획은 이미 수립된 기본적인 마케팅전략에 근거하여 만들어진다. 4P's 중 물류는 유통채널과 관련이 깊다. 참고로 유통채널은 경직적이므로 다른 마케팅 믹스에 비해 한번 결정되면 다른 유통채널로의 전환이 용이하지 않다.

[그림 3-2] 마케팅의 체계

3. 마케팅전략과 STP

기업의 마케팅전략은 기업의 목표 설정과 제품의 포트폴리오가 결정이 되면 시장에서의 전략적 위치를 결정하게 되는데, 시장에서의 전략적 위치는 각 기능별 전략과 밀접하게 연계되어 있으며, 특히 마케팅전략은 시장 포지셔닝(positioning) 전략의 가장 중요한 부분을 차지한다.

1) 마케팅전략과정과 STP 개념

기업의 전략이 수립되면 각 사업단위별로 최적의 제품시장에 접근하기 위한 마케팅전략으로 시장세분화와 표적시장결정이 이루어지고 표적시장에서의 제품 포지셔닝이 행해진다. 시장세분화(market segmentation)는 전체 시장을 기업의 마케팅 믹스 투입에 대하여 유사한 반응을 할 것으로 추정되는 여러 개의 고객집단으로 나누는 과정을 의미한다. 표적시장(target market)의 결정은 여러 개의 세분시장들 중 그 기업의 욕구를 가장 잘 충족시킬 수 있고 경쟁력을 가질 수 있는 세분시장을 선정하는 것을 말하며, 포지셔닝(positioning)은 소비자의 마음속에서 특정 상표나 서비스가 경쟁 상표나 서비스와 비교하여 상대적으로 어떤 위치를 차지하도록 하는 마케팅 노력을 말한다.

[그림 3-3] 전략수립의 전체적 과정

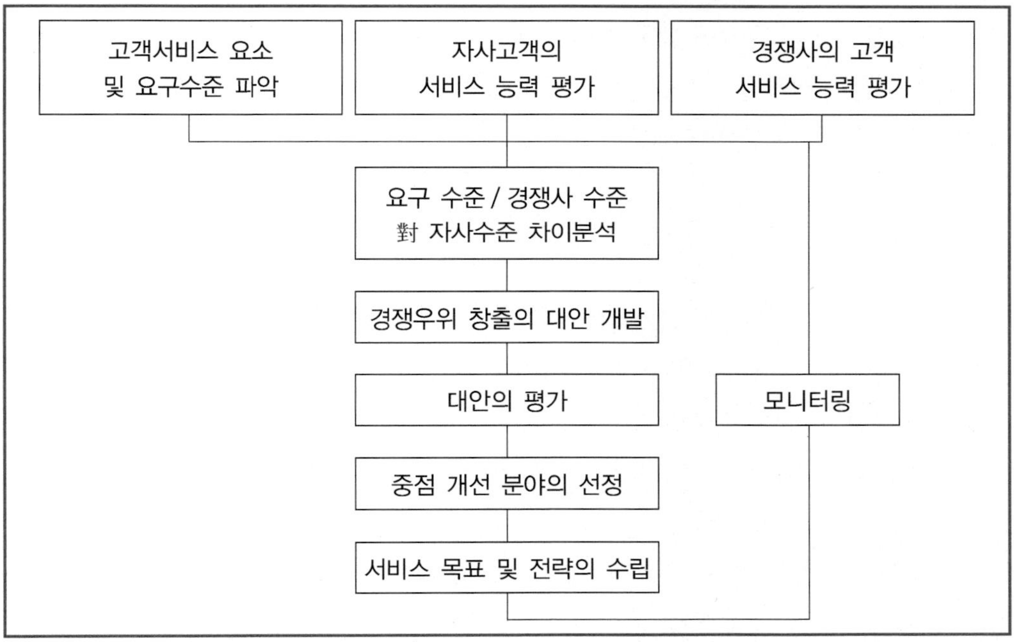

4. 마케팅 조사과정

미국마케팅협회(American Marketing Association)에서는 마케팅 조사를 정보(즉, 마케팅 기회와 문제를 파악할 수 있는 정보, 마케팅활동을 기획 · 수행 · 평가하는데 이용되는 정보, 마케팅활동의 성과를 관찰할 수 있는 정보, 마케팅 과정에 대한 이해를 증진시켜 줄 수 있는 정보)의 수집 · 분석을 통하여 소비자, 고객 및 일반 대중을 기업의 관리자들과 연계시켜 주는 기능을 수행하는 것이라고 정의하였다.

마케팅 조사는 마케팅 의사결정을 내리는데 필요한 정보가 무엇인지를 규명하고, 이러한 정보를 수집하는 방법을 설계하고, 자료의 수집과정을 통제하며, 결과를 분석하여, 이를 기업의 마케팅전략에 적절히 반영하도록 하는 과정이다. 따라서 시장조사를 통해 수집되는 정보는 객관적이어야 하며, 최근의 시장상황을 반영하여야 하며, 또한 현재 마케팅 담당자가 처한 문제를 해결하는데 필요한 내용이어야 한다.

1) 마케팅 조사의 진행과정

(1) **문제의 제기** : 마케팅 관리자는 매출감소, 시장점유율의 하락, 경쟁업체의 진출 등과 같은 기업 내외의 문제에 대하여 이의 발생원인과 해결방안 또는 마케팅 활동상의 의사결정을 위하여 마케팅 조사를 실시하게 된다.

(2) **예비단계** : 문제에 대한 해결을 찾기 위해 마케팅 담당자들은 우선 사내외의 2차 자료와 심층면접 과정을 통해 수집된 자료를 정리하고 분석해야 한다.

(3) **마케팅 조사설계** : 구체적인 조사목적과 필요한 자료를 감안하여 조사방법과 조사계획을 수립하게 된다.

(4) **자료수집** : 조사기법을 결정하고 그에 맞는 설문지와 같은 측정도구를 작성함과 동시에 조사대상의 선정을 위한 표본추출계획을 수립한다.

(5) **자료의 분석 및 대안 제시** : 수집된 자료에 대해 분석을 실시하고, 분석결과를 토대로 기업의 실무자와의 토론을 거쳐 시행가능한 의사결정대안을 도출해 낸다.

5. 마케팅 관리과정

마케팅의 관리과정은 마케팅 환경과 소비자를 분석한 결과를 토대로 마케팅전략을 수립하고 마케팅 믹스에 관한 계획을 만들어 이를 수행하고 통제하는 일련의 과정을 말한다.

마케팅 계획은 대기업의 경우, 영업사원, 마케팅 조사전문가, 광고전문가, 제품관리자, 고객서비스 담당자 등 많은 마케팅 전문가들에 의해 실행에 옮겨진다. 마케팅 계획이 실행될 때 원래 계획했던 대로 실행되어 성과가 나타나는 부분도 있으나 계획과 실제 성과가 다른 경우도 많이 볼 수 있다. 따라서 기업은 피드백을 얻어 마케팅 활동을 통제할 수 있는 시스템을 가지고 있어야 한다. 보통 통제시스템에는 기업의 매출이나 이윤 등의 연간목표를 달성할 수 있도록 하는 연간계획 통제시스템, 시장조건에 비추어 마케팅전략이 적절한가를 통제하는 전략적 통제시스템이 있다. 마케팅 환경이 빠르게 변할수록 기업은 정기적으로 마케팅의 효과성을 재평가하여 궤도수정을 해 나가는 마케팅 감사(marketing audit)를 실시하게 된다.

마케팅 믹스(Marketing Mix)

1. 의의 : 기업이 표적시장에서 마케팅 목표를 달성하기 위해 사용하는 마케팅 도구들의 집합
2. 마케팅 믹스와 관련된 의사결정들
(1) 가격계획 : 상품의 가격수준과 범위, 가격결정기법, 판매조건 등을 결정하는 것
(2) 제품계획 : 제품, 제품 구색, 제품 이미지, 상표, 포장 등의 개발과 관련된 의사결정
(3) 촉진계획 : 광고, 인적판매, PR(Public Relations), 판매촉진 등을 통해 고객이나 일반 대중들에게 의사를 전달하는 일에 관한 의사결정
(4) 유통계획 : 유통경로를 설정하고, 물류 및 재고관리, 도매상 및 소매상의 관리를 위한 계획을 세우는 것

6. 고객관계관리(CRM)

고객관계관리(Customer Relationship Management)는 마케팅의 각 단계에서 축적되는 고객정보를 체계적으로 이용하여 수익성 높은 고객과의 관계를 창출하고 지원하여 매출을 최적화하고 고객기반을 확충하며, 고객의 성향과 욕구를 파악하여 이를 충족시키면서 기업의 목표를 달성하는 전략이다.

1) CRM의 필요성

① 업무기능상의 통합
② 고객의 세분화에 맞는 정보 분석
③ 유통경로의 다양화
④ 고객이 필요로 하는 제품과 차별화된 서비스 제공

⑤ 정보통신수단의 발달

2) CRM의 특징

① 시장점유율보다 고객점유율에 비중을 두어야 한다.
② 고객의 획득보다 고객의 유지에 중점을 두어야 한다.
③ 제품판매보다 고객관계에 중점을 두어야 한다.

3) CRM의 절차

① 현재 기업이 보유하고 있는 고객과 잠재고객에 대한 데이터를 수집·분석하여 비즈니스적인 요구에 맞는 마케팅 정보로 가공
② 고객 행동을 분석·예측하기 위하여 고객의 행동 확률을 고객 개인별로 점수화
③ 개별 고객의 점수를 활용하여 동일한 고객군으로 그룹화 하여 분류
④ 고객별·그룹별로 효과적인 마케팅 프로그램과 전략을 개발, 검증, 구현, 측정 및 수정

마케팅 컨셉의 변화

1. 1950년대 (대량 마케팅): 마케팅 사고의 등장, 대량생산, 대량소비, 신규고객창출
2. 1970년대 (세분화 마케팅) : 목표 고객의 필요에 따른 차별화된 마케팅
3. 1980년대 (틈새 마케팅): 세분화된 마케팅의 의미론적 변화
   경쟁기업이 간과하고 있는 시장을 집중적으로 공략
4. 2000년대 (CRM): 개별 고객의 욕구, 고객과의 1:1 관계 구축, 기존 고객 유지

7. 물류와 생산, 마케팅 간의 관계

다음 [그림 3-4]는 마케팅과 물류, 그리고 생산과 물류 간에 공통적으로 일어나는 활동영역을 나타낸 것이다.

[그림 3-4] 물류, 생산 및 마케팅 간의 관계

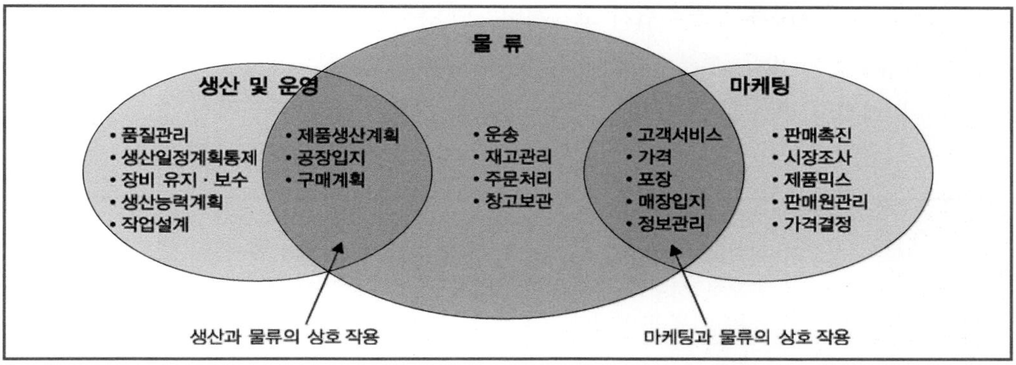

공통적인 영역은 복잡한 기업 활동을 소수의 부서로 임의적으로 나누는데서 발생되며, 관련 부서 간의 이해관계가 얽혀 있기 때문에 어느 한 부서 독자적으로는 효율적으로 수행할 수 없는 활동이다. 복수의 부서에 관련되어 있는 활동을 특정 부서에 맡길 때 기업의 목표가 한 부서의 목표로 전락하는 결과를 초래하여 기대치에 못 미치는 결과를 얻게 된다. 따라서 이러한 문제를 효율적으로 해결하기 위해서는 조직이나 부서 간의 협조를 이끌어 낼 수 있는 매체나 동기부여가 필요하다.

기존의 조직 외에 제3의 조직을 만드는 것이 항상 유리한 것만은 아니다. 마케팅과 생산조직만이 존재할 때 조직 간의 교류는 제한적이고 단순하며 조직의 수가 늘어날수록 조직 간의 관계가 복잡해지게 된다. 기업경영에 있어서 가장 어려운 일 중의 하나가 조직 간의 기능과 역할을 조정할 때 조직 간에 존재하는 알력을 해소하는 것이라는 사실에서 그 이유를 찾을 수 있다.

제3절 전략적 계획 수립과정

1. 물류전략의 목표

물류전략은 비용절감, 자본절감, 서비스 개선을 목표로 한다. 물류전략은 기업의 경영전략 및 마케팅전략을 베이스로 하기 때문에 이들 전략의 방향성에 맞추어 지속적으로 변경해 나가야 한다. 물류전략 수립시 고객서비스의 충족수준, 경쟁자의 제공 서비스 수준, 나아가 물류활동의 많은 부분이 기업 외부에서 수행되고 있는 점을 감안하여 사회 환경 및 소비자 의식의 변화, 인프라 정비상황 등을 고려하여 수립해야 한다.

비용절감	•운반 및 보관과 관련된 가변비용을 최소화하는 전략 •창고의 위치를 선정하거나 수송수단을 선택할 때 비용이 최소가 되는 대안을 선택하는 방안으로 서비스 수준은 일정하게 고정시킬 필요가 있음 •주요 목표는 이윤의 극대화
자본절감	•물류시스템에 대한 투자를 최소화하는 전략으로 이 전략의 동기는 투자에 대한 수익을 극대화하는 것 •창고에 제품을 보관하지 않기 위해서 소비자에게 직접 제품을 운송하고, 자가창고를 운영하는 대신 영업창고를 이용하며, 재고를 비축하기보다 JIT 공급방식을 선택하며, 자체적인 물류망을 구축하는 대신 전문물류서비스업체를 이용함으로써 물류부문의 자본을 절감하는 방식 •높은 수준의 투자를 필요로 하는 전략들보다 가변비용을 많이 초래할 수 있으나 투자수익은 증가
서비스 개선	•고객에게 제공되는 서비스 수준에 비례하여 수익이 증가한다는데 근거 •물류고객서비스 수준이 증가함에 따라 비용은 급격히 증가하지만 이로 인한 수익의 증가는 비용증가분을 상쇄하고도 남으며, 효율적인 서비스전략은 경쟁사가 제공하는 서비스 수준을 고려하여 적정 서비스 수준 결정

2. 물류전략의 유형과 구성요소

1) 물류전략의 유형

(1) 비교우위 전략

① 저비용-저서비스를 제공하는 물류전략
② 저비용은 효율적 물류운영을 통하여 물류비 절감
③ 대형화 및 공동수배송 등으로 원가우위를 얻을 수 있는 전략

(2) 차별화 전략

① 고비용-고서비스를 제공하는 차별화 전략

② 경쟁기업과는 다른 독특한 서비스를 고객에게 제공하는 전략
③ 당일 배송서비스는 가장 높은 가격을 부가한 차별화 전략

2) 물류전략의 구성요소

(1) 기초실행 수준

기업정책, 정보시스템, 설비 및 장치, 조직 및 변화관리

(2) 물류기능 수준

창고 설계 및 운영, 수송관리, 자재관리

(3) 물류구조결정 수준

경제적인 네트워크 구축과 제품 특성에 적합한 경로설계

(4) 물류전략 목표수준

고객서비스 제고

3. 물류계획의 구분

물류계획은 전략적 계획, 전술적 계획 및 운영적 계획으로 구분할 수 있다.

1) 전략적 계획(장기계획)

기간이 1년 이상인 장기계획으로 전략적 계획에서는 설비투자와 같이 장기간에 걸쳐 이루어지는 사업, 즉 시설입지(창고입지 결정), 수송수단 선택 등을 계획한다.

2) 전술적 계획(중기계획)

기간이 1년보다 작은 단위의 중기계획으로 전술적 계획에서는 재고 포지셔닝, 고객주문에 대한 우선순위 규칙, 공급자 선택 등을 강구한다.

3) 운영적 계획(단기계획)

시간, 일 단위로 자주 의사결정이 이루어지는 단기계획으로 주문처리, 경로계획, 주문품 발송 등을 계획한다.

제4절 물류전략 수립과정

1. 물류계획의 수립과정

어떤 조직을 관리하는데 있어 미래에 대한 계획을 세우는 것이 중요한데, 물류계획은 경제상황과 기업의 경영전략에 맞추어 수립해야 한다.

1) 물류계획의 수립단계

(1) 제1단계(물류환경분석)

관련 산업 물류환경, 업계 물류환경, 경쟁사 물류환경, 자사 물류환경, 하드웨어·소프트웨어 환경, 기술 및 법규 환경 등을 분석한다.

(2) 제2단계(물류목표설정)

소비자의 니즈(needs, 욕구)가 무엇인지, 얼마만큼(수량)을 원하는지, 언제(시기) 원하는지, 제품의 디자인이나 품질은 어느 정도인지, 가격은 얼마를 원하는지를 분석하고 예측한다. 여기서는 고객서비스 수준의 향상과 비용절감을 어떻게 조절하느냐가 중요하다.

(3) 제3단계(물류전략수립)

상기의 단계를 토대로 제품 설계 및 개발, 원자재 및 부품 조달, 생산 및 조립, 일정계획, 재고관리, 운송 등 소비자의 손에 제품이 인도될 때까지의 모든 활동을 계획하고, 여기에 필요한 제자원을 검토한다. 이 단계에서는 물류합리화의 관점에서 물류거점통합, 납기관리, 운송관리, 재고관리, 정보관리, 포장의 모듈화 등에 초점을 맞추어 계획을 세우는 것이 중요하다.

[그림 3-5] 물류전략 수립과정

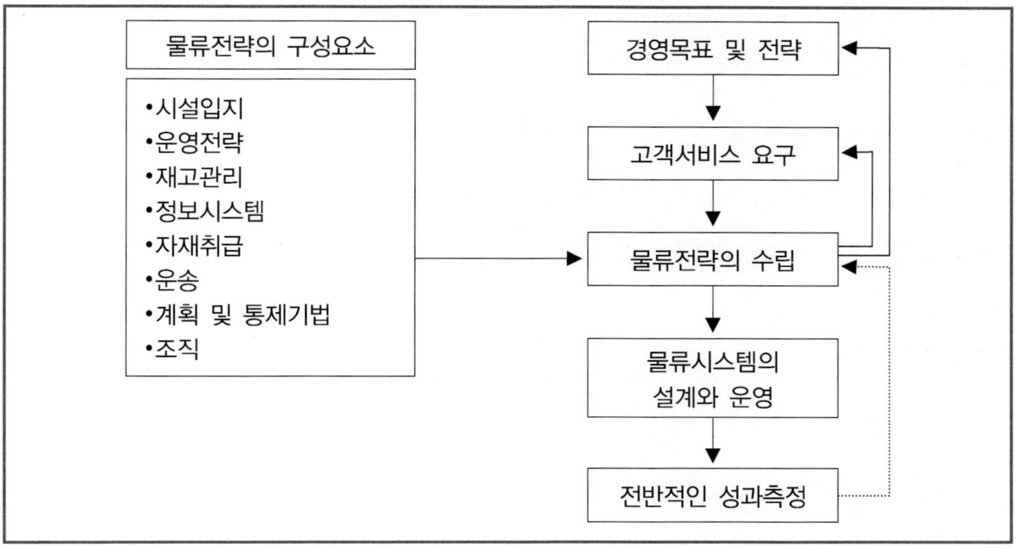

(4) 제4단계(설계 · 운영 및 성과측정)

물류관리전략에 따른 물류시스템의 운영과 성과측정을 통하여 이를 기업의 경영전략에 다시 반영하도록 한다.

2. 물류계획의 추진단계

1) 물류계획의 추진 4단계

전략적 단계 ⇒ 구조적 단계 ⇒ 기능적 단계 ⇒ 실행 단계

2) 전략적 단계

고객서비스 수준 결정, 물류전략 수립과정에서 최우선적으로 결정, 고객만족과 기업이윤의 극대화를 달성할 수 있는 최적의 서비스 제공

3) 구조적 단계

(1) 유통경로 설계

유통경로는 일단 한 번 구축되면 구조변경이 상당히 어렵기 때문에 경로설계시 치밀한 사전계획이 필요하고 고객의 욕구 변화로 경제상황에 적합한 유통경로의 재검토 및 재구축, 수송비 및 설비투자비 등의 비용조건을 총비용 개념으로 고려하여 구축해야 한다.

(2) 물류네트워크 설계

원부자재의 조달업무, 생산활동, 판매유통과정까지의 흐름을 최적화하고 전체 과정을 상호 연관된 단계인 부가가치 공급체인의 관점에서 접근

4) 기능적 단계

(1) 물류창고의 설계 및 운영

창고의 규모와 수, 설립 장소, 운영시설 등을 고려하여 창고운영(자가창고 운영 혹은 영업창고 이용)

(2) 운송관리

상품에 맞는 운송전략과 단기·중장기적 운송비용 감소 추진

(3) 자재관리

수요예측에 재고계획, 생산계획, 생산일정 및 구매를 포함하는 전반적인 원·부자재 및 완제품의 보충과정에 관한 사항

5) 실행 단계

(1) 정보시스템 구축

생산, 마케팅, 회계, 재무 등의 기업활동과 상호 연계하여 기업활동의 통합화를 통해 원가관리 및 고객에게 양질의 서비스를 제공한다.

(2) 정책 및 절차 수립

기업의 성과달성을 위한 각종 물류분야 관련 정책의 수립과 실행을 할 수 있는 업무절차를 수립한다.

(3) 설비 및 장비 도입

기능적 단계를 실현할 수 있는 적합한 시설을 도입한다.

(4) 조직 및 변화관리

물류조직의 효율적인 통합 구성을 통해 조직형태의 능동적인 변화를 추구한다.

제5절 물류계획과 수요예측

1. 수요예측의 개요

물류계획에 있어서 기업의 제품과 서비스에 대한 수요의 발생을 파악하고 수요를 예측하며, 그 기업이 그 수요를 어떻게 충족시킬 것인가를 결정하는 것이 필요한데, 이를 수요예측이라 한다. 수요예측은 기업의 제품과 서비스에 대한 수요의 양과 시기를 예측하는 것으로, 수요예측의 목적은 의사결정에 있어 발생될 수 있는 위험을 감소하는데 있다. 수요예측이 이루어지면 수요를 충족시키기 위해 필요한 자원에 대한 예측을 실시하는데 이는 구매되는 부품과 원자재뿐만 아니라 기업의 설비, 기계, 노동력에 대한 양과 시기를 예측하는 것을 말한다.

1) 부품들의 재고관리

부품들의 재고를 통제하는데 있어서는 구매방법을 결정하기 위해 각 부품별로 측정해야 하며 더욱이 조달 리드타임에 대한 예측 오차의 가변성을 측정해야만 재주문점을 결정할 수 있다.

2) 설비계획

새로운 설비 등에 관한 의사결정은 그러한 설비를 활용하는 활동에 관한 장기예측을 필요로 하는데, 소요투자의 정당화를 위해서는 수요예측이 필요하다.

3) 인원수급계획

인사관리자는 소요인원을 효율적으로 확보하기 위해 자원계획에 따라 인원수급을 예측하여야 한다.

4) 재무계획

재무관리자는 자신의 조직이 시간경과에 따라 겪게 될 자금흐름의 패턴에 관심을 갖고 있기 때문에 현재의 의사결정에 도움을 받기 위해서 여러 가지 미래시간에 걸쳐 유형별로 분리된 자금흐름을 예측하여야 한다.

2. 수요예측기법의 유형

[그림 3-6] 수요예측기법의 유형

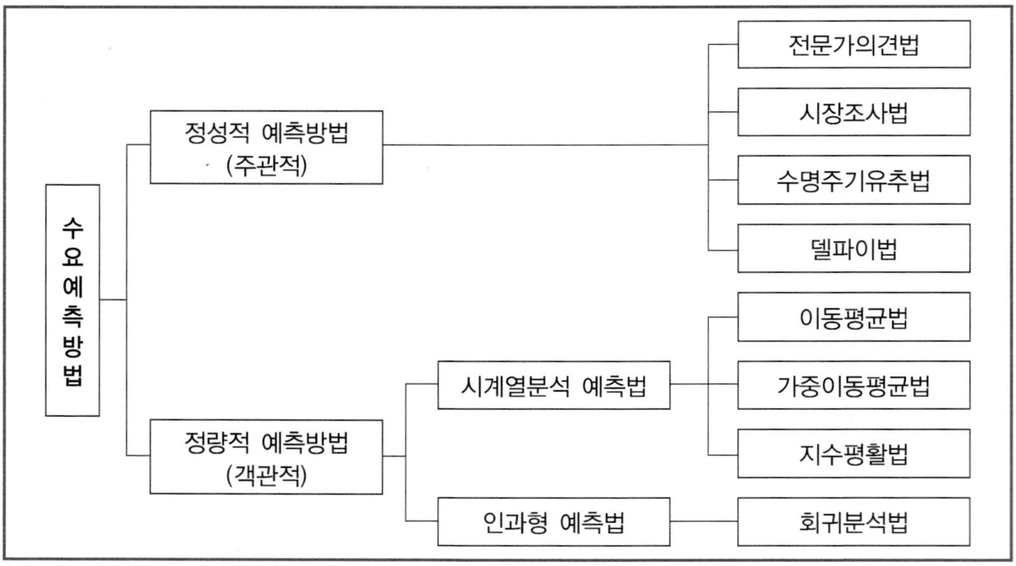

1) 정성적 기법

(1) 델파이법(Delphi method)

한 질문서에 대한 응답을 기초로 다음의 질문서를 전문가 패널에게 돌려 그들의 의견을 수렴함으로써 예측 값을 획득하는 수요예측방법이다. 참가자에게 먼저 표시한 의견에 대한 이유를 물을 수 있으며, 이러한 이유들을 모아 각각의 참가자들에게 알려주고 먼저의 추정 값을 다시 고려하여 가능한 개선점이 있으면 개선하도록 부탁한다. 이와 같은 과정을 3~6차례 반복 시행한 후 예측 값을 확정한다.

델파이법은 주로 신제품 개발, 시장전략 등을 위한 장기예측이나 기술예측에 적합하다. 과거 자료 등의 예측자료가 없어도 예측이 가능한 장점이 있는 반면, 창의력을 자극할 수 없으며, 시간과 비용이 많이 드는 단점이 있다.

(2) 시장조사법(Market Research)

예측대상에 대한 가설을 세운 다음 설문지, 직접 인터뷰, 전화 등을 이용하여 소비자의 심리, 선호, 구매동기 등을 조사하는 방법으로 정성적 기법 중 가장 시간과 비용이 많이 들지만 가장 정확한 예측방법이다. 시장조사법은 회사의 총판매량 예측, 중요 생산품, 각 제품별 수요예측에 사용된다.

(3) 패널여론조사법(전문가의견법)

어느 한 개인의 의견보다는 다수의 전문가의 의견이 더 좋은 예측치를 도출해 낸다는 가정 하에 전문가 상호 간에 자유롭게 의견을 제시하게 함으로써 예측치를 구하는 방법으로 비교적 단기간에 저렴한 비용으로 예측결과를 얻을 수 있다.

(4) 역사적 유추법(수명주기유추법, Historical analogy)

신제품이 개발될 경우에 과거의 자료가 없으므로 유사제품의 제품수명주기의 도입기, 성장기, 성숙기, 쇠퇴기의 단계에서의 수요변화에 관한 과거의 자료를 이용하여 수요의 변화를 유추해 보는 방법이다. 역사적 유추법은 중기나 장기의 수요예측에 적합하다고 알려져 있으며 비용이 적게 든다는 장점이 있으나, 신제품과 비슷한 기존 제품을 어떻게 선정하느냐에 따라 예측결과에 차이가 많이 나는 단점이 있다.

2) 정량적 기법

(1) 시계열 분석기법(Time Series Analysis)

시계열 분석기법은 예측하고자 하는 상품의 수요량이 과거의 일정 기간 동안 어떤 형태로 이루어졌는지를 분석하여 미래의 수요를 예측하는 방법이다. 시간에 따라 변화하는 어떤 현상을 일정한 시간 간격으로 관찰할 때 얻어지는 일련의 관측치를 말한다. 시계열 분석기법은 주로 단・중기 예측에 사용되며, 대표적인 분석기법으로는 이동평균법, 지수평활법, 추세분석법, 시계열분석법 등이 있다.

① 시계열의 구성요소 1

시계열이란 일정한 시간 간격으로 본 일련의 과거 자료를 말하는 것으로 예를 들어 일별, 주별, 월별 판매량 등을 가리킨다. 시계열은 때로는 확연히 드러나지 않는 경우도 있지만 대개는 어떠한 패턴을 가지며, 이러한 패턴은 추세(T : Trend), 계절적 변동(S : Seasonal Variation), 순환요인(C : Cyclical Element) 및 불규칙변동 혹은 우연변동(R : Irregular or Random Variation)으로 구성되어 있다.

② 시계열의 구성요소 2

㉠ 추세변동(T) : 장기변동의 전반적인 추세를 나타내는데, 수요가 일정한 비율로 증가 또는 감소하는 경향을 나타낸다.

㉡ 계절적 변동(S) : 추세선 상하로의 변동을 나타내며 1년 단위로 계절에 따라 되풀이되는 변동을 나타낸다.

㉢ 순환요인(C) : 1년 이상의 장기간에 걸쳐 수요가 상하로 순환적으로 변하는 것을 나타내며 주로 경기변동에서 비롯된다.

㉣ 불규칙변동(R) : 수요변동을 추세, 계절적 변동 및 순환요인에 의해 규명하였을 때 나머지 설명할 수 없는 변동으로, 예측이나 통제가 불가능하다. 이러한 우연변동은 전쟁, 석유파동, 천재지변 등과 같은 우연한 요인에 의해 발생하므로 어떠한 패턴도 가지지 않는다.

③ 단순이동평균법

㉠ 시계열에 계절적 변동이나 급속한 증가 또는 감소의 추세가 없고, 우연변동만이 크

게 작용하는 경우의 수요예측에 유용하다.

㉡ 단순이동평균법에서는 이동평균을 통하여 우연변동을 제거하고, 예측하고자 하는 기간의 직전 일정 기간 동안의 실제수요의 단순평균치를 예측치로 한다. 즉, 기간 t의 실제수요를 At, 기간 t의 예측치를 Ft, 그리고 이동평균기간을 N이라 하면, 예측치 Ft는 다음과 같다.

Ft = At-1 + At-2 + … + At-N / N

④ 예측기법의 예제(단순이동평균법)

예를 들어, 실제수요가 다음과 같다고 가정해 보자.

월(t)	1	2	3	4	5
실제수요(At)	2	4	3	5	?

이동평균기간이 4개월이라면 4개월 단순이동평균에 의한 5월의 수요예측치 F_5는 다음과 같이 계산된다.

$$F_5 = \frac{2+4+3+5}{4} = \frac{14}{4} = 3.5$$

다시 5월이 경과하여 5월의 실제수요가 4였다면 4개월 동안의 단순이동평균에 의한 6월의 수요예측치 F_6은 다음과 같다.

$$F_6 = \frac{4+3+5+4}{4} = \frac{16}{4} = 4$$

⑤ 가중이동평균법

단순이동평균법과 유사하나 각 관측치에 동일한 가중치를 주는 단순이동평균법과는 달리 오래된 값보다 최근의 값에 가중치를 좀 더 주어 그 값을 예측치로 사용하는 방법이다. 가중이동평균법은 최근의 자료에 보다 큰 가중치를 부여함으로써 예측치가 수요변동을 빨리 따라가게 할 수 있다는 장점을 가지고 있지만, 단순이동평균법에 비해 계산량이 다소 많다는 단점이 있다. 즉, 기간 t의 실제수요를 At, 기간 t의 예측치를 Ft, 기간 t에 부여된 가중치를 Wt라 하면 예측치 Ft는 다음과 같다.

Ft = (Wt-1 × At-1) + (Wt-2 × At-2) + … + (Wt-N × At-N)

⑥ 예측기법의 예제(가중이동평균법)

예를 들어, 실제수요가 다음과 같다고 가정해 보자.

월(t)	1	2	3	4	5
실제수요(At)	105	95	100	100	?

가중치를 예측하고자 하는 달의 직전 달에 0.4, 2개월 전에 0.3, 3개월 전에 0.2 그리고 4개월 전에 0.1로 둔다고 하면 이 경우 4개월 가중이동평균에 의해 5개월 수요를 예측해 보면 다음과 같이 나온다.

$F_5 = 0.4(100) + 0.3(100) + 0.2(95) + 0.1(105) = 40 + 30 + 19 + 10.5 = 99.5$

5월의 실제수요가 105였다면 다시 6월의 수요예측치는 다음과 같이 계산된다.

$F_6 = 0.4(105) + 0.3(100) + 0.2(100) + 0.1(95) = 42 + 30 + 20 + 9.5 = 101.5$

⑦ 지수평활법

가장 최근 자료에 보다 큰 가중치를 두고 자료가 오래될수록 가중치는 지수적으로 감소시키면서 예측하는 방법으로 가중치의 결정을 자동적으로 하는 일종의 가중이동평균법을 말하는데 단기예측에 유용하다.

가중이동평균법은 가중치의 결정이 어렵다는 단점을 가지고 있으므로, 이를 해소하기 위해 지수평활법에서는 평활상수를 이용하여 현재에서 과거로 갈수록 더 적은 비중을 주는 방법을 채택하고 있다. 또한, 오랜 기간의 실적을 필요로 하지 않으며 데이터 처리에 소요되는 시간이 적게 드는 장점이 있다.

$Ft+1 = \alpha Yt + (1-\alpha)Ft$

$Ft+1$: 기간 $t+1$에서의 예측값

α : 평활상수($0 \leq \alpha \leq 1$)

Yt : 기간 t에서의 실측치, Ft : 기간 t에서의 예측치

⑧ 예측기법의 예제(단순지수평활법)

예를 들어, K기업의 2013년 3월의 트럭 판매 예측치가 12,000대였고, 2013년 3월의 판매 실측치는 15,000대, 그리고 지수평활상수가 $\alpha = 0.3$이라고 할 때, 지수평활법을 사용하여 K기업의 4월 판매량을 예측해 보면 다음과 같은 계산식이 만들어 진다.

$F_{t+1} = \alpha Y_t + (1-\alpha)F_t = 0.3 \times 15,000 + (1-0.3) \times 12,000 = 12,900$

단순지수평활법을 처음 도입하는 경우, 최초의 예측치 Ft를 어떻게 구하느냐가 문제가 되는데 일반적으로 최초 도입시점에서 과거 자료가 있으면 과거 자료의 단순이동평균치나 가중이동평균치를 최초 예측치로 하고, 과거 자료가 없는 경우에는 정성적 기법에 의한 예측치를 최초 예측치로 삼으면 된다. 초기의 예측은 이러한 최초 예측치에 의해 다소 영향을 받으나 지수평활법은 최근의 자료에 보다 큰 비중을 두기 때문에 시간이 경과함에 따라 최초 예측치의 영향은 점차 줄어든다.

3) 인과형 모형

과거의 자료에서 수요와 밀접하게 관련되어 있는 변수들을 찾아낸 후, 수요와 이들 간의 인과관계를 분석하여 미래수요를 예측하는 방법으로 주로 중장기예측에 사용되며, 대표적으로는 회귀분석, 계량경제모형, 투입-산출모형, 선도지표법, 시뮬레이션모형 등이 있다.

(1) 회귀분석법

회귀분석법은 인과예측기법의 대표적인 기법으로 종속변수의 예측에 관련된 독립변수를 파악하여 종속변수와 독립변수의 관계를 방정식으로 나타내는 것으로, 과거의 수요자료가 어떤 변수와 선형의 관계가 있다고 가정하고 그 관계를 찾음으로써 미래의 수요를 예측하려는 방법이다.

회귀분석법에는 단순선형 회귀분석과 다중선형 회귀분석이 있는데, 단순선형 회귀분석만 살펴보자면, 단순선형 회귀분석모델의 방정식은 다음과 같다.

$Y = ax + b$

Y : 종속변수(예측치)

x : 독립변수(예측치에 영향을 미치는 원인의 수치)

a : 직선의 기울기

b : Y의 절편

※a와 b의 값은 최소자승법에 의해 구함

(2) 기타 인과형 모형

㉠ **계량경제모형** : 일련의 상호 관련된 회귀방정식을 이용하여 각종 경제활동을 예측하는 방법이다.

㉡ **투입-산출모형** : 각 산업부문 간의 제품이나 서비스의 흐름을 분석하여 수요를 예측하는 방법이다.

㉢ **선도지표법** : 예측하고자 하는 대상의 선도지표에 의해 수요를 예측하는 방법으로, 예를 들면, 석유가격의 인상은 장차 대형차의 수요를 감소시킬 것이기 때문에 석유가격은 대형차 수요의 선도지표가 된다.

㉣ **시뮬레이션모형** : 각종 내생변수와 외생변수에 대해 가정을 설정한 다음, 컴퓨터를 이용한 모의실험을 통해 수요를 예측하는 일종의 동적 모형이다.

3. 수요예측시 고려사항

1) 변수 간의 관계

수요예측의 근거가 되는 예측변수와 측정되거나 추정될 수 있는 하나이상의 다른 변수 사이에는 항상 어떠한 관계가 존재한다. 전자를 종속변수 또는 기준변수라 부르며 후자를 독립변수나 설명변수, 결정변수, 결정인자라고 부른다. 이러한 변수 간의 관계는 반드시 인과적인 것이 아닌 단순히 수학적 관계에 불과한 경우도 있지만 이들 변수 사이의 관계를 고려하여 수요예측을 하여야 한다.

2) 안정성

예측의 근거는 변수 간의 관계가 시간에 걸쳐서 안정적이거나 예측될 수 있는 방향으로 변화한다.

3) 관리 가능성

변수 간의 관계가 마케팅 예측자에게 유용한 정도로 충분히 관리 가능하고 명확한 수학적 형태로 추정될 수 있다.

제 4 장 물류조직

제1절 물류관리조직의 기초

1. 물류관리조직의 의의

물류관리조직이란 기업내 물류활동을 전문적으로 관리하고, 이를 수행하기 위해 책임과 권한을 체계화시킨 조직을 말한다.

종래의 기업조직은 기업의 최고 권한자를 중심으로 한 직능별 라인이 존재하고, 그 라인에 대한 지원조직으로서 스탭이 존재하는 단순한 형태였다. 따라서 물류의 기능이 판매, 재무・회계, 제조 등으로 분산되어 있었다. 이 경우에 물품구매시 구매담당부서에서는 원가절감을 위해 물품의 대량구매를 시도하게 되나 대량구매는 재고보관비를 상승시키는 원인이 되며, 경리부문에서도 일시에 막대한 자금이 소요되어 자본회전의 어려움이 생기게 된다.

[그림 4-1] 전통적 물류관리조직

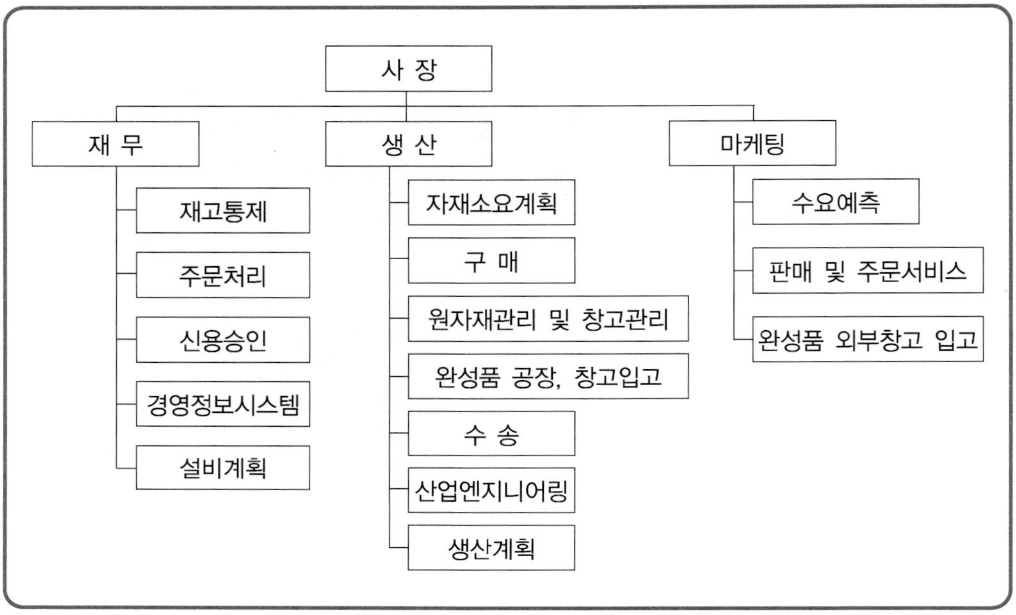

물류의 중요성이 인식되면서 이러한 조직구성간의 문제를 전사적인 관점에서 조정・통제하기 위하여 분산되어 있던 물류기능을 통합적으로 관리하기 위한 조직이 필요하게 되었으며, 현재는 본부제, 사업부제, 컴퍼니제 등의 복잡한 형태로 변화하였다. 이 조직을 통해 각 기업은 물류의 각 기능의 시스템화, 총비용접근법 등을 활용한 물류비용 절감이 가능해졌다. 장기적으로는 물류조직이 전문성 있는 통합적이며 전사적인 조직으로 발전해 나가는 것이 필요하다.

[그림 4-2] 통합된 형태의 물류조직

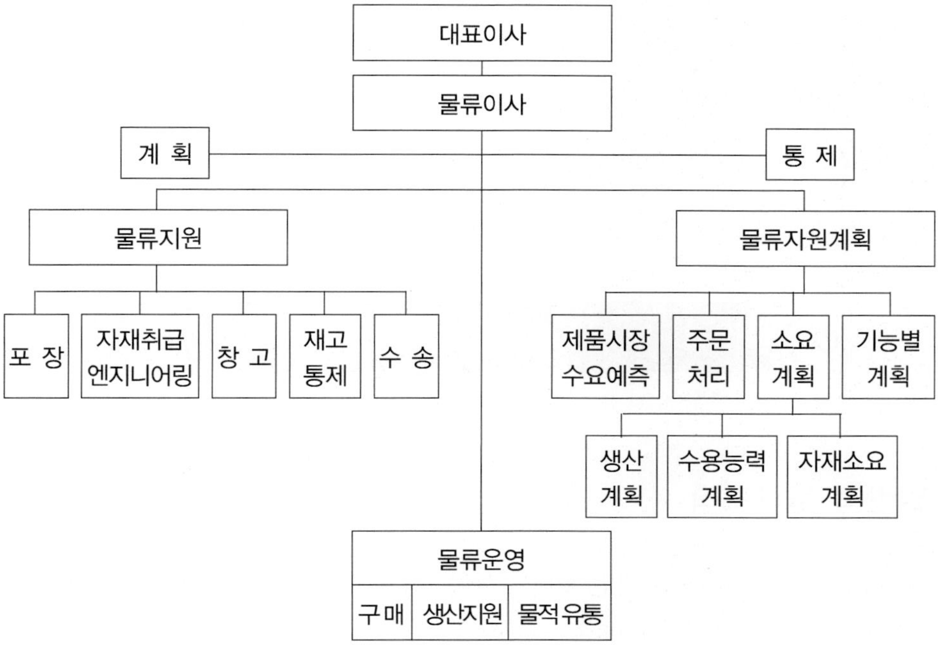

[출처 : Bowersox D. J., D. J. Closs, Logistical Management, McGraw-Hill, 1996, p.599]

2. 물류관리조직의 변천과정

1) 분산형

물류조직이 각 공장 및 영업, 운송, 총무 분야 등에 분산되어 있다.

2) 집중형

대부분의 기업이 판매 분야와 생산 분야가 지역적으로 떨어져 있기 때문에 구분해서 관리하고 있다.

3) 독립채산형

물류비의 비중 과다로 인해 독립채산제 조직으로 발전하게 되었다.

4) 자회사형

전문화됨으로써 이윤을 추구하는 기업으로까지 발전하게 되었다.

제2절 물류관리조직의 유형

1. 일반적 물류조직

물류관리조직은 기본적으로 발전 형태에 따라 직능형 물류조직, 라인과 스탭형 물류조직, 사업부제형 물류조직, 그리드(grid)형 물류조직의 4가지 유형으로 구분할 수 있다.

물류관리조직 형태의 전개

- 물류관리조직의 변천 과정
  분산형 ⇨ 집중형 ⇨ 독립채산형 ⇨ 자회사형
- 물류관리조직 형태의 전개
  직능형 물류조직 ⇨ 라인 & 스탭형 물류조직 ⇨ 사업부제형 물류조직 ⇨ 그리드형 물류조직

1) 직능형 조직

직능형 조직은 라인부문과 스탭부문이 분리되지 않은 1960년대 초까지의 조직형태로 이 조직형태에서 굳이 물류부서를 설치한다면 총무부나 경리부에 두거나, 개개의 조직 가

운데서 판매부에 영업과 및 창고과를, 제조공장에 발송과를 두는 형태로 설치하는 것이 일반적이다.

직능형 조직의 단점은 다음과 같다.

첫째, 전사적인 물류정책과 전략의 계획수립이 어렵다.

둘째, 물류활동이 부문활동 가운데 매몰되기 쉽다.

셋째, 물류전문가의 육성이 어려워 현대기업의 조직론적 입장에는 맞지 않는 경우가 많다.

[그림 4-3] 직능형 조직

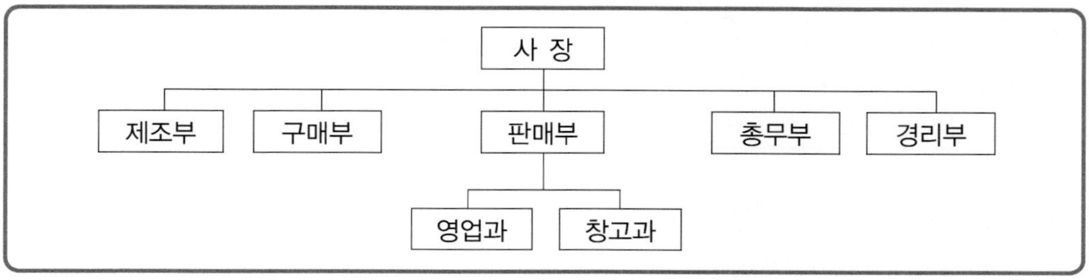

2) 라인과 스탭형 조직

라인과 스탭형의 조직은 직능형 조직의 단점을 보완하고 라인(수주처리, 정보처리, 수송, 포장, 보관, 유통가공 등)과 스탭(시스템 설계분석, 재고분석, 하역기술 연구, 비용분석, 물류계획 책정 등)의 기능을 나누어 세분화한 조직형태이다. 라인과 스탭형의 조직은 현재 대부분의 기업에서 채용하고 있는데, 행위기능과 계획 및 지원기능으로 구분되어 있어 스탭이 라인을 지원하는 형태를 취한다. 이 조직의 형태를 취할 수 있는 것은 어느 정도의 기업규모까지이며, 규모가 확대됨에 따라 프로젝트센터의 구상을 핵으로 하는 사업부제형이나 다국적 기업의 초기형태에 볼 수 있는 그리드형 조직으로 발전한다.

〈표 4-1〉 라인과 스탭형 조직의 특징과 단점

특 징	•라인과 스탭의 기능을 분리함으로써 실시기능과 지원기능 명확 •스탭부문은 라인부문 지원 •유통 전체의 시스템을 조절할 수 있게 보조 •영업계획 등 기업 전반의 업무 관할

단 점	•책임에 관련된 권한이 없음 •물류조직에 관한 사항이 영업부문에 속해 있으므로 물류부문이 직접 관리하기 어려움 •스탭이 현장에 대한 충분한 이해 없이 계획을 수립하고 실행함으로써 문제를 야기시킬 수 있음 •기업의 실질적인 힘이 라인보다는 스탭에 집중되는 경향이 있음

〈표 4-2〉 물류 활동에서 라인과 스탭의 활동

라인활동	스탭활동
•주문처리 •재고관리 •창고 · 보관 •하역 및 포장 •수배송 및 차량관리	•재고분석 및 관리 •창고배치계획 •물류예산관리 •물류전략 수립 •물류시스템의 절차 개선

[그림 4-4] 라인과 스탭형 조직

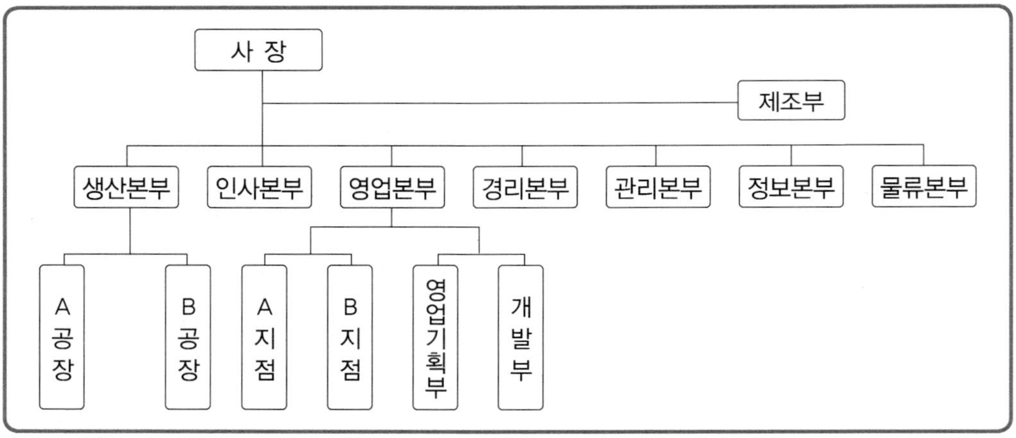

3) 사업부제형 조직

사업부제형 조직은 기업규모가 커지면서 최고 경영자가 기업의 모든 업무를 관리하기 어렵게 되자 등장한 조직형태로 상품 중심의 상품별 사업부제형과 지역 중심의 지역별 사업부제형, 그리고 이 두 가지 사업부를 절충한 형태가 있다.

사업부제형 조직은 권한이 사업부장에게로 많이 이양된 분권조직으로서 사업부가 이익

중심적인 특징을 가지고 있으며, 일반적으로 독립채산제에 의해 운영되고 있다. 각 사업부 단위 내에는 다시 라인이나 스탭부문이 존재한다. 사업부제가 원활히 유지될 경우 의사결정이 신속하며, 사업부별 경쟁체제를 통해 기업목적을 효과적으로 달성할 수 있다.

[그림 4-5] 사업부제형 조직

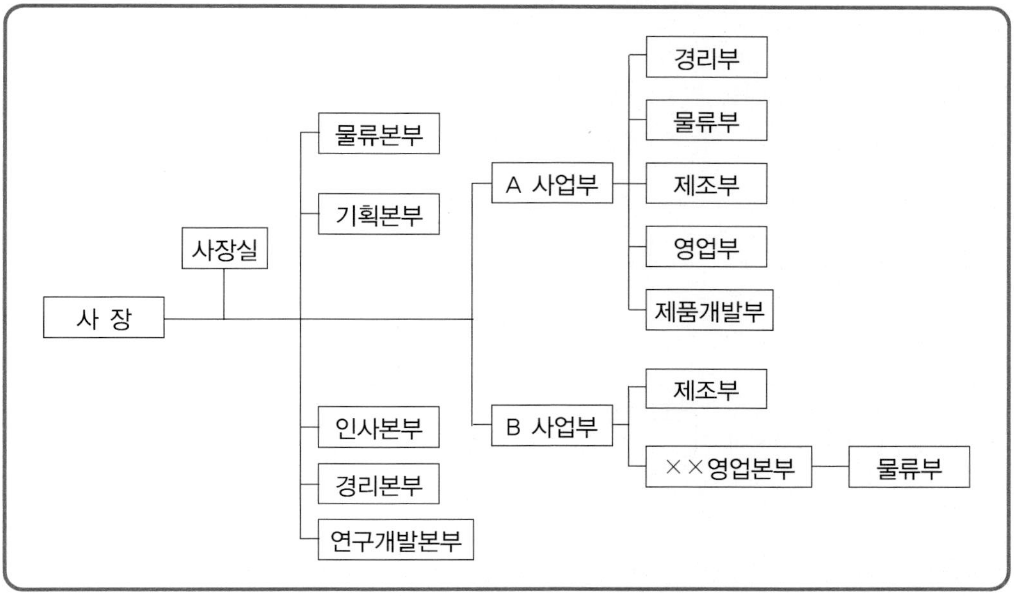

〈표 4-3〉 사업부제형 조직의 특징과 단점

구분	내용
특 징	•사업부별로 독립된 하나의 회사와 같이 운영 •각 사업부별로 라인과 스탭부문 존재 •사업부별로 모든 물류활동을 책임지고 직접 관할하므로 물류관리의 효율화 및 인재육성 용이
단 점	•사업부 간 인력 및 정보교류가 경직되어 효율적 이용이 어려움 •사업부의 수익이 최우선시 되므로 전사적인 설비투자나 연구개발 등이 위축되어 경영효율을 저해할 수 있음 •전체적으로 종적조직이기 때문에 횡적인 제휴가 희박하여 전사적 물류활동이 어려움 •물류기능이 중복되어 전체적인 조직비용이 큼 •단점을 극복하기 위해 SBU(전략적 경영의 한 조직, Strategic Business Unit) 제도, 조직단위를 세분화한 VBU(신규 산업의 한 조직, Venture Business Unit) 제도 등이 도입되고 있음

4) 그리드형 조직

그리드형 조직은 모회사와 자회사 간의 권한 위임형태로 모회사의 스탭부문이 자회사의 해당 부문을 횡적으로 관리·지원하는 조직형태이다. 다국적 기업에서 널리 이용되고 있는 조직형태로 해외사업본부 산하에 각국에 자회사를 두고 관리하는 형태를 취하고 있으며, 각국의 자회사는 각각의 제너럴 스탭과 서비스 스탭을 두고 영업활동에 따른 결과에 책임을 지고 있다. 즉, 자회사의 물류부에는 자사의 경영자 지시뿐만 아니라 모회사의 로지스틱스 본부의 지시를 받는 이중적인 구조로 되어 있어 국제적으로 전개되는 물류전략을 일원화하고 관리수준을 일정수준 이상으로 끌어올릴 수 있는 장점이 있다.

[그림 4-6] 그리드형 조직

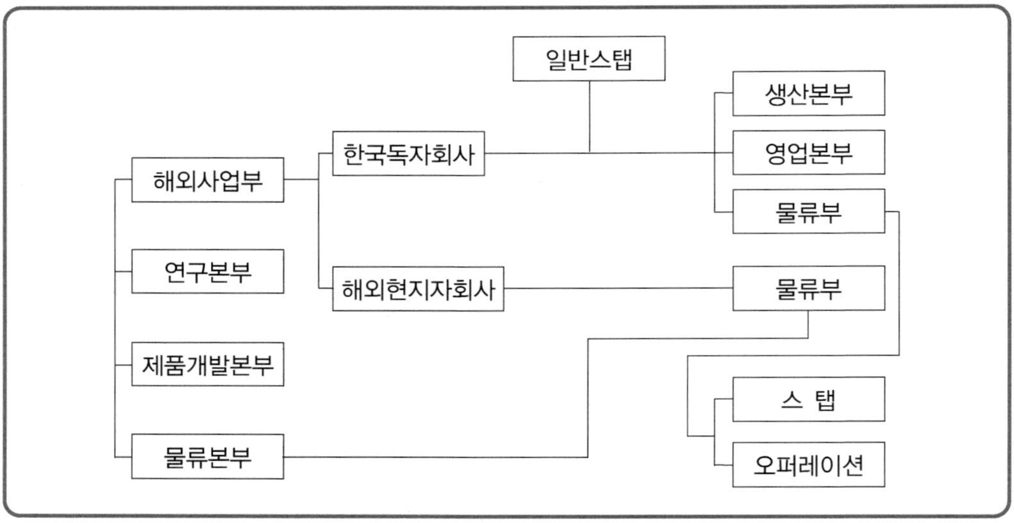

2. 기능 특성별 물류관리조직

물류관리조직은 직능형 물류조직, 라인과 스탭형 물류조직, 사업부제형 물류조직, 그리드(Grid)형 물류조직의 4가지 유형으로 구분할 수 있으나 실제로 기업내 물류조직은 이들의 혼합유형이 대부분이며, 크게 기능형 조직, 프로그램형 조직, 매트릭스형 조직으로 나누어 볼 수 있다.

1) 기능형 조직

물류활동을 하나의 기능으로 보는 전통적인 형태의 조직유형으로 이러한 유형의 경우 타 기능과의 연계가 원활이 이루어지지 못해 물류시스템의 전체적 최적화 달성이 어려운 단점이 있다. 물류는 교차기능적 성격을 갖고 있기 때문에 단일기능으로의 조직형태는 바람직하지 않다.

[그림 4-7] 기능형 물류조직

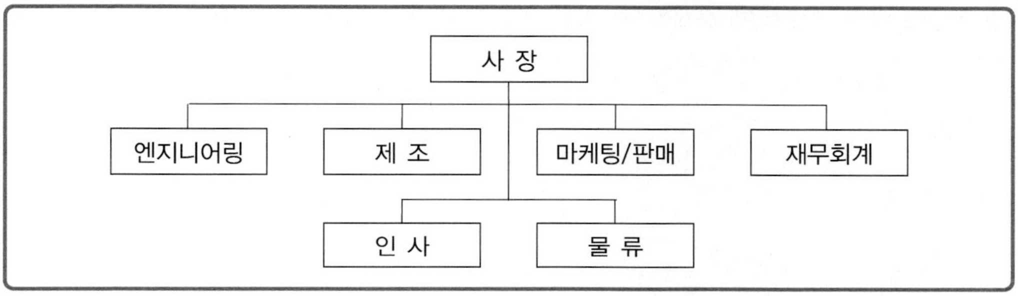

(2) 프로그램형 조직

물류를 하나의 프로그램으로 인식하여 기업 전체가 물류관리에 참여하는 조직유형으로, 이 경우, 다른 경영기능들은 물류시스템의 향상을 위한 하나의 기능으로 여겨져 물류에 종속된다.

[그림 4-8] 프로그램형 물류조직

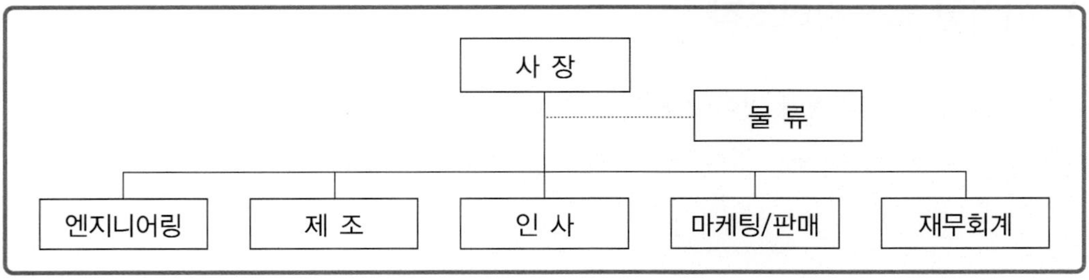

3) 매트릭스형 조직

매트릭스형 조직은 기능형 조직과 프로그램형 조직의 중간 형태로서 최적의 물류관리 조직이라 할 수 있다. 물류관리의 범위가 원재료의 조달에서 상품의 생산, 판매, 납품에 이르기까지 전체를 포함하는 것으로 기업의 직능횡단적인 것이라 할 수 있다. 따라서 물류관련 담당자들이 평상시에는 자기 부서에서 근무하다가 물류와 관련된 특정 사안이 발생하면 이의 해결을 위해 여러 다른 부서의 인원이 모여 구성되는 이른바 종단적인 조직에 횡단적인 조직을 가미한 매트릭스형 조직이 효과적이라 할 수 있다. 그러나 명령, 지시 계통인 라인의 흐름이 정체될 수 있는 문제를 가지고 있다. 특히 항공우주산업이나 정보통신산업과 같은 첨단기술기업에 효과적이다.

[그림 4-9] 매트릭스형 물류조직

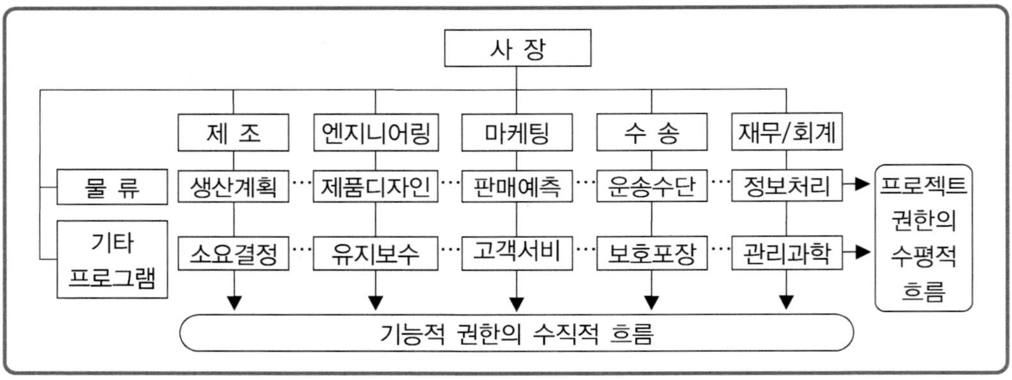

3. 기업형 물류관리조직

물류조직은 기업경영에 있어 기본적인 조직형태를 바탕으로 기업의 특수성을 고려하여 다양한 조직형태를 취하고 있다. 여기에는 대표적으로 영업부형 물류조직과 독립형 물류조직이 있다.

1) 영업부형 물류조직

물류조직부문이 영업부에 속해 있는 형태로서 상물 혼재형, 스탭형, 상물 분리형이 있다.

〈표 4-4〉 영업부형 조직의 장점과 단점

장 점	•영업정책을 물류에 반영하기 쉬움 •물류부문의 제안이 영업부문에 받아들여지기 쉬움 •영업활동과 물류활동의 일체화가 가능하여 유통 전체의 정합성 유지가 가능함
단 점	•물류부문이 영업부(소)에 속해 있으므로 독립성 확보가 어려움 •재고관리 책임, 수배송 책임 등의 물류에 관한 책임에 대하여 권한이 없음 •영업부에 종속되어 있어 물류의 추진력과 일원적인 관리가 어려움

(1) 상물 혼재형

상물 혼재로 인해 물류전략이 영업전략의 일환으로 수립·수행되는 형태이므로 물류전략을 현장에 반영하기 어렵고, 물류전문화 및 물류효율화의 추진이 어려운 조직의 형태라 할 수 있다.

(2) 스탭형

물류활동의 수행이 영업부문의 관장 하에 이루어지는 형태

(3) 상물 분리형

물류부문이 영업부문에 속해 있지만 영업기능과 물류 기능이 구분되어 책임소재를 명확히 하는 것을 목적으로 조직하는 형태

[그림 4-10] 영업부형 물류조직

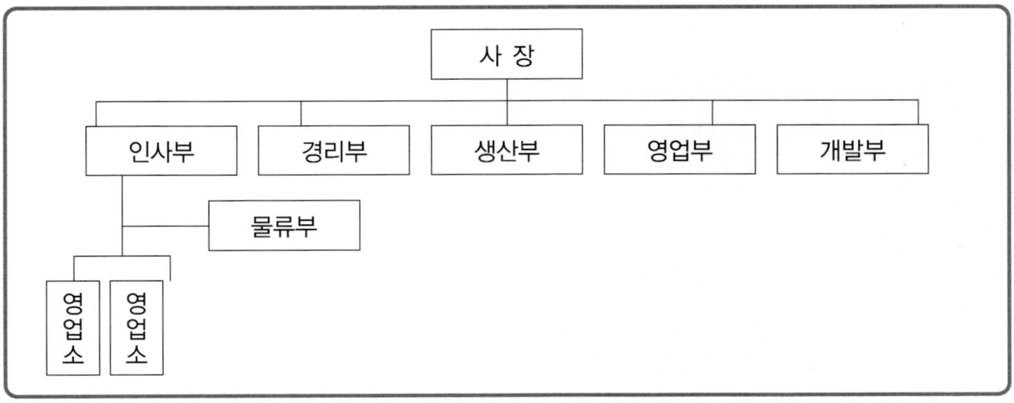

2) 독립형 물류조직

영업부에 포함되어 있지 않고 독립적으로 물류부문이 존재하는 조직 형태를 말하며, 스탭형과 종합형이 있다.

〈표 4-5〉 독립형 조직의 장점과 단점

장 점	•물류의 스탭과 라인이 분리되어 있음 •물류부는 전사적 관점에서 물류관리를 추진할 수 있음 •생산(구매)과 판매의 조정이 가능함
단 점	•영업부문내 소속된 물류의 현업부문에 대해 영향력이 작음 •조언기능이 있지만 의사결정기능 및 지시 · 명령의 권한을 갖고 있지 않음 •비용 · 서비스 등 물류업무의 최종 책임만 있고 권한이 없음

(1) 스탭형

물류 스탭부문이 영업소 또는 지방 영업부에 소속하는 라인부문을 지원하는 형태

(2) 종합형

물류부문이 독립된 단독조직으로 존재하며, 그 조직내에 물류부문의 라인과 스탭이 동시에 존재하는 형태

[그림 4-11] 독립형 물류조직

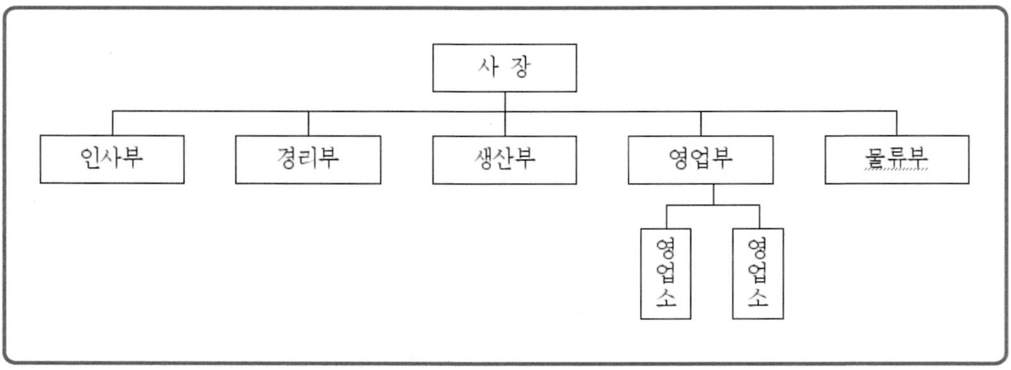

물류관리조직의 유형

- 기능 특성별 물류관리조직
  기능형 조직, 프로그램형 조직, 매트릭스형 조직
- 기업형 물류관리조직
  영업부형 물류조직 : 상물 혼재형, 스탭형, 상물 분리형
  독립형 물류조직 : 스탭형, 종합형

제3절 물류관리조직의 구축과 설계

1. 물류조직의 효과측정 - 측정기준 설정

1) 매출액 대비 물류비

내부적으로는 부서들 간에 비교할 수 있으며 외부적으로는 동종업종에 종사하는 유사 기업과 비교할 수 있다.

2) 매출액 또는 총물류비 대비 특정 물류활동의 물류비

3) 생산성 및 프로젝트관리 능력

예산 대비 실제 지출액, 투입 대비 산출로 계산할 수 있는 생산성, 프로젝트관리 능력 등을 통해 물류조직의 효과성을 파악한다.

2. 물류조직에서 정보의 역할

조직의 목표는 정보를 처리하고 의사소통을 하는 것이다. 조직의 전통적인 접근은 기능

별 부서를 만들어 상부에서 하부로의 통제가 가능하도록 했으나 이러한 수직적인 조직형태는 부서 간 수평적인 정보흐름을 요구하는 물류의 니즈와는 맞지 않는다. 수직적인 조직형태는 다양한 기능을 독립적으로 수행하기 때문에 부서간 의사소통이 원활하지 못해 전체 공급체인을 하나로 통합해야 하는 물류의 목적과도 대치된다.

가장 이상적인 물류조직은 부서간 활동을 통합하고 조정하는 형태이며, 물류부서가 수행하는 업무도 최소한의 물류관련 핵심업무를 제외하고는 부서간 통합 및 조정 이 이루어져야 한다. 이러한 부서간 통합 및 조정은 효과적인 정보관리가 이루어졌을 때 가능해지는데 정보는 물류활동을 통합하고 조정하는데 핵심적인 도구가 된다.

3. 물류조직과 거래비용

조직의 범위는 거래비용(transaction cost)에 의하여 정의될 수 있다. 거래는 내부거래와 외부거래가 있으며, 거래비용(협상, 계획, 적응, 집행, 통제비용 등)은 생산비용과 함께 고려되어야 하는 비용이다. 이러한 비용을 최소화하기 위한 기업의 행동이 조직의 범위를 결정한다. 거래비용의 개념은 물류에도 적용 가능한데, 고객에게 물류서비스 제공 시 내부 조직을 이용할 것인지 아니면 외부에 의뢰할 것인지는 비용과 경영기술 및 특정 지식의 한계 정도에 따라 결정된다.

제5장 물류운영기법

제1절 물류시스템과 합리화

1. 물류시스템의 개요

1) 물류시스템의 의의

물류시스템이란 작업시스템과 정보시스템의 2개의 서브시스템에 의해 구성되며, 기업활동의 제기능, 즉 원료의 구입, 제품의 생산·판매활동에 필수적으로 수반되는 물류활동을 효율화하기 위한 기반 개념이다. 물류는 기업의 경영전략, 마케팅전략을 베이스로 하기 때문에 이들 전략의 방향성에 맞추어 지속적으로 전략을 변경해 나가야 한다. 또한, 물류전략의 변화에 맞추어 기업의 물류시스템도 변경해 나가야 한다.

작업시스템	수배송, 보관, 하역, 포장 등 물류활동 영역에 기술을 도입하여 합리화를 추구하고 각 기능들을 원활히 연결시키는 것
정보시스템	기업활동의 구매, 생산, 판매, 재무 등의 시스템과 유기적으로 연결되면서 고객으로부터 제품의 수주에서 출하에 이르기까지의 모든 정보활동을 원활히 하여 작업시스템을 효율화하는 보조시스템

2) 물류시스템의 목적

(1) 고객에게 보다 많은 상품을 판매하기 위해 고객에게 가능한 모든 서비스를 제공하는데 있다.

(2) 고객이 원하는 상품을 원하는 장소에 납기를 준수하며, 정확히 배송하고, 품절을 막기 위한 적정수준의 재고를 확보하는 것이다.

(3) 수배송, 하역, 보관, 포장 등의 물류활동에 적절한 수준의 합리화를 추구하고 적절한 물류관리지표를 개발하여 관리하는 것이다.

(4) 물류에 관련된 문제점을 파악하고 대안을 수립하여 관련 부문(구매, 생산, 영업)에 관련 정보를 피드백 시키는 것을 목적으로 한다.

3) 물류시스템의 목표(5S)

(1) Service(서비스)

품절이나 손상 등의 사고가 없는 안전성이 요구된다.

(2) Speed(신속성)

고객이 원하는 시간과 장소에 상품을 정확히 전달하는 것이 필요하다.

(3) Space saving(공간의 효과적인 이용)

지가의 상승과 더불어 토지 면적을 효과적으로 활용할 수 있는 입체화 시설이나 시스템화된 기기의 사용을 통해 공간의 효과적인 이용이 필요하다.

(4) Stock minimum(재고조정)

과다한 재고 보유로 인한 자본 회전율의 저하를 감소시키도록 해야 하며, 가능한한 불필요한 공간을 보유하지 않도록 하여야 한다.

(5) Scale optimization(규모의 적정화)

물류시설의 집약과 분산에 따르는 적합성 검토, 자동화기기의 도입에 의한 생력화, 정보처리의 집중화에 의한 컴퓨터 이용 등의 적용 규모를 고려해야 한다.

4) 물류시스템화 추구 방향

(1) 현상분석과 실행방법

① **현상분석** : 기존 자료의 수집・분석 ⇨ 관련부문의 의견청취 ⇨ 현장조사
② **실행방법** : 현상분석 ⇨ 문제점 발견 ⇨ 혁신 우선순위 설정 및 혁신대상에 대한 목표 설정 ⇨ 혁신안 작성 ⇨ 혁신안 평가(실천 가능성, 효과성) ⇨ 최적안 확정

(2) 물류시스템의 추구방향

① 대량수배송을 가능하게 하는 방안 추구 ⇨ 중간배송센터나 할인제도 채택
② 수배송 루트 배송이나 다이어그램(diagram) 배송 등의 계획배송시스템 도입 ⇨ 사전계획화나 정기화를 통한 물류계획화
③ 동일업종, 동일지역 간 공동화 추구 ⇨ 협업화・공동화로 하역, 수배송, 보관, 정보 등의 물류기능 공유
④ 물류시스템의 단순화 추구 ⇨ 제조기업에서 1, 2차 도매상을 거치지 않고 소매점 창고 등으로 유통되는 형태
⑤ 물류시스템의 전문화 추구 ⇨ 물류전담부서 설립
⑥ 복합일관수송 추구 ⇨ 화물이 소비지에 도착할 때까지 단일 수송업체와의 계약을 통해서 모든 수송수단에 의한 수송을 책임지도록 하는 형태
⑦ 물류시스템의 정보화 추구 ⇨ 상품의 수주에서 소비자에 이르는 과정을 전산화

5) 물류시스템의 설계단계

〈표 5-1〉 물류시스템의 설계단계

1단계	물류시스템 설계의 목적과 대상 선정
2단계	물류시스템을 생산지에서 소비지에 이르기까지 일관된 시스템으로 파악
3단계	물류기능 전체 파악
4단계	시스템 네트워크의 분석을 통하여 네트워크의 현실성과 적합성 검토
5단계	시스템 네트워크의 검토를 기초로 하여 물류시스템 모델 작성
6단계	시스템 모델을 현실에 적합하도록 모델 시험 실시
7단계	모델 시험 결과에 근거하여 모델 수정
8단계	최종 모델 작성을 위한 시스템의 디자인 검토
9단계	시스템의 상세 설계 실시
10단계	컴퓨터시스템으로서의 신뢰성 검토
11단계	종합물류시스템의 완성

물류시스템 설계의 5단계

목표 설정 ⇨ 전담조직 구성 ⇨ 데이터 수집 및 분석 ⇨ 시스템 구축 ⇨ 시스템 평가 유지관리

6) 물류관리사이클

물류관리 사이클이란 물류시스템에 주어진 목표를 효과적으로 수행하기 위해 물류 전부문에 내재된 낭비요인을 찾아 계획 ⇨ 실행 ⇨ 평가 ⇨ 조정의 순환 사이클을 통해 제거해 나가는 과정을 말한다. 물류관리는 물류 그 자체가 목적이 아니라 전사적인 경영목표를 효과적으로 달성하는 하나의 수단으로 채택되어야 하며, 경영목표와의 일관성이 유지되어야 한다.

2. 물류시스템의 합리화

1) 물류합리화의 개요

물류합리화란 생산의 합리화 및 생산비 절감에 기여하며, 판매에 있어서는 고객이 만족할 수 있는 가격과 서비스를 제공하고, 동시에 기업이 이익을 얻을 수 있는 비용으로 물품을 제공할 수 있도록 물류의 기능을 원활하게 하는 것이다. 기업의 입장에서 물류합리화는 비용의 절감과 서비스의 조정이 주요 대상이며, 물류합리화를 추진하는데 있어서는 원료의 조달에서 생산, 판매에 이르는 각 기능 간, 기업조직 부문 간의 상충관계(Trade-off)를 고려하여 총비용이 최소화되도록 하여야 한다.

물류합리화는 물류에 있어서 합리적인 물류의 조직(물류합리화=저원가)을 만들어 이를 유지하고 평가 조치를 취하는 것이다. 즉, 물류합리화 대책은 원가가 적게 드는 물류를 실현하기 위한 구체적인 방안을 마련하는 것이다.

(1) 물류합리화 대책

① 물류조직의 변경 : 물류조직을 저원가 조직으로 변경
② 유휴부문의 최소화 : 차량이나 창고공간의 활용 극대화
③ 능률 개선 : 물류조직의 운영효율 향상, 기계화와 자동화를 통한 원가절감
④ 저렴한 물류원가

(2) 물류합리화의 필요성

① 경제규모의 확대 : 물류유통부문의 물동량 급증, 수출물량의 증대, GDP의 급증
② 물류원가의 증대 : 인건비, 연료비 등 원자재 값의 증가
③ 노동력 수급상의 문제점 : 3D 기피현상, 노동력의 부족

(3) 물류합리화의 추세

과거의 물류활동은 운송, 보관, 포장, 하역, 유통가공, 정보 등 개개의 기능별로 나누어 물류의 합리화, 효율화를 추진하는 경향이 있었다. 현재의 물류관리는 이러한 제기능을 하나로 통합하여 전체적인 물자의 흐름으로 관리하여 물류의 합리화와 효율화를 도모해야 한다. 물류의 합리화를 위해서는 먼저 물류의 제기능을 합리화한 후, 시스템적 사고에

의한 물류시스템 전체의 합리화를 추진해야 한다.

2) 물류합리화의 수립단계

기업의 물류관리 합리화를 위해서는 우선 기업이 수립한 장기목표와 전략이 합치되도록 물류관리에 대한 목표와 전략을 수립하는 것이 필요하다. 물류관리전략의 수립단계는 다음과 같다.

(1) **1단계(물류환경 분석)** : 관련 산업 및 업계의 물류환경, 경쟁사 물류환경, 자사 물류환경, 하드웨어적 환경, 소프트웨어적 환경, 기술환경, 법규환경 등을 중심으로 환경분석을 실시한다.

(2) **2단계(물류목표 설정)** : 고객서비스 수준의 향상, 비용 절감, 생산성 향상, 리드타임의 단축, 재고 삭감, 유통품질 보존 등을 중심으로 전략을 세운다. 이 단계에서는 고객서비스 수준 향상과 비용 절감이라는 상충관계를 어떻게 잘 조절하느냐가 핵심이 된다.

(3) **3단계(물류전략 수립)** : 전 단계의 성과를 토대로 물류전략을 수립하고 동시에 전략에 필요한 제자원을 검토한다. 이 단계에서는 물류거점 통합, 납기관리, 운송관리, 재고관리, 상물관리, 정보관리, 포장의 모듈화 등에 초점을 맞추어 전략을 수립한다.

3) 물류합리화 목적의 3가지 유형

(1) 성력형(省力形)

인력의 절감을 목적으로 하는 유형으로 단순한 기능의 기계 대체에서 점차 시스템적으로 성력화를 추진하여 종합적으로 효율적인 시스템의 실현을 가능하게 하는 것이다.

(2) 비용절감형

비용절감형은 물류 전반뿐만 아니라 전사적인 수준에서의 합리화에 기반을 두고 있다. 성력형은 인간 중심의 직접적인 효과를 저해하는 경향이 있는데 반해, 비용절감형은 이러한 직접적인 비용절감과 더불어 간접적인 비용절감까지도 포함하고 있다.

(3) 성지능형(省知能型)

성지능형은 합리화가 단순히 인력에서 기계로 대체되는 단계에서 인간의 지적 판단에 따라 결정되는 단계로 이행하는 것을 말하며, 인공지능형이라고도 한다. 성지능형은 성력형 보다 더욱 시스템화되어 고도화된 형태가 많고 최근에는 고도의 지적 기능을 갖춘 장비를 갖춤으로써 물류 전반에 걸쳐서 자동화가 가능하게 되었다.

4) 물류합리화 방안

(1) 제1단계

물류활동의 구성요소들의 합리화[개별 부문만의 합리화에는 상충관계(Trade-off)가 존재]

(2) 제2단계

상충관계(Trade-off)에서 발생하는 비효율성을 극복하고 최적의 물류서비스의 선택과 물류비의 효율화를 도모하기 위하여 시스템적 사고에 의한 물류시스템의 합리화를 도모해야 한다.

5) 부문별 물류합리화 방안

〈표 9-1〉 부문별 물류합리화 방안

부 문	합리화 방안
물류조직	•조직관리의 일괄계획 수립 및 수행 •적극적인 물류조직의 구축 •물류전담부서에 의한 통합관리 •물류전문가의 양성
수배송부문	•운송회사의 물류종합회사로의 전환 •운송수단 선택의 유연성 제고 •화물차종의 다양화 추진 •적재화물의 표준화 •공동수배송으로 운임 절약 •적소에 물류거점 확보 •실차율(적재율)의 향상 •사회간접자본 확대
창고관리부문	•전문화된 창고 육성 •창고의 자동화 추진으로 효율성 제고 •정보시스템의 추진 •창고의 시스템화 •물류거점의 집약화 및 광역화

	•기본기능의 내실화로 코스트관리 •물류(화물)터미널 및 공동배송센터 건립
포장관리부문	•기계화 및 자동화 적극 추진 •생산성과 안정성 제고 •표준화의 완성으로 규격의 단순화 추진 •과잉포장 배제 •포장재료의 근대화 적극 추진 •포장재의 재사용 추진
하역부문	•하역의 표준화, 유닛로드시스템의 구축 •도크(dock)시설의 설치, 운반 · 하역관리자의 운영능력 향상 •운반 · 하역의 기계화 · 자동화로 운반활성화 추진 •범용성 있는 하역시설의 구축, 효율적인 시스템의 형성 •중력 이용, 불필요한 작업 제거 •흐름의 원활화 도모
물류정보부문	•물류정보의 전달체계 개선 •수발주처리의 전산화 •고객서비스의 향상 방안 연구 •물류정보활동의 과학화 및 전산화 •물류와 연관된 정보의 지속적인 수집 •물류정보시스템의 구축 •고객서비스 수준의 주기적인 측정 •주문단위의 소규모화에 대한 대응

제2절 물류시스템의 운영기법

1. 물류 TQC와 물류 TQM

1) 물류 TQC(Total Quality Control)

기업경영에 있어서 전사적 품질관리(TQC : Total Quality Control)란 제조부문뿐만 아니라 기획에서부터 생산, 판매, 애프터서비스에 이르기까지 모든 비제조부문에 걸쳐 업무수행의 질을 높이려는 전사적 관리방식을 말한다. QC(Quality Control)와 다른 점은 QC가 제조현장에 밀착한 하드웨어적인 대응이 중심인데 비해 TQC는 간접부문에서의 적용을 위한 소프트웨어적인 대응이 중심이 된다. 즉, 작업 프로세스나 각 공정에서의 품질향상을 위한 규정 등을 개선해 나가는 것을 주된 목적으로 하고 있다.

물류 TQC는 물류활동에 관련된 각 부문의 사람들이 물류서비스의 품질에 대하여 책임을 나누어 가지고 서비스를 관리하는 것으로, 물류서비스 담당자 모두가 물류서비스 품질을 관리・향상시키는 실천자가 된다는 개념이다. 물류기능은 생산과 판매의 결과로서 파생되는 수요라는 측면이 강하기 때문에 물류관리 자체만의 개선을 추구하는 것은 어려울 뿐만 아니라 타 분야에 비해 관리가 취약하여 문제 파악이 어려운 단점이 있다. 따라서 물류 TQC에서는 물류서비스 품질의 전사적 관리의 효율화를 위해서 물류서비스의 문제점을 파악하고, 해당 데이터를 정량화하여 수치화시키는 것이 중요하다. 이를 위해서는 먼저, TQC의 목적을 명확히 하고, 물류영역에 대한 품질을 이미지화하여 TQC의 개념을 정립할 필요가 있다. 또한, 물류교육을 통해서 TQC에 대한 전반적인 인식을 고취시킬 필요가 있으며, 물류문제를 정확하게 파악하여 그 데이터를 정량화하는 방식 등이 사전에 구체화되어야 한다.

기타 품질관리 운영기법

- QC (Quality Control) : 대량생산에서 계획한 품질에 부합하는 균일성 있는 제품을 만들어 내기 위하여 생산활동의 모든 분야에 걸쳐 통계이론과 통계기술을 응용하는 품질관리, 공정관리 기법.
- QC 써클 : QC 활동을 현장단계에서 실행하는 종업원으로 구성된 소집단. QC 기법에 의해 제품의 품질향상뿐 아니라 일상적인 모든 작업을 개선함으로써 생산성 향상에 기여함. 1960년대 기간산업을 중심으로 발달하기 시작하여 제2차 오일쇼크 후에는 제3차 산업에서도 급속히 보급됨.
- ZD운동 (Zero Defect) : QC 기법을 제조분야에만 한정하지 않고 일반 사무에까지 확대 적용하여 전사적으로 무결점의 제품생산에 참여하자는 개념

2) 물류 TQM(Total Quality Management)

전사적 품질경영(TQM : Total Quality Management)은 제품이나 서비스의 품질에 영향을 미치는 모든 부서, 즉 경영과 업무, 직장환경, 조직 구성원의 자질까지도 품질 개념에 포함시켜 관리해야 한다는 개념이다. 1980년대 미국에서는 당시 강력한 국제경쟁력을 지닌 일본 제조기업에 대한 연구가 활발히 이루어지고 있었는데, 여기서 일본 제조업의 경쟁력의 하나로 인식된 것이 일본형 TQC이다. 그러나 일본과 같은 현장주도형 개선활동은 미국의 기업풍토와 맞지 않는다는 이유에서 회사 전체를 관리하는 관점에서 탑 다운(Top-down)의 형태로 실시된 것이 TQM의 발단이다. TQC가 경영・기술적인 차원에서 실천되던 고객지향 품질관리활동이었다고 한다면, TQM은 품질관리 책임자뿐만 아니라 마케팅, 엔지니어링, 생산, 노사관계 등 기업의 모든 분야로 확대된 것으로 생산부문의 품질관리만으로는 기업이 성공할 수 없고 기업의 조직 및 구성원 모두가 품질관리의 실천자가 되어야 한다는 것을 전제로 한다.

물류 TQM에서도 제품위주, 현장위주의 품질관리체계에서 한걸음 더 나아가 제품, 공정, 자원, 사람에 대한 총체적인 품질향상을 통한 경쟁우위 확보에 주력해야 하며, 물류부서의 담당자 혹은 한기업의 종사자가 아닌 재화의 흐름과 관계된 사내외의 모든 종사자들이 품질과 서비스에 책임을 지고 업무를 수행하는 것이 중요하다. 이를 위해서는 물류종사자들에 대한 충분한 서비스 교육, 문제인식, 문제해결, 자료수집, 의사결정, 리더십 발휘를 위한 교육 등을 지속적으로 실시해 나가야 한다.

2. 6-Sigma

1) 6-Sigma의 개념

6-Sigma란 고객에게 인도되는 최종재화의 불량을 줄이는 것뿐만 아니라 회사내 전부문에서 불량의 원인을 근본적으로 제거하는 기법으로 시그마(Sigma : σ)라는 통계척도를 사용하여 모든 품질수준을 정량적으로 평가하고, 문제해결과정과 전문가 양성 등의 효율적인 품질문화를 조성하며, 품질혁신과 고객만족을 달성하기 위해 전사적으로 실행하는 21세기형 기업경영전략이다. 1987년 미국의 모토로라(Motorola)에 근무하던 Mikel J. Harry에 의해 처음으로 창안되었는데, 그에 따르면 6-Sigma는 '통계적 측정이자 기업전략이며 철학이다'라고 정의하고 있다. 여기서 통계적 측정이라는 것은 객관적인 통계수

치로 모든 프로세스를 측정·분석한다는 뜻으로 6-Sigma는 기업 구성원들의 사고와 행동방식을 송두리째 바꿔놓아 일종의 기업철학으로 불리기도 한다.

6-Sigma 운동은 현재의 제품이나 서비스의 품질수준을 고도의 통계기법을 사용하여 기업내 모든 기능, 업무프로세스(제조, 사무, 서비스 등) 및 추진체계 등을 종합적으로 개혁함으로써 규격 상한과 하한이 품질 중심으로부터 6-Sigma 거리에 있도록 하겠다는 것이다. 여기서 6-Sigma 품질수준은 100만개의 제품 중 불량을 3~4개 이내로 개선하는 것을 의미한다.

〈표 5-2〉 6-Sigma와 전통적 품질관리의 차이

명 칭	6-Sigma	전통적 품질관리
측정지표	σ(시그마)	%(불량률)
운동의 목표	전 프로세스의 경영혁신 운동	최종생산품의 불량을 줄이는 것
목표설정	수치화(구체적), 정량적	정성적
추진방법	Top-down	Bottom-up
개혁대상	모든 프로세스	문제점이 발견된 곳

[출저 : 로지스틱스21(2009)]

2) 6-Sigma의 특징

6-Sigma는 다양한 기업에 적용할 수 있는 공통언어(시그마)를 가지고 있으며, 개선대상은 기업내 모든 기능 및 프로세스이므로 모든 분야에 적용 가능하다. 또한, 6-Sigma는 고도의 통계적 기법의 활용을 통해 모든 업종 및 분야에서 현상을 수치화시킬 수 있는데 구체적이고 정량적인 목표설정을 요구하고 있다는 점에서 최종생산품의 불량을 줄이는 것에만 관심을 갖는 것이 아니라 품질 불량이 일어날 수 있는 원인을 철저히 분석·제거하여 경영품질을 향상시킴으로써 이익을 창출하는데 중점을 둔다.

6-Sigma를 도입·적용하기 위해서는 정량적 접근방식의 실천을 위한 교육·훈련과 함께 전사적으로 일관성 있는 분석도구를 활용할 수 있도록 하는 교육·훈련이 필요하다. 또한, 고객만족의 관점에서 출발하여 프로세스의 문제를 찾아 분석하기 위한 통계분석 도구들의 적절한 통합과 개발·정리를 위한 다단계 실행절차(MAIC)를 준수해야 하며, 품질의 거품 제거 내지 감소를 위해 개발·설계단계에서부터 품질 공학을 적용해야 한다. 나

아가 CEO의 강력한 주관에 의한 전 계층, 전 부문의 총체적 참여와 사내인증제도를 운영해야 한다.

다단계 실행절차(MAIC)

1. 측정(Measurement) : 현재 불량수준을 측정하여 수치화하는 단계
2. 분석(Analysis) : 불량의 발생원인을 파악하고 개선대상을 선정하는 단계
3. 개선(Improvement) : 개선과제를 선정하고 실제 개선작업을 수행하는 단계
4. 관리(Control) : 개선결과를 유지하고 새로운 목표를 설정하는 단계

3) 6-Sigma의 6가지 실천과제

6-Sigma를 성공적으로 수행하기 위해서는 이를 단순히 품질향상을 위한 기법의 하나로 간주해서는 안되며, 품질향상이나 원가절감과 함께 고객, 조직 구성원 등의 가치를 증대시켜 궁극적으로 기업의 수익성을 제고할 수 있는 가치창출시스템으로서 자리를 잡아야 한다. 따라서 6-Sigma의 목표달성을 위해서는 다음의 6가지 실천과제의 중요성을 이해하고, 이 모든 조건을 충족시키는 것이 필요하다.

〈표 5-3〉 6-Sigma의 실천과제

구분	내용
사전준비	•6-Sigma의 도입에 앞서 추진목표 및 일정, 조직개편 등과 관련하여 철저한 계획을 수립하여야 함
최고 경영자의 강력한 의지 표명	•최고 경영자는 혁신의 전사적인 확산과 조직문화의 변혁에 가장 큰 영향을 미치며, 6-Sigma의 성공에도 최고 경영자의 의지와 관심표명은 결정적인 요소가 됨
적극적인 참여문화 조성	•조직 구성원들은 기존의 구호성·단발성 경영혁신에 익숙해져 있는 경우가 많기 때문에 6-Sigma에 대해서도 냉소적인 태도를 보일 가능성이 큼 •따라서 이러한 태도를 불식시키고, 조직 구성원의 적극적인 관심과 실천을 유도할 수 있는 참여문화를 조성하여야 함
평가 및 보상시스템 구축	•6-Sigma의 진행과정을 지속적으로 점검하여 잘못된 점을 개선하여야 하며, 객관적이고 합리적인 기준에 의거하여 성과를 평가할 수 있는 시스템

	을 구축하여야 함 •또한 평가에 기초하여 가시적인 인센티브를 제공함으로써 자발적인 참여를 유도하여야 함
추진 중인 혁신활동의 통합	•대부분의 기업들은 동시에 여러 혁신 활동을 추진하는 경우가 많으며, 이는 조직 구성원을 혁신에 대해 무감각하게 만들고, 혁신의 방향성을 잃게 되는 결과를 초래할 수 있음 •그러므로 기업목표의 달성에 필수적이라고 판단되는 혁신을 중심으로 기존의 혁신활동들을 통합함으로써 불필요하게 낭비되는 자원을 최소화하고, 6-Sigma를 효율적으로 추진하여야 함
자신만의 6-sigma 구축	•혁신기법을 단순히 모방할 것이 아니라 자사의 문화나 현실에 적합한 형태로 체질화시키는 노력이 필요함

6-Sigma와 TQC의 차이점

1. TQC는 계획한 품질의 균일성을 추구하는 데서 출발하는데 반해 6-Sigma는 품질개선에서 문제점을 찾아낼 때 고객만족의 관점에서 출발
2. TQC는 기업별로 품질관리 수법이 다를 수 있지만 6-Sigma에서는 공통기준 적용
3. TQC는 현장에서 불량이 발생하면 불량이 재발하지 않도록 현장을 개선하지만, 6-Sigma에서는 생산현장뿐 아니라 경영프로세스 전반에 걸쳐 시스템 개선

3. 물류 리엔지니어링과 물류 리스트럭처링

1) 물류 리엔지니어링

비즈니스 리엔지니어링(BR : Business Reengineering)이란 혁신적 경영관리기법의 하나로 비용, 품질, 서비스, 속도와 같은 기업 활동의 핵심적인 부문에서 극적인 성과향상을 이루기 위해 정보기술을 활용하여 기업의 업무 프로세스를 근본적으로 다시 생각하고 재설계하는 것을 말한다. 다른 경영혁신기법과 다른 점은 프로세스의 관점에서 기업성과를 재평가하고 이를 근거로 기업을 재설계한다는데 있다.

물류 리엔지니어링은 재료의 발주 처리부터 주문제품의 배송에 이르는 일련의 물류업

무 프로세스를 리엔지니어링의 기본 목표인 '고객만족'과 '가치창출'의 관점에서 제로베이스 상태에서 재설계하여 물류활동의 핵심적인 성과를 달성하는 것을 말한다. 물류 리엔지니어링을 실천하기 위해서는 고객만족 향상과 관련하여 고객 욕구의 다양화・개성화・복합화에 대응하고, 상품이나 서비스에 대한 고객만족 향상을 위한 물류서비스의 질적 향상, 리드타임의 단축, 적정재고수준 유지 및 물류비의 최소화를 추구할 필요가 있다. 또한 고객 욕구의 관점에서 조직 간・기업 간 업무흐름을 파악하고 종래의 직능별・사업별 계층조직을 고객지향적인 횡단조직으로 재설계할 필요가 있다.

(1) 물류 리엔지니어링의 특징

물류 리엔지니어링은 부문내, 부문 간 또는 기업내, 기업 간으로 확대시켜 나갈 수 있다. 물류 VAN을 구축하여 공급자와 소비자 간의 물류효용을 극대화하기 위해서는 SCM의 활용이나 물류 ABC(Activity-Based Costing, 활동기준 원가계산)・ABM(Activity-BasedManagement, 활동기준 경영관리)의 도입이 필요하고 물류 리엔지니어링 형태로는 생산・판매・물류의 통합에 의한 물류비 절감, 제판동맹(제조업체와 유통업체의 동맹)에 의한 물류비 절감 등이 있다.

물류 리엔지니어링의 성공을 위해서는 첫째, 기업의 최고 경영자뿐만 아니라 구성원의 고정관념 전환 및 최고 경영자의 강력한 추진이 필요하며, 둘째, 고객만족의 관점에서 고객니즈에 맞는 물류업무의 프로세스를 창조해야 하며, 셋째, 이상적인 시스템 이미지 구축, 넷째, 전략적 우선순위에 따라 점진적으로 실시하는 것이 필요하다.

2) 물류 리스트럭처링

리스트럭처링(restructuring)은 기업이 채산성이 떨어지는 사업을 축소・철수하고 발전가능성이 있는 분야로 사업구조를 전환하거나 비교우위가 있는 사업에 투자재원을 투입하는 경영기법으로 중복사업의 통・폐합, 인원감축, 공장재편, 신규투자 억제, 간접비 삭감, 합리화 추구 등 주로 기업의 조직개편에 목적을 둔 경영혁신기법을 말한다. 리스트럭처링은 1980년대 경제 불황이 지속되고 있었을 때 기업의 저성장을 통한 생존전략의 필요성이 대두되면서 리엔지니어링 전략에 앞서 나타난 경영기법이다.

물류 리스트럭처링은 해당 기업의 전사적인 리스트럭처링 전략의 일환으로 기업의 장기적인 이익증대 관점에서 물류시설 및 인력 보강, 물류부문의 분사화・아웃소싱 등 주로 물류관련 조직 개편의 형태로 추진되어 왔다. 그러나 최근에는 생산・판매・물류의 통합화를 위한 확대전략, 즉 물류 리엔지니어링과 물류 ABC(활동기준 원가계산)로 전환하고 있다.

앞서 살펴 본 물류 리엔지니어링은 물류업무의 프로세스 등을 정보기술을 활용하여 축소하거나 재결합함으로써 원가우위를 갖게 하거나 차별화를 제고시키는 혁신기법인데 반해 물류 리스트럭처링은 물류업무 프로세스를 개혁하는 것이 아니라 앞으로의 환경변화에 적극적으로 대처하기 위해 수익성이 떨어지는 부문의 철수, 통·폐합, 개별기능의 보강 등을 실천해 나가는 혁신기법이라 할 수 있다. 물류 리스트럭처링의 방향이 확정된 후에 프로세스 등을 혁신시키는 물류 리엔지니어링을 도입해야 한다.

〈표 5-4〉 물류 리엔지니어링과 물류 리스럭처링

물류 리엔지니어링	물류 리스트럭처링
•전사적 최적화 추구(물류업무의 프로세스 개혁 도입)	•개별 기능의 최적화 추구(물류시설, 인력 보강 등)
•고객만족을 추구하는 가치와 서비스 제공(고객지향형)	•효과 우선 경영, 부가가치 창출형 물류(경쟁지향형)
•기능 변경을 통한 물류합리화 추구	•기능은 그대로 두고 물류합리화 추구
•직능횡단적인 팀 활용으로 경영전반 재구축	•분업체계에 따른 조직개편

4. 상물분리

1) 상물분리의 개념

상물분리란 물류합리화의 관점에서 상류경로와 물류경로를 분리하여 운영하는 것을 말한다. 상류와 물류는 상호 유기적인 관계에 있기 때문에 종래에는 동일 경로를 이용하는 경우가 많았으나 유통 면에서의 판매 확대는 복잡다기하고 광범위한 거래지역을 창출하게 하는 반면, 물류 면에서는 운송거리의 연장, 보관시설, 재고 등의 증가를 가져오게 된다.

[그림 5-1] 상물분리 전후의 출하형태

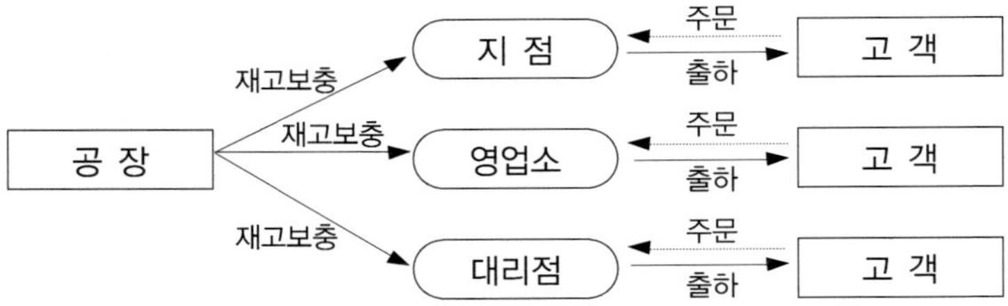

상물분리 실시 이전의 출하형태

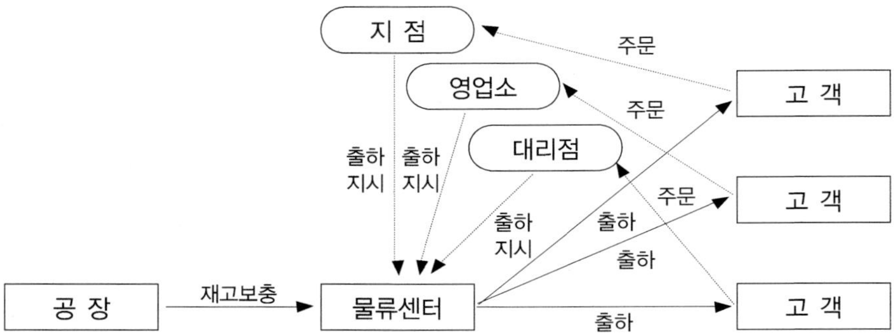

상물분리 실시 이후의 출하형태

[출처 : 로지스틱스21, 『물류관리론』, 2006년 p.76~77]

상물분리에서는 이와 같은 상류와 물류의 상반된 현상(Trade-off)을 해결하기 위해 상류는 영업부서에서 담당하고 물류는 물류부서에서 전담하게 함으로써 대량 수송 및 수배송 시간의 단축과 재고의 집약화를 통해 고객서비스 향상 및 총물류비를 절감하여 기업 전체의 효율성을 제고시키는 것을 목적으로 하고 있다.

2) 상물분리의 경제적 효과

(1) 수송단계

물류 거점을 통한 수배송으로 수송단계의 통합 및 대형차량의 이용으로 수송비의 절감 효과를 누릴 수 있다.

(2) 물류거점과 고객 간의 배송단계

지점 및 영업소의 수주통합으로 배송차량의 적재율 향상과 리드타임의 단축효과를 가져온다.

(3) 물류거점의 재고단계

재고의 집약과 재고관리를 철저히 수행함으로써 재고의 편재 및 과부족 해소로 효율적 재고관리가 가능해진다.

(4) 물류거점의 집약화로 창고의 자동화, 하역의 기계화, 공동수배송 등 물류합리화를 추진할 수 있다.

(5) 전산화로 사무처리의 부담이 경감된다.

(6) 영업부는 판매활동에만 전념할 수 있게 되어 도·소매업의 매출증대를 가져오게 된다.

(7) 제조업자의 경우에는 유통경로 전체에서 물류효율화를 실현할 수 있다.

(8) 전문물류업체의 육성으로 물류기능의 전문화 확대가 가능하다.

5. 제약이론(TOC : Theory of Constraints)

1) 제약이론(TOC)의 개념

제약이론은 골드렛(Eliyahu M. Goldratt) 박사가 어려움에 처해 있는 친구의 공장을 우연한 기회에 방문하여 문제를 해결해 주고자 방법을 찾으려는 시도가 TOC의 첫 출발이었다. TOC는 기존 경영혁신기법이 갖고 있는 각 구성요소의 연관성을 무시하고 각 요소별로 접근하는 단점을 극복하기 위해 전체 최적화와 집중, 지속적 개선을 추구하는 방식이다. 즉, 조직의 성과에 가장 큰 영향을 미치는 요소를 찾아 집중적으로 개선함으로써 조직 전체의 성과를 향상시키는 경영혁신기법이다. 제약(Constraints)은 조직이 가지고 있는 목표를 달성하는데 있어서 제약이 되는 모든 것(자원, 부서, 인식, 환경 등)이며, 조직을 하나의 고리사슬로 구성된 시스템으로 인식하여 어느 하나의 고리가 취약하면 전체 고리사슬이 제기능을 발휘하지 못하게 된다는 것이다. 제약이론은 기업의 여러가지 활동 중 특히 취약한 활동요인(제약요소)의 효율성 제고를 통해 기업의 성과를 극대화하고자 하는 기법이다.

2) 제약이론(TOC) 관리의 5단계

(1) 제1단계 : 시스템의 제약요소를 찾아낸다.

유형적 제약 자원, 기업정책이나 관행 등의 무형적 제약요인을 대상으로 조직의 성과 향상에 방해가 되는 요인(제약요소)을 찾아내고, 성과 개선이나 목표 달성에 영향을 미치는 정도에 따라 우선순위를 결정하고 개선한다.

(2) 제2단계 : 제약요소를 최대한 효율적으로 이용할 방법을 결정한다.

제약요소를 최대한 활용하여 효율성을 극대화하고 공급능력을 최대화함으로써 새로운 투자 없이 제약요소를 최대한 활용할 수 있는 방법을 찾는다.

(3) 제3단계 : 기타 모든 의사결정을 제약요소의 최대 활용이라는 관점에서 내리도록 한다.

제약요소를 재배치하여 비제약요소의 가동율을 조정하는 것으로 비제약요소의 활동을 제약요소의 활동에 종속시켜 모든 자원을 동기화시킨다.

(4) 제4단계 : 제약요소의 능력을 향상시킨다.

제약요소가 성과 향상에 부정적 영향을 미치는 요소를 개선할 수 있도록 제약요소의 능력을 향상시킨다. 즉, 제약요소의 능력을 향상시켜 전체 효율성이 개선될 수 있도록 한다.

(5) 제5단계 : 기존의 제약요소를 제거한 다음, 다시 제1단계로 돌아가 새로운 제약요소를 탐색한다.

개선된 제약요소의 능력이 감소되지 않도록 지속적으로 개선하는 것이다. 여기에서 성과 향상이 나타나지 않으면 제약요소의 능력을 향상시키는 방법에서 문제점이 있는지 확인하고 적용하는 것도 포함된다.

제 6 장

물류비 관리

제1절 물류비의 개념

1. 물류비의 정의

물류비란 물류활동을 수행하기 위해 발생하거나 소비된 모든 경제적 가치를 말한다. 물류비는 기업 내부의 관리자가 물류활동과 관련하여 경영목적의 달성을 위해 적절한 의사결정을 내리는데 필요한 정보를 지원하기 위한 기초자료가 된다. 물류비는 물자의 물리적 이전에 따른 비용과 이들 활동에 필요한 설비 및 시설비용, 정보의 전달・처리 비용 및 이를 위해 필요한 설비·시설비용 그리고 이들을 종합적으로 관리하는데 소요된 직접 또는 간접비용으로 구성되어 있다. 직접비용은 자사내에서 물류활동에 소비되는 자가물류비와 물류활동의 일부를 사외업자에게 위탁하여 그 대가로 지불하는 위탁물류비로 구분한다. 간접비용은 처음에는 거래선 기업이 지불 또는 소비하지만 실질적으로는 특정의 제조업자가 부담하는 비용을 말한다.

2. 물류비의 산정 목적

1) 물류비의 규모 파악, 제품가격의 결정에 활용
2) 가격계산, 원가관리에 필요한 정보 제공
3) 물류비 예산편성 및 예산통제를 위한 원가자료 제공
4) 물류의 기본계획 설정, 업적평가에 필요한 정보 제공

물류비 절감의 효과

A기업이 물류비용 5%를 추가로 절감할 경우, A기업은 얼마의 매출액을 증가시키는 것과 동일한 효과를 얻게 되는가?

- A기업 총 매출액 : 100억 원
- 매출액 대비 물류비 비중 : 10%
- 매출액 대비 이익률 : 5%

•매출액 대비 물류비의 비중이 10%이므로 물류비는 10억 원이며, 물류비 10억에 대한 5% 물류비 절감액은 5천만 원이다. 매출액 대비 이익률 5%는 5천만 원(경상이익)이므로 매출액 증가효과는 10억 원이다.

- 100억 원 : 5 = X : 0.5억 원, X = 10억 원

제2절 일반기준에 의한 물류비의 분류

국토교통부(전, 국토해양부)에서는 2008년 기업물류비 산정지침을 고시[2]하여 물류비 계산의 정확성과 관리의 합리성을 제고하기 위한 표준물류회계 기준으로 역할을 하도록 하였다. 일반기준은 물류비를 상세하게 원천적으로 계산하는 방식으로 물류원가계산의 관점에서 보면 관리회계방식에 의한 물류비 계산 기준을 말한다. 일반기준은 기업에서 제품별, 지역별 운송비나 보관비 등과 같은 물류관리에 필요한 정보를 상세히 입수하기 위해 사용되는 기준으로 일정 이상의 물류비 관리수준을 갖고 있는 기업에서 활용할 수 있다. 간이기준은 회계장부와 재무제표로부터 간단하게 추산하는 방식으로 물류원가계산의 관점에서 보면 재무회계방식에 의한 물류비 계산 기준을 말한다. 간이기준은 상세한 물류비 정보보다는 개략적인 물류비 정보나 자료 정도로 만족하는 중소기업 등 비교적 물류비 관리 수준이 낮은 물류비 산정의 초기단계에 있는 기업에서 사용하는 기준이다.

〈표 6-1〉 물류비의 분류체계

과 목	영역별	기능별	지급형태별	세목별	조업도별
비 목	•조달물류비 •사내물류비 •판매물류비 •리버스물류비 (반품, 회수, 폐기)	•운송비 •보관비 •포장비 •하역비 (유통가공비 포함) •물류정보 · 관리비	•자가물류비 •위탁물류비 (2PL, 3PL)	•재료비 •노무비 •경비 •이자	•고정물류비 •변동물류비

2) 국토해양부지침 제 2009-538호, 2009. 8. 24, 일부개정.

1. 영역별 물류비

영역별 물류비는 조달물류비, 사내물류비, 판매물류비, 리버스물류비(회수, 폐기, 반품)로 구분되며, 생산물류비는 제외된다.

[그림 6-1] 영역별 물류비

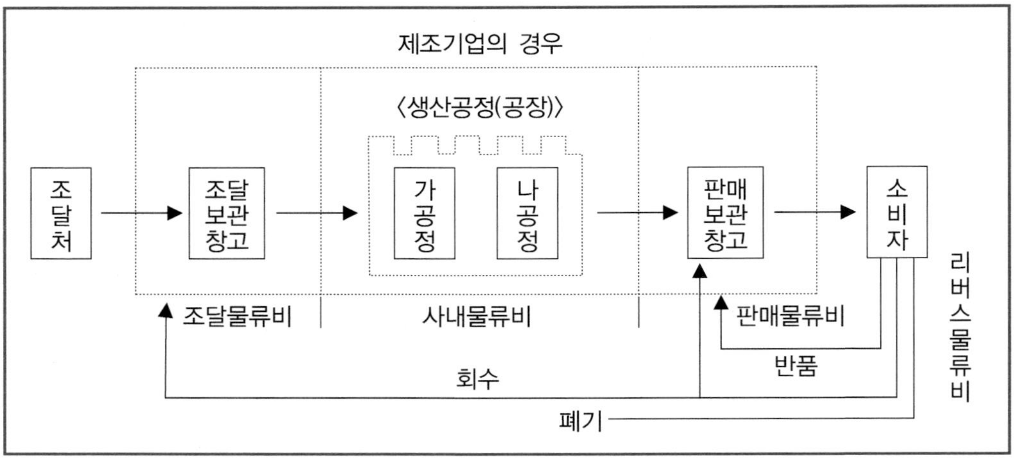

1) 조달물류비

조달물류비는 물자가 조달처로부터 운송되어 매입자의 매입물자의 보관창고에 입고, 관리되어 생산공정(또는 공장)에 투입되기 직전까지의 물류활동에 따른 물류비를 말한다. 여기서 「생산공정(또는 공장)에 투입되기 직전까지의 물류활동」이란 원자재, 부품, 제품, 상품 등의 매입물자가 자사에 정상적으로 도착하여 사내에서 생산, 가공, 판매 등의 목적을 위해서 물리적인 이동을 가하기 이전의 물자유통과정을 말한다.

조달물류비에는 운송, 하역, 검수, 입고, 보관(조달보관창고), 출고 등의 조달물류과정에 관련되어 발생하는 비용을 포함한다. 비용의 범위는 재무회계상의 자료(주로 손익계산서에 나타나는 회계자료)에 의하면 조달과정에서 외부에 지불한 비용만 나타나게 되므로 자사내에서 생산공정에 투입 직전까지 실시한 검수, 하역, 입출고, 보관 등의 관련 제비용을 모두 포함하여야 한다.

2) 사내물류비

사내물류비란 매입물자의 보관창고에서 원재료 등을 이동하여 생산공정(또는 공장)에 투입되는 시점부터 생산과정에서 공정과 공정 간의 원재료나 반제품의 운송활동, 보관활동 및 생산된 완제품을 판매를 위한 장소까지의 물류활동에 따른 물류비를 말한다. 여기서 「매입물자의 보관창고에 완제품 등의 판매를 위한 장소까지의 물류활동에 따른 비용」은 조달된 물자를 이용하여 제품이나 상품을 생산(가공을 포함)하는 과정에서 발생하는 운송이나 보관 등의 물류활동에 소비되는 비용으로서 완제품 등의 판매를 위한 장소까지 발생한 물류비용을 가리킨다. 다만, 순수한 생산공정내의 물류활동, 즉 원재료나 부품 등의 제조공정내 이동이나 운반 등의 물류활동에서 발생하는 비용은 생산원가 또는 제조원가에 산입되므로 사내물류비에서는 제외시킨다.

사내물류비에는 포장, 운송, 하역, 분류, 보관, 재고 등 사내에서 발생한 물류비를 포함하는데, 이 과정의 비용 분류는 사내의 조직단위별(공장별, 지점별 등), 물류경로별(수·배송의 경로, 직송경로 등), 보관 장소나 위치, 보관방식별(창고보관, 배송센터보관 등) 등과 같이 물류의 흐름을 보다 구체화할 경우 사내물류비의 범위가 명확해지게 된다. 이를 위해 제조기업의 경우, 공정과 공정을 중심으로 한 물류흐름과 보관창고나 물류센터를 중심으로 한 물류흐름을 그림으로 나타내 보거나, 도소매업의 경우는 상품의 매입과정에서 보관, 출하 및 판매하는 과정을 보관창고 또는 물류센터의 측면에서 물류흐름도로 나타내 보면 매우 유용하게 이용할 수 있다.

3) 판매물류비

판매물류비는 생산된 완제품 또는 매입한 상품을 판매창고에서 보관하는 활동부터 그 이후의 판매관련(고객에게 인도될 때까지) 물류활동에 따른 물류비를 말한다. 여기서 「생산된 완제품 또는 매입한 상품을 창고에 보관하는 활동부터 고객에게 인도될 때까지의 물류비」란 사내물류활동이 종료되는 완제품의 보관에서부터 그 이후의 모든 판매관련 활동이므로 소비자에게 해당 제품이나 상품을 판매하는 과정에서 발생하는 물류활동이라고 할 수 있다.

판매물류비 중 주문이행에 따른 판매물류비는 출고지시에 따라 보관된 제품이나 상품의 피킹, 출고, 상차, 운송, 하차 등의 판매물류에 관련된 비용이 포함된다. 예를 들어, 제조업자에게 있어서 공장 등의 제품창고에서 고객에게 직송하는 경우나 유통업자에게 있어서 조달처나 매입처의 상품보관창고에서 고객에게 직송하는 경우는 고객으로의 출고 이후의 비용을 판매물류비로 인식한다.

4) 리버스(Reverse)물류비

리버스(Reverse)물류비는 반품물류비, 회수물류비, 폐기물류비로 세분화한다.

(1) 반품물류비

반품물류비란 판매한 제품이나 상품의 반품물류활동에 따른 물류비를 말한다. 여기서 「반품」의 요건은 제품이나 상품자체의 문제점(예를 들어, 상품자체의 파손이나 이상 등)의 발생이나 물류과정에서 발생하는 파손, 이상, 하자 등이 발생하는 것뿐만 아니라 고객요구의 불일치로 인해 발생하는 것까지 포함한 포괄적인 개념을 말한다. 반품물류비에는 반품과정에서 발생하는 운송, 검수, 분류, 보관, 하역 등 관련비용을 포함한다. 이때 반품 자체에 따른 상적 비용(예를 들어, 상품 대금의 환불액, 위약금 등)은 반품물류비에 해당하지 않는다.

(2) 회수물류비

회수물류비는 제품이나 상품의 판매물류에 부수적으로 발생하는 파렛트, 컨테이너 등과 같은 빈 물류용기와 판매와 관련하여 발생하는 포장자재 등의 회수 및 재사용 가능할 때까지의 물류비를 말한다. 회수물류비는 청량음료나 주류 등과 같은 업종에서 특히 중시되는 비용 중 하나이다.

(3) 폐기물류비

폐기물류비는 파손 또는 진부화된 제품, 포장용 또는 수송용 용기나 자재 등을 회수하여 폐기할 때까지의 물류비를 말한다. 여기서 「폐기처리」의 요건으로는 진부화나 소모 등에 의해 제품이나 상품 또는 포장용기 등의 물류기기가 제기능을 수행할 수 없는 상황이거나 또는 제기능을 수행한 후 소멸되어야 할 상황 등을 의미한다. 폐기처리시 수반되는 검수, 보관, 운송, 하역 등의 비용은 폐기물류비에 포함되나, 폐기 자체의 비용이나 공해방지를 위한 처리비용 등은 여기에 포함시켜서는 안 된다. 이러한 비용은 물류비가 아닌 일반경비 또는 제조원가에 삽입하는 것이 타당하다.

2. 기능별 물류비

물류기능이란 기업가치의 제고를 위해 반드시 필요한 부가가치가 높은 활동을 의미하는데, 물자를 이동, 보관하는 일련의 부대활동이 이에 해당된다. 기업물류비 산정지침에서는 기능별 물류비 분류를 운송비, 보관비, 포장비, 하역비, 물류정보·관리비로 구분하고 있다.

[그림 6-2] 기능별 물류비

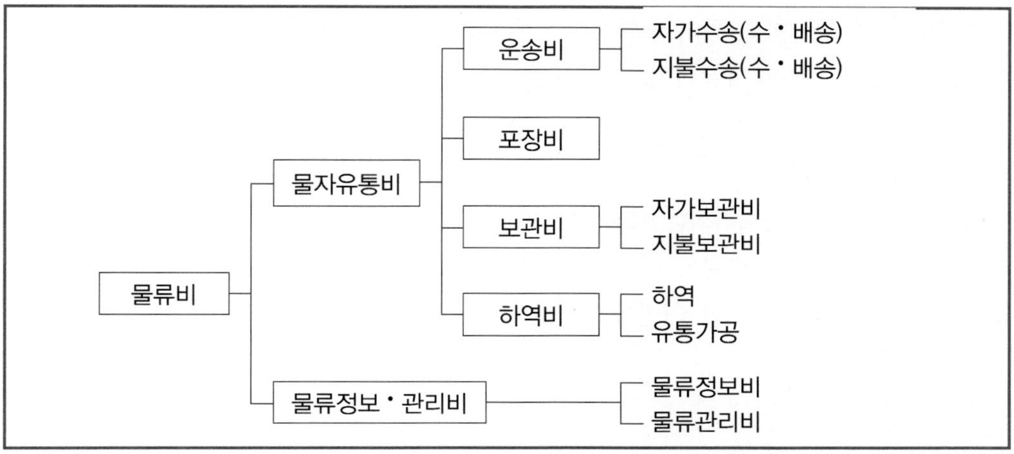

1) 운송비

운송비는 물자를 물류거점 간 및 고객에게 이동시키는 활동에서 소비된 비용을 말하며, 이 비용은 장소에 의한 제품의 효용을 창출하기 위한 목적에서 발생한다. 운송비 중 자가물류비는 해당 기업의 물류특성이나 운송경로 등 필요에 따라 수송비와 배송비로 세분할 수 있다.

(1) 수송비

수송비는 기업의 필요에 따라 물자를 물류거점까지 이동시키는 물류비를 말한다. 이 비용은 사내 공장이나 창고, 물류센터나 지점 등 물류거점 간 이동에 의해 발생하기 때문에 주로 사내물류비에 해당한다.

(2) 배송비

배송비는 물자를 고객에게 배달시키는 활동에 소요되는 비용으로서, 창고나 물류센터로부터 수요자인 고객에게 전달하는 과정에서 발생하기 때문에 주로 판매물류비에 해당한다. 또한 고객으로 부터의 판매된 상품의 반품이나 회수 등에 따른 비용도 여기에 포함된다.

2) 보관비

보관비는 물자를 창고 등의 보관시설에 보관하는 활동에 따른 비용을 말하며, 이 비용은 시간에 의한 제품의 효용가치를 창출하는 목적에서 발생한다. 일반적으로 보관비 또는 창고비라고 칭하는 이 비용은 물자를 단순히 보관하는데 소요되는 비용뿐만 아니라 재고물품에 대해 발생하는 이자도 포함한다. 즉, 제품이나 상품을 일정 기간 동안 창고나 물류센터에 보관하는데 소비되는 보관비와 제품이나 상품을 일정 기간 동안 보관함으로써 발생하는 자본비용인 재고부담이자 그리고 적정 재고를 유지하기 위한 재고유지비나 적정 발주량을 유지하기 위한 최적발주비 등과 같은 재고관리비를 포함한다.

3) 포장비

포장비는 물류포장활동에서 소비된 비용을 말한다. 여기서 물류포장활동이란 최종 소비자에게 인도되지 않고 물자 이동과 보관을 용이하게 하기 위하여 실시하는 상자, 골판지, 파렛트 등의 물류포장으로 판매포장과는 상대적인 개념이다. 즉, 포장비는 물품, 제품, 폐기물 등을 운송, 하역, 보관하기 위한 물류포장에 소비되는 물류포장비라고 말할 수 있다. 제품이 생산되는 과정인 생산물류에서 소비된 비용은 생산원가 또는 제조원가에 귀속되기 때문에 포장비에는 포함시키지 않는다.

한국공인회계사회의 기업회계 실무해설서(1993)에 의하면 판매비와 일반관리비에 속하는 포장비는 상품 등의 포장과정에서 발생하는 비용을 나타내고 있다. 따라서 제품의 포장비를 제조원가에 포함시키는 것이 일반적이며, 특히 일정한 포장을 하지 않고는 제품으로 판매가 불가능한 소다, 약품, 화장품, 과자 등의 포장비는 제조원가에 삽입하는 것이 보다 합리적이라 할 수 있다.

4) 하역비

(1) 하역비

하역비는 유통가공 및 운송, 보관, 포장 등의 업무에 수반하여 동일 시설내에서 물자를 상하좌우로 이동시키는 활동에서 소비된 비용을 말한다. 입하, 격납, 피킹, 분류, 출고 등과 같은 물류의 세부기능에서 발생하는 하역작업은 독자적으로 실시되는 경우는 거의 없으며, 주로 운송이나 보관의 기능을 수행하면서 비용이 동시에 발생된다.

(2) 유통가공비

물자의 유통과정에서 물류효율을 향상시키기 위하여 이를 가공하는데 소비된 비용을 말하며, 물류활동상의 효율증대를 위해 발생하는 비용이라고 할 수 있다. 물론 부분적으로는 제품이나 상품의 부가가치를 높이기 위해서 물류과정상 가공을 하는 경우가 있는데, 이는 생산물류 또는 상류가공(商流加工)에 해당되기 때문에 이때 소비되는 비용은 제조원가나 유통비에 포함시키는 것이 타당하다.

5) 물류정보 · 관리비

물류정보 · 관리비는 물류정보를 처리하는 비용과 물류관리에 소비된 비용을 말하며, 필요에 따라 다음과 같이 구분할 수 있다.

(1) 물류정보비

물류정보비는 물류정보를 수집, 가공, 전달하기 위해 필요한 입력, 처리, 기억, 출력, 제어, 통신 등의 제반활동을 컴퓨터 등의 전자적 수단을 사용하여 발생하는 다음과 같은 비용을 말한다.

① **주문처리비** : 원재료를 포함한 제품이나 상품 등의 발주, 수주, 출하지시 및 이와 관련한 사무처리와 통계, 분석 등의 업무를 처리하는데 소요되는 비용을 말한다. 단, 수주에 있어서 영업이나 판매상의 계약과정이나 절차 등에 관련해 발생하는 비용은 제외된다.

② **고객서비스** : 출하 문의에 대한 회신, 출하 촉진 등의 업무에 소요되는 비용으로 이외에도 조달, 보관, 운송 등의 업무처리와 관련하여 정보의 교환이나 처리를 위해서 소비되는 비용을 포함한다.

(2) 물류관리비

물류관리비는 물류관리부문에서 발생하는 물류활동 및 물류기능의 합리화와 공동화를 위하여 물류활동에 대한 전반적인 계획, 조정, 통제 등에 소비되는 비용으로 물자유통뿐만 아니라 정보유통과 관련해서도 발생하고 있다. 이 비용은 물류비관리의 조직단위에 따라서 공장이나 사업장별로 혹은 물류센터와 같은 현장에서 물류관리비와 본사 차원에서의 물류관리비로 구분되기도 하며, 후자의 경우 본사의 물류 스탭의 업무수행을 위해 소요되는 제비용을 칭하고 있다.

3. 지급형태별 물류비

지급형태별 물류비 분류는 개별 기업의 입장에서는 물류활동을 누가 수행하고, 물류 대금을 누구에게 지불하였는가에 대한 상세한 정보를 알 수 있도록 하는 한편, 정부 등 유관기관의 입장에서는 물류비를 종합적으로 집계할 때 중복(물류 공급회사와 물류 수요회사 간)집계를 방지하기 위해서 필요한 분류방법이다. 자사에서 지불하는 물류비에 대해 물류의 행위주체, 즉 자사에서 직접 수행하는가 또는 외부의 물류업체에 위탁하는가에 따라 자가물류비와 위탁물류비로 구분하고 위탁물류비는 다시 물류자회사 지급분과 물류전문업체 지급분으로 구분하고 있다.

[그림 6-3] 지급형태별 물류비

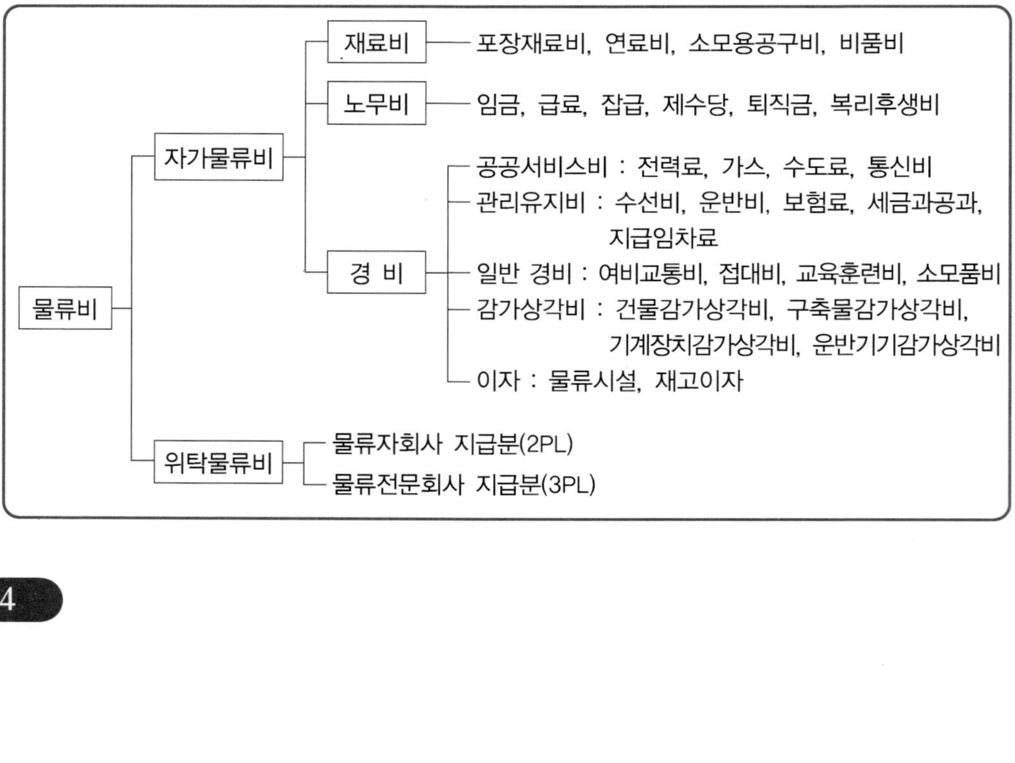

1) 자가물류비

자가물류비는 자사의 설비나 인력을 사용하여 물류활동을 수행함으로써 소비된 비용을 말한다. 대부분의 기업에서는 자가물류비를 산정하지 않고 있어 기업의 물류비 실태를 정확하게 파악하지 못하는 경우가 많다. 즉, 물류 빙산의 전모를 파악하기 위해서는 자가물류비의 분류나 계산을 얼마나 구체적으로 하는가가 중요하다. 따라서, 사내에서 실시하는 물류활동과 관련된 비용을 조달, 사내, 판매, 리버스 등의 영역으로 구분하고 재료비, 노무비, 경비, 이자의 세목별 계정과목을 통해 비용 세분화를 하도록 한다.

2) 위탁물류비

위탁물류비는 물류활동의 일부 또는 전부를 외부의 물류업체나 물류자회사인 타사에 위탁하여 수행함으로써 소비된 비용 또는 요금을 말한다. 위탁물류비는 주로 포장, 운송 및 보관 등의 활동을 위탁하는 경우에 발생하게 되는데, 예를 들어 지불포장비, 지불운임, 지불창고료, 입출고료, 수수료 등이 이에 포함된다. 또한, 물류자회사 지불분과 물류전문업체 지불분으로 구분하고 있는데, 이를 통해 물류자회사, 물류전문업체의 물류비 규모를 파악할 수 있고, 나아가 국가물류정책 수립의 기초자료로도 활용할 수 있다.

4. 세목별 물류비

세목별 분류는 기본적으로 재료비, 노무비, 경비, 이자로 구분한다. 구체적으로는 해당 기업의 물류비 관리 실무에 적절한 회계부문의 비용 계정과목을 중심으로 물류비를 상세히 나눈 것으로, 계정과목의 분류 및 정의 등은 기업회계 기준 및 원가계산준칙의 계정과목과 동일한 체계를 가능한한 준용하도록 하고 있다.

1) 재료비

재료비는 물류와 관련된 재료의 소비에 의해서 발생되는데, 주로 포장이나 운송 기능을 수행하는 과정에서 발생한다. 물류관련 재료의 종류는 매우 한정되어 있으며 그 구성비율도 낮다고 할 수 있는데, 재료비의 항목에는 포장재료비, 연료비 이외에도 물류활동의 수행을 위한 소모용 공구비, 비품비 등이 포함된다. 예를 들어, 파렛트와 같은 운송기기 등은 물류자산에 속하므로 재료비의 산정범위에는 제외되지만, 운송기기 사용시 소모되는 연료비 등은 이에 포함된다.

2) 노무비

노무비는 물류활동을 수행하기 위해 발생하는 노동력에 대한 비용으로서 운송, 보관, 포장, 하역 및 관리 등의 전반적인 기능과 조달, 사내, 판매 등의 전 영역에서 발생된다. 노무비의 항목에는 임금, 급료, 잡급 이외에도 물류관련 종사자에 대한 제수당, 퇴직금 및 복리후생비 등이 포함되는데, 기업활동의 효율성이나 생산성 향상을 도모하기 위해서는 공장별·사업장별, 지역별·고객별·제품별 등의 관리단위에 따라서 노무비에 관련된 비용을 세분화하여 파악해야 한다.

3) 경비

경비는 재료비, 노무비 이외에 물류활동과 관련하여 발생하는 제비용으로서 주로 물류관리활동에서 발생되며, 회계 및 관리부문 등에서 사용하는 계정과목이 전부 해당된다. 이 지침에서는 경비에 대한 세부적인 비목 구분은 없으나 필요에 따라서는 다음과 같이 구분하도록 하고 있다.

(1) 공공서비스비

공익사업체에서 제공하는 용역(service)에 대해서 발생하는 비용으로서 전력료, 가스·수도료, 통신비 등이 이에 해당된다.

(2) 관리유지비

물류관련 고정자산의 운용, 가동, 보전 등을 위해 발생하는 비용으로서 수선비, 운반비, 세금과 공과금, 지급임차료, 보험료 등이 포함된다.

(3) 감가상각비

물류관련 고정자산의 시간경과에 따른 가치감소분의 비용으로서 건물감가상각비, 구축물감가상각비, 기계장치 감가상각비, 차량감가상각비, 운반기기감가상각비 등이 포함된다. 감가상각비는 현금지출을 수반하지 않는다는 점에 유의해야 하며, 자산의 실제 사용분만큼에 대한 가치감소를 화폐가치로 나타낸 것이다.

(4) 일반경비

물류관리를 목적으로 지출하는 일반적인 물류비로서 여기에는 여비, 교통비, 접대비, 교육훈련비, 소모품비 등과 같은 비용항목, 이외에도 물류과정에서 발생하는 변질이나 도난, 사고 등에 따른 손실 등이 포함된다. 예를 들어, 운송이나 보관과정에서 발생하는 불량이나 파손에 따른 비용은 일반경비가 아닌 물류경비에 포함시킨다.

4) 이자

이자는 물류시설이나 재고자산에 대한 이자 발생분을 의미하는데, 금리 또는 투자보수비라고도 한다. 이 지침에서 이자는 시설부담이자와 재고부담이자로 구분하고 있다. 이자는 기업회계기준과 상이한 세목으로서, 시설부담이자는 물류설비의 경제성을 검토하여 의사결정을 하기 위한 목적에서 유용하며, 재고부담이자는 재고자산의 보유를 최소화시키는 것이 물류효율화의 중요한 관리 포인트가 된다는 점에서 포함시키고 있다.

물류시설과 재고자산에 대해 이자를 부담시키는 이유는 원가요소 중의 하나인 자본비용을 원가계산에 반영함으로써 산출된 원가정보의 유용성을 높이기 위해서이다. 이 방법은 최근 증권시장이나 회계학 분야에서 신개념으로 각광을 받고 있는 경제적 부가가치(EVA : Economic Value Added) 개념과도 동일한 인식을 공유하고 있다. 지금까지 원가계산 실무에서는 자본비용을 원가요소로 인식하지 않고 재무활동의 일환으로 보아 영업외 비용으로 구분하여 표시하도록 하고 있다. 이에 따라 막대한 금액의 제조설비 투자활동에 의해 유발되는 자본비용을 원가에서 제외시킴으로써 산출된 원가정보의 유용성에 대한 의문이 끊임없이 제기되고 있다. 따라서 물류비를 계산함에 있어서는 일반적으로 기업회계기준에서는 비용으로 인식하지 않고 있는 기회손실이나 이자부담 등을 포함하고 있는 사례가 많이 늘어나고 있다.

(1) 시설부담이자

물류시설에 투자되어 있는 자금에 대한 이자부담분 만큼의 기회손실을 말한다. 시설부담이자를 포함시키는 이유는 해당 물류설비를 자가운영하는 것과 외부업체에 위탁하는 것의 경제성을 비교검토하여 의사결정을 하기 위함이다. 시설부담이자는 투자액의 미상각 잔액에 이자율을 곱하여 계산한다. 시설투자액의 미상각 잔액은 자산명세서로부터 물류관련 자산을 추출한 후에 이에 대한 계산시점에서의 감가상각액을 차감하여 미상각잔액을 산정한다.

- 시설부담이자=투자액의 미상각잔액×이자율
- 투자액의 미상각잔액=취득원가−감가상각의 누적액

(2) 재고부담이자

재고자산이 존재함으로써 발생하는 재고자산의 가치에 대한 이자부담분 만큼의 기회손실을 말한다. 재고부담이자는 재고자산의 보유를 최소화하는 것이 물류효율화의 중요한 관리 포인트가 된다는 점에서 물류재고를 어떻게 유지하고 있는지를 금액으로 표시함으로써 재고관리수준을 파악할 수 있어 물류정보를 보다 유용하게 활용할 수 있게 해 준다. 재고부담이자는 재고의 평균잔액에 이자율을 곱하여 계산하고 재고의 평균잔액은 재고명세서로부터 월별 기초·기말재고액에 기초하여 평균액을 산정한다.

- 재고부담이자=재고의 평균잔액×이자율
- 재고의 평균잔액=(월초재고+월말재고) / 2

시설부담이자와 재고부담이자

A 기업은 60억원을 들여 물류창고를 건설하였으며, 그 내용연수는 30년, 감가상각은 정액상각방식으로 한다. 시중 연이자율 6%를 적용할 때, 다음에 해당하는 물류비는 각각 얼마인가?(단, 투자 비용의 시간가치와 잔존가치는 고려하지 않음)

㉠ 물류창고 건설 후, 25년 경과한 시점의 물류 창고에 대한 연간시설부담이자
㉡ 물류창고 건설 후, 7년 경과한 시점(A)의 재고잔액이 4억원, 8년 경과한 시점(B)의 재고잔액이 5억원일 때, A~B 기간의 연간 재고부담이자

■ 연간시설부담이자=투자액의 미상각잔액×이자율
  – 투자액의 미상각잔액=취득원가−감가상각액의 누적액
• 연간시설부담이자=10억원×6%=6천만원
  – 투자액의 미상각잔액=60억원−50억원=10억원

■ 재고부담이자=재고 평균잔액×이자율
  – 재고 평균잔액=(월초재고+월말재고) / 2
• 재고부담이자=4.5억원×6%=2.7천만원
  – 재고 평균잔액=(4억원+5억원) / 2=4.5억원

5. 관리항목별 물류비

관리항목별 분류는 중점적으로 물류비 관리를 실시하기 위한 관리대상(물류비 계산의 실시단위의 경우는 물류원가계산대상 : cost objectives for logistics unit), 예를 들어 제품별, 지역별, 고객별 등과 같은 특정의 관리단위별로 물류비를 구분하는 것으로서 관리목적별 분류라고도 칭한다.

[그림 6-4] 관리항목별 코스트 종류

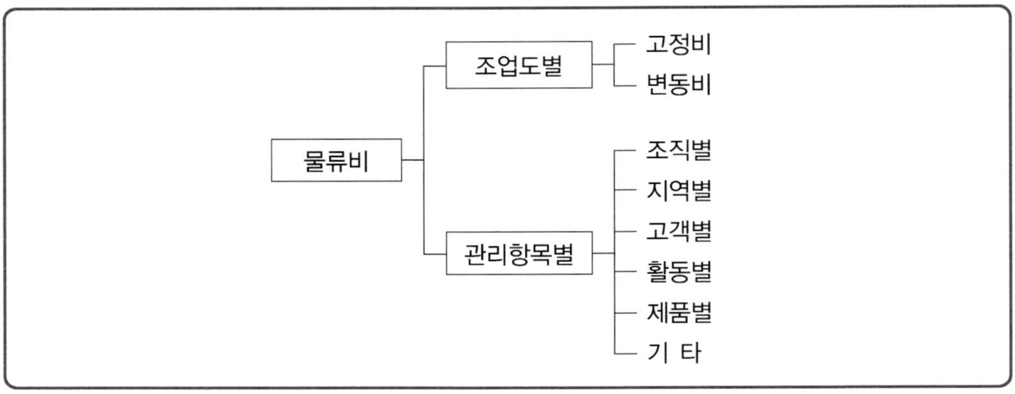

관리항목별 구분은 개별 기업의 관리목적에 따라 그 내용은 상이한데 대표적인 사례는 다음과 같다.

1) 부문별

물류비가 발생되는 부문이나 관리부문 등의 조직계층단위

2) 지역별

물류비가 발생되는 지역별 부문이나 조직단위

3) 운송수단별

철도운송, 해상운송, 육로운송, 항공운송 등의 운송수단

4) 제품별

물류활동의 대상이 되는 원재료, 제품, 부품 등의 제품 종류

5) 물류거점별

물류활동이 발생하는 장소로서 물류센터, 창고, 집배소 등

6) 위탁업체별

물류활동을 위탁할 경우 물류활동 수행업체

한편, 실무적용을 위해서는 물류비 비목별로 관리대상항목(관리항목별 구분항목)을 결정하는 매트릭스표를 작성하여야 한다. 물류비 비목과 관리항목 간의 매트릭스표의 작성사례는 다음과 같다.

〈표 6-2〉 관리항목별 물류비 분류의 매트릭스 사례(판매물류비의 경우)

영역별	기능별	지급 형태별	세목별		관리항목				
					부문별	위탁 업체별	제품별	물류 거점별	운송 수단별
판매 물류비	운송비	자가	재료비	연료비	V		V	V	
			노무비	급료와 임금	V		V	V	
				제수당	V		V	V	
				퇴직급여	V		V	V	
			경비	복리후생비	V		V	V	
			시설부담이자		V		V	V	
		위탁	경비	운반비	V	V	V	V	V
				지급수수료	V	V	V	V	V
	보관비	자가	노무비	급료와 임금	V		V	V	
			시설부담이자		V		V	V	
			재고부담이자		V		V	V	
		위탁	경비	지급임차료	V	V	V	V	
				지급수수료	V	V	V	V	
이하 생략									

6. 조업도별 물류비

물류비에 관한 계획을 수립하고 통제하기 위해서는 물류비가 물류조업도에 따라서 어떻게 발생하는가를 파악하는 것이 중요하다. 조업도별 물류비는 물류활동에 비례하여 증감하는 변동비와 물류량이 증감하여도 일정액이 지불되는 고정비로 구분할 수 있다. 즉,

물류고정비는 물류활동의 범위내에서 물류조업도의 증감과 관계없이 발생하거나 소비되는 비용이 일정한 물류비를 가리키며, 물류변동비는 물류활동의 범위내에서 물류조업도의 증감에 따라 발생하거나 소비되는 비용이 비례하여 변화하는 물류비를 가리킨다.

조업도별 물류비 산정을 통해 기업의 물류활동에 근거한 물류비용함수를 도출하고 이를 바탕으로 물류환경 및 물류전략에 따른 기업물류비의 예측을 가능하도록 함으로써 관련 범위 내에서 합리적인 물류의사결정을 하는데 유용한 정보를 제공할 수 있다. 또한 물류손익분기점(물류CVP : Cost, Volume, Profit for Logistics)분석을 가능케 하여 물류목표 및 전략을 수립하고 물류성과를 평가하는데 기초정보로 활용할 수 있다.

물류비의 계산

다음은 대전에 위치한 K 기업 물류 사업부의 물류계산을 위한 자료이다. 총운송비 1억 원 중 A와 B의 운송비는 각각 얼마인가?(단, 운송비 배부기준은 거리×중량을 사용한다)

지 역	제 품	거리(Km)	중량(ton)
대 전	A	100	50
	B		250
부 산	A	250	150
	B		100
합 계		350	550

- A제품 : (100km × 50ton) + (150km × 150ton) = 27,500(ton·km)
- B제품 : (100km × 200ton) + (150km × 100ton) = 35,000(ton·km)
- 운송비 비중은 A제품 44%, B제품 56%이므로, 운송비는 A제품 4,400만 원(1억 원의 44%), B제품 5,600만 원(1억원의 56%)임

제3절 물류비의 계산방법

1. 일반기준에 의한 물류비의 계산

1) 물류비 계산방법

(1) 실태 파악을 위한 물류비

물류비는 합리성과 보편타당성을 전제로 측정되어야 하지만, 기업의 물류환경과 물류활동 자체의 특성으로 인해 합리적이고 보편타당한 물류비를 계산하는 데에는 많은 노력이 소요된다. 뿐만 아니라 물류비 계산 규정도 미비하여 물류비 계산 담당자가 어려움을 겪고 있다. 이에 기업물류비 산정지침에서는 실태파악 목적으로 합리적이고 보편타당한 물류비 계산을 위해 고려해야 할 요소들을 다음과 같이 규정하고 있다.

첫째, 물류비는 기업의 정상적인 물류활동과 관련하여 발생한 것을 대상으로 한다. 기업의 목표에 부합하고 예측할 수 있는 물류활동에서 발생된 검증 가능한 물류비이어야 한다. 비정상적인 물류활동이나 관련 범위내에서 예측이 불가능한 물류활동에서 발생된 것을 제외함으로써 기간별 물류비의 비교가 용이하게 된다.

둘째, 일반적인 물류비의 측정을 기업회계기준에서 사용하고 있는 발생기준에 따라 측정하게 함으로써 기업물류비 산정지침에서 규정하지 못하고 있는 세부사항에 대하여 보완하고 있다. 물류 및 물류비가 갖고 있는 특성을 고려하여 기회원가인 이자(시설부담이자와 재고부담이자)와 같이 특별한 규정이 있는 경우에는 예외로 하여 탄력성을 부여하였고, 실태파악 목적 물류비 분류 형태로는 영역별, 기능별, 지급형태별 등으로 하도록 하였다.

셋째, 기업의 다양한 물류활동에 따라 물류목적에 적합한 주된 물류활동과 부수적인 물류활동으로 구분한다. 부수적인 물류활동은 주된 물류활동과의 관련성을 고려하여 물류인원, 물류관련 시설의 면적, 물류활동 시간, 물류 빈도, 물동량, 물류비의 규모, 물류자산의 규모, 물류자산의 이용도 등의 적합한 기준으로 합리적인 배부기준을 설정하고, 이에 따라 배부한다.

(2) 관리 목적을 위한 물류비

관리 목적을 위한 물류비는 기업의 물류효율 및 물류효과를 높일 수 있도록 물류의사결정에 부합해야 합리적이고 타당한 의사결정이 이루어진다. 기업 전체의 물류환경에 대한 의사결정뿐 아니라 부분적이고 제한된 물류자산 및 물류활동에 대한 의사결정도 빈번히 이루어지고 있다. 관리 목적에 따라 기회비용과 같이 보편타당성이 다소 결여된 물류비의 측정도 의사결정에 부합하면 계산하여야 한다. 이에 기업물류비 산정지침에서는 관리목적으로 의사결정에 부합하는 관리 목적을 위한 물류비로 다음과 같이 대표적인 물류비 관리시스템을 규정하고 있다.

첫째, 기업의 물류환경이 하루가 다르게 다변화되어 기업의 물류전략을 수립하는데 많은 어려움을 주고 있다. 이에 따라 신속한 분석으로 물류효과를 높일 수 있도록 물류활동 및 물류기능과 관련하여 의사결정에 부합하도록 기능별 물류비를 관련 범위내에서의 물류조업도에 따라 물류고정비와 물류변동비로 구분하여 물류손익분기점 및 물류환경을 분석한다.

둘째, 기업이 처한 물류환경 속에서 기업의 물류전략을 모색하기 위해서는 관리항목별 물류비 계산이 필요하다. 물류의사결정에 맞는 대표적인 관리항목으로는 조직, 지역, 고객, 활동 등을 고려하고 있으며, 개별기업의 실정에 따라 다양하게 설정할 수 있으며, 간접비 또는 공통비에 대한 배부기준을 적용하며, 기회비용적 성격인 이자(시설부담이자와 재고부담이자)는 객관화된 자료와 검증 가능한 이자율을 고려하도록 하고 있다.

2) 물류비 계산 절차

물류비 계산시 분류체계에 의한 비목별 물류비 계산방법에 대하여 구체적인 내용은 명시하고 있지 않지만, 분류체계에 의한 영역별 ⇨ 기능별 ⇨ 지급형태별 ⇨ 세목별로 이루어진다.

(1) **제1단계(물류비 계산욕구의 명확화)** : 제1단계에서는 물류비 계산의 목표를 해당 기업의 물류비 관리의 필요성이나 목표에 의거하여 명확하게 해야 한다. 왜 물류비 계산을 해야 하며, 물류비 계산을 통해 무엇을 요구하고 있으며, 또한 산출된 정보는 어떻게 활용할 것인가와 같이 물류비 계산의 욕구(needs)를 명확히 한다.

[그림 6-5] 물류비의 비목별 계산과정

[제1단계]		[제2단계]		[제3단계]		[제4단계]		[제5단계]
물류비 계산 욕구의 명확화		물류비 자료의 식별과 입수		물류비 배부기준의 선정		물류비 배부와 집계		물류비 계산의 보고
•물류비 계산목표 확인 •물류비 계산대상 결정 •물류비 계산범위 설정	⇨	•물류비 계산대상별 자료 식별 •물류비관련 회계 자료(세목별)수집 •물류기회원가 관련자료 입수	⇨	•물류비 배부기준 결정 - 영역별 배부기준 - 기능별 배부기준 •물류비 배부방법	⇨	•영역별 집계 •기능별 집계 •지급형태별 집계 •관리항목별 집계	⇨	•물류비 보고서 작성 •문제점과 대책 제시 •물류비 정보의 활용 및 피드백

(2) 제2단계(물류비 자료의 식별과 입수) : 제2단계에서는 물류비 계산을 위해 물류활동에 의해 발생한 기본적인 회계자료 및 관련 자료를 계산대상별로 식별하고 입수하여야 한다. 이 단계에서는 물류활동에 관련된 기초적인 회계자료는 회계부문으로부터 입수하게 되는데, 해당 물류비 관련 자료는 해당 기업의 계정과목을 중심으로 제공되며 이 자료는 세목별 물류비의 기초자료에 해당한다. 물류비 관련 물량자료로서 물류부문에서 발생하는 업무자료의 종류에는 다음과 같은 것들이 있다.

① 운송관련 : 영역별 · 제품별 · 지역별 운송거리, 운송량(ton · km) 등

② 보관관련 : 센터별 · 지역별 · 제품별 보관수량(개 · 일 · m^2), 입출고 빈도 등

③ 하역관련 : 물류인원의 영역별 · 기능별 · 제품별 등의 작업시간, 상하차 수량 등

④ 포장관련 : 센터별 · 지역별 · 제품별 포장 수량(개 · m^3)

⑤ 기회원가관련 : 물류비 계산에 있어서 중요한 시설이나 재고의 부담이자를 계산하기 위한 기회원가 관련 자료도 별도로 입수해야 한다. 이 자료는 기본적으로 회계부문의 자산명세서 및 재고부문의 재고명세서를 통해 입수할 수 있으며, 필요에 따라서는 물류부문에서 적절하게 관련 자료의 수정, 보완작업을 통해 추출해 낼 수 있다.

(3) 제3단계(물류비 배부기준의 선정)

제3단계에서는 회계부문으로부터 물류비 관련 회계자료가 입수되면 계산 대상별로 물류비를 계산하기 위해 물류비의 배부기준과 배부방법을 선정하여야 한다. 영역별, 기능별, 관리항목별(예; 제품별, 지역별, 고객별 등)로 물류비 계산을 실시하기 위해서는 우선 물

류비를 직접물류비와 간접물류비로 구분해야 한다. 직접물류비는 계산대상별로 직접 부과하며, 간접물류비는 적절한 배부기준과 배부방법에 의거하여 물류비를 계산대상별로 일정액 또는 일정률을 배부한다.

〈표 6-3〉 물류비의 배부기준과 배부방법 예시

배부기준과 배부방법		예 시
배부기준의 종류	물량(수량) 기준	물류서비스의 제공정도에 따라 적절히 배부 •운송비 : 운송량(ton · km), 운송품개수, 운송시간 등 •보관비 : 보관면적(m^2), 보관량(m^3 · 일수), 보관품개수 등 •하역비 : 종업원수(명), 작업시간(시간), 하역건수 · 품수 등 •포장비 : 포장개수, 포장건수, 포장시간 등 •기타 물류비 : 인력수, 입출고수, 전표발행수 등
	금액기준	물류서비스의 제공정도에 관계없이 일정액을 배부 •금액 : 원
복수기준의 사용여부	단일기준	물류비 배부기준 중에서 1개 기준만 사용
	복수기준	물류비 배부기준 중에서 여러 기준을 사용
배부방법의 종류	개별배부	물류활동의 특성에 따라 물류비를 개별적 배부
	일괄배부	물류활동의 특성에 관계없이 물류비를 일괄적 배부

(4) 제4단계(물류비의 배부와 집계)

제4단계는 제2단계에서 입수된 물류비 관련 자료를 사용하여 제3단계의 배부기준 및 배부방법에 의해 물류비를 배부하여 집계하는 단계이다. 이 중에서 직접물류비는 전액을 해당 계산대상에 직접 부과하고, 간접물류비는 선정된 배부기준과 배부방법에 의거하여 물류비의 일정액 또는 일정률을 계산대상별로 배부하고 집계하여 합산한다.

(5) 제5단계(물류비 계산의 보고)

제5단계는 물류비 계산의 실시에 따른 보고서를 계산 대상별로 작성함과 동시에 이 내용을 종합하여 물류활동에 관한 물류비 보고서를 제출하는 단계이다. 물류비 보고서는 전사적인 차원에서 합산하여 전사 물류비 보고서를 작성하면 된다. 필요에 따라서는 영역별, 기능별, 지급형태별 보고서를 비롯하여 물류센터별, 제품별, 지역별 등의 관리항목별, 조업도별로 물류비 보고서를 작성하게 되면 산출된 물류비 정보를 이용하여 물류의사결정이나 물류업적평가에도 매우 유용하게 활용할 수 있다. 그리고 월별이나 분기별로 기간별 물류비 자료를 구분하여 물류비 보고서를 작성하는 것도 필요하며, 이 때 물류비 보고서에는 반드시 계산결과에 따른 문제점의 지적이나 필요에 따라서는 이에 대한 대책안 제시 등도 필요하다.

이상과 같이 물류비 계산을 체계적이고 전사적으로 실시하기 위해서는 기업의 물류활동의 특성에 알맞는 '물류비 개정지침'이나 '물류비 계산기준'과 같은 물류비 산정기준을 제도화시키는 것이 바람직하다.

3) 비목별 계산

비목별 계산은 비목별로 물류비를 집계하는 것으로서 물류비 인식기준에 의거해 물류비를 인식하되 구체적인 계산방법은 과목의 분류체계에 따라 영역별, 기능별, 지급형태별, 세목별, 조업도별 관리항목별로 전개해 나간다.

(1) 영역별 계산방법

영역별 물류비 계산은 영역별 분류에 의해 물류비를 계산하는 것으로서, 영역별 물류비는 세목별로 집계된 물류비를 기능별/자가・위탁물류비로 구분하여 집계하면 된다. 이 때 중요한 점은 물류영역을 물류비 관리책임과 관련해 정해야 하고, 계산 범위를 어디까지로 할 것인가를 정하는 것이다. 일반적으로 판매물류비는 대부분의 물류부문에서 담당하고 있기 때문에 별다른 문제가 없겠지만, 조달물류비는 주로 구매부문이나 조달부문에서 비용책임을 지니고 있기 때문에 물류비 범위에 포함할 것인가의 여부, 사내물류비의 경우 생산물류 또는 공장물류와의 경계 내지는 범위를 어디까지로 설정할 것인가에 따라 해당 기업에서 산정하는 물류비의 규모가 크게 차이난다.

(2) 기능별 계산

기능별 물류비 계산은 각 기능별로 운송비, 보관비, 포장비, 하역비, 물류정보・관리비로 분류하여 지급형태별・세목별 물류비를 적절하게 배부하여 합계하면 된다. 운송비, 보관비, 포장비, 하역비에 대해서는 그 기능별 물류특성에 의해 비용파악이 비교적 용이하기 때문에 비목별로 상세하게 물류비를 구분하여 계산해야 한다. 이때 사용하는 세목별 물류비 자료의 기능별 배부는 물류비 계산절차의 제3단계에 따라 물류 특성에 따라 해당

기능별로 직접적으로 연관이 있는 직접물류비는 전액을 직접 부과하고, 일부 또는 간접적으로 연관이 있는 간접물류비는 해당되는 일부의 비용을 적절하게 배부해야 한다. 물류정보 · 관리비는 일반적으로 대부분의 비용이 공통비적인 성격과 현업부문보다는 관리부문에 의한 지원비용의 성격을 갖고 있음으로 인해 일괄 계산하여 총액으로 계산하면 된다.

기능별 계산은 물류관리조직이 기능별로 편성되어 있을 경우 비용에 대한 책임소재 등의 파악과 관련하여 매우 중시되기도 한다. 또한 물류기능별로 채산분석을 실시하여 물류비 절감목표를 설정한 경우 실제 대체적인 방법에 대한 비용 트레이드 오프(cost trade-off), 즉 얼마가 절감 가능한가를 나타내는데 유용하기 때문에 매우 중시되는 계산과정에 해당한다.

(3) 지급형태별 계산

자가물류비는 물류활동을 사내에서 실시할 경우에 발생하는 모든 비용을 말한다. 주로 사내의 물류활동과 관련하여 조달, 사내의 운송과 보관, 판매 등의 과정에서 발생하는 재료비, 노무비, 경비, 이자를 전부 포함한다. 위탁물류비는 물류활동의 일부 또는 전부를 외부의 물류업체나 물류자회사에 위탁한 경우에 지불하는 요금을 말한다. 이 비용은 주로 운송, 보관 및 포장 등의 활동을 위탁하는 경우에 발생하게 되는데, 예를 들어 지불포장비, 지불운임, 지불창고료 이외에도 입출고료, 수수료 등이 포함된다.

물류전문회사의 물류비 계산방법은 물류자회사 지급분과 동일하게 판매수량 또는 건수에 견적비용 단가를 곱하여 계산한다. 지급형태별 계산의 중요성은 물류비 절감을 위한 물류개선분석에 있어서 사내 활동과 물류자회사, 물류전문회사에 대한 비교분석을 할 경우나 또는 자사 물류시설의 투자를 위한 경제성분석이 있어서 비교우위에 대한 분석을 가능하게 해준다.

(4) 세목별 계산

세목별 물류비 계산은 기본적으로 재료비, 노무비, 경비, 이자로 구분하여 실시하되, 재료비, 노무비, 경비의 각 세부 비목별 계산은 회계부문의 계정과목 체계를 준용 하도록 하고 있다.

① **재료비** : 직접재료비와 간접재료비로 구분하여 직접재료비는 일정 기간 동안의 실제 소비량에 소비가격을 곱하여 계산하며 소비량은 출고지시서 등을 계속기록법 또는 재고계산법으로 파악한다. 간접재료비와 직접재료비 중 소비량을 계산하기 어려운 것은 적절

한 기준에 따라 일정 기간 동안의 매입액과 기초, 기말재고액을 근거로 산출한다.

② 노무비 : 직접노무비와 간접노무비로 구분하며, 직접노무비는 일정 기간 동안의 각 물류영역에 관련된 실제 작업시간 혹은 작업량에 임율을 곱하여 계산하고, 간접노무비는 직접 인건비 중 작업시간 또는 작업량을 계산하기 어려운 것은 적절한 기준에 따라 일정 기간 동안 지불액을 기초로 배부한다.

③ 경비 : 실제 발생액을 전액 계산하는데, 공통적으로 발생하는 비용이나 간접적으로 발생하는 비용은 해당 활동에 대한 서비스 정도나 일정 금액을 적절하게 배분한다. 필요에 따라서는 공공서비스비, 관리유지비, 감가상각비 및 일반경비로 구분하여 경비의 세부 특성에 맞추어서 계산하면 차후에 물류경비의 실적분석에 있어서 기간별, 장소별 등의 비교나 증감 분석에 유용하게 사용할 수 있다.

㉠ 공공서비스비 : 전력, 가스비, 수도료 등은 계산 기간 동안의 실제 소비량을 측정하여 요금단가를 곱하여 계산한다. 개별 측정치가 없을 때는 청구서와 영수증 등으로 파악한 지불총액을 실제와 가까운 추정 배분율을 정하여 배분한다.

㉡ 관리유지비 : 유지비 중 기간별로 지불하는 것은 청구서, 영수증을 근거로 하여 지불액을 계산한다. 몇 개월을 일괄하여 지불하는 것은 월할 계산법을 사용하고 기간 안분하여 그 기간에 맞는 금액을 계산한다.

㉢ 일반경비 : 지불총액을 실제와 가까운 추정 배분율을 사용하여 배분한다.

(5) 관리항목별 계산

관리항목별 물류비 계산은 물류활동의 중점적 관리목표에 의거해 원가중심점을 대상으로 실시되기 때문에, 「계산단위」에 해당하는 원가중심점(cost center), 예를 들어 조직, 제품, 지역, 고객, 물류경로, 주문규모, 서비스수준, 운송수단 등으로 계산하게 된다. 이를 위해서는 물류비 계산절차의 제1단계에서 본 것과 같이 미리 물류비 관리목표에 따라 계산단위를 결정해야 한다. 관리항목별 계산은 물류비 계산서를 조직별, 지역별, 고객별 등과 같은 관리항목별로 물류비를 집계하여 매트릭스표의 형태로 작성하면 된다. 이때 관리항목별로 직접 귀속이 가능한 직접비는 직접 부과하고 직접 귀속이 불가능한 간접비는 관리항목별로 적절한 배부기준을 이용하여 배부한다.

(6) 물류조업도별 계산

물류비를 지출계정별로 변동비와 고정비로 구분하여 사용하지만 명확하게 구분이 되지 않는 경우는 다음과 같은 방법 중 하나를 사용할 수 있다.

① 공학적 방법 : 물리적 투입과 산출관계를 분석

② 계정분류법 : 전문가에 의해 변동비와 고정비로 분류하여 분석

③ 고저점법 : 최고 조업도와 최저 조업도의 원가자료를 이용

④ 산포도법(목측법) : 과거의 자료를 도표상에 표시하여 측정

⑤ 회귀분석법(최소자승법) : 독립변수와 종속변수의 관계를 규명

2. 간이기준에 의한 물류비의 계산

1) 간이기준에 의한 물류비 계산의 개요

간이기준은 회계장부와 재무제표(주로 손익계산서와 대차대조표)로부터 간단하게 추산하여 물류비를 계산하는 방식을 말한다. 따라서 간이기준에 의한 물류비 계산목적은 물류비에 대한 실태파악을 위해 실적물류비를 간략하게 추산하여 계산하는데 있다.

물류비는 일반기준에 의해 원천 자료로부터 구분하여 집계하는 것이 요망되지만 전사적으로 체계적인 방법으로 물류비를 계산하지 못하는 기업과 물류비에 대한 상세한 정보를 필요로 하지 않는 기업 등에서는 회사 전체를 대상으로 물류비 총액을 파악할 목적으로 간이기준에 의해 간략하게 물류비를 계산하기 위한 기준에 해당한다. 간이기준을 이용하면 정확하고 상세한 물류비를 계산할 수 없으며 복잡한 수작업이 요구되기도 하는 등 문제점을 지니고 있으나, 물류비 계산의 경제성을 고려하여 기업 규모가 작거나 일반기준을 적용하기 위한 물류정보시스템을 구축하지 못한 기업 등에서 활용할 수 있도록 하였다.

간이기준에 의한 물류비 계산은 다음과 같은 기업의 경우에 유용하게 활용할 수 있다.

① 물류관리의 초기단계 있는 기업

② 물류비 계산시스템이 확립되어 있지 않은 기업

③ 물류비를 산출하기 위한 노력과 비용이 과다하게 드는 기업

④ 물류비의 상세한 정보보다 개략적인 총액 정보에 만족하는 기업

⑤ 물류비 계산의 실시까지는 물류관리상 곤란한 중소기업 등

2) 간이기준과 일반반기준의 비교

기업의 물류비 산출방법은 크게 재무회계방식과 관리회계방식으로 나눌 수 있다.

(1) 재무회계

재무회계방식은 간이기준이라 하며 기업이 외부 이해관계자를 위해 매년 작성・보고하는 재무제표를 이용하여 물류부문에 관련된 비용만을 역으로 추적해 산출하는 것을 말한다. 물류비는 일반기준에 의해 원천 자료로부터 구분하여 집계하는 것이 필요하지만, 전사적으로 물류비를 계산하지 못하는 기업과 물류비에 대한 상세한 정보를 필요로 하지 않는 기업 등에서는 회사 전체를 대상으로 물류비 총액을 파악하는 목적으로 간이기준에 의해 간략하게 계산하기를 원한다. 재무회계방식(간이기준)을 이용하면 정확하고 상세한 물류비를 계산할 수 없는 등의 문제점은 가지고 있으나, 물류비 계산의 경제성을 고려하여 기업 규모가 작거나 일반기준을 적용하기 위한 물류정보시스템을 구축하지 못한 기업 등에서 적용하도록 하였다.

(2) 관리회계방식

관리회계방식은 일반기준이라 하며 원가계산제도에 의거하여 물류활동에 소요된 비용만을 측정하는 방식으로 비교적 정확한 물류비를 얻을 수 있다. 이러한 관리회계방식(일반기준)은 기업에서 물류비 관리에 필요한 정보, 즉 제품별, 고객별, 지역별로 운송비 또는 보관비 등과 같은 상세한 물류비 정보를 입수하기 위해 사용되는 기준이다. 관리회계방식(일반기준)은 별도의 복잡한 원가계산제도를 개발해야 하는 부담이 있어 일정 이상의 물류비 관리수준을 가지고 있는 기업에서 활용할 수 있다.

〈표 6-4〉 일반기준과 간이기준의 특징 비교

기준 항목	일반기준(관리회계방식)	간이기준(재무회계방식)
기본적 관점	물류 목표를 효과적으로 달성하기 위한 활동에 관여하는 인력, 자금, 시설 등의 계획 및 통제에 유용한 회계정보의 작성이 목적(기능별, 관리항목별의 업적평가나 계획수립이 가능)	기업활동의 손익상태(손익계산서)와 재무상태(대차대조표)를 중심으로 회계제도의 범주에서 물류활동에 소비된 비용항목을 대상으로 1회계기간의 물류비 총액 추정
계산 방식	물류활동의 관리 및 의사결정에 필요한 회계정보를 입수하기 위해 영역별, 기능별, 관리항목별로 구분하여 발생 비용을 집계	재무회계의 발생형태별 비용항목 중에 물류활동에 소비된 비용을 항목별로 배부기준을 근거로 해당 회계기간의 물류비로 추산

장 점	영역별, 기능별, 관리항목별 물류비 계산을 필요한 시기, 장소에 따라 실시 가능 물류활동의 개선안과 개선항목을 보다 명확하게 파악 가능	개략적인 물류비 총액계산에 있어서 별도의 물류비 분류, 계산절차 등이 필요하지 않고, 전담조직이나 전문지식이 부족해도 계산 가능
단 점	상세한 물류비의 분류 및 계산을 위한 복잡한 사무절차 작업량이 많기 때문에 정보시스템 구축이 전제	상세한 물류비의 파악이 곤란하기 때문에 구체적인 업무평가나 개선목표의 수립이 곤란하며 물류비 절감효과 측정에 한계

일반기준과 간이기준에 의한 물류비 계산절차를 회계의 결산절차와 비교해 보면 다음과 같다.

[그림 6-6] 일반기준과 간이기준에 의한 물류비 계산절차의 비교

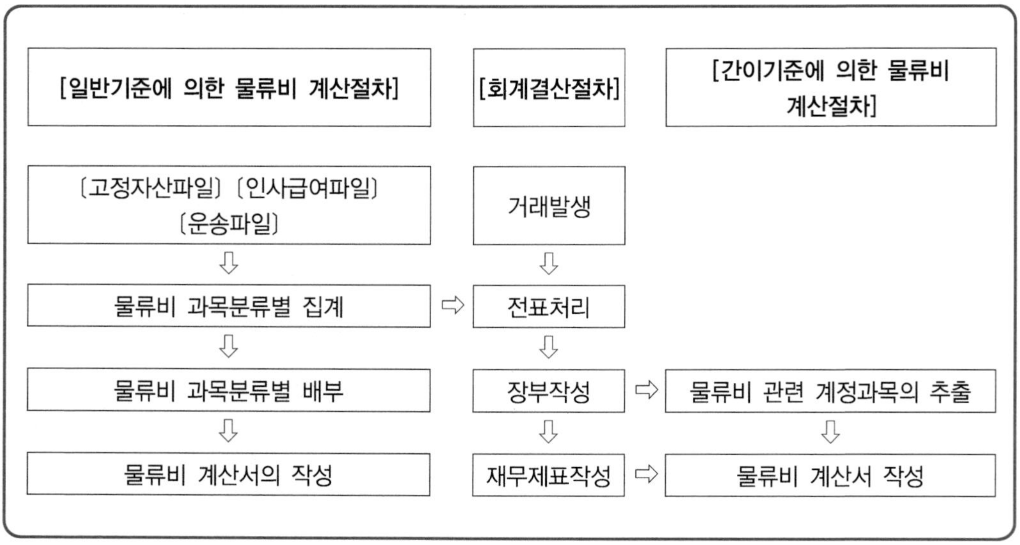

제4절 물류예산관리와 물류채산성분석

1. 물류예산관리

1) 물류예산관리의 개념

기업의 물류활동을 위하여 설정된 물류계획에 대한 예산을 편성하고 예산집행에 있어서 비용지출을 조정하거나 통제하는 것을 말한다.

2) 물류예산관리의 특징

물류예산관리는 정확하고 구체적인 물류정책이나 물류관리의 방침에 의거하여 수립해야 한다. 물류예산의 편성은 물류관리자들을 중심으로 한 상향식 예산제도에 의거하고 있어 물류관리를 실시하는데 있어서 물류담당자들의 자발적인 동기를 부여한다. 물류예산의 설정은 객관적·통계자료에 바탕하여 과거의 실적을 기준으로 한 합리적인 물류활동으로부터 미래의 상황변동을 고려한 과학적인 방법에 의한 편성으로 물류활동에 대한 업적평가와 차기 계획수립을 위한 정보를 제공한다. 물류예산제도에 의거하여 물류관리를 실시하는 경우에는 관련된 물류 분야의 비용지출을 상호 합리적으로 조정하여 집행해야 한다. 물류예산제도에 의거하여 물류관리를 실시하는 경우, 물류비 지출의 적절한 통제가 가능하다.

3) 물류예산의 종류

물류시설예산, 물류요원예산, 물류손익계산 등

4) 물류예산의 편성절차

(1) 1단계(물류환경의 분석)

기업의 내외부적인 물류환경에 대하여 분석하고 예측

(2) 2단계(장기 물류계획의 설정)

기업의 장기적인 경영전략 등에 의한 물류전략이나 정책을 기초로 물류환경을 고려하여 결정

(3) 3단계(물류예산 편성방침의 시달)

당해 연도별로 물류부문의 방침과 장기계획에 의거하여 물류비 예산안을 편성하기 위한 지침서의 역할 수행

(4) 4단계(물류예산안의 작성)

예산편성방침에 근거하여 물류부문의 관리자가 실무자의 의견을 수렴하여 이루어짐

(5) 5단계(물류예산안의 심의 및 조정)

제출된 물류비 예산안을 예산심의위원회에서 심의 및 조정

(6) 6단계(물류예산의 확정)

기업의 최고 경영자가 최종적으로 승인 및 확정

[그림 6-7] 물류예산의 편성 절차

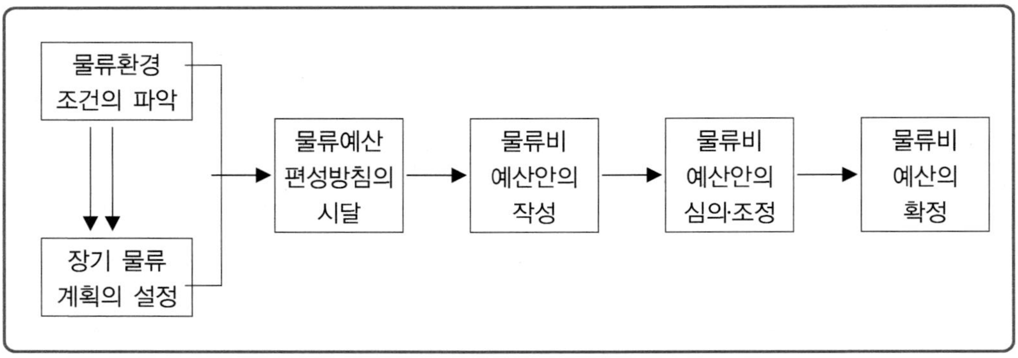

5) 물류비예산의 통제

예산을 편성한 후에 실제로 물류활동을 수행하는데 있어서 예산목표를 달성하고 예산의 범위를 초과하여 집행되지 않도록 통제해야 한다. 사전 통제방법, 기중 통제방법 및 사후 통제방법을 이용한다.

(1) 사전통제방법

예산 편성시 물류종사자를 직접 참여시켜 자발적으로 통제하는 방법

(2) 기중통제방법

예산 기간 동안 정기적으로 예산의 집행을 점검하고 관리하는 방법

(3) 사후통제방법

예산 집행 후 예산과 실적을 비교하여 차이를 분석하는 방법. 물류비 예산차이는 물류가격 차이와 물류수량 차이로 구분할 수 있다.

① 물류가격 차이 = (예산가격 − 실제가격) x 실제물류량

위탁물류비 또는 물류재료비 등 물류활동의 구매실태 파악에 활용

② 물류수량 차이 = 예산가격 x (예측물류량 − 실제물류량)

물류효율 차이라고도 하며 시간, 수량, 거리, 면적 등의 예산과 차이분석으로 물류활동의 효율을 나타냄

③ 물류비 예산차이 합계 = (실제물류량 x 실제가격) − (예산물류량 x 실제가격)

2. 물류채산분석

1) 물류채산분석(물류의사결정회계)의 개념

물류채산분석은 현재 실시하고 있는 물류비 관리시스템에 대한 구조상·수행상의 문제 등에 관하여 그 채산성 여부를 파악하기 위해 실시하는 분석이다. 물류비의 실태를 파악하고 나면 다음 단계는 물류비절감 방안을 강구하게 되는데 이 때 필요한 것이 물류채산분석이다.

〈표 6-5〉 물류채산성분석과 물류원가계산의 비교

	물류채산분석	물류원가계산
계산 목적	물류활동의 의사결정	물류활동의 업적평가
계산 대상	특정의 개선안, 투자안	물류업무의 전반
계산 기간	개선안의 전(특정)기간	예산기간(월, 분기, 연도별)
계산 시기	의사결정시 실시	각 예산기별로 실시
계산 방식	상황에 따라 상이	항상 일정
계산의 계속성	임시적으로 계산	반복적으로 계산
물류원가의 종류	미래원가, 실제원가	표준원가, 실제원가
할인계산의 유무	할인계산 함	할인계산 안함

2) 물류채산분석의 종류

(1) 물류업무개선 분석

물류업무의 절차나 방식 등을 중심으로 한 분석으로 물류업무의 특성상 비용 상충이 발생하는 경우가 많아 물류비의 증감을 신속·정확하게 분석할 필요가 있기 때문에 업무개선을 위한 타당성 분석은 주로 단기의 물류비 절감을 목표로 한다.

(2) 물류경제성 분석

물류설비의 대체나 신규 투자와 같은 장기 프로젝트에 관한 타당성을 분석하는 경제성 분석은 장기적으로 거액을 필요로 하는 투자를 대상으로 하기 때문에 자금흐름을 중시하는데, 주로 본사가 전략적 차원에서 분석한다.

(3) 물류생산성 분석

물류활동에 대한 투입·산출과 성과측면에서의 종합적인 분석이다.

3) 물류채산분석의 실시 절차

(1) 1단계(물류현황파악) : 물류업무상의 문제점 파악

(2) 2단계(물류개선안 작성) : 물류업무에 대한 대체안을 탐색·작성

(3) 3단계(물류비 측정) : 개선안별로 물류비의 용도와 필요성 측정

(4) 4단계(물류비 비교) : 개선안별로 물류비를 비교・측정
(5) 5단계(물류개선안의 최종적 결정) : 선택된 최종안을 종합적으로 평가

[그림 6-8] 물류채산성분석의 절차

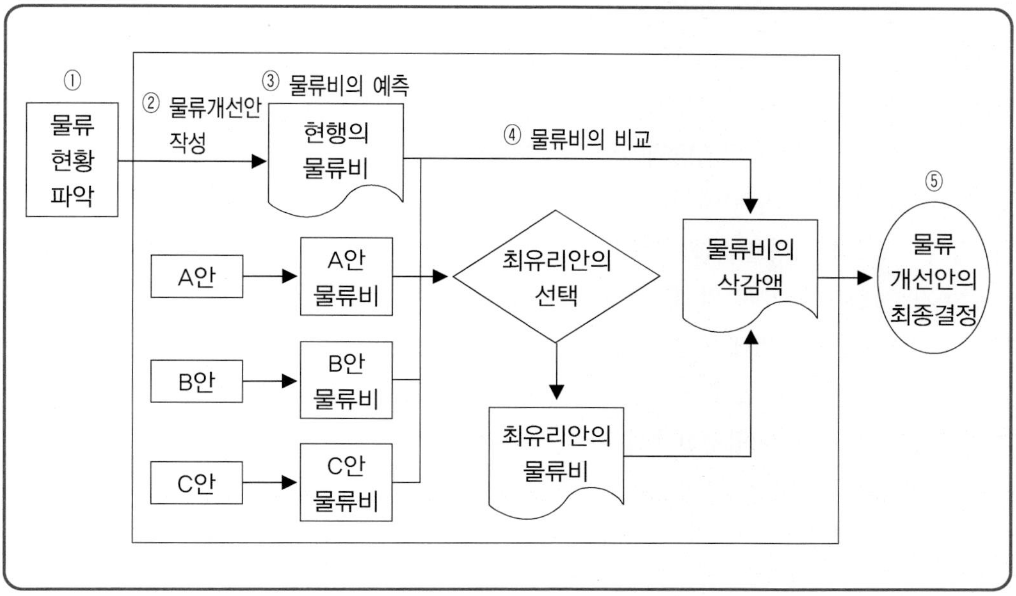

4) 물류채산분석을 위한 접근방법

(1) 비용상충분석(Trade-off)방법

물류업무의 추진과정에서 이율배반적인 관계가 발생할 경우에 원가를 중심으로 비교분석하는 접근방식이다.

(2) 총비용접근(Total Cost Approach)방법

물류개선을 위해 필요한 비용 중에서 각 비용의 부분적인 비용절감이 아닌 비용 전체의 절감을 위한 종합분석을 실시하는 접근방식이다.

3. 물류 ABC와 물류 ABM

1) 물류 ABC(활동기준 원가계산, Activity Based Costing)

(1) 물류 ABC의 개념

기업내에서 수행되고 있는 활동, 활동과 원가대상의 소모관계를 상호간의 인과관계에 근거하여 규명함으로써 자원, 활동, 원가대상의 원가와 성과를 측정하는 원가계산방법이다. 비용을 발생시키는 작업단위에서 발생원가를 파악하려는 원가계산방법으로 물류비용을 파악할 때 물류량 단위에 한정하지 않고 활동별로도 함께 파악함으로써 물류업무의 적정 평가나 SCM 최적을 위한 비용 평가가 가능해진다.

활동기준 원가계산에서의 활동이란 자원을 소비하여 가치를 창출하는 작업으로 제품 및 서비스의 생산을 위해 자원을 소비하는 활동을 말하는데 재료주문, 재료처리, 생산주문, 설계, 작업준비, 작업활동, 품질검사, 선적, 고객관리 등의 각 과정이 이에 해당된다. 기업환경이 소품종・대량생산에서 다품종・소량생산으로 변화함으로써 기업의 원가구조에서 간접원가의 비중이 급속도로 증가되었고, 전통원가계산방법으로는 변화된 원가구조에서 더 이상 적합성을 가지기 어렵게 됨으로써 이를 보완하기 위해 만들어졌다.

(2) 물류 ABC의 기본 요소

① 자원(Resource) : 활동을 수행하기 위해 사용되거나 소비되는 경제요소를 화폐로 표시한 원가로, 총계정원장(GL: General Ledger)상의 비용 또는 원가항목(재료비, 노무비, 감가상각비 등)으로 집계된다.

② 활동(Activity) : 특정의 목적을 달성하기 위하여 기업내에서 수행되는 일련의 일 또는 일의 집합을 말한다.

③ 원가대상(Cost Object) : 기업에서 최종적으로 원가를 산정하고자 하는 측정대상을 말하는 것으로 일반적으로 제품 또는 서비스가 대상이 된다. 제품의 수익성을 분석할 때는 제품을 원가대상으로 설정하여 원가계산을 하여야 하며, 유통경로별 수익성 정보를 산정하기 위해서는 유통경로를 원가대상으로 하여 원가계산을 하여야 한다. 원가계산시스템상에 어떤 원가대상을 설정하느냐에 따라 원가 정보의 종류가 결정되고 원가계산을 위한 설계에 영향을 미치기 때문에 원가시스템을 구축할 때 가장 중요하게 고려되어야 할 요소이다.

④ 활동동인(Activity Driver) : 원가대상에 의해 소비되는 활동의 양을 측정하기 위한 기준으로 활동동인을 결정할 때는 인과관계성, 자료의 이용가능성, 계량화 가능성, 측정의 용이성 등을 고려해야 한다. 활동동인에는 검사시간, 작업시간, 작업준비시간 등이 있다.

⑤ 자원동인(Resource Driver) : 활동에 의해 소비되어지는 자원의 양을 측정하기 위한 기준으로 자원을 활동별로 할당하여 활동원가를 산출한다. 자원동인은 소비된 자원과 활동간의 인과관계에 의해 결정되며, 여기에는 인원수, 급여, 전력 소비량, 재료비 소비량, 면적 등이 이용된다.

(3) 활동기준 원가계산 도입 시 기대효과

① 정확한 원가 및 이익정보 제공
② 관리회계시스템의 기반구축이 가능해짐
③ 성과평가를 위한 인프라 및 전략적 정보 제공
④ 유통채널관리 지원
⑤ 경영의사결정의 질적 개선

원가관리의 의의

1. 원가관리는 원가계산과는 구별되어야 한다.
2. 목적에 적합한 원가정보가 제공되어야 한다.
3. 원가관리는 모든 조직 구성원이 참여하는 전사적 활동이다.
4. 의사 결정 지원을 위해서는 적시성 있는 정보의 제공이 필요하다.
5. 원가관리는 지속적으로 수행되었을 때 비로소 궁극적인 목표를 달성할 수 있다.

2) 물류 ABM(활동기준경영관리, Activity Based Costing & Management)

활동기준경영관리란 기업내에서 수행되고 있는 활동을 관리함으로써 고객가치를 높이고 증대된 고객가치를 토대로 기업의 이익을 제고하고자 하는 경영관리기법이다. 물류 ABC를 통해 얻은 제품에 대한 원가자료를 이용해 각 업무활동의 내용을 분석함으로써 불필요한 프로세스(비부가가치 활동)를 발견할 수 있어 원가절감 기회파악, 품질개선, 낭비요인의 파악 및 제거, 이익극대화를 위한 최적자원계획 등을 수행할 수 있다.

물류 ABC가 제품원가의 정확성만을 향상시키는 것이 아니라 전략적 의사결정의 정확성과 원가관리의 효율성을 높이게 될 것이라는 인식이 생겨나면서 경영의사결정과 원가관리에 대한 활동기준 접근법이 모색되기 시작하였고, 물류 ABC가 물류 ABM으로 진화되었다. 물류 ABC는 투입자원의 원가를 자원동인에 의거해 활동원가를 산정하고 활동동인을 적용하여 원가대상별 원가를 측정하는 방법인데 비해 물류 ABM은 활동분석을 통하여 파악된 정보를 토대로 활동과 프로세스의 효율성과 효과성을 개선하는 원가관리기법이다.

〈표 6-6〉 물류 ABC와 물류 ABM의 비교

구 분	물류 ABM	물류 ABC
목 적	•원가대상별로 진정한 원가 측정	•활동과 프로세스 개선을 통한 고객 가치 증대와 초과이익 창출
산출정보	•전략적 관점의 원가 정보 •수익성 분석 •가격결정 지원 원가 정보 •투자타당성 분석을 위한 원가 정보 •목표 원가	•운영적 관점의 원가 정보 •프로세스 원가 •비부가가치 활동 원가 •원가 동인 •성과측정 정보
공통점	•활동을 중심으로 한 원가관리기법 •상호보완적 기법	

출처 : 지영호 외 2인(2009), 「물류관리론」

제 7 장 물류와 운송관리

제1절 운송의 개요

1. 운송의 기초

1) 운송의 정의와 기능

(1) 운송의 정의

운송이란 자동차, 철도, 선박, 항공기 등 교통수단을 이용하여 사람이나 재화의 출발지

(공급지)와 도착지(수요지) 간의 공간적 거리의 조정과 시간적 격차를 줄이기 위한 '장소적 이동' 활동을 의미한다.

(2) 운송의 기능

운송은 교통수단을 이용하여 재화의 공급지와 수요지 간의 공간적 거리의 조정과 시간적 격차를 줄이기 위한 활동이며, 기업들은 다음과 같은 기능을 수행하기 위하여 운송한다.

① 약속된 장소와 시간에 재화를 고객에게 정확하게 전달하는 것
② 판매와 생산의 조정역할을 수행하여 생산계획을 원활하게 추진하는 것
③ 물류계획을 올바르게 수행하는 것
④ 운송 중 운송수단에 일시적으로 재화를 보관하는 기능
⑤ 기업은 생산과 소비의 지리적(장소적, 공간적) 거리의 격차를 해소하고, 상품의 판매촉진을 위하여 운송한다.

(3) 운송의 3대 요소

운송의 3대 요소는 운송연결점, 운송경로, 운송수단이다.

① 운송연결점(Node)

운송연결점은 일반적으로 동종 또는 이종의 운송수단이 연결되는 지점 또는 간선과 지선 등 운송경로가 교차하는 지점을 의미한다. 즉, 운송연결점은 해상과 육상, 항공과 육상, 육상(도로)과 육상(철도)을 연결하여 운송화물의 하역작업, 환적작업, 중계작업 등을 수행하는 물류거점인 화물터미널, 항만, 공항, 유통센터, 창고 등을 가리킨다.

② 운송경로(Link)

운송경로는 도로, 철도, 항공로, 해상항로 등 운송수단이 이용하는 통로나 운송로를 의미한다. 일반적으로 운송경로는 운송연결점과 운송연결점간의 운송로를 의미한다.

③ 운송수단(Mode)

운송수단은 화물자동차, 철도차량, 선박, 항공기 등 사람과 재화를 싣고 운행하는 운송도구를 의미한다.

2) 운송의 중요성과 필요성

(1) 운송의 중요성

우리나라 총물류비 중 운송비가 차지하는 비중은 약 4분의 3정도로 보관비, 하역비 등에 비해 월등히 크다. 따라서 기업은 운송부문을 합리화하여 물류비를 절감하고, 고객이 원하는 신속하고 정확한 서비스를 제공하지 않으면 다른 기업과의 경쟁에서 앞서갈 수 없게 되었다. 운송부문의 합리화는 제조기업이나 유통기업을 불문하고 물류비 절감을 위해서는 필수적이며, 물류기업도 고객인 화주기업의 운송비 절감을 통한 만족도 제고를 위해 지속적으로 노력하고 있다.

또한, 정보통신과 교통기술의 발달로 신속한 서비스, 즉 즉시인도체계(JIT : Just In Time)가 보편화되고 리드타임의 단축이 고객이 요청하는 중요한 요소로 인식됨에 따라 신속·정확한 운송서비스의 중요성은 한층 더 부각되고 있다. 아울러, 도로중심의 운송체계에서 철도와 해상운송으로 수송수단을 전환하여 친환경적인 운송체계를 구축하고, 대량운송체계와 운송체계의 효율화를 도모하여 운송비 절감을 위한 정책을 추진해야 한다.

(2) 운송의 필요성

오늘날의 운송은 물류시스템을 구성하는 하부 요소인 수주, 하역, 보관, 포장, 가공, 정보 등을 포함한 총물류비의 절감과 고객서비스의 향상이라는 물류의 목적을 실현하기 위해 가장 중요한 요소로 인식되고 있다. 특히 경제활동의 세계화로 국내물류뿐만 아니라 국제물류활동이 확대됨에 따라 세계적 차원에서 원재료, 부품, 반제품, 완성품의 조달, 생산, 판매 시 운송 효율화가 절대적으로 필요하게 되었다. 파렛트와 컨테이너를 이용한 컨테이너화된 화물의 이음새 없는(seamless) 일관운송체계가 보편화되고 국제복합운송체계의 고도화가 요구됨에 따라 운송 효율화의 필요성은 더욱 부각되고 있다.

기업에서 운송은 물류시스템 합리화의 중요한 요소로 인식하여, 핵심역량이 아닌 운송서비스는 전문물류업체에 아웃소싱하고 있으며 전문물류기업은 운송관리시스템(TMS : Transport Management System)과 모바일을 이용한 실시간 정보교환을 통해 신속하고 정확한 운송서비스 제공에 노력하고 있다. 정부 차원에서도 도로, 철도, 항만과 공항 등 관련 인프라 정비와 제도개선을 적극 추진함으로써 국내기업의 물류활동을 지원하고, 이를 통해 국가물류비 규모를 축소하고, GDP 대비 물류비의 비중을 낮춰 산업경쟁력 확보를 도모하고 있다.

2. 운송의 종류와 운송수단별 특징

1) 운송의 종류

① 국내운송과 국제운송 : 운송의 범위가 국내 운송과 국경을 넘어 해외까지 국제운송

② 자가운송과 영업운송 : 자가화물 운송인 자가운송과 타인의 화물을 운송하는 영업운송

③ 정형운송과 비정형 운송 : 컨테이너와 파렛트 등 규격화된 화물운송의 정형운송과 특별한 형태가 없는 벌크 화물운송의 비정형 운송

④ 정기운송과 부정기 운송 : 경로, 일정, 운임 등을 공표하고 공공서비스를 제공하는 정기운송과 특정 화주와 운송사간 계약에 따라 화물을 운송하는 부정기 운송

⑤ 단일운송과 복합운송 : 1개 운송수단만 이용하는 단일운송과 2이상 운송수단을 결합하여 운송하는 복합운송

⑥ 간선운송과 지선운송 : 거점과 거점간 간선운송 또는 거점과 문전 간 지선운송

2) 운송수단별 장단점

(1) 화물자동차운송

자동차운송은 도로를 이용하는 화물자동차가 운송수단으로 이용된다.

〈표 7-1〉 화물자동차 운송 장단점

장 점	단 점
•door to door 가능 •화물의 파손과 손실이 적음 •근거리, 소량 운송의 경우 유리 •일관운송 가능, 자가운송이 용이 •운송 도중 적재변동이 적음 •시기에 맞는 배차가 용이 •하역비 · 포장비가 비교적 저렴	•장거리 운행시 운임이 비쌈 •교통사고와 공해로 사회적 문제 야기 •중량제한이 많아 운송단위가 작음 •운행 중 사고 발생률이 높음 •대량화물 운송에 부적합

(2) 철도운송

철도운송은 화차를 이용하여 화물을 운송하며, 대량화물의 중장거리 운송에 적합하다.

〈표 7-2〉 철도운송 장단점

장 점	단 점
•중장거리, 대량운송에 적합 •중량에 크게 영향을 받지 않음 •중장거리 운송시 운임 저렴 •전천후 운송수단(기후영향 적음) •사고율이 낮아 안정성이 높음 •계획운송이 가능(열차의 발차 시간 명확) •전국적인 네트워크 구축됨	•고객별 자유로운 운송 니즈에 적용 곤란 •적기 배차가 어려움 •운임에 융통성 없음 •문전수송을 위해 부수적인 운송이 필요함 •근거리 운송시 비교적 운임이 비쌈 •화차 용적에 대비한 화물의 용적에 제한

(3) 해상운송

해상운송은 기상상태 등에 따라 제약을 받지만 화물별 전용선화, 고속화, 대형화가 추진되어 세계교역물동량의 상당부분을 해상운송이 담당하고 있다.

〈표 7-3〉 해상운송 장단점

장 점	단 점
•대량 · 중량화물의 장거리 운송에 적합 •대량화물의 장거리 운송시 운임 저렴 •크기나 중량에 거의 제한이 없음 •도로나 선로의 설비 불필요 •대량운송시 전용선과 전용하역장비에 의한 운송 및 신속한 하역작업이 가능	•타 운송수단에 비해 운항속도가 느림 •기상상태의 영향을 많이 받음 •항만시설비와 하역비가 비쌈 •화물손상사고가 많이 발생함 •손상 방지를 위한 포장비용이 많이 소요

(4) 항공운송

항공운송은 항공기의 고속화와 대형화가 추진되고, 경제활동의 글로벌화로 전세계적인 조달, 생산, 판매활동이 증가함에 따라 항공운송의 수요가 증가하고 있다.

〈표 7-4〉 항공운송 장단점

장 점	단 점
•고가, 소형상품의 운송에 유리 •물품의 손상이 적음 •포장이 간단하여 포장비 저렴 •운송속도가 빠름 •긴급화물, 유행에 민감한 상품에 적합 •화주의 경우, 재고유지비용 절감	•대량, 대형화물의 운송 곤란 •운임이 비쌈 •중량에 제한이 있음 •기상상태의 영향이 상당히 큼 •이용가능 지역제한(공항이 없는 곳) •운송의 완결성 부족

(5) 파이프라인

파이프라인은 송유관을 통해 유류나 가스를 운송한다. 다른 운송수단과 비교할 때 교통 혼잡이나 환경문제를 야기하지 않는 친환경적인 운송수단으로서 장거리, 대량운송이 가능하며 비교적 유지비가 저렴하다는 장점을 가지고 있다.

〈표 7-5〉 파이프라인 장단점

장 점	단 점
•유지비가 쌈 •연속대량운송이 가능 •용지 확보에 유리 •컴퓨터시스템을 활용하여 완전 자동화 •높은 안전성(운행중 사고가 적음) •친환경적 운송수단	•이용제품 한정(유류, 가스) •특정한 장소에 한정(송유관 설치지역만) •초기 시설투자비가 많이 듦

제2절 물류와 육상운송

1. 도로운송

1) 도로운송의 기초

(1) 도로운송의 정의와 특징

도로운송은 화물자동차운송이라고도 하며, 도로를 이용하여 화물을 출발지에서 목적지까지 운송하는 것을 말한다. 도로운송은 원활한 기동성과 신속한 배송은 물론 다양한 고객의 요구에 대응하여 신속하고 정확한 문전에서 문전까지의 운송(door to door)을 실현하고 있다. 도로운송의 특징은 다음과 같다.

① 기동성과 신속한 배달 가능
② 신속하고 정확한 문전서비스(door to door delivery) 실현 가능
③ 고객의 다양한 요구에 대응 가능
④ 운송단위의 소량 및 에너지 다소비형 운송기관

(2) 도로운송의 증가 이유

① 도로운송은 대규모 고정자본을 투입하지 않고서도 도심지, 공업단지 및 산업단지의 문전까지 운송할 수 있는 편의성을 갖추고 있다.

② 소량화물을 전국 각지에 신속하게 운송할 수 있다.

③ 단거리 운송에서 철도보다 높은 경제성(정거장 비용, 1회 발차시 소요되는 동력비, 간접비, 1회 운송 시 한계비 등)을 확보하고 있다.

④ 규모의 경제에서 오는 이익과 관련 없이 투자가 용이하다.

⑤ 단거리 문전운송으로 화물 파손을 극소화할 수 있다.

2) 화물자동차 유형과 특징

(1) 유형별 화물자동차

자동차관리법 시행규칙에서는 화물자동차와 특수자동차의 유형별 기준을 다음과 같이 규정하고 있다. 화물자동차는 일반형, 덤프형, 밴형 및 특수용도형으로 구분하고, 특수자동차는 견인형, 구난형 및 특수작업형으로 구분하고 있다.

〈표 7-6〉 유형별 화물자동차와 특수자동차

종류	유형별	세부기준
화물자동차	일반형	보통의 화물운송용인 것
	덤프형	적재함을 원동기의 힘으로 기울여 적재물을 중력에 의하여 쉽게 미끄러뜨리는 구조의 화물운송용인 것
	밴형	지붕구조의 덮개가 있는 화물운송용인 것
	특수용도형	특정한 용도를 위하여 특수한 구조로 하거나, 기구를 장치한 것으로서 위 어느 형에도 속하지 아니하는 화물운송용인 것
특수자동차	견인형	피견인차의 견인을 전용으로 하는 구조인 것
	구난형	고장 등으로 운행이 곤란한 자동차를 구난·견인할 수 있는 구조인 것
	특수작업형	위 어느 형에도 속하지 아니하는 특수작업용인 것

(2) 구조별 기준

구조별로는 보통트럭, 트레일러, 전용특장차 및 합리화 특장차로 구분할 수 있다.

〈표 7-7〉 구조별 화물자동차의 종류

구 분	종류	특 징
보통트럭	소형	최대 적재량 1톤, 총중량 3톤 이하
	중형	최대 적재량 1톤 초과 5톤 미만, 총중량 3톤 초과 10톤 미만
	대형	최대 적재량 5톤, 총중량 10톤 이상
트레일러	Semi 트레일러	후축에만 타이어가 부착되고, 전축에는 연결장치인 커플러가 지지하여 운행하는 차량. 평판 트레일러와 새시 트레일러로 구분하며, 전자는 강관, 핫코일 등을 운송하고, 후자는 주로 컨테이너를 운송
	Full 트레일러	세미 트레일러와 달리 전축은 물론 후축에도 타이어가 부착되어 있어 커플러와 킹핀이 아닌 특수연결장치로 연결됨
	Pole 트레일러	전신주, 구조물 등 길이가 긴 장척물 운반용 트레일러
	Double 트레일러	세미 트레일러 2대를 연결하여 운행하는 트레일러
전용 특장차	덤프트럭	적재함을 후방으로 기울여 화물을 미끄러지게 하는 차량
	믹서트럭	콘크리트 믹서차(레미콘 차량)
	분립체운송차	곡물, 사료, 유류 등 벌크화물을 운송하는 차량
	냉동차	냉동, 냉장화물을 운송하는 차량으로 단열재와 냉동기를 부착
	액체운송차	유류, 당밀, 기름 등 액체화물을 운송하는 탱크로리
	기 타	가축운송차량, 행어(hanger) 차량
합리화 특장차		화물적재나 하역시 합리적으로 상하차 작업을 할 수 있는 설비가 장착된 차량

(3) 트레일러의 장점

① **트랙터의 효율적 이용** : 트레일러가 하역을 위해 대기중이라도 트랙터 부분을 사용할 수 있으므로 회전율을 높일 수 있다.

② **효과적인 적재량** : 트럭의 총중량톤은 20톤으로 제한되어 있으나 트레일러의 경우 트랙터, 트레일러의 각 부분이 20톤으로 합계 40톤을 적재할 수 있다.

③ **탄력적인 작업** : 트레일러를 별도로 분리하여 화물을 적재하거나 하역이 가능하다.

④ **트랙터와 운전기사의 효율적 운용** : 트랙터 1대에 대해 복수의 트레일러를 운영할 수 있으므로 장비와 인적자원의 이용효율을 제고할 수 있다.

⑤ **일시 보관기능 실현** : 트레일러 부분에 일시적으로 화물을 적재한 상태로 보관이 가능하다.

⑥ **중계지점에서의 탄력적 이용** : 중계지점을 중심으로 각각의 트랙터가 거점에서 중계점까지 왕복 운송함으로써 차량운용효율을 높일 수 있다.

(4) 전용특장차의 특징

전용특장차는 차량의 적재함을 특수한 화물에 적합하도록 구조를 갖추거나 특수한 작업이 가능하도록 기계장치를 부착한 덤프트럭, 믹서트럭, 냉동냉장차, 탱크로리 등 차량을 의미한다.

① 화물을 안전하게 운송할 수 있고, 복포와 결박이 불필요하여 포장비를 절감할 수 있다.

② 하역의 기계화로 작업시간을 단축할 수 있고, 차량 회전율을 향상시킬 수 있다.

③ 다른 화물운송이 부적합하고, 귀로운송시 화물확보가 어려울 경우 공차운행이 불가피하다.

④ 하역기기의 구입비가 높아 차량이 고가이다.

⑤ 상하차 기계화가 가능하며, 하역비용을 절감할 수 있다.

(5) 합리화 특장차의 특징

합리화 특장차는 운송화물의 범용성을 유지하면서도 적재함 구조를 개선하고 화물을 싣거나 내리는 하역작업을 합리화하는 설비기기를 차량 자체에 장비하고 있는 차량을 의미한다.

① 기계 상하차로 인건비 절감 및 인력난을 해소할 수 있다.

② 기계 상하차로 하역대기시간을 줄여 차량의 회전율을 높일 수 있다.

③ 차량의 기계화에 따라 차량이 고가이다.

④ 파렛트를 사용하거나 화물의 규격화가 필요하다.

⑤ 각종 기계장치에 의해 차체 중량이 무거워져 화물의 적재량이 적어진다.

⑥ 측면 전개차량이나 탈착식 바디차량 등은 상하차 장소에 제약을 받는다.

3) 화물자동차 운영

(1) 화물자동차 운행제한

① 축하중이 10톤, 총중량이 40톤의 10%를 초과하는 차량

② 차량의 폭이 2.5M, 높이가 4.0M, 길이가 16.7M의 10%를 초과하는 차량

③ 지상으로부터 높이가 3.5M를 초과하는 경우

④ 너비는 자동차의 후사경으로 후방을 볼 수 없는 경우

⑤ 운전중 적재 화물이 떨어지지 않도록 덮개를 씌우지 않거나 묶지 아니한 경우

(2) 트럭의 운영효율성 지표

① 가동률 = 실제 가동차량수 / 누적 실제차량수 = 가동일수 / 영업일수

② 실차율 = 적재주행거리 / 총주행거리

③ 적재율 = 평균적재중량 / 최대적재중량

④ 회전율 : 트럭이 1일 또는 일정시간내에 얼마나 반복해서 왕복운행할 수 있는지를 나타냄

(3) 자동차의 경제효용거리

채트반 공식은 화물자동차가 철도와 경쟁시 경쟁가능한 거리를 구하는 공식이다.

$$L = D / (T - R)$$

- L : 자동차의 경제효용거리의 한계(km)
- D : 톤당 철도발착비 + 배송비 + 화차 하역비 + 포장비
- T : 자동차의 톤 · km당 수송비
- R : 철도의 톤 · km당 수송비

(4) 자동차의 원가

① 운송원가 = 연간고정비 + (km당 변동비X주행km) + (시간당 변동비X시간)

② 연간고정비 = 감가상각비 + 고정적 인건비 + 세금 + 보험료 + 검사료 등 고정비

③ km당 변동비 = 연료비 + 수리비 + 타이어 튜브비 + 주행km당 수당

④ 시간당 변동비 = 야간 및 특근수당

(5) 자동차의 생산성 지표

① **톤킬로** : 매번 운송시마다 운송거리에 실제 운송한 화물량을 곱하여 산출한다.

② **운송량** : 실제 적재하고 운송한 화물량을 나타내며, 톤, 파렛트, 박스 등 단위로 계산한다.

③ **운행km** : 일정 기간 동안 몇 km를 운행했는지를 나타낸다.

④ **영차km** : 일정 기간 동안 화물을 적재하고 운행한 거리가 몇 km인지를 나타낸다.

4) 물류터미널

(1) 일반물류터미널

화물터미널은 화물자동차운송시 물류거점간 또는 지역간 대량운송과 장거리의 거점기능, 상호 중계기능 및 도시내 집배송이 이루어지는 시설이다. 또한 물류터미널은 화물의 집화・하역, 이와 관련된 분류・포장・보관・가공・조립 또는 통관 등에 필요한 기능을 갖춘 시설물을 말한다.

(2) 복합물류터미널

복합물류터미널은 2가지 이상의 운송수단간 연계운송을 할 수 있는 규모와 시설을 갖춘 물류터미널을 의미한다. 복합운송이 가능한 철도와 도로 등의 시설을 갖추고 대규모로 운영하는 물류터미널로 볼 수 있다. 우리나라는 군포, 양산, 장성, 중부권 및 영남권 복합물류터미널이 건설되어 운영중에 있다.

(3) ICD(Inland Container Depot)

내륙컨테이너기지(ICD)는 바다에 접해 있는 항만과 달리 내륙에서 컨테이너를 처리하는 항만의 기능을 수행하는 공간이다. 내륙에 철도와 도로 등 연계운송시설, 컨테이너 야드와 창고 등을 갖추고 항만과 유사한 보관, 하역, 통관, 혼재 등의 기능을 수행하는 컨테이너터미널을 말한다. ICD는 복합물류터미널과 함께 의왕, 양산, 장성, 중부권 및 영남권에 건설되어 운영중이다.

2. 철도운송

1) 철도운송의 기초

(1) 철도운송의 정의

철도운송은 철도역과 철도역간 간선운송구간에서 대량으로 화물을 운송(대운송)하고, 철도역에서 화주문전간 집화와 배송, 그리고 하역작업과 보관 등의 기능(소운송)을 수행해왔다. 경제발전과 자동차 산업의 발달 그리고 소득증가에 따라 자동차 보급이 확대되고, 고속도로, 국도 등 도로망 확충이 가속화되면서 철도를 이용한 화물운송은 점차 감소하기 시작하였다.

철도운송은 도로운송에 비해 이산화탄소 배출량이 작아 친환경 운송수단으로 각광받고 있고, 일시에 대량운송이 가능하기 때문에 에너지 효율성 측면에서도 다른 운송수단에 비해 우수하다. 미국의 이단적 컨테이너열차나 석탄, 곡물, 광석도 철도를 주로 이용하며, 대륙횡단철도로서 시베리아횡단철도나 중국횡단철도 등도 국제운송에서 중요한 역할을 담당하고 있다.

(2) 주요 철도운송 화물

주요 철도운송 화물은 크게 일반차급화물과 컨테이너화물로 구분할 수 있다. 일반차급화물은 충북과 강원도에서 생산되는 양회(시멘트)와 석탄이 주요 철도운송화물중 하나이며, 컨테이너화물은 수도권과 부산북항 및 부산신항, 그리고 광양항을 상호발착지로 하는 구간에서의 철도운송이 주로 이루어지고 있다. 현재 국내 컨테이너운송은 의왕 ICD를 중심으로 부산진역 CY와 부산신항 컨테이너 터미널 그리고 전국에 약 27개 철도CY를 중심으로 이루어지고 있다.

2) 철도운송형태와 철도컨테이너 하역방식

(1) 철도운송형태

① **직행운송** : 특정 출발역과 도착역을 정하고 도중에 열차의 입환작업 없이 그 구간을 직행으로 운송하는 방식이다. 직행운송은 운송시간을 단축할 수 있고, 화차의 운용효율을 높일 수 있으며 운송관리도 용이한 장점이 있다.

② **컨테이너 운송** : 컨테이너운송도 직행운송의 형태를 취하고 있으며, 컨테이너의 운송량이 많은 주요 항만과 ICD간 간선운송구간에서 출발역과 도착역간을 컨테이너 전용열차로 직행운송하고 있다.

③ **거점운송(쾌속운송)** : 거점운송은 차급운송의 하나로 지역별로 거점역을 정하고 그 거점역간을 직통열차로 운송하는 방식이다. 거점운송은 단위열차에 미치지 못하는 차급화물을 적재한 화차를 거점역에서 환적 또는 연계하여 간선 철도역간을 운송하는 방식이다.

④ **야드(조차장) 집결운송** : 근거리내에 소규모화물취급역이 존재하는 경우에 화물이 적재된 화차를 조차장에 집결시켜 근거리에 있는 행선지별로 구분시켜 열차를 조성한 다음,

도착역에 가장 가까이에 있는 조차장에서 다시 소규모화물 도착역으로 운송하는 방식으로 일종의 Hub & Spoke 방식이라 할 수 있다.

⑤ Block Train, Y-Shuttle Train, Coupling & Sharing Train : Block Train은 출발역에서 도착역까지 직통으로 운행하는 열차의 운행형태로서 화물량이 충분하고, 조차장이 충분하지 않은 구간의 화물을 효율적이면서, 운송시간을 단축할 수 있는 운송방식이다. Y-Shuttle Train은 한 개의 중간 철도역을 경유하는 방식으로서 터미널을 경유하는 것을 제외하면 셔틀열차와 거의 동일한 운송방식이다. Coupling & Sharing Train은 중・단거리 운송이나 소규모 터미널을 중심으로 이용가능한 소형 열차의 수송방식이다.

(2) 철도 컨테이너 하역방식

① TOFC(Trailer on Flat Car) 방식

TOFC 방식은 철도의 대차 위에 컨테이너를 적재한 트레일러를 직접 적재하거나 하화하는 하역방식을 말한다. TOFC 방식에는 피기백방식과 캥거루방식이 있다.

가. 피기백방식(Piggy back)

트레일러나 트럭으로 컨테이너를 운송할 경우에 화물열차의 대차 위에 트레일러나 트럭을 컨테이너와 함께 실어 운송하는 방식이다. 피기백방식은 트럭의 기동성과 철도의 장거리, 신속성을 결합한 복합운송방식이다.

나. 캥거루방식

캥거루방식은 1964년 프랑스 국철에서 처음 도입한 방식으로 세미 트레일러를 이용하여 지역간 신속한 집하와 인도를 목적으로 도입되었으며, 정시인도와 배차간격의 규칙성, 하역장비 불필요, 연료의 효율성 등의 장점이 있다.

② COFC(Container on Flat Car) 방식

COFC 방식은 컨테이너를 철도의 화차에 상하차하는 방식으로 TOFC 방식에 비해 하역작업이 용이하고, 화차의 중량이 가벼워 보편화된 철도하역방식이며, 크레인 등 장비가 필요하다.

가. 지게차에 의한 방식 : 리치스태커(reach stacker)나 지게차(fork lift)를 이용하여 컨테이너를 트레일러 또는 철도 화차에 상하차하는 방식으로 널리 이용되고 있다.

나. 매달아 신는 방식 : 트랜스퍼 크레인 또는 일반 크레인을 이용하여 컨테이너를 트레일러 또는 철도 화차에 상하차하는 방식이다.

다. 플랙시 밴(Flexi-van) : 세미 트레일러의 주행부분을 없애고 컨테이너만 턴테이블이 달려있는 전용화차로 운송하는 방식이다. 트럭이 화물열차에 대해 직각으로 후진하여 회전판이 달려있는 무개화차에 컨테이너를 90도 회전시켜 적재한다.

3) 철도운임

(1) 철도운임체계

① 일반차급화물

양회, 철광석 등 컨테이너 이외의 일반차급화물의 운임은 한국철도공사에서 정한 1㎞당 기본임률에 화물영업거리와 화물중량을 곱해 산출한다.

일반차급화물 운임=기본임률(1㎞당 운임)×화물영업거리(㎞)×화물중량(톤)

② 컨테이너화물

컨테이너의 크기와 영컨테이너, 공컨테이너 등에 따라 1㎞당 운임률이 다르며, 공컨테이너의 운임률은 영컨테이너 운임률의 74%를 적용하고 있다.

컨테이너화물 운임 = 종별 기본임률(1㎞당 운임)×화물영업거리(㎞)

(2) 할인, 할증요금

① 수출광석과 사유화차에 대한 운임할인
② 철도의 운임 실적이 전년도 보다 증가하거나 왕복운송시 운임할인
③ 장거리 운송 화물에 대한 운임할인
④ 위험품 및 용적·중량 초과 특대화물 등에 대한 할증요금
⑤ 열차 및 경로지정 화물, 전세열차로 운송하는 화물에 대한 할증요금
⑥ 감시인 승차 화물 및 임시취급화물 등에 대한 할증요금

(3) 철도화물요금

① **화물유치료** : 송화인이 탁송 전 화물의 유치, 인도 완료한 화물을 반출하지 않고 역구내에 유치시키는 경우 및 탁송 취소한 화물을 역구내에서 반출하지 않는 경우에 징수한다.

② **화차유치료** : 적재 또는 하화통지를 한 때 또는 도착통지에 갈음할 수 있는 게시를 한 때부터 일정 시간내에 적재 또는 하화를 완료하지 아니한 때 징수한다.

③ **하치장사용료** : 인도 완료한 화물을 인도 당일 중 역구내로 반출하지 않았을 경우에 그 다음날로부터 기산하여 반출 완료일까지 징수한다.

④ **구내운반료** : 역구내에서 철도화차를 사용하여 화물을 운반할 경우에 구내운반료를 징수한다.

4) 대륙횡단철도

(1) TSR(Trans Siberia Railway, 시베리아횡단철도)

① 운영현황

TSR은 러시아의 블라디보스톡항을 시점으로 하바로프스크, 울란우데, 노보시비르스크, 이르쿠츠크를 거쳐 모스크바에 이르는 총 연장 9,272㎞의 노선으로 1891년에 공사에 착수해 1916년에 완공되었다. 전 구간이 복선화되어 있으며, 전철화 구간은 8,008㎞로 총 노선연장의 87%에 달하고 있다. 또한, 전 구간이 광궤(1,520㎜)로 되어 있고, 사용전압이 직류 3,000V와 교류 25,000V를 혼용하여 사용하고 있다.

② 문제점

가. 대유럽 수출입시 양방향 화물의 불균형에 따른 공컨테이너 회수문제가 큰 어려움이다.

나. 환적과정에서 통관비용이 해상운송에 비해 과다하게 부과되며, 항시 철도운송은 이루어지나 관할 운송센터는 주 5일 근무로 행정업무 지연으로 인한 초과비용이 소요된다. 또한, 보스토치니항에서의 선박과 철도간 화물의 환적, 유럽접경지역에서의 화물 환적이 원활히 이루어지지 않아 전체 운행시간이 길어진다.

다. 국경 통과시 세관절차의 복잡성, CIS국가 간 운송 조건이나 세율 적용이 일관적이고 안정적이지 않아 TSR의 효율성을 저해하고 있다.

라. 정기운행이 아닌 화물집하량에 따른 열차배정, 화차 및 기관차, 설비가 노후화되어 있어 화물운송의 정시성과 안정성 유지가 어렵다.

마. 화물추적시스템이 제대로 구축되어 있지 않아 화주에게 신속하고 정확한 화물운송 정보를 제공하지 못한다.

(2) TCR(Trans China Railway, 중국횡단철도)

① 운영현황

TCR은 중국 롄윈항에서 출발하여 카자흐스탄의 국경역인 아라산쿠를 통과하여 TSR과 연결되는 노선으로 총 연장은 8,613㎞이고 전구간의 82.7%(7,127㎞)가 복선화되어 있으며, 58.1%(5,001㎞)가 전철화 구간으로 되어 있다. 또한 전력방식은 1980년대 초부터 25,000V를 채용하고 있으며, 궤간은 표준궤도(1,435㎜)를 사용하고 있다.

② 문제점

가. 시설 운영과 운송서비스에 대한 기술과 노하우가 부족하여 화물운송에 어려움이 있다. 또한, TCR의 기점인 롄윈항의 컨테이너 처리시설이 부족하며, 배후도로망과 연계철도도 미흡하다. 그리고 TSR에 비해 상대적으로 운임이 높으며, 우루무치~아라산쿠 구간은 신장자치구 철도국 관할로 이루어져 있어 연계운송서비스가 불가능한 어려움이 있다.

나. 카자흐스탄 지역에서의 국경 통과시 많은 시간이 소요되고 있으며, 화자 공급이 원활하지 못하여 원활한 운송이 이루어지지 못하고 있다.

(3) TMGR(Trans Mongolia Railway, 몽골횡단철도)

① 운영현황

TMGR은 중국 톈진항을 출발하여 베이징, 몽골의 울란바토르를 거쳐 수프바토르역과 러시아의 울란우데역에서 TSR에 연계되어 유럽의 주요 도시로 연결되는 노선으로 총 연장은 7,753㎞이고, 전 구간의 81.2%(6,296㎞)가 복선화되어 있으며, 전철화 구간은 74.5%(5,777㎞)에 달한다. 또한, TMGR은 전 궤간이 광궤(1,540㎜)로 되어 있어 인접국인 중국과 궤간차이가 발생하며, 카자흐스탄, 러시아 통과시에는 궤간차이는 없지만 국경 통과절차를 밟아야 한다.

② 문제점

가. 철도시설의 노후화와 비현대화 등으로 운송능력이 현저히 저하되고 있다.

나. 국경에서의 CIQ 통과에 막대한 시간이 소요되고 있다. 여객열차의 경우에는 러시아와 몽골과의 러시아측 국경역인 나우스키역에서의 대기시간이 평균 281분, 몽골측 국

경역인 수흐바토르역에서는 평균 140분을 정차하고 있는 것으로 나타나 시간적 손실이 크게 발생하고 있음을 알 수 있다.

(4) 북미 이단적 열차(DST : Double Stack Train)

북미(미국과 캐나다)에서 컨테이너운송은 컨테이너를 2단적으로 철도 화차에 적재하는 이단적 열차(DST)로 북미 서안(LA와 LB 등)에서 시카고 등 내륙지역과 미 동안까지 이루어진다. DST는 1981년 Southern Pacific철도와 Sea-Land Service가 처음 시도하였고, 1984년 APL이 본격적으로 미국 내륙운송에 도입하면서 급격히 확대되기 시작하였다. 북미에서 DST는 철도복합운송을 발전시키는 계기를 마련하였고, 주요 DST 운행구간은 LA/LB - 캔자스시티 - 시카고 - 뉴욕 구간이며, 시애틀 - 시카고 구간과 솔트레이크시티 - 시카고 구간, LA/LB - 휴스턴 구간 등이다.

DST는 컨테이너를 2단 적재하므로 1단 적재에 비해 화물운송량을 최대 약 70%까지 향상시킬 수 있고 비용절감도 가능하다. DST 1개 열차는 화차 100량을 연결하여 운행하기 때문에 한 번에 약 400TEU를 수송할 수 있다. 중국도 2004년부터 상하이~베이징 구간에서 DST를 운행하고 있으며, 베이징~광저우 구간에서도 운행을 추진한 바 있다.

제3절 물류와 해상운송

1. 해상운송의 개요

1) 해상운송의 기초

(1) 해상운송의 정의

해상운송(shipping, ocean transport)은 선박을 운송수단으로 하며, 원양항로나 연안항로의 바다를 따라 사람과 재화의 장소적, 공간적 운송을 목적으로 한다.

(2) 해운항만환경의 변화

① 조선기술의 발전
② 선박의 대형화, 고속화, 전용선화
③ 항만터미널의 대형화와 하역기기의 발달
④ 정보화

(3) 우리나라의 해상운송 중요성

① 국제수지 개선
② 관련 산업육성
③ 국방력 강화
④ 자원의 효율적 배분

2) 선박

(1) 선박과 국적

해상법상 선박이란 상행위, 즉 영리를 목적으로 항해하는 것을 말한다. 선박법상 선박은 부양성, 적재성 그리고 해상에서 스스로 항해할 수 있는 이동성을 갖춘 운송구조물을 말하며, 추진기관이 없는 단정이나 노를 저어 운전하는 선박은 제외된다.

선박은 선명을 정해야 하고, 국적도 가져야 하며, 선박법에 따라 관할 해운관련 행정당국에 등록해야 한다.

(2) 선박의 주요 용어

① **전장(Length Over All : LOA)** : 선박의 맨 앞부분에서부터 맨 끝부분까지의 수평거리

② **전폭(Extreme Breadth)** : 선체의 가장 넓은 부분에서 측정한 외판의 외면에서 반대편 외판까지의 수평거리

③ **선심(Vertical Depth)** : 선체 중앙에 있어 상갑판 가로들보(빔) 상단에서 용골의 상단까지의 수직거리

④ **건현(Freeboard)** : 건현(Freeboard)은 선체 중앙부 현측에서, 갑판 윗면으로부터 만재흘수선(Load Line) 마크 윗단까지의 수직거리

⑤ **선박의 흘수(吃水, Load Draft)** : 흘수는 선체가 수중에 잠겨있는 부분을 수직으로 잰 길이

⑥ **만재흘수선표**(Load Line Mark) : 선박에 화물을 선적할 때 더 이상 실을 수 없는 최대한도의 흘수를 만재흘수라 하고, 그때의 흘수선을 만재흘수선이라고 한다. 만재흘수선은 세계적으로 적용하며 전세계의 항로를 ㉠계절동기대 ㉡열대 ㉢계절열대 ㉣하기대의 4가지 지역으로 구분하여 표시한다. 플림졸마크(Plimsoll mark)라고도 한다.

(3) 선박 톤수

① **총톤수**(Gross Tonnage : GT 또는 G / T) : 용적톤. 선박 내부의 총용적으로 갑판 아래의 적량과 갑판 위의 밀폐된 장소의 적량을 합한 후 선박의 추진, 항해, 안전, 위생과 관련하여 사용되는 부분의 적량을 제외한 것을 톤수로 환산한 톤수이다. 총톤수는 각종 통계 및 관세, 등록세, 도선료 및 각종 심사료 등의 수수료와 제세금의 기준이 된다.

② **순톤수**(Net Tonnage : NT 또는 N / T) : 용적톤. 순수하게 화물 및 여객의 운송 등 직접적인 상행위에 사용되는 용적으로서, 총톤수에서 선박의 운항에 직접 이용되는 기관실, 선원 거주공간, 해도실, 발라스트탱크 등 선박운항에 이용되는 부분의 적량을 공제한 순적량을 톤수로 환산한 톤수이다. 순톤수는 선주나 용선자의 상행위와 관련된 용적이기 때문에 항만세, 톤세, 운하통과료, 등대사용료, 항만시설사용료 등 모든 세금과 수수료의 산출기준이 된다.

③ **재화용적톤수**(Measurement Tonnage : MT) : 용적톤. 선박 각 화물창의 용적과 특수화물창고 등 화물적재능력을 용적으로 표시한 톤수로서, 40ft³(약 1.133m³)을 1톤으로 한다.

④ **배수톤수**(Displacement Tonnage) : 중량톤. 선체의 배수용적에 해당하는 물의 중량을 배수량 또는 배수톤수라고 한다. 주로 군함에서 사용하는 톤수이다.

⑤ **재화중량톤수**(Deadweight Tonnage : DWT) : 중량톤. 선박이 적재할 수 있는 화물의 최대 중량을 가리키는 단위로 영업상 가장 중요시되는 톤수이다. 선박이 적재할 수 있는 화물의 최대중량을 나타내기 때문에 선박의 매매, 용선료 등의 산정 기준이 된다.

⑥ **경하배수톤수**(Light Displacement Tonnage : LDT) : 중량톤. 선박 자체와 기계류, 제반 기구와 다양한 부속품의 무게, 즉 경하 상태에 있는 선박의 무게를 말한다. 경하 배수량은 선박을 해체하기 위하여 매각하는 경우 지급되는 선가의 기본 단위가 된다.

(4) 선급제도(Ship's Classification)

선박의 정상적인 항해가능 여부를 감항성(seaworthiness) 또는 내항성이라고 한다. 선급협회는 감항성의 객관적·전문적 판단을 위해 설립되었고, 전세계적으로 45여 국가에 설립되었다. 로이즈 선급 등 11개 주요 선급이 상호 협력, 선급제도를 발전시키기 위해 1968년 국제선급협회(International Association of Classification Societies : IACS)를 창설하였고, 현재 정회원국은 영국, 미국, 프랑스, 독일, 노르웨이, 이태리, 일본, 중국, 폴란드, 한국 등으로 11개 협회이다.

(5) 편의치적제도(Flag of Convenience : FOC)와 제2치적(Second Registry) 제도

편의치적 제도란 무거운 세금과 각종 안전과 오염방지 등 규제를 피하기 위해 자국이 아닌 파나마, 리베리아, 온두라스 등에 선박을 등록하는 것이다. 편의치적의 이점은 다음과 같다.

① 편의치적국은 등록세와 매년 징수하는 소액의 톤세 외에 선주의 재무상태, 거래내역을 보고하지 않아도 되는 등 자국 당국에 의한 경영상의 간섭을 받지 않는다.

② 저임금의 개도국 선원을 승선시켜 선원비를 절감한다.

③ 금융기관이 선박에 대한 임치권(유치권) 행사를 용이하게 할 수 있어, 선박의 건조 또는 구입자금을 국제금융시장에서 쉽게 조달할 수 있다.

④ 선박의 운항 및 안전기준 등에 대한 규제를 회피하기 위해서이다.

편의치적을 대신해 등장한 제도가 제2치적, 국제선박등록제도(international ship registry)이다. 선진국이 자국선대의 해외 이적을 방지하기 위해 자국의 자치령 또는 속령에 등록할 경우 선원고용의 융통성과 세제혜택을 허용하기 시작한 제도이다. 영국은 버뮤다, 네델란드는 안틸레도제도, 프랑스는 Kerguelen, 스페인은 Canary Islands 등을 제2치적지로 하였고, 이들 국가는 각각 국제선박등록제도인 Germany Int'l Ship Register(GIS), Denmark Int'l Ship Register(DIS), Norway Int'l Ship Register(NIS)를 도입하여 운영 중이다. 우리나라는 2002년 국제선박등록제도를 도입하였는데, 제주도에 선박을 등록할 경우 지방세 감면, 외국선원의 고용이 가능하다.

2. 항만

1) 항만의 기초

(1) 항만의 정의와 기능

항만(port)은 해륙운송의 중계지로서 육상운송된 화물의 선적과 해상운송된 화물을 원활하게 양륙할 수 있는 시설을 갖추고, 하역, 보관, 이송 등의 활동이 이루어지는 공간이다. 오늘날 항만은 단순한 해륙연결거점이 아니라 부가가치서비스를 제공하는 공간으로 변모하였다. 항만과 배후단지에 다수의 창고나 물류센터를 중심으로 조립가공, 상표부착, 혼재, 분류 등 서비스를 제공하는 국제물류거점으로 활용되고 있다.

(2) 항만시설

① 기본시설 : 기본시설로는 수역시설, 외곽시설, 임항교통시설, 계류시설 등이 있다.

가. 수역시설 : 항로, 정박지, 선류장, 선회장을 의미한다.

㉠ 항로(Access Channel) : 선박 입출항 통행로

㉡ 묘박지(Anchorage) : 선박이 항만의 부두시설에 입항하기 전에 접안할 부두가 없거나 기상악화로 피항을 위하여 일시적으로 닻(anchor)을 내리고 대기하는 수역

㉢ 선회장 : 선박이 방향을 회전할 수 있는 장소

나. 외곽시설 : 외곽시설은 방파제, 방사제, 도류제, 제방, 호안, 수문, 갑문 등을 가리킨다.

다. 계류시설 : 계류시설은 안벽, 물양장, 잔교, 돌핀, 부잔교, 계선부표 등을 말한다.

㉠ 부두(Wharf) : 항만내에서 화물의 하역과 여객의 승하선을 위한 여러 가지 구조물

㉡ 안벽(Quay) : 화물의 하역과 여객의 승하선이 직접적으로 이루어지는 구조물

㉢ 잔교(Pier) : 선박이 접안하고 계류하여 화물의 하역과 여객의 승·하선을 용이하게 만든 목재나 철재 또는 콘크리트로 만든 교량형 구조물

라. 임항교통시설 : 인입철도, 도로, 교량, 철도, 궤도, 운하 등의 인프라를 말한다.

② 기능시설

가. 선박의 입출항을 위한 항로표시, 신호, 조명, 항무통신시설 등 항행보조시설

나. 하역장비, 화물이송시설, 배관시설 등 하역시설, 급유시설, 급수시설

다. 대합실, 여객승강용시설, 소화물취급소 등 여객이용시설

라. 창고, 야적장, CY, CFS, 싸일로, 저유시설, 화물터미널 등 화물의 유통 및 판매시설

마. 항만의 관제, 홍보, 보안시설

③ 지원시설 : 보관창고, 정비고, 포장시설 등

④ 항만친수시설 : 해양레저기반시설, 해양박물관, 해양유적지, 갯벌체험장, 해양공원, 해변

2) 컨테이너 터미널

〈그림 7-1〉컨테이너 터미널 배치도

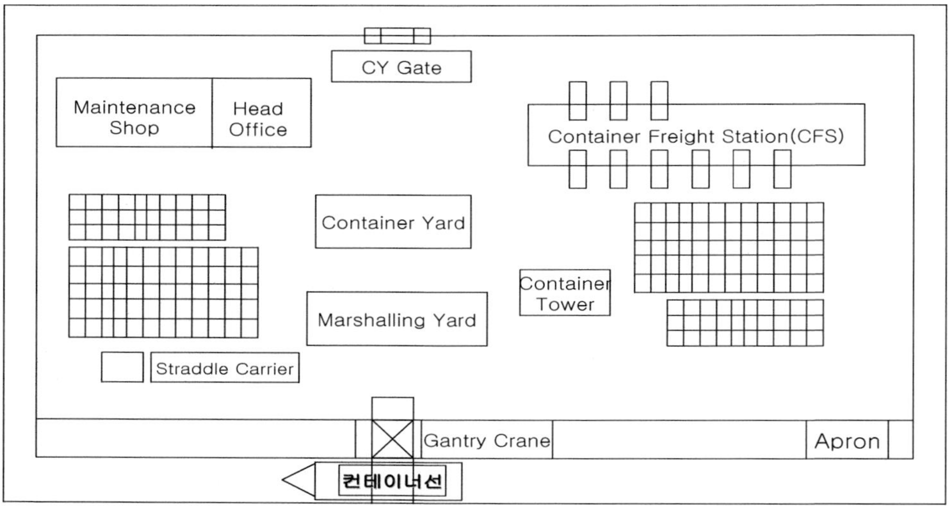

3. 운송방식과 운송계약

1) 정기선 운송

(1) 정기선 운송과 부정기선 운송의 비교

〈표 7-8〉 정기선 운송과 부정기선 운송 비교

구 분	정기선운송	부정기선운송
운항 형태	규칙성 · 반복성	불규칙성
운송인	•보통운송인(Common Carrier) •공중운송인(Public Carrier)	•계약운송인(Contact Carrier) •전용운송인(Private Carrier)
화물의 성격	이종 화물	동종 화물
화물의 가치	고 가	저 가
운송계약	선하증권(B / L)	용선계약서(Charter Party)
운 임	동일운임(동일품목 / 상이한 화주), 공표된 운임률 적용, 동맹운임율	선박과 화물의 시장수요와 공급에 따라 결정
서비스	화주의 요구에 따라 조정	선주 · 용선자 간 협의 결정
선 박	고가 · 구조 복잡(컨테이너선)	저가 · 구조 단순(벌크선)
조 직	대형조직(본사 및 해외지점)	소형조직
화물의 집화	영업부 직원	중개인
여 객	제한적인 취급(카페리)	취급하지 않음

(2) 정기선 운임의 종류

〈표 7-9〉 정기선 운임의 종류

구분	내용
등급별 운임	운임 요율표에서 화물을 종류, 성질, 형태별로 분류하여 적용하는 운임
특별운임	운임 요율표에서 일반운임과는 별도로 특정목적을 위하여 설정한 운임
최저운임	최소화물에 대한 운임이 일정액 이하일 때 징수하는 최소운임
종가운임(Valuation Charges, Ad Valorem Freight)	특별한 관리와 주의를 요하는 고가품에 대하여 송장가격에 일정률의 운임을 부과
박스운임	화물의 종류나 용적에 관계없이 컨테이너당 정한 운임

무차별운임(Freight All Kinds Rate)	화물 종류나 내용과 관계없이 중량과 용적에 따라 동일한 운임
통운임(Through Rate)	1개 이상의 운송기관에 의해 운송되는 화물에 대해 적용되는 일괄적인 운임
접속운임(Overland Common Point Rate)	북미 태평양연안에서 항공기, 철도, 트럭 등으로 환적되는 내륙지행 화물에 적용되는 운임
기간·물동량 운임 (Time·Volume Rate)	일정기간 동안 제공한 물량에 따라 차등제로 적용되는 운임

(3) 정기선 주요 서류

① Shipping Request(S / R : 선복요청서) : 화주가 선사에 제출하는 운송의뢰서(application for shipment)로서 화물의 명세가 기재된다.

② Booking Note, Booking List(선적예약서, 예약일람표) : Booking Note는 화주가 제출한 S / R에 기초하여 선사가 선적과 관련한 사항을 화주별로 작성한 것이다.

③ Equipment Receipt(E / R : 기기수도증) : 컨테이너, 새시 등 기기류의 CY 또는 ICD 반출입시 인수인계를 증명하는 서류

④ Container Load Plan(CLP : 컨테이너 적부도) : 컨테이너에 적입된 화물의 명세이다.

⑤ Shipping Order(S / O : 선적지시서) : 선적요청을 받은 선사가 송화인에게 교부하는 선적승낙서이자 선사가 선복요청서와 화물을 확인, 본선(일등항해사)에 발급하는 선적지시서이다.

⑥ Dock Receipt(부두수취증, D / R) : CY 운영자가 화물의 수취증으로서 발행한다.

⑦ Tally Sheet(검수화물목록) : 하역중인 화물의 개수, 포장상태, 화물사고 등을 기재한다.

⑧ Mate's Receipt(본선수취증, M / R) : 본선이 M / R에 기재된 상태로 화물을 수취하였다고 인정하는 영수증이다. M / R은 선적화물에 대하여 본선책임이 개시됨을 나타내는 서류이다.

⑨ Stowage Plan(본선적부도) : 적재 컨테이너의 본선내의 적재 위치를 표시한 도표이다.

⑩ Cargo Manifest(적하목록, M / F) : 선적 후 선사(대리점)가 작성하는 적재화물명세로서 선박명, B/L기호, 도착지, 출항지, 송화인, 수화인, 화물종류, 수량 등이 기재된다.

⑪ Delivery Order(화물인도지시서, D / O) : 양륙지에서 선사가 Arrival notice를 받은 수화인으로부터 선하증권(B / L) 또는 보증장(L / G)을 받아 MF와 대조하고 심사한 후, 본선 또는 터미널에 화물인도를 지시하는 서류이다.

⑫ Arrival Notice(화물도착통지, A / N) : 선사로부터 화물이 도착하였거나 곧 도착할 것이라는 뜻을 담은 화물도착통지서를 지칭한다.

2) 부정기선 운송

(1) 부정기선 운송의 특성

부정기선 시장은 해운동맹과 같은 카르텔이 형성될 수 없는 시장참여가 자유로운 경쟁시장이다. 중개인은 부정기선 시장에서 국제적인 네트워크를 바탕으로 핵심적인 역할을 수행한다.

(2) 부정기선 용선운임의 종류

〈표 7-10〉 부정기선 용선운임의 종류

구분	내용
선불운임 (Prepaid Freight)	화물이 목적항에 도착했을 경우 운임이 지급되나, 선불운임은 출항 전 운임의 일부나 전부를 미리 지불하는 경우의 운임을 말한다.
선복운임 (Lumpsum Freight)	운송화물의 규모와 관계없이 항해단위나 선복크기로 계산하여 지불하는 운임이며, 수량산정이 곤란할 때 선주에게 유리한 운임이다.
비율운임 (Pro Rata Freight)	계약 목적지까지 화물을 운송하지 못하고 중도에서 화물을 인도하는 경우 중간지점까지의 비율에 따라 선주가 받는 운임이다.
공적운임 (Dead Freight)	실제 선적량이 계약물량 보다 적은 경우에 부족분에 대하여 지불하는 운임으로 용선자 입장에서 불리한 운임이다.
반송운임 (Back Freight)	목적항에 화물이 도착되었으나 화물인수가 거절되었을 경우에 반송에 따른 운임이다.
Spot 운임	부정기선 시장의 단기적인 현수준의 운임. 선물운임과 대칭.
선물운임	미래의 특정시기에 특정상품의 운송시 지불하는 운임으로 현물운임과 대비된다.
장기운송계약운임	몇 년 동안 연간 몇만톤과 같이 약정하며, COA라고도 한다.

(3) 항해용선과 하역비

〈표 7-11〉 항해용선에서 하역비 부담

구 분	내 용
Liner(Berth) terms	선적 및 하역 시의 하역비를 선주가 부담
F.I.O(Free In and Out)	선적 및 하역 시의 하역비를 화주가 부담
F.I(Free In)	선적 시에는 화주가, 하역 시에는 선주가 하역비를 부담
F.O(Free Out)	선적 시에는 선주가, 하역 시에는 화주가 부담
Gross terms(Gross charter)	항비, 검수비, 하역비 등 일체의 비용을 선주가 부담
Net terms(Net charter)	항비, 검수비, 하역비 등 일체의 비용을 화주가 부담
Lump sum Charter	용선자가 총운임 지급, 선주는 선복 제공

(4) 정박기간

정박기간이란 화주가 계약화물을 용선한 선박에 적재 또는 양륙하기 위하여 그 선박을 선적항 또는 양륙항에 체항할 수 있는 기간을 말하며, 용선계약서에 기재된다. 만약 화주가 약정한 기일내에 하역을 끝내지 못하면 초과된 정박기간에 대하여 체선료를 지급해야 한다.

① **관습적 조속하역조건(CQD : Customary Quick Despatch)** : 당해 항만의 관습적 하역방법 및 하역능력에 따라 가능한 신속하게 적양하 하역작업을 종료하는 조건이다.

② **연속작업일조건(Running Laydays)** : 하역 시작일부터 종료일까지 모든 날짜를 계산하는 방법이다. 우천, 파업 및 기타 불가항력 등 어떠한 원인에 관계없이 하역작업 개시 이후부터 종료시점까지의 일수를 모두 정박기간으로 산정하는 방법이다.

③ **호천작업일조건(WWD : Weather Working Days)** : 하역작업이 가능한 기상상태인 일수만 정박기일에 산입하는 것으로서 현재 가장 많이 선택하고 있는 조건이다. 이 조건에서 일요일과 공휴일은 일반적으로 다음과 같이 처리한다.

가. 공휴일은 하역작업을 하더라도 보통 정박일수에 산입하지 않는데, 이것을 "Sunday and holidays excepted"의 첫 글자를 따라 SHEX라고 한다.

나. 공휴일에 하역작업을 한 경우에, 이를 정박일수에 포함하는 조건도 있는데, 이것을 "Sunday and holiday excepted unless used"(SHEXUU)라고 표시하여 처리한다.

④ 체선료(demurrage) : 용선계약상 초과정박일에 대하여 용선자 또는 화주가 선주에게 지급하는 보수(일종의 벌금)이다.

⑤ 조출료(dispatch money) : 용선계약상 허용된 정박기간 종료 전에 하역이 완료된 경우에 그 절약된 기간에 대하여 선주가 용선자에게 지급하는 일종의 상여금이다.

3) 개품운송계약과 용선운송계약

(1) 개품운송계약

개별 물품의 운송을 목적으로 하는 해상운송계약으로 일반적으로 다수의 화주로 부터 위탁받은 개별 화물을 정기선으로 운송하기 위하여 체결하는 운송계약이다.

(2) 용선운송계약

용선운송계약은 화물운송을 위해 선주로 부터 선박의 일부 혹은 전부를 용선하고, 용선자는 그 댓가로 용선료를 지급하는 형태의 계약이다.

① 나용선계약(Bareboat Charter)

용선자가 선박만 임대하는 것이 아니라 선장, 선원, 장비와 소모품 등 운항에 필요한 모든 일체의 운항비용과 책임을 부담하며, 실질적인 지배권을 가진 선주로서 활동한다.

② 정기(기간)용선계약(Time Charter)

일정기간 동안 용선자에게 모든 장비와 선원을 갖춘 선박을 대여, 용선자는 용선료와 운항비(연료, 항비, 하역비, 예선료, 도선료)만 부담하고, 감가상각비, 보험료, 선원비, 선용품비, 수리비 등의 선비는 선주가 부담한다.

③ 항해용선계약(Voyage Charter)

특정 항구에서 특정 항구까지 한번의 항해를 위해 체결되는 계약으로 선주가 모든 장비와 선원을 갖춘 선박을 대여하고 모든 운항비와 선비를 부담한다. 항해용선계약은 선복용선계약(Lump Sum Charter)과 일일용선계약(Daily Charter)으로 구분된다.

제4절 물류와 항공화물운송

1. 항공화물운송의 개요

1) 항공화물운송의 개요

(1) 항공운송의 정의와 특징

항공운송은 항공기에 승객, 우편 및 화물을 탑재하고 운송하는 운송시스템을 말한다. 항공화물운송은 수화물과 우편물을 제외한 항공화물운송장(Airway Bill)에 의해 운송하는 화물을 의미한다. 또한 반도체, 전자제품, 시계 등 고부가가치 항공화물의 운송수요가 증가함에 따라 특송업체(FedEx, UPS 등)와 일반 항공사들의 항공화물전용기 취항이 증가하고 있다. 항공화물운송의 특성은 신속과 정시성, 안전성, 경제성, 비계절성 등을 들 수 있다.

(2) 항공화물운송의 성장요인

① 항공기의 대형화로 인한 운임 인하의 경제성
② 화물전용기의 정기적인 운항으로 인한 계획성의 확보
③ 화물전용터미널의 건설로 인한 전문성
④ 전자상거래 확대와 다품종 소량생산에 따른 고부가가치 상품의 운송 증가
⑤ 운송서비스의 질적 향상
⑥ 화주의 인식변화
⑦ 항공운송의 장점에 대한 마케팅 전략의 고도화 등

(3) 항공운송화물의 주요 품목

① 급송을 필요로 하는 품목 : 선박, 항공기, 공장 등 부품의 예비품이나 대체품, 혈청, 이식 장기 등 의학상 급송을 요하는 것, 상품견본품, 납기 지연 상품, 계절유행상품, 투기상품, 재해지에 보내는 긴급 구호물자 등, 생선식료품(선어, 활어), 생동물, 생화, 방사성 물질 등, 뉴스필름, 신문, 잡지, 정기간행물 등, 그리고 이삿짐, sample 등

② 중량에 비해 고가이고, 중요한 품목으로서 운임 부담력이 있는 귀금속, 미술품, 시계, 전자제품, 광학제품, 약품, 각종 부품, IC 관련기기, 컴퓨터, 통신기기 등

③ 항공운송이 다른 운송수단 보다 저렴하거나 동일한 정도인 것 : 항공운송을 이용하는 것이 다른 운송수단을 이용하는 것 보다 오히려 경비가 저렴하거나 동일한 정도인 경우

④ 물류관리나 마케팅 전략의 요청에 의한 것 : 가격하락 방지나 경쟁상품 보다 신속하게 공급하여 고객에 대한 서비스 체제를 강화함으로써 자사제품의 시장경쟁력 제고

⑤ 안전성과 확실성이 요구되는 것 : 보석, 미술, 골동품 등은 손상과 도난으로부터의 안전성과 확실성을 필요로 하며, 운송시간에도 크게 영향을 받는다.

(4) 항공화물 단위탑재용기

항공기의 단위탑재용기(Unit Load Device, ULD)는 항공화물의 단위화를 위한 용기로서 파렛트(Pallet), 컨테이너(Container), 이글루(igloo) 등을 말한다.

① 파렛트(Pallet) : 1인치 이하의 알루미늄 합금으로 만들어진 평판으로, 파렛트 위의 화물을 특정 항공기의 내부모양과 일치하도록 적재 작업한 후 망이나 띠로 묶을 수 있도록 고안된 장비이다. 표준사이즈는 88×108(인치), 88×125(인치)이다.

② 컨테이너(Certified Aircraft Container) : 별도의 보조장비 없이 항공기내의 화물실에 적재 및 고정이 가능하도록 제작된 용기로, 항공기 화물실의 윤곽(contour)에 맞게 제작되어 화물실 공간을 최대한 활용할 수 있도록 제작되었다.

③ 이글루(Igloo) : 유리섬유 또는 알루미늄 등의 재질로 비행기의 동체 모양에 따라 만들어진 덮개로 파렛트와 함께 사용되어 공간을 최대한 활용하도록 고안되었다. 이글루의 크기는 파렛트와 마찬가지로 88×108(인치), 88×125(인치)가 표준형이다.

2) 항공운송사업

(1) 항공운송사업의 유형

① 항공운송사업 : 항공운송사업(Air Carrier)은 타인의 수요에 응하여 항공기를 사용하여 유상으로 여객 또는 화물을 운송하는 사업이다.

② 항공기 사용사업 : 항공기 사용사업은 타인의 수요에 응하여 항공운송사업자(Air Carrier)의 항공기를 이용하여 타인의 화물을 유상으로 자기의 명의로 운송하는 사업으로 '항공화물포워더업'을 의미한다.

③ 상업서류 송달업(Courier) : 수출입 관련 상업서류, 신문, 잡지 등 정기간행물, 견본품 등을 항공기를 이용하여 송달하는 사업을 말하며, 국제택배업(courier)으로도 불리운다.

④ 항공기 취급업 : 공항 또는 공항에서 항공기의 정비·급유·하역 등 지상조업사업을 말한다.

(2) 포워더의 기능과 역할

① 혼재업 기능
② 항공화물대리점업 기능
③ 중간(중계)운송주선 기능
④ 복합운송업 기능
⑤ 도착화물 분규 기능
⑥ 통합운송업 기능

(3) 대리점의 역할

① 수출입 항공화물의 판매 및 유치
② 운송을 위한 준비
③ 수출입 통관 수속대행
④ 트럭운송주선
⑤ 수출입 규정 등 화주에 대한 무역관련 상담

2. 항공화물운임

1) 항공화물요율과 운임

(1) 항공화물 요율

① 일반화물요율(GCR : General Cargo Rate) : GCR은 항공운송 화물의 요금 산정시 기본이 되며, 품목분류 요율(Class Rate : CR)과 특정품목 할인요율(SCR : Specific Commodity Rate)의 적용을 받지 않는 모든 화물운송에 적용되는 요율이다. GCR은은 최저운임, 기본요율, 중량단계별 할인요율로 구분된다.

② 특정품목 할인요율(SCR : Specific Commodity Rate) : 특정구간에서 반복적으로 운송되는 특정품목에 대하여 일반 품목보다 낮은 요율을 설정한 차별화된 특정품목 할인요율(SCR)이다.

③ 품목분류 요율(CCR : Commodity Classification Rate) : CCR은 몇가지 특정품목, 특정지역 또는 특정지역내에서만 적용되기도 한다. CCR은 GCR의 백분율에 의한 할인 또

는 할증으로 결정된다. 항공화물로 운송되는 수화물, 신문, 잡지 등은 기본요율에서 할인요율이 적용되고, 귀중품, 생동물, 시체, 유골, 자동차 등은 일반화물요율에서 할증된 요율을 적용한다. 할증품목은 특별취급이 요구되는 품목이며, 할인품목은 운송빈도가 높은 품목에 적용된다.

(2) 항공화물운임의 종류

① 종가운임(VC : Valuation Charges) : 운임은 용적톤수, 중량톤수를 기준으로 한다. 유가증권, 귀금속 등 고가품은 가격을 기준으로 운임을 적용한다.

② 단위탑재운임(BUC : Bulk Unitization Charge) : 단위 탑재용기(ULD)별로 화물의 종류에 관계없이 일정구간에 한해 파렛트나 컨테이너당 크기와 개수로 운임이 부과된다.

③ 기타요금

가. 입체지불 수수료(Disbursement Fee) : 송화인의 요청에 따라 항공사, 송화인 또는 그 대리인이 선불한 비용을 수화인으로부터 징수하는 금액이다.

나. 위험품 취급수수료(Dangerous Goods Handling Fee) : 위험품에 대하여 GCR을 적용하는 대신 별도의 취급수수료를 받고 있다.

다. 착지불 수수료(Charges Collect Fee) : 송장에 운임과 종가요금을 수화인이 납부하도록 되어 있는 화물에 대하여 동 금액의 일정비율에 해당하는 금액을 말한다.

2) 항공화물운임 산출

(1) 항공화물운임 산출

① 실제 중량에 의한 운임 : 실제 화물의 중량(kg)을 기준으로 운임을 산출하는 방법이다. 화물중량의 측정은 kg이나 lb로 정확하게 실중량을 측정해야 하며, kg단위는 0.5kg 단위로, lb단위는 1lb, 2lb 등으로 계산한다.

② 용적중량에 의한 방법 : 용적중량의 산출은 (가로(㎝) × 세로(㎝) × 높이(㎝))/6000㎤로 계산한다. 직육면체나 정육면체가 아닌 경우 최대 가로 × 최대 세로 × 최대 높이로 계산한다.

(2) 항공화물운임 산출 사례

용적중량이 20㎝ × 30㎝ × 30㎝ 이고, 실중량이 2.0kg인 화물의 경우 화물운임 중량은?

용적중량은 18,000 ÷ 6,000 = 3.0kg이므로, 화물운임 중량은 3kg으로 환산하여 계산한다.

3. 항공화물운송장(AWB : Air Waybill)

1) 항공화물운송장의 정의와 특징

항공화물운송장은 항공사가 화물을 항공운송시 송화인과 항공사간에 운송계약의 체결을 증명하고, 송화인으로부터 화물을 운송하기 위해 수령하였다는 증거서류이다. 항공화물운송장은 선하증권과 유사한 기능을 수행하나 유가증권이 아니기 때문에 양도성이나 유통성을 갖고 있지 않다. 항공화물운송장에는 'Non Negotiable'라고 표시되어 있다.

2) 항공화물운송장과 선하증권의 비교

AWB은 B/L과 달리 유가증권이 아니며, 수취식이고 원칙적으로 기명식이며 비유통성을 지니고 있다. B/L과 AWB를 비교하면 다음과 같다.

〈표 7-12〉 항공화물운송장과 선하증권의 비교

항공운송장(AWB)	선하증권(B/L)
•단순한 화물수취증 •비유통성(Non-Negotiable) •기명식 •수취식(received)(창고에서 수취하고 AWB 발행) •송화인이 작성	•유가증권 •유통성(Negotiable) •지시식(무기명식) •선적식(on board)(본선 선적후 B/L 발행) •운송인이 작성

3) 항공화물운송장의 양식

항공화물운송장은 송화인이 원본 3통과 사본 6통 이상을 작성하여 교부해야 한다. 또한 제1원본(녹색)은 '발행항공사용'이고, 제2원본(적색)은 '수화인용'이며, 제3원본(청색)은 '송하인용'으로 운송인이 서명하고 운송인이 화물을 인수한 후에 송화인에게 교부한다.

4. 항공화물운송사고와 클레임

1) 항공화물운송사고 유형

〈표 7-13〉 항공운송 사고의 유형

사고 유형		내 용
화물손상(Damage)		운송 도중 상품의 가치가 저하되는 등의 상태의 변화
지 연 (Delay)	Shortshipped(SSPD)	적하목록에는 기재되어 있으나 화물이 탑재되지 않은 경우
	Offload(OFLD)	출발지나 경유지에서 선복 부족으로 의도적 혹은 실수로 하역시
	Overcarried(OVCD)	하역지점을 지나서 운송된 화물
	Shortlanded(STLD)	적하목록에는 기재되어 있으나 화물이 도착하지 않은 경우
	Cross Labeled	실수로 라벨이 바뀌거나 운송장 번호, 목적지 등을 잘못 기재시
분실(Missing)		탑재·하역, 창고보관, 화물인수, 타항공사 인계과정에서 분실한 경우

2) 운송인에 대한 손해배상 청구

(1) 클레임 청구기간

클레임의 제기나 통고는 규정된 기간내에 서면으로 해야 한다.

① 화물 파손 및 손상(Damage)은 화물 인수 이후 14일 이내

② 지연(Delay)은 도착통지를 받아 물품이 인수권을 지닌 사람의 처분가능일 이후 21일 이내

③ 분실에 대한 클레임은 항공운송장 발행일로부터 120일 이내

(2) 클레임에 필요한 서류

① 항공운송장 원본 및 운송인 발행 항공운송장

② 상업송장 및 포장명세서

③ 파손, 지연, 손실계산서와 클레임이 청구된 총계

④ 지연으로 인한 손해비용명세서
⑤ 검정증명서 등

제5절 물류와 국제복합운송(Multimodal Transport)

1. 국제복합운송 개요

1) 국제복합운송의 정의와 요건

(1) 국제복합운송의 정의

복합운송이란 적시성, 안정성, 저렴성을 확보하기 위해 두 가지 이상의 운송수단을 결합하는 통합운송의 개념이다. 그리고 복합운송인(MTO : Multimodal transportation operator)은 자기 책임 하에 화물을 한 국가의 일정지점에서 부터 다른 국가의 인도 예정지점까지 복합운송계약에 의거하여 운송한다.

(2) 국제복합운송 요건

① **국제간 운송(International Transport)과 단일계약** : 복합운송은 출발지와 목적지가 다른 국가간 운송이 이루어져야 하고, 복합운송인은 전 운송구간에 대해 모든 책임을 진다.
② **하나의 책임주체(Single Liability)** : 복합운송인은 전체운송에 대한 책임을 진다.
③ **단일운임(Through Rate)** : 전 운송구간에 대한 단일운임(통운임)을 적용한다.
④ **운송수단의 다양성(Multi Mode)** : 2가지 이상의 운송수단을 이용해야 한다.
⑤ **복합운송증권의 발행(Multimodal Transport Document)** : 복합운송인은 복합운송계약의 성립요건으로 복합운송증권을 발행해야 한다.

2) 복합운송 형태

(1) 운송수단결합 형태

① 피기백(piggy back) : 도로운송 + 철도운송

② 피시백(fishy back) : 도로운송 + 해상운송
③ 버디백(birdy back) : 도로운송 + 항공운송
④ 스카이레일(sky rail) : 항공운송 + 철도운송
⑤ 열차페리(rail ship) : 철도운송 + 해상운송
⑥ 해공복합운송(sea air) : 해상운송 + 항공운송

(2) 계약관계 형태

① 하청운송 : 1인의 운송인이 육상·해상·항공의 다수의 운송구간에 걸친 전 구간운송을 인수하고 그 운송의 일부 또는 전부를 다른 운송인에게 하청 또는 도급을 준 경우를 말한다.

② 공동(동일)운송 : 다수의 운송인이 처음부터 공동으로 육상·해상·항공의 전 구간 운송을 인수한다. 각 구간운송을 담당하는 개별 운송인은 송화인에 대해 운송인 상호간 연대책임을 진다.

③ 순차(연계)운송 : 다수의 운송인이 통운송장과 함께 운송을 인수하는 형태로 두번째 이후의 운송인이 순차적으로 최초의 운송인과 송화인 사이의 운송계약에 개입하고, 어느 운송인이나 전체 운송을 인수하는 것으로 인정하는 운송방식이다.

2. 복합운송인과 복합운송증권

1) 복합운송인

(1) 복합운송인의 정의

유엔복합운송조약에서는 복합운송인은 스스로 또는 대리인을 통해서 운송계약을 체결하고, 송화인이나 운송인의 대리인이 아닌 주체(하청운송인이 아님)로서 계약의 이행에 대해 책임을 지는 자로 정의하고 있다. NVOCC(Non Vessel Operating Company)는 기존 운송주선인형 복합운송인을 1984년 미 신해운법에서 법적으로 실체화한 명칭이다. 복합운송인은 화주에 대해 운송인으로서 계약을 체결하고, 선사에게는 화주로서 계약하여 운송하며, 화주에게 운송경로 선택 등 자문과 다양한 서비스를 대행해 준다.

(2) 복합운송인의 책임체계

① 단일책임체계(Uniform System of Liability)

운송인이 전 운송구간에 걸쳐 책임을 부담하는 체제로서 운송물의 멸실, 훼손, 지연 손해가 복합운송의 어느 구간에서 발생하였는지를 묻지 않고, 동일한 기준에 따라 책임지는 체계이다.

② 이종책임체제(Network System of Liability)

복합운송인이 전 운송구간의 책임을 부담하나 책임은 손해발생구간에 따라 적용되는 책임체계에 의해서 결정된다. 손해발생구간이 밝혀지지 않으면 그 손해가 해상구간에서 발생한 것으로 추정하여 헤이그규칙(Hague Rules)을 적용하거나 별도로 정하여진 기본책임(basic liability)을 적용한다. 손해발생구간이 확인되면 그 손해발생구간에 적용되는 국내법이나 국제법을 적용한다. 즉, 해상구간에서는 헤이그규칙(브뤼셀조약), 항공운송구간에서는 바르샤바조약(Warsaw Convention), 도로운송구간에는 도로화물 운송조약(CMR) 및 각국의 일반화물자동차운송약관, 철도운송구간에는 철도운송조약(CIM)에 의하여 결정되는 책임체제를 말한다.

③ 절충책임체계(Modified Uniform System of Liability)

Network System과 Uniform System의 절충방식으로 1980년 유엔국제복합운송조약이 채택하고 있는 책임체계이다. 전 운송구간에 걸쳐 전적으로 책임을 진다는 점에서 보면 Uniform System이나, 손해발생구간이 확인되는 경우 그 구간에 적용될 법을 적용하여 보상한다.

2) 복합운송증권

(1) 복합운송증권의 정의

복합운송증권은 복합운송계약을 증명하기 위해 복합운송인이 발행하는 운송서류이다. 해상운송에서는 본선의 난간이 책임의 분기점이 되지만 복합운송에서는 복합운송인이 화물을 내륙운송단계에서 수탁 또는 인수한 상태에서 발생한다는 점에서 차이가 있다.

(2) 복합운송증권과 선하증권의 비교

〈표 7-13〉 복합운송증권과 선하증권 비교

구 분	복합운송증권	선하증권
구 간	운송구간에 상관없음	해상구간에 국한
종 류	송화인이 화물을 컨테이너에 직접 적재하기 때문에 운송인은 컨테이너의 내용물의 상태를 확인할 수 없는 'Shipper load and count'와 같은 조항이 첨부된 증권 발행	운송물품의 외관 상태가 양호하다는 것을 나타내는 무사고 선하증권을 반드시 사용
특 징	운송인이 화물을 수취한 상태에서 발행하는 수취식 증권	화물이 본선에 선적된 후 발행되는 선적선하증권
발행자	운송인과 운송주선인에 의해서도 발행 가능	운송인에 의해서만 발행

3. 복합운송경로

1) 랜드브리지(Landbridge)

(1) 북미 랜드브리지

① 미대륙횡단철도(ALB : American Land-bridge)

극동지역의 항만에서 북미 서안의 LA / LB, 오클랜드, 시애틀, 샌프란시스코 항만까지 해상운송하며 북미 서안에서 이단적 열차(DST)를 이용하여 미 대륙을 횡단하고, 북미 동부 또는 남부의 항만에서 다시 대서양을 해상운송으로 횡단하여 유럽지역 항만 또는 유럽 내륙까지 일관운송하는 국제복합운송경로이다.

② 캐나다랜드브리지(CLB : Canadian Land-bridge)

ALB와 거의 유사한 형태로 극동지역의 컨테이너 캐나다 항만까지 해상으로 운송하고, 그곳에서 캐나다의 철도(CN)를 이용하여 캐나다 동안의 몬트리올까지 철도운송 후 몬트리올에서 대서양을 횡단하여 유럽지역의 각 항만으로 운송하는 국제복합운송경로이다.

③ 미니랜드브리지(MLB : Mini-Land-bridge system)

극동에서 미국 서안 항만까지 해상운송한 후 미서안 항만에서 철도 또는 철도 - 도로 운송을 통하여 대서양 연안이나 걸프지역까지 내륙운송하는 경로이다. MLB는 1개국(미국)만 거치므로 미니라는 명칭이 붙었다.

④ 인티리어포인트 인터모달(IPI : Interior Point Intermodal) 또는 Micro Land Bridge

극동에서 미국 서안 항만까지 해상운송한 후 미서안 항만에서 로키산맥 동부의 내륙 지점까지 철도운송하고, 철도거점에서 화주문전까지 도로를 이용하는 복합운송방식이다. 미국내 1개 항만만 경유한다는 점에서, 그리고 미국내 목적지가 내륙지점이라는 점에서 MLB와 차이가 있다.

⑤ Reverse IPI

IPI서비스에 대응하여 북미 동안 항만까지 전 구간에 걸쳐 해상운송서비스를 하던 선사가 개시한 복합운송경로이다. IPI와 달리 극동에서 파나마 운하를 경유하여 미대서양 연안 또는 걸프지역 항만까지 해상운송을 하고, 그 곳에서 내륙지역까지 철도와 트럭으로 복합운송하는 방식이다.

(2) 아시아-유럽 랜드브리지

① 시베리아대륙횡단철도(SLB : Siberian Land-bridge) 또는 TSR(Trans Siberian Railway)

러시아 보스토니치항으로 해상운송 후 시베리아 철도로 시베리아를 횡단하여 러시아의 서부 국경에서 유럽지역으로 또는 그 반대 루트로 운송하는 복합운송경로이다.

② 중국대륙횡단철도(TCR : Trans China railway)

중국 연운항에서 시작하여 구소련 접경지역인 아라산쿠를 경유하여 러시아 철도와 연결한 후 로테르담항까지 연결하는 복합운송경로이다. TCR은 TSR보다 2,000km 이상 단축된다.

③ 아시아 횡단철도(TAR : Trans Asian Railway)

아시아 횡단철도는 1960년대부터 논의되어 왔으나 국가간 이해 부족으로 지지부진한 상태인 21세기 아시아 철도망이다. 아시아 횡단철도 노선은 28개국을 통과하는 총연장 81,000km에 북부, 남부, 아세안, 남북노선 등 4개 노선으로 구분된다.

2) 해공(Sea & Air) 복합운송

(1) 해공복합운송의 개념

해공복합운송은 해상운송의 저렴성과 대량운송이라는 장점을, 항공운송의 신속성과 결합한 복합운송방식이다. 항공운송의 높은 운임과 해상운송의 긴 운송시간을 적절하게 극복할 수 있는 경제적인 운송방식이다. Sea & Air 복합운송은 출발지로부터 중계지까지 해상운송되고, 거기서 최종 목적지까지 항공기로 운송되는 복합운송 형태로서 1960년대 초에 개발되어 1980년대 후반까지 발전하였으나 최근 일부 구간을 제외하고는 그다지 활성화되지 못하고 있다.

(2) Sea & Air 복합운송의 적격화물

Sea & Air 복합운송시 해상운송중에는 해상운송용 컨테이너를 사용하고 항공운송중에는 가벼운 항공운송용 컨테이너와 파렛트를 사용하므로 중계지에서 해상운송용 컨테이너에서 화물을 끄집어내 항공운송용 컨테이너에 환적하여 운송한다. 컴퓨터, 전기·전자제품, 기계부품, 섬유제품, OA기기, 과학기기, 의료기기 등이 Sea & Air 복합운송서비스를 이용하고 있다.

(3) Sea & Air 복합운송경로

① 태평양 항로에서는 해상운송으로 시애틀항, LA항, 밴쿠버항까지 운송하고, 미국내 및 대서양에서는 시애틀공항, LA공항, 밴쿠버공항에서 항공운송으로 미국 및 유럽으로 운송

② 북미 서안항에서 양륙하고, LA공항 등에서 남미로 항공운송하는 방식

③ 한국 및 일본에서 러시아의 나호드카항까지 해상운송하고, 나호드카-블라디보스톡에서 모스크바까지는 항공운송하여 각 공항까지 운송하는 방식

④ 한국 및 일본-홍콩간은 해상운송, 홍콩-유럽까지는 항공운송하는 방식

⑤ 한국-두바이간은 해상운송, 두바이-유럽까지는 항공운송하는 방식

제 8 장

보관하역 및 자재관리

제1절 보관하역 및 자재관리의 개요

1. 보관하역 및 자재관리의 정의

1) 보관하역의 정의

(1) 보관의 정의와 기능

물품을 물리적으로 보존하고 관리하는 것으로 물품의 생산과 소비의 거리를 조정하여 시간적 효용을 창출하고, 적기에 원료와 부품을 공급하여 생산을 원활하게 하며, 그 제품을 수요에 적합하게 적기에 출하하여 판매효과를 높이는 기능을 수행한다. 최근 보관에 대한 개념은 저장창고에서 유통창고의 형태로 전환되었으며, 시속 0km의 수송이라고 표현하기도 한다. 보관의 기능은 다음과 같다.

① 고객서비스의 최전선 기능 수행(소비자가 가까운 곳에 위치한 창고에 제품을 보관하였다가 수요발생시 신속하게 제품을 시장(고객)에 인도, 시간단축으로 서비스가 향상되어 판매 증가)

② 운송과 배송간 윤활유 역할(공장에서 대량으로 운송해 온 컨테이너, 파렛트 단위의 제품을 보관하였다가 다수의 고객에게 소량단위로 배송 가능)

③ 생산과 판매와의 조정・완충기능(가격변동이 심한 원자재나 수요의 계절적 변동이 심한 제품은 미리 구매하거나 계절적 수요를 충족시키기 위해 보관 필요)

④ 집산, 분류, 유통가공, 조합 및 검사 장소(제품을 분류하여 다수의 고객에게 배송하거나 유통가공, 조합 및 검사)

(2) 하역의 정의와 기능

하역은 운송과 보관에 수반하여 발생하는 작업으로서 물품을 싣고 내리고 이동하는 작업을 의미한다. 운송이 공간적 효용을 창출한다면, 보관은 시간적 효용을 창출하는 것과는 달리 하역 그 자체는 가치를 창출하지 않는다. 하역은 원재료의 조달에서 생산, 소비에 이르는 전체 유통과정의 모든 과정에서 행해지며, 각 운송수단인 자동차, 철도화차, 선박, 항공기 등에서 화물의 상・하차 작업, 운송기관 상호간의 중계 작업, 창고의 입출고 작업, CY나 야적장에서 이송작업 등 그 범위가 매우 넓다. 물류활동 중에서 노동집약적인 분야 중 하나로 인식되어 왔으나, 점차 하역의 기계화, 자동화, 성력화가 진행되고 있다.

① 하역은 각종 운반수단에 화물을 싣고 내리는 것과 창고나 물류센터내에서 운반하고, 집어넣고, 꺼내고, 분류하는 등의 작업과 이에 따른 부수적인 작업을 가리킨다.

② 하역은 화물의 시간적 효용과 장소적 효용의 창출을 지원하는 행위이다.

③ 하역은 저장과 이동을 포함하는 화물 또는 생산품의 이동, 운반을 말한다. 단, 제조공정 및 검사공정은 포함하지 않는다.

2) 구매관리와 자재관리의 정의

(1) 구매관리의 정의와 기능

구매란 생산과 서비스에 필요한 원료, 부품, 완성품 등을 유리한 가격으로, 필요한 시기에, 적합한 공급자로부터 구입하고 확보하는 관리활동을 의미한다.

① **정보처리기능** : 발주기록·가격기록·재고기록의 유지, 납품업자나 운송업자의 기록, 운임기록의 유지, 자재파일(file)의 유지

② **조달기능** : 자재청구의 내용(규격·수량·납기) 검토, 업자의 견적서 분석(항상 경쟁납입의 복수견적제를 채택), 납품업자의 선택, 납기의 확정, 발주서 작성, 납품의 확인, 송장(送狀)의 확인

③ **조사기능** : 판매원을 통해 새로운 재료나 자재에 대한 정보 수집, 시장조사를 통한 새로운 재료나 부품의 대체품 발견, 업자 평가시스템을 개발하여 각 업체의 신뢰성·가격실적·납입실적·기술력·연구개발력·경영력 등을 평가, 가치분석(VA)에 의하여 원재료비를 절감하는 제품설계나 생산설계 촉진, 납품업자의 공장을 시찰하여 최신 정보 획득

(2) 자재관리의 정의와 기능

생산 및 서비스에 필요한 원료, 부품, 자재를 적정한 가격으로, 필요한 부문에, 필요한 시점에 공급할 수 있도록 계획을 세워 구매하고 보관하는 활동을 의미하며, 자재관리기능은 계획, 구매, 보관이라는 3가지 기능으로 구성된다.

① **계획기능** : 도면 또는 시방서(示方書)에 의해 제품 1단위당의 소요자재 기준을 작성하여 생산계획에 따라 제품별로 소요시간과 소요량을 산출한다. 다음에는 이를 재료별로 집계하여 현재의 재고량과 발주잔량을 고려해서 발주한다.

② **구매기능** : 자재사용계획에 근거하여 필요한 원자재를 구매한다. 견적교섭, 지명·공개입찰 등 구매방법 결정, 구매처 선정, 납기·가격·지불조건·구매수량 등의 결정은 중요한 구매기능이다.

③ **보관기능** : 재고품의 입출고 사무, 재고량의 통제, 재고조사 등은 보관업무의 주요기능이다. 보관업무는 필요한 자재를 필요한 때에 즉시 꺼내 사용할 수 있도록 자재의 분류 코드, 보관장소의 위치를 명확히 파악하는 것이 중요하다. 넓게는 외주관리·운반관리·창고관리도 포함한다.

2. 보관의 원칙과 보관물품의 흐름방식

1) 보관의 10가지 원칙

① **통로대면보관의 원칙** : 물품의 입고와 출고를 용이하게 하고, 효율적으로 보관하기 위해서는 통로면에 보관하는 것이다.

② **높이쌓기의 원칙** : 물품을 위로 높이 적재하는 것을 의미하며, 1단적으로 쌓기보다 랙설비나 파렛트 등을 이용하여 위로 쌓아 올려 용적효율을 향상시키는 것이다.

③ **선입선출의 원칙** : FIFO(First In First Out)이란 먼저 입고되어 보관된 물품은 먼저 출고하는 원칙이다(상품의 형식변경이 잦은 것, 상품수명주기(life cycle)가 짧은 것, 파손과 감모가 생기기 쉬운 것).

④ **회전대응보관의 원칙** : 보관할 물품의 장소를 물품의 회전정도에 따라 정하는 것으로 입출하 빈도가 높고 낮음에 따라 물품의 보관장소를 결정하는 것이다.

⑤ **동일성・유사성의 원칙** : 동일품종은 동일장소에 보관하고, 유사품은 근처 가까운 장소에 보관하여 관리효율을 높이고 생산성 향상을 도모한다는 원칙이다.

⑥ **중량특성의 원칙** : 중량물과 대형물품은 낮은 곳에, 소형・가벼운 물품은 높은 곳에 보관하는 등 중량에 따라 보관장소나 높낮이를 결정해야 한다는 원칙이다.

⑦ **형상특성의 원칙** : 물품의 규격화, 정형화 등에 따라 보관방법을 변경하며, 형상특성에 부응하여 보관한다는 원칙이다(표준품은 랙에 보관, 비표준품은 별도 보관).

⑧ **위치표시의 원칙** : 보관 물품의 장소와 선반번호 등의 위치를 표시함으로써 피킹, 재고관리 등 업무의 효율화를 증대시킬 수 있다는 원칙이다.

⑨ **명료성의 원칙** : 시각적으로 보관 물품을 용이하게 식별할 수 있도록 보관하는 원칙이다.

⑩ **네트워크보관의 원칙** : 관련 품목을 계통적으로 그룹화하여 한 장소에 모아서 보관하는 원칙이다.

2) 보관물품의 흐름방식

(1) One way방식(직진성의 원칙)

물품을 반입하는 입고와 물품을 반출하는 출고가 별도로 설치되어 운영된다. 물품의 흐름이 한 방향으로 이루어진다.

(2) U Turn방식(역행교차 회의의 원칙)

물품을 반입하는 입고와 물품을 반출하는 출고가 동일한 방향에 위치하며, 물품의 입고 방향과 출고 방향은 서로 반대이다.

제2절 창고, 물류단지

1. 창고 · 물류센터의 기능

1) 창고 · 물류센터의 기능

창고와 물류센터의 기능은 다른 기능과 연계하여 장기보관의 개념이 아니라 일시보관 내지 혼재와 분류작업 후 즉시반출의 개념으로 변화하였다. 일반적으로 창고와 물류센터의 기능은 다음과 같다.

① 저장기능(안전재고 확보 등)
② 수급조정기능(생산과 소비의 시간적 간격 조정)
③ 가격조정기능(물품의 수급조정을 통해 가격 안정 도모)
④ 총운송비 절감기능(최적 입지를 중심으로 장거리, 대량운송 등 규모의 경제 효과)
⑤ 연결기능(물류의 각 요인을 연결시키는 터미널 기능 수행)
⑥ 매매기관적 기능(매매를 통해 금융을 원활하게 지원하는 기능)
⑦ 유통가공기능(조립가공, 상표부착, 혼재, 분류 등 부가가치 활동 지원)

물류센터는 공장에서 생산된 제품을 모아놓고 수요와 공급의 물류 흐름을 관리하는 시설을 말한다. 운송시간, 재고조절, 수요정보획득 등의 기능을 수행한다. 과거 공장에서 배송단지로 상품을 직송함으로써 고객의 주문과 배송을 충족하였으나, 최근 운송의 효율화에 따라 수요시장의 공급을 원활하게 하기 위하여 제품 창고를 물류 전략적 지역에 두게 되었다. 생산과 소비 사이의 시간적 불일치 해소, 물품의 수급 조절로 가격안정 도모,

물품의 입고, 보관, 유통가공, 분류, 배치, 출고 등의 기능을 담당하고 있다. 단순 보관이라는 기능에서 보관 화물의 상품 가치와 상품 매매의 편리성을 높이는 유통가공서비스기능의 확장이 이루어진 것이다

2. 창고의 종류

창고는 구조, 취급화물, 운영형태, 기능 등에 따라 구분할 수 있다.

1) 구조에 따른 분류

(1) 보통창고(Ordinary Warehouse)

일반적으로 잡화 등 일반화물을 보관하며, 크레인이나 랙시설 등 특별한 구조나 시설을 갖추지 않고 바닥이 평면인 일반창고를 의미한다.

(2) 기계화 창고(Mechanized Warehouse)

창고에 크레인, 컨베이어 등 상하차 작업이나 하역 등을 위한 장비 또는 랙(rack) 설비가 설치되어 있는 창고이며, 파렛트나 컨테이너 등 단위화물을 주로 처리한다.

(3) 자동화 창고(Automated Warehouse)

창고에 랙설비, 크레인, 컨베이어 등 자동화 설비와 장비는 물론 컴퓨터를 활용하는 정보시스템과 입출고 시스템을 갖춰 화물의 입고, 이송, 보관, 자재관리, 출고 등 작업을 자동화한 창고이다. 기계화 창고와 자동화 창고의 차이점은 컴퓨터를 이용한 정보시스템과 창고 하역시스템이 일체화되어 있는지 여부에 있다.

2) 물류시설의 개발 및 운영에 관한 법률(물류시설 관련 법률)

물류시설 관련 법률에서는 물류창고업의 등록, 우수인증업체 인증 등을 규정하고 있으며, 물류창고업은 일반창고, 냉동냉장창고, 그리고 보관장소의 면적만 규정하고 있다. 물류시설 관련 법률에서 물류창고업은 화주의 수요에 따라 유상으로 물류창고에 화물을 보관하거나 이와 관련된 하역・분류・포장・상표부착 등을 하는 사업으로 정의하였다. 물류시설 관련 법률은 「위험물안전관리법」에 따른 위험물저장소에 보관하는 위험물저장소,

석유저장시설 등 국토교통부와 해양수산부 소관의 물류시설은 물류창고업을 제외하였다.

(1) 일반창고

잡화 등 일반화물을 보관하는데 적합한 구조를 갖춘 창고를 일반창고라고 한다.

(2) 냉동냉장창고

저온으로 식품 또는 화물을 보관하는 창고로 주로 냉동된 육류나 생선류, 야채류 등을 보관하는 장소이다.

(3) 보관장소

보관장소는 물류창고 이외에 야적장 등 물품을 보관하는 장소를 의미한다.

3) 화물종류에 따른 분류

보관화물의 종류에 따라 일반창고와 특별창고로 구분할 수 있고, 특별창고는 다시 곡물창고, 냉동냉장창고, 연초창고, 위험물창고 등으로 분류할 수 있다. 곡물창고는 국내에서 생산한 쌀, 보리는 물론 해외에서 수입한 양곡 등을 보관하는 창고이다. 냉동냉장창고는 앞서 설명했던 것처럼 수산물, 축산물과 같이 -20℃ 등으로 냉장한 화물은 물론 과일, 채소, 야채와 같은 농산물 등 냉동식품을 보관하는 저온창고를 의미한다. 연초창고는 말린 담뱃잎을 보관하는 창고를 의미하고, 위험물창고는 폭발물, 독극물, 액화가스 등 위험화물을 보관하는 창고를 의미한다.

4) 운영형태에 따른 분류

(1) 자가창고

개인 또는 민간기업이 소유하고, 자신의 물품을 보관하고 관리하는 창고이다. 자가창고는 자가화물을 직접 입출고, 보관하므로 영업창고를 이용할 경우 보다 특히 수요가 안정적인 경우나 특수한 창고보관기술을 필요로 하는 경우에는 유리하다. 자가창고의 장점은 다음과 같다.

① 자사 제품이나 자사의 물류시스템에 적합한 기계화 창고시설과 장비로 설계하여 운영할 수 있다.

② 자사만의 서비스를 특화하여 최상의 고객서비스를 제공할 수 있다.

③ 전용 보관장소를 확보하여 일관된 수발주 및 입출하 업무를 수행할 수 있다.

④ 적절한 인력배치가 가능하여 비용절감이 가능하고 노하우 축적 등 전문성을 강화할 수 있다.

⑤ 자신만의 효율적인 창고관리가 가능하고, 언제라도 필요에 따라 입출고가 가능한 유연성을 가진다.

그러나, 자가창고의 경우에도 다음과 같은 단점이 있다.

① 토지구입, 창고건설과 장비 투자비, 인건비 등의 고정비가 발생하며, 이러한 고정비는 현금흐름에 영향을 미친다.

② 창고의 위치나 확장 등 변경이 거의 불가능하다.

③ 화물수요가 불규칙하거나 계절성이 있는 경우 창고공간의 효율적인 이용이나 생산성이 떨어지기 쉽다.

④ 지속적으로 관리비가 발생하고, 보관료 등 물류비를 명확히 파악하기 어렵다.

(2) 영업창고

불특정 다수의 고객이 기탁한 물품을 보관하고, 그 댓가로 보관료를 받는 창고를 말한다. 창고운영업체가 화물인도, 보관, 선적 그리고 보관과 관련된 서비스를 제공한다. 영업용 창고의 장점은 다음과 같다.

① 고객은 비수기에 창고공간을 효율적으로 활용할 수 있다.

② 전문창고운영업체가 입출고 및 재고관리를 담당하므로 관리가 비교적 안전하다.

③ 고객의 입장에서 창고건설과 장비에 대한 투자비가 소요되지 않아 현금흐름 등 재무유동성이 양호하다.

④ 재해발생 시 보험에 의한 보상이 가능하고 계약내용에 따라서는 품질보장도 받을 수 있다.

⑤ 고객은 필요에 따라 창고의 위치나 시기를 마음대로 선택하여 이용할 수 있다.

⑥ 고객은 보관료 등 물류비를 명확히 산정하고 관리할 수 있다.

한편, 영업용 창고의 단점은 다음과 같다.

① 자사 제품에 적합한 시설이나 장비를 활용한 입출고, 보관작업이 곤란하다.

② 영업용 창고의 입지나 운영시간 등으로 인해 최상의 고객서비스 제공이 곤란하다.

③ 자사의 물류시스템과 연계된 창고관리나 종합물류시스템의 형태로 운영하는데 한계

가 나타날 수 있다.

④ 지가상승 등 부동산 투자이익을 기대할 수 없고, 창고내 시설변경 등이 어렵다.

(3) 리스창고

기업이 타인 명의의 영업창고를 1년 이상 장기간 임차(리스)하여 사용하는 창고이다. 임차한 기간은 자가창고처럼 이용할 수 있어 자가창고의 장점을 활용할 수 있으며, 창고건설투자비나 세금 등의 고정비를 절감할 수 있다. 단기적으로 영업창고를 이용하는 것과 장기적으로 자가창고를 건설하는 것의 중간적인 형태라고도 볼 수 있다. 임대기간에 따라 사용자가 보관공간이나 그와 관련된 제반운영을 직접 통제할 수 있다.

리스창고의 최대 장점은 낮은 임대요율로 보관공간을 확보할 수 있다는 것이다. 임대기간에 따라 사용자가 보관공간이나 그와 관련된 제반운영을 직접 통제할 수 있다는 점 역시 영업창고와 비교할 때 장점이 된다. 그러나 리스는 임대계약을 통해 특정기간 동안 공간 임대료를 지불할 것을 보증하기 때문에 영업창고를 이용할 때처럼 시장환경의 변화에 따라 보관창고의 위치를 유연하게 옮기는 것은 불가능하다. 또한, 이용물량이 적거나 수요의 계절성이 클 경우 창고이용효율이 떨어질 수 있다는 단점이 있다.

(4) 공공창고

국가나 지방단체가 공익을 목적으로 건설하여 운영하는 창고를 말한다.

5) 기능에 따른 분류

기능에 따른 창고는 보관창고, 유통창고, 보세창고 등으로 구분할 수 있다.

① **보관창고** : 보관창고는 물품을 창고내에 단기, 장기간 저장하는 기능을 주로 수행하는 장소를 의미한다.

② **유통창고** : 창고의 기능이 보관이나 저장이 아니라 집화나 배송 그리고 유통가공 기능을 수행하는 장소를 의미한다. 오늘날 창고나 물류센터는 공장에서 창고로 운송후 분류, 혼재, 유통가공 등 부가가치 기능을 수행하는 크로스도킹(cross docking) 내지 유통창고 기능을 수행한다.

③ **보세창고** : 보세창고는 수입 절차를 밟지 않은 외국물품을 관세를 납부하지 않은 상태로 일정기간 보관할 수 있는 장소를 의미한다. 보세창고는 보세지역의 하나이며 1년간

보관이 가능(추가로 1년 연장 가능)하며, 지정보세지역이나 보세장치장에 비해 장치기간이 길다.

3. 물류시설과 물류단지

'물류시설의 개발 및 운영에 관한 법률'에 의하면 물류시설은 다음과 같이 규정하고 있다.

첫째, 화물의 운송・보관・하역을 위한 시설

둘째, 화물의 운송・보관・하역과 관련된 가공・조립・분류・수리・포장・상표부착・판매・정보통신 등의 활동을 위한 시설

셋째, 물류의 공동화・자동화 및 정보화를 위한 시설

넷째, 상기의 시설이 모여 있는 물류터미널 및 물류단지

1) 물류터미널

물류터미널은 화물의 집화(集貨)・하역(荷役) 및 이와 관련된 분류・포장・보관・가공・조립 또는 통관 등에 필요한 기능을 갖춘 시설물을 말하며, 물류터미널사업은 복합물류터미널사업과 일반물류터미널사업으로 구분할 수 있다. 복합물류터미널사업은 두 종류 이상의 운송수단을 연계운송할 수 있는 규모와 시설을 갖춘 물류터미널사업을 말한다.

물류터미널은 부가가치 서비스를 제공하고, 고객지향적인 서비스를 제공하며, 기술집약적 서비스를 제공한다. 물류터미널은 과거 보관기능을 주로 수행하였으나, 최근에는 고객서비스의 최전선에서 첫째, 수송비와 생산비를 절충하여 절감할 수 있게 해주고, 둘째, 수요와 공급을 조절하며, 셋째, 제조공장의 일부로서 품질과 가치를 향상시키며, 넷째, 마케팅을 지원하는 역할을 담당한다.

2) 물류단지

물류단지는 물류단지시설과 지원시설을 집단적으로 설치・육성하기 위하여 물류시설 관련 법률 제22조에 따라 지정・개발하는 일단(一團)의 토지를 말한다. 물류단지시설은 화물의 운송・집화・하역・분류・포장・가공・조립・통관・보관・판매・정보처리 등을 위하여 물류단지 안에 설치되는 다음 시설을 말한다.

① 물류터미널 및 창고

② 「유통산업발전법」상 대규모점포 · 전문상가단지 · 공동집배송센터, 중소유통공동도매물류센터

③ 「농수산물 유통 및 가격안정에 관한 법률」상 농수산물도매시장 · 농수산물공판장 및 농수산물종합유통센터

④ 「궤도운송법」에 따른 궤도사업을 경영하는 자가 그 사업에 사용하는 화물의 운송 · 하역 및 보관 시설

⑤ 「농업협동조합법」 · 「수산업협동조합법」 · 「산림조합법」 또는 「중소기업협동조합법」에 따른 조합 또는 그 중앙회가 설치하는 구매사업 또는 판매사업 관련 시설

⑥ 「화물자동차 운수사업법」 제2조 제2호의 화물자동차운수사업에 이용되는 차고, 화물취급소, 그 밖에 화물의 처리를 위한 시설 등을 말한다.

물류단지의 기능은 크게 물류기능, 상류기능으로 구분할 수 있다. 물류기능은 환적, 집배송, 보관, 조립가공, 통관, 컨테이너 보관 기능을 의미하며, 상류기능은 판매, 전시, 포장, 기획 기능을 의미한다.

3) 다른 물류단지

(1) 집배송센터

집배송센터는 물류센터 보다 소규모로 소매점이나 소비자에게 배송, 택배기능에 개별기업의 유통, 배송센터로서의 기능을 수행하는 시설을 의미한다. 집배송센터는 배송, 보관, 유통가공, 분류, 포장, 검사 등의 기능을 수행하며, 유통센터(distribution center)라고도 한다. 집배송센터는 유통과 물류기능을 분리하는 상물(商物) 분리를 실시하고, 수송비를 절감하며, 고객서비스를 강화하기 위하여 운영된다.

(2) 공동집배송단지

동종 그리고 이종 유통업체들이 대규모 유통업무단지를 조성하여 도매거래, 유통가공, 공동수배송, 공동재고관리 등의 기능을 수행하는 물류단지이다. 물류작업의 공동화를 통해 물류비를 절감하고, CO_2 배출을 억제하며, 권역별, 상품별 계획배송이나 혼합배송이 가능하도록 함으로써 차량의 적재효율과 친환경 물류체계 구축에 기여한다. 아울러, 공동구매와 공동보관 등에 업체들이 참여함으로써 대량구매와 계획구매에 따른 구매가격의 인하가 가능하고, 보관수요를 통합관리함으로써 보관비용이나 재고관리비용을 절감할 수 있다.

(3) 내륙컨테이너기지(ICD : Inland Container Depot)

ICD는 항만으로부터 멀리 떨어진 산업단지 등 내륙에 위치한 컨테이너기지이자 내륙 컨테이너항만으로서 선박의 접안을 제외한 항만의 대부분의 기능 즉, 하역, 보관, 이송, 통관, 검역, 혼재와 분류 등의 기능을 수행한다. ICD의 장점은 다음과 같다.

① 내륙의 지가가 항만지역보다 저렴하고 토지취득이 용이하여 물류거점 활용이 가능하다.

② 임대료나 보관료가 항만지역보다 저렴하여 고객의 물류비 절감에 기여할 수 있다.

③ 노동력을 안정적으로 확보할 수 있고, 하역작업의 기계화를 통해 노동생산성 향상이 가능하다.

④ 항만지역과 대도시 등의 교통혼잡을 완화하고, 철도를 이용한 대량운송으로 물류비 절감, CO_2 배출 감소 등 국가정책에 기여한다.

⑤ 공컨테이너를 보관하였다가 재유통시킴으로써 불필요한 운송을 줄이고, 물류비 절감에 기여한다.

(4) 보세구역

보세구역은 보세화물을 세관의 규제 하에 두어 관세 징수와 통관상의 행정권을 확보하는 것은 물론 가공·중계 무역을 촉진시키기 위해 운영한다. 보세구역은 지정보세구역, 특허보세구역, 종합보세구역으로 나뉘며, 지정보세구역은 세관검사장, 지정장치장 등 외국물품을 일시적으로 장치하는 구역이며, 특허보세구역은 개인이 영리를 목적으로 세관장의 특허를 받아 설치하는 구역이다. 특허보세구역은 보세장치장, 보세창고, 보세공장 등으로 구분할 수 있다.

① **보세장치장** : 관세가 유보된 상태로 외국물품을 반입하여 보관하거나 수출물품을 일시적으로 보관하기 위한 구역이다.

② **보세창고** : 관세를 납부하지 않은 상태로 장기간(보통 1년) 상품을 보관할 수 있을 뿐 아니라 세관장의 허가를 받은 범위내에서는 화물의 개선·분류 등이 가능하다.

③ **보세공장** : 외국물품을 관세납부 없이 가공이나 이를 기초로 한 제조활동까지도 할 수 있다.

한편, 종합보세구역은 지정된 지역내에서 특허보세구역의 모든 기능을 복합적으로 수행할 수 있는 보세구역의 일종으로 외국인투자유치, 수출증대 및 물류촉진을 지원하기 위하여 도입되었다.

(5) 스톡(stock) 포인트와 디포(depot)

스톡포인트는 재고품의 보관거점을 의미하며 배송센터보다 정태적인 유통창고이다. 스톡포인트는 하치장이라고도 불리며, 유통창고로서 제조업체가 원재료나 완성품, 폐기품 등을 쌓아두거나 유통업체가 배송전 재고품을 비축하거나 다음 단계의 배송센터로 상품을 이전시키기 전에 일시적으로 보관하는 기능을 담당한다. 디포는 효율적인 운송을 위해 생산지에서 소비지로 배송시 각 디포까지 대량화물로 통합하여 운송비 절감과 고객서비스 향상에 기여하는 화물체류시간은 짧은 보관장소를 의미한다. 디포는 스톡포인트 보다 작은 국내용 2차 창고 또는 수출상품을 집화, 분류, 운송하기 위한 내륙 CFS를 디포라 하며 단말배송소라고도 한다.

4. 물류센터, 물류단지 운영

1) 물류센터의 기능과 장점

(1) 물류센터의 기능

① 신속한 배송체제의 구축에 의한 기업의 판매력 강화

② 수급조정기능 : 일시적, 장기적 물품보관을 통하여 공급과 수요의 완충기능 역할

③ 주문품의 적기납품 및 집배송 효율화를 위한 배송기지기능 역할

④ 물류센터의 정보망을 통해 신속, 정확한 재고파악이 가능하며, 과잉재고 및 재고편재를 방지 기능

⑤ 물류거점의 정비를 통해 상류기능과 물류기능의 명확한 분리로 중복, 교차수송을 방지하는 기능

⑥ 물류센터를 판매거점화함으로써 제조업체의 직판체제의 확립, 유통경로의 단축, 유통의 간소화 및 비용절감 등이 가능

⑦ 환적, 보관, 분류, 유통가공 기능 및 품질, 수량검품 기능 역할

(2) 물류센터의 장점

① 재고량을 시계열적으로 분석할 수 있어 시장동향을 쉽게 파악할 수 있고, 인기상품

과 사양상품을 신속히 파악할 수 있다. 인기상품의 결품이나 사양상품의 재고증가를 방지할 수 있고, 납기도 단축시킬 수 있다.

② 창고나 배송센터를 지역별로 설치할 경우 거점간 상품의 수송빈도가 높아져 수송비가 증가한다. 반면에 물류센터를 한곳에 집중 설치하게 되면 거점간의 수송업무가 줄어든다.

③ 창고수가 줄어들어 창고관리업무와 관리직원수가 줄어든다.

④ 불필요한 재고가 감소하고 재고 편중현상이 완화되며 창고 과부족이 줄어든다.

⑤ 결품율이 낮아지고 적기(JIT)배송이 가능하다.

⑥ 물류시설 집약화에 따른 물류량 증대로 물류업무의 자동화, 생력화, 정보시스템화에 대한 설비투자가 가능하고, 저렴한 비용으로 고객서비스를 향상시킬 수 있다.

2) 물류센터의 구조와 설계시 고려사항

(1) 물류센터 구조 결정시 고려요소

물류센터 구조 결정시 고려해야 할 요소는 무수히 많지만 대체로 제품특성, 주문특성, 관리특성, 환경특성, 설비특성, 운영특성 등이 있다.

① **제품특성** : 크기, 무게, 가격

② **주문특성** : 주문건수, 주문빈도, 주문의 크기, 처리속도

③ **관리특성** : 재고정책, 고객서비스 목표, 투자와 운영비용

④ **환경특성** : 지리적 위치, 입지 제약요인, 환경 제약요인

⑤ **설비특성** : 설비의 종류, 운영방안, 자동화 수준

⑥ **운영특성** : 입고방법, 보관방법, 피킹방법, 배송방법

(2) 물류센터의 업무흐름

물류센터내 업무흐름은 보통 입차 및 입하 → 격납 → 보관, 보충 → 피킹 → 유통가공 → 검품 → 포장 → 방향별 분류 → 상차 및 출하 등으로 구분할 수 있다.

① **입차/입하** : 트럭 등이 물류센터 도크에 접안하고, 물류센터에 입고될 물품을 하차하여 창고내로 반입 및 구내에서 이송하는 작업을 의미한다.

② **격납** : 창고에 반입된 물품을 보관할 랙시설이나 저장공간의 위치를 확인하고, 그곳으로 물품을 옮기는 작업을 말한다.

③ **보관/보충** : 보관은 주문을 대기하는 동안 물품을 물리적으로 저장해 두는 행위이며,

보충은 보관된 물품이 반출되고 안전재고 등을 위해 재고를 새로이 보충하는 행위를 말한다.

④ **피킹** : 주문을 만족시키기 위해 보관된 물품을 선별하여 출하하는 작업이다.

⑤ **유통가공** : 고객이 필요로 하는 제품 사양 등을 맞추기 위해 실시하는 검사, 상표부착, 조립가공, 분류 등의 활동을 말한다.

⑥ **검품** : 고객이 주문한 물품이 제대로 피킹되고, 유통가공되었는지 확인하는 과정이다.

⑦ **포장** : 피킹과 검품에 이어 이루어지는 작업으로 품목단위 또는 세트단위로 상자 등에 넣거나 포장한다.

⑧ **분류** : 일괄 피킹된 물품을 개별주문단위로 분류하거나 분산 피킹된 물품을 주문내역에 따라 구분하는 작업을 의미한다.

⑨ **상차/출하** : 상차는 배송될 물품을 배송차량에 옮겨 싣는 것을 말하는데, 여기서는 운송장 등 출하준비서류, 비용정산서류 등을 취합하여 출하하는 작업을 의미한다.

(3) 물류센터의 입지선정시 고려사항

① **수요조건** : 고객분포, 장래 고객 예측, 매출신장 유무, 배송가능지역

② **운송조건** : 터미널 운송거점과 근접성, 공장과 공급자간 거리, 주변 교통여건

③ **배송조건** : 고객 문전 도착시간, 배송빈도, 리드타임 계산, 고객까지의 거리

④ **부지조건** : 토지가격, 확장가능성, 연약지반, 오염도, 토지이용 관련 규제,

⑤ **관리/정보조건** : 본사와 영업부 등과 중앙전산실간 거리

⑥ **유통조건** : 상류와 물류 분리, 유통가공시설의 필요성, 작업원 확보와 통근 여부

⑦ **기타** : 품질유지를 위한 특수시설, 공해방지・오염방지시설, 지역주민의 민원

(4) 물류센터의 입지선정 방법

① **총비용비교법** : 각 대안별 관리비용을 산출하고, 총비용이 최소가 되는 대안을 선택하는 방법

② **손익분기 도표법** : 입고량 또는 출고량을 전제로 하여 고정비와 변동비의 합을 비교하여 물동량에 따라 총비용이 최소가 되는 대안을 선택하는 방법

③ **체크리스트를 이용하는 요소분석방법** : 부지의 양적, 질적 입지요인별로 점수를 계산하고, 가장 높은 점수를 얻은 후보지를 선택하는 방법

④ **무게중심법** : 공급지와 수요지간의 물자이동이 직선거리를 따라 이루어질 경우, 단일 물류센터의 최적입지는 입지를 나타내는 좌표에 대한 두개의 방정식을 통해서 구할 수 있

으며, 이를 최적무게중심법이라고도 한다.

⑤ **톤・킬로법** : 각 수요지에서 물류센터까지의 거리와 각 수요처까지의 운송량에 대해 운송량(톤) x 거리(㎞)에 의해 평가하고, 그 합이 가장 적은 곳을 선정하는 방법

⑥ **브라운-깁슨(Brown & Gibson)방법** : 물류센터 입지에 영향을 미치는 요인을 필수 요인(인력확보 용이성, 지역사회 호응도, 교통 편리성 등), 객관적 요인(원료, 인건비, 건축비, 세금 등), 주관적 요인(공단지역, 기후, 교육환경 노동유연성 등)으로 구분하여 반영비율에 따라 입지평가지표를 계산하여 입지를 선정하는 방법

⑦ **임대료(Bid Rent) 곡선** : 경제활동 시 토지사용료에 해당하는 임대료와 수익은 제품의 시장가격과 시장까지 제품을 운송하는 비용의 차이에 따라 입지가 결정된다는 즉, 토지에 대해 지불할 수 있는 능력에 따라 입지가 결정된다는 이론

⑧ **운송비 최소화** : Weber는 원자재 운송비를 최소화하기 위해 생산지는 시장에 가까운 곳에 입지해야 한다는 이론으로서, 예를 들어 청량음료는 원액을 시장 가까운 곳에 위치한 공장으로 운송하여 생산한 다음 시장에 판매하는 것이 유리하다는 이론

제3절 재고관리

1. 재고관리의 정의, 필요성, 기능

1) 재고관리의 정의

재고관리는 생산을 용이하게 하거나 고객의 수요를 충족시키기 위해 그리고 비용 절감을 위해 원자재, 부품, 재공품, 완제품 등 재고를 최적, 효과적인 상태로 관리하는 기법이다.

(1) 재고의 필요성

① 고객서비스 향상

고객이 요구하는 제품이나 서비스를 경제적으로 제공하기 이해서는 재고의 보유가 필수적이며, 이는 제품의 판매를 촉진하기도 한다.

② 비용절감

재고의 보유는 보관비 등의 관련 비용을 발생시키지만, 운반비 등 다른 부문의 비용은 간접적으로 절감할 수 있다.

(2) 재고의 역할

① 생산량과 수요량 사이의 완충 역할
② 구매와 수송활동의 경쟁력 확보
③ 가격 상승에 따른 투자효과 기대
④ 윤활한 생산공정의 재원
⑤ 긴급상황에 대한 대비

(3) 재고의 유형

① **운송중 재고** : 원자재 공급자 → 생산자 자재창고까지 이동중인 재고, 생산자 공장창고 → 물류거점까지 이동중인 재고, 운송수단에 적재되어 운송중인 재고

② **투기성 재고** : 비용절감이나 투기를 목적으로 가격이 낮을 때 매입하여 보관하는 재고로서 재무부문 관리에 더 집중하는 경우에 발생한다.

③ **순환재고** : 연속적인 재고보충기간 동안 평균수요를 충족시키는데 필요한 재고

④ **안전재고** : 수요 및 조달기간 대응을 위한 재고. 평균수요와 평균조달기간을 충족시키기 위해 정기적으로 재고물량을 보충하여 조달기간 동안 수요를 충족시킴

⑤ **불용(침몰)재고** : 재고기간 동안 손상, 분실, 판매중지, 진부화된 재고

(4) 재고보유의 동기

① **거래동기** : 가격이 안정되어 있고 수요량을 미리 알고 있는 경우의 재고보유 동기를 말한다. 즉, 구매나 생산시스템의 특성상 수요와 공급을 일치시키기 어려운 경우에 재고를 보유한다는 관점이다.

② **예방동기** : 예측하지 못한 돌발상황에 기인하는 위험을 막기 위해 재고를 보유하는 것을 말한다.

③ **투기동기** : 가격변동이 큰 물품을 가격이 저렴할 때 재고를 보유하였다가 유리한 시기에 출하하는 것을 말한다.

2) 재고관리의 목적과 필요성

재고관리의 목적은 고객서비스 수준을 만족시키면서 품절로 인한 손실과 재고유지 비용 및 발주비용을 최적화하여 총재고관리비용을 최소화하기 위한 것이다. 따라서, 시장수요에 적절히 부응하면서 재고수준을 경제적으로 유지하기 위해서는 합리적인 재고관리가 필요하다. 재고관리의 목적은 다음과 같다.

① 재고의 적정화에 의해 재고투자 및 재고관련 비용의 절감
② 재고비의 감소와 과다재고 방지에 의한 운전자금 절감
③ 재고관리에 의한 생산 및 판매활동의 안정화 도모
④ 과학적이고 혁신적인 재고관리에 의거하여 업무 효율화 및 간소화 추진

3) 재고관리의 기능

① 수급적합 기능 : 품절로 인한 판매기회의 상실 방지
② 생산계획, 평준화 기능 : 수요의 변동을 완충시켜 제조원가 안정・가격인하에 기여
③ 경제적 발주 기능 : 긴급발주 등에 따른 추가비용 발생 방지
④ 수송합리화 기능 : 어떠한 재고를 어떠한 장소에 효과적으로 수송할 것인지
⑤ 유통가공 기능 : 조립과 포장 등의 기능을 담당

2. 재고관리비용과 재고관리기법

1) 재고관리비용

(1) 연간 총재고비용

① 연간 총재고비용 = 구매원가 + 재고유지비용 + 주문비용
② 구매원가 = 소요량 × 단가
③ 재고유지비용 = 경제적 발주량(EOQ)/2 × 유지비율 × 단가
④ 발주비용 = 소요량/(EOQ) × 단위당 발주비용

(2) 발주비용(Ordering or procurement Cost)

① 주문과 관련해서 발생되는 비용(신용장 개설비, 통신료)

② 가격 및 거래처에 대한 조사비용(물건 조사비, 거래처 신용조회비)
③ 물품 수송비, 하역비, 입고비
④ 검사비, 통관료

(3) 준비비(Set-Up or production change cost)

생산공정 변경, 기계공구 교환 등으로 발생하는 비용

① 기계 유휴 비용 ② 준비요원 직접 노무비 ③ 사무처리비 ④ 공구비용
발주비용과 준비비는 새로이 발주할 때마다 발생되는 고정비적 성격을 띤 비용으로서 발주횟수나 생산횟수의 크기에 비례한다.

(4) 재고유지비(carrying or holding cost)

① 재고를 유지, 보관하기 위한 비용 : 금융비용, 지급이자, 창고료, 임대료, 보험료, 세금 등
② 재고에 투입된 자금의 cost, 보관비용, 도난, 변질 등에 의한 재고 감손비(도난, 변질 등)

(5) 재고부족비(shortage or stockout cost) - 품절

① 재고 부족으로 발생되는 비용
② 판매기회나 고객 상실 - 기회상실비용
③ 납기 지연으로 인한 주문거절, 긴급조치에 따른 추가비용, 재고 부족으로 조업중단 시 발생하는 손실액

2) 경제적 주문량

(1) 경제적 주문량(EOQ : Economic Order Quantity)

경제적 주문이란 자재부문에서 일정기간 중 필요한 소요량이 예측되어 확정되면 이를 몇번에 걸쳐 조달하는 것이 재고관리비용을 최소화하는 발주량인지를 결정하는 것을 말한다. 이때 1회 발주량을 경제적 주문량 즉, EOQ라 한다. EOQ는 다음과 같은 가정 하에 성립된다.
① 단일품목만 고려 ② 주문량은 전부 동시에 도착 ③ 연간 수요는 알려져 있음

④ 수요는 일정하며 연속적 ⑤ 주문량이 대량이어도 할인 불인정 ⑥ 조달기간 인정 ⑦ 재고부족현상 없음 ⑧ 재고유지비는 평균재고량에 비례

(2) EOQ 산정 방식

① 주기는 주문량 Q를 조달받은 때부터 시작

② 수요률이 조달기간 동안에 예측되는 수요량인 재발주점(R)까지 하락하면 이때 발주를 의뢰한다. 만약 이 시기를 놓치면 조달기간 중에 재고가 바닥나 품절현상을 일으키게 된다.

③ 수요와 조달기간이 확정적이므로 안전재고가 불필요하고 재고부족이나 수량할인이 인정되지 않아 총비용은 발주비용과 재고유지비용의 합과 같다.

연간총비용 = 연간발주비용 + 연간재고유지비용

④ 연간수요량이 일정하므로 1회 주문량 Q가 커지면 발주횟수가 적어져 연간발주비용은 작아지지만, 수요률이 일정하므로 대량의 재고를 부담해야 하기 때문에 연간재고유지비용이 오히려 증가한다. 반대로 1회 주문량이 작아지면 연간 발주비용이 증가하고 연간재고유지비용은 감소한다.

⑤ 1회 발주량을 얼마로 하는가에 따라서 연간 총비용이 변하므로 연간 총비용이 최소가 되는 발주량 Q를 결정해야 한다. 이 주문량 Q를 구하는 것이 EOQ 모형이다.

- 경제적 주문량(EOQ)

$$\sqrt{\frac{2 \times 1\text{회당 발주비용} \times 1\text{년간 영업일수}}{\text{연간 단위당 재고유지비용} \\ (= \text{단가} \times \text{연간재고유지비율})}}$$

- 연간수요와 단가가 동일하게 10% 증가할 경우, EOQ는 변동없음
- 단가는 동일하고 발주비용이 2배, 수요량이 2배 증가할 경우에 EOQ는 2배가 증가함

$$\text{총비용} = TC = \frac{hQ}{2} + \frac{SD}{Q} + cD$$

연간총비용 = 연간발주비용 + 연간재고유지비용

D : 수요률(연간수요단위)

c : 단위생산비용(단위당 비용, 준비비와 재고비용은 제외)

S or A: 한 로트의 생산(구매)에 드는 고정 준비비(주문비)

h : 유지비(연간 단위당 재고유지비용) : 재고에 묶인 자금에 대한 이자가 유지비를 구

성한다고 하고, 연 이자율이 i라고 하면, 유지비 h = ic가 된다.

Q : 로트 크기(최적발주량)

연간재고유지비용 = 평균재고 × 연간 단위당 재고유지비용 = (Q/2) × CH

연간주문횟수 = 연간수요량/발주량 = D/Q

연간주문비용 = 연간발주횟수 *1회 발비용 = (D/Q) × Co

연간총비용 = 연간재고유지비용 + 연간발주비용 =(Q/2) × CH + (D/Q) × Co

3) 재고관리기법

재고관리기법에는 정량발주법, 정기발주법, Two-Bin법 등이 있다.

(1) 정량발주방법(발주점법)

대표적인 재고관리방식으로 주문량은 일정하나 발주시기가 정해져 있지 않은 방식이다. 주로 A용 사용용도의 공통성이 높고, 사용 빈도가 많으며, 매일 일정한 비율로 소비되는 상비품의 등 B 품목, 매출액이 중간 수준인 품목에 많이 이용된다. 언제 주문할 것인가는 재발주점(ROP)에 의해 결정한다. A,B,C 품목 등 거의 모든 품목에 적용가능하며, 특히 단가가 저렴하고 조달기간이 짧으며 조달이 용이한 경우에 적합한 재고관리기법이다.

- ROP(재발주점) = 일평균 소요 판매량 × 조달기간(리드타임) + 안전재고 수량
- 일평균 소요량 = 연간 판매량 / 연간 영업일수

$$\frac{dY(Q)}{dQ} = \frac{h}{2D} - \frac{S}{Q^2} = 0 \ \rightarrow \ Q^* = \sqrt{\frac{2SD}{h}}$$

단위당 총비용 $= \frac{TC}{D} = Y(Q) = \frac{Q}{2} \cdot h \cdot \frac{1}{D} + \frac{S}{Q} + c = \frac{hQ}{2D} + \frac{S}{Q} + c$

(2) 정기발주방법

주문기간의 사이가 일정하고 주문량이 매번 변동한다. A 품목 등 매출액이나 수량이 많은 품목을 통제하는데 적합한 재고관리기법이다. 정기적으로 재고량을 파악하며, 안전재고를 유지해야하기 때문에 주문주기를 짧게 잡는다. 하나의 공급자로부터 대량의 품목을 구매할 때 주문비용을 절약하고 가격할인 등의 장점이 있다.

- 주문량 = 검토기간 동안의 평균 수요량 + 안전재고 − 재주문시 남은 재고량

〈표 8-1〉 정기발주방식과 정량발주방식(발주점법)의 비교

항 목	정기발주방식	정량발주방식 (발주점법)
소비금액	고가의 물품	저가의 물품
재고유지 수준	더 많은 안전재고 유지	일정량의 재고 유지
수요예측	특히 필요하다	과거 실적이 있으면 수요의 기준이 됨
발주시기	일정	부정(不定)
수 주 량	변경 가능	고정되어 있어야 좋다
품 목 수	적을수록 좋다	많아도 된다
표 준 성	표준 보다 전용부품이 좋다	표준인 편이 좋다

(3) Two-bin법

두개의 상자에 부품을 보관하여 사용하다가 어느 한상자의 재고가 바닥나면 발주하고, 그동안은 나머지 한 상자에 있는 재고를 사용하는 방식으로 나사와 같은 부품의 재고관리에 많이 사용되는 재고관리기법이다. 발주점법의 변형인 Two-bin법은 C 품목 등과 같이 수량이 적거나 저가품에 주로 적용되며, 재고수준을 계속해서 조사할 필요가 없다는 장점이 있다.

(4) 정량유지방식

예비품방식이라고도 하며 출고가 불규칙하고, 수요가 불안정하며 출하빈도가 낮은 특수품이나 보전용 예비품 등에 적용된다.

- 발주량 = 기준발주량 + (발주점 − 재고잔량)

(5) 기준재고시스템

기업에서 가장 일반적으로 이용되는 재고관리방식으로 s-S 재고시스템 또는 mini-max 재고시스템 등으로 불린다. 이 시스템은 정량재고시스템과 정기재고시스템의 혼합방식으로 이 두가지 시스템의 장점을 유지하나, 안전재고를 가지는 것이 약점이다.

4) ABC 분석 방식

ABC 분석 방식은 품목의 중요도에 따라 차별화하여 재고를 관리하는 방식이다. 파레토 법칙(Pareto Law)에 따라 A품목은 품목수는 적으나 매출액 비중은 80%를 차지하고, C

품목은 품목수는 많으나 매출액 비중은 10% 미만인 품목으로 분류하여 관리하는 방식이다. 입출고가 동일한 경우 입출고 지역 근처부터 A품목, B품목, C품목의 순으로 배치하고, 입출고가 다른 경우에는 입출하의 긴급도나 우선도가 높은 순서로 배치하되 출하물량을 우선 배치하고, 출고구 가까운 쪽에 회전율이 높은 그룹을 배치한다. 즉 출고구로부터 A, B, C순으로 배치한다.

① A그룹 - 품목은 적고 보관량과 회전수는 많다. 정기발주시스템

② B그룹 - 품목, 보관량, 회전수가 중간정도이다. 정량발주시스템

③ C그룹 - 품목은 많고 보관량과 회전수는 적다. Tow-bin법 또는 JIT방식

ABC 분석 방식은 다음과 같은 방법으로 수행한다.

① 품목별로 수량 또는 매출액을 산출한다.

② ABC 분석표에 수량 또는 금액이 큰 순서대로 기입한다.

③ 품목순으로 수량 또는 매출액의 백분율을 기입한다.

④ 누계백분율을 기입한다.

⑤ 각 품목을 가로축(X축)에 놓고 수량 또는 매출액의 백분율을 세로축(Y축)에 놓아 막대그래프를 만든다.

⑥ 각 품목별 누계백분율을 세로축에 놓고 각 점을 선으로 잇는다. 이렇게 해서 만들어진 선이 파레토 곡선이다.

⑦ 끝으로 이들을 분류기준에 따라 ABC의 3등급으로 분류한다.

〈표 8-2〉 ABC 분석표

분류	매출액	재고 품목수	연간 총사용금액	재고 통제수준	적정재고관리기법
A 품목	크다	10 ~ 20%	70 ~ 80%	아주 엄격	정기발주법
B 품목	중간	20 ~ 40%	20%	중간	정량발주법
C 품목	작다	40 ~ 60%	5 ~ 10%	느슨	Tow-Bin법

[그림 8-1] ABC 분석

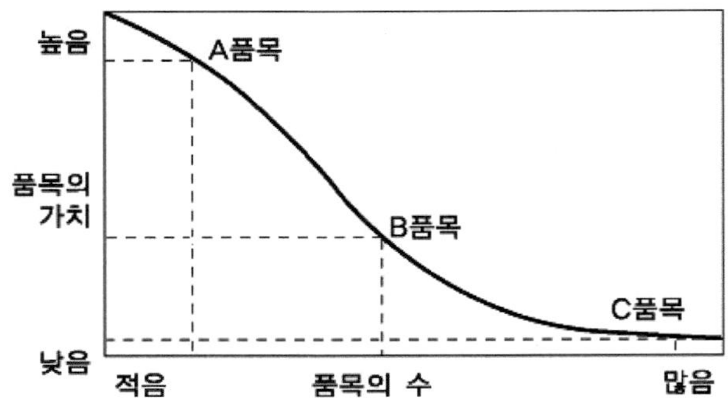

〈표 8-3〉 재고관리기법의 특징 비교

<table>
<tr><th>구분</th><th>정기발주방식</th><th>정량발주방식</th><th>TWO-BIN법</th><th>ABC 분석 방식</th></tr>
<tr><td>수요변동</td><td>크다</td><td>고정화</td><td rowspan="7">두 개 BOX에 보관 후 필요 시 사용하고 한개 BOX의 재고가 바닥나면 발주하여 자동으로 채우는 방식

C 품목의 재고관리에 주로 사용</td><td rowspan="7">A- 단가가 높거나 매출액이 많은 품목

B- 중간 품목

C- 단가가 낮거나 수량이 많은품목

차별적, 효율적, 경제적인 재고관리방식</td></tr>
<tr><td>수요예측</td><td>특히 중요</td><td>과거실적기준</td></tr>
<tr><td>소비금액</td><td>높고, 많음</td><td>적은편이 좋다</td></tr>
<tr><td>품목수량</td><td>적은것-A 품목</td><td>많은것-B 품목</td></tr>
<tr><td>수주량</td><td>변경가능</td><td>고정된 물품</td></tr>
<tr><td>발주시기</td><td>일정하다</td><td>불규칙하다</td></tr>
<tr><td>조달기간</td><td>길다 (外資)</td><td>짧은 편(內資)</td></tr>
</table>

3. 창고관리시스템(WMS : Warehouse Management System)과 ERP

1) 창고관리시스템의 개요

(1) 창고관리시스템의 정의

WMS는 화물의 입출고관리, 재고관리, 보관위치관리, 출고지시 및 피킹관리, 포장관리, 택배 인터페이스관리 등으로 구성되어 있으며, 입출고 업무의 투명성과 창고업무의 효율을 극대화하여, 기업 업무의 근간이 되는 재고관리의 최적화를 이루는 것으로 전사적 자원관리(ERP)를 위한 기본적인 요소이다. WMS는 실시간 재고파악과 효율적인 창고관리 등에 사용된다.

(2) 창고관리시스템의 등장배경과 목적

다품종 소량화 등 고객 니즈가 고도화되어 감에 따라 신속한 대응을 통한 부가가치 서비스의 제공이 필요하게 되었고, 물류센터의 운영효율화를 통한 비용절감 등의 필요성이 점증하면서 WMS의 활용이 확대되고 있다. 특히, 창고나 물류센터의 기능이 보관중심에서 통과 내지 크로스도킹 형태로 전환됨에 따라 신속하고 정확한 재고관리, 창고관리, 오더 피킹, 고객서비스의 제공 등이 필요하게 되었다. 물류센터를 효과적으로 운영하기 위해서 자동화, 정보화, 지능화가 추진되고 있고, 컴퓨터와 RFID 등 물류기술을 결합한 창고관리시스템이 필요하게 되었다. WMS의 운영목적은 다음과 같다.

① 정확한 재고수량 관리 및 재고금액의 자동계산

② 재고의 실시간 관리 및 보관면적의 효율성 극대화

③ 피킹작업의 효율적 수행 및 정확도 향상

④ 포장작업의 효율성 향상

⑤ 타 시스템과의 효율적인 인터페이스(OMS, TMS, ERP 등)

(3) 창고관리시스템의 기능

WMS는 재고관련 기능, 주문관련 기능, 출고관련 기능, 관리관련 기능, 인터페이스 기능을 수행한다.

① **재고관련 기능** : 입고관리, 보관관리, 재고관리, 선입·선출관리는 물론 로케이션(location)관리를 통해 재고내역과 실물의 위치를 추적하고, 실시간으로 전사적 입장에서 재고 파악

② **주문관련 기능** : 피킹관리, 주문진척관리, 자동발주시스템

③ **출고관련 기능** : 출고관리, 수배송관리, 최적 배차스케줄관리, 크로스도킹 서비스, 남품서 발행

④ **관리관련 기능** : 인력관리, 물류센터 지표관리, 실시간 정보추적, 물류장비의 생산성 분석관리

⑤ **인터페이스 기능** : 무선통신, 자동인식, 자동화설비 제어, 물류센터의 실시간 정보화 체계

2) 창고관리시스템의 구축

(1) 창고관리시스템 구축 시 연계될 정보시스템

① **주문관리시스템(OMS : Order Management System)** : WMS 정보의 출발점에 해당하는 시스템으로서 물류센터내 또는 상위 시스템으로 구축할 수 있다. 물류센터와 밀접한 EDI는 거래선으로부터 접수하는 EDI 정보와 납입처에 제공하는 EDI 정보가 존재한다.

② **운송관리시스템(TMS : Transport Management System)** : 물류센터에서 물품을 배송처로 배송하기 위한 지원이나 지시를 하기 위한 시스템이며, 배차지원시스템과 배송지원시스템으로 구성된다.

③ **자재관리시스템(MHS : Material Handling System)** : WMS와 물류기기를 효과적으로 연계하여 실시간으로 자재관리를 지원하는 시스템이다. 물류센터내의 물품을 관리하여 상품의 특성과 출하빈도에 적합하게 운영하거나 축적된 물류시스템의 노하우를 바탕으로 고객의 니즈를 충족시키기 위한 시스템으로 운영된다.

(2) 창고관리시스템 구축단계

① **추진팀 구성** : 관련 부서와 통합 TFT 구성

② **요구사항 분석** : 향후 물류환경을 고려한 WMS 도입 목적과 기능 설정

③ **효과 분석** : WMS 구축 시 활용방안과 투자효과 분석

④ **사양 검토** : 현장 업무와 정보 흐름을 분석하여 세부 사양을 정의하고, 정보량, 사용자수, 반응시간, 통신망, 관련 시스템과 인터페이스 등을 고려하여 사양 검토

⑤ **대안 평가** : 자체적으로 개발할 것인지, 외주개발할 것인지, 패키지를 도입할 것인지 검토

⑥ **업체 선정** : 제안설명회 등을 통해 업체 선정

⑦ **개발 및 설치** : WMS 개발과 관련 설비를 설치하고, 담당자 선정과 참여, 교육과 훈련 실시

⑧ **운영 및 최신화** : 검사 사양의 사전 확인, 기록 작성, 유지보수, 보안, update 등

4. 전사적자원관리(ERP : Enterprise Resource Planning)와 JIT

1) 자재소요계획(MRP : Material Requirement Planning) 시스템

(1) MRP 시스템의 정의

① 원자재, 부품, 구성품 및 중간조립품과 같은 자재 수요품의 소요량과 주문시기를 결정하는 자재소요계획시스템

② 완제품의 생산 수량 및 일정을 토대로 완제품 생산에 필요한 자재의 소요량 및 소요시기를 역산하여 수립하는 자재소요계획

③ 주 생산계획(MPS : Master Production Schedule)으로부터 최종품목의 소요량을 구하고, 그 품목과 부품의 자재명세서와 재고파일의 재고 현황을 통해 총소요량과 순소요량을 산출한다.

④ 조립품이 필요한 시기, 그리고 조립품을 생산할 자재를 주문해야 할 시기를 결정하여야 하는데, 이는 조달기간(Lead Time)을 역산해서 구한다.

⑤ MRP의 주요 목적은 재고수준을 통제하고, 각 품목의 생산 또는 구매에 우선순위를 결정하며, 생산시스템의 부하가 적정하도록 생산능력을 계획하여 재고의 절감, 고객서비스의 향상, 생산 효율성의 향상 등을 꾀할 수 있다.

(2) MRP 시스템의 장점

① 종속 수요품 각각에 대하여 수요예측을 별도로 실시할 필요가 없다.

② 공정품을 포함한 종속 수요품의 평균재고를 감소시켜 재고투자를 최소화할 수 있다.

③ MPS의 변경이 용이하고 재고품목별 소요량 산정이 가능하다.

④ 준비비용과 유휴시간이 감소된다.

⑤ 상황변화(수요 · 공급 · 생산능력의 변화 등)에 따른 생산일정 및 자재계획의 변경 용이하다.

⑥ 적절한 납기이행 등

2) 제조자원계획(MRP Ⅱ : Manufacturing Resource Planning) 시스템

MRP Ⅱ는 1980년대 유행한 기법으로서 자재의 재고관리뿐만 아니라 생산능력 · · 시설 · 자금 · 인력 등 모든 제조자원을 계획 · 관리하는데 이용되는 통합생산정보시스템을

말한다. 또한 생산・구매・마케팅・재무・기술부서의 경영자들이 이용하며, 전반적 사업계획에 의거 판매목표나 생산능력 및 현금흐름 제약을 인식시켜 준다.

3) 전사적자원관리(ERP : Enterprise Resource Planning) 시스템

ERP는 1990년대 도입된 기법으로서 MRP → MRP Ⅱ → ERP → SCM의 발전단계상 3번째 경영혁신기법이다. ERP는 MRP Ⅱ를 확장・발전시킨 것으로서 자재관리와 생산계획, 영업과 물류, 판매, 재무 및 회계관리, 설비관리, 품질관리 등의 기업전체 경영자원을 계획적으로 활용하는 기법이다. 기업 전체의 경영활동을 파악할 수 있도록 해주는 전사적 자원관리업무시스템이다.

ERP의 필요성은 다음과 같다.

① 세계화에 따른 표준비지니스의 수행 및 다국적으로 수용 가능한 시스템
② 실시간으로 통합된 정보처리를 가능하게 하는 시스템
③ 정보자원의 효과를 극대화하는 시스템
④ 변화에 유연하고 신속하게 대응할 수 있는 구조의 지원

4) 적기생산(JIT : Just in Time) 시스템

(1) JIT 생산방식의 정의

JIT 시스템은 1960년대초 도요타 자동차가 최초로 도입한 경영기법으로 생산에 필요한 부품을 필요한 시기에, 필요한 양을 생산공정이나 현장에 인도하여 적시에 생산하는 방식이다. 계획과 동일한 결과를 달성하기 위해 재고를 가두지 않고 필요한 시기에 필요한 양만큼 필요한 제품을 정확히 생산하는 것이다.

(2) JIT 시스템의 요소

① JIT 시스템은 기본 일정계획(master schedule)으로부터 생산공정을 거쳐 외주처에 이르기까지 모든 과정에 걸쳐 밀접한 관계를 가지고 있다.

② JIT 시스템에서는 기본 일정계획이나 최종조립계획은 1개월 내지 3개월 전에 수립되기 때문에, 작업장이나 외주처가 그들의 작업계획을 미리 수립할 수 있도록 여유를 제공한다.

③ 주 생산일정(MPS)은 날마다 평준화되어 있어 매일 각 제품의 생산량은 균일하다.

또한, MPS가 작은 로트(lot)로 계획되어 있어 생산현장이나 외주처에 균일한 부하를 가능케 한다.

④ JIT 시스템은 후속 작업장에서 선행 작업장으로부터 부품을 끌어가게 하기 위해서 칸반(kanban) 시스템을 사용한다.

⑤ 최종조립계획은 한 작업장에서 다음 작업장으로 필요할 때 적시에 부품을 가져가게 한다.

⑥ JIT 시스템의 궁극적인 목표는 로트 크기가 1인 부품을 생산하는 것이다.

⑦ JIT 시스템은 작업자에게 모든 기능을 갖추도록 요구함은 물론 팀웍과 조화를 요구한다.

⑧ JIT 시스템에 있어 공장의 배치는 전통적인 제조업의 배치와는 다르다. 재공품은 현장에 놓여지며 공정과정에서 창고에 보관되지 않는다.

5) JIT Ⅱ 시스템

JIT Ⅱ 시스템은 1986년 오디오 부품업체인 Bose사의 Lance Dixon가 창안한 혁신적인 공급업체 관리기법이다. 원재료나 부품 등을 납품하는 공급업체의 직원이 구매업체에 근무하면서 필요한 자재와 부품 등을 적시에 공급하는 생산관리 시스템을 일컫는다. 즉, 공급업체에 대한 구매업무를 공급업체가 파견한 사내 대리자(in-plant representative)가 고객을 위해 대행하는 방식이다. 공급업체는 판매기회 확대(35-45%/년 상승)와 마케팅 비용을 절감할 수 있다. 고객인 구매업체의 구매담당 직원은 다른 업무를 수행할 수 있고, 구매주문체계가 간소화되며 신속하게 이루어져 구매비용 절감이 가능하다.

JIT의 경우 구매업체는 재고를 줄일 수 있는 반면 공급업체는 재고의 부담을 떠안는 단점이 있다. JIT Ⅱ 시스템이 JIT 시스템과 다른 점은 자재와 부품 공급자, 즉 공급업체의 직원이 구매업체에 상주하면서 구매 · 납품 업무를 대행하여 두 회사 모두의 업무 효율성을 높임으로써 서로 윈윈할 수 있는 상호협력 시스템이라는 점이다.

제4절 하역시스템

1. 하역의 기능과 기본 원칙

1) 하역의 기능과 주요 요소

하역은 수송, 보관과 관련하여 각각의 물류기능이 효율적으로 이루어지도록 하기 위해서 필요한 작업이다. 하역(Material Handling)은 모든 물질의 이동, 포장, 저장에 관한 기술과 과학을 말하며, 물류의 형상, 크기, 무게의 그 어떠한 것이라도 들어 올리거나 이동시키거나 정리하는 등의 작업을 모두 포함한다.

하역작업의 주요 요소는 다음과 같다.

① 적양하(loading & unloading) : 물품을 싣고 내리는 작업이며, 컨테이너에 화물을 적입하는 것을 vanning, 화물을 꺼내는 것을 devanning이라 한다.

② 운반(carrying) : 물품을 단거리 이동, 이송시키는 작업을 말하며 하역의 일부에 포함된다.

③ 적재(stacking) : 물품을 보관시설이나 장소로 이동하여 위로 쌓는 작업을 말한다.

④ 피킹(Picking) : 보관장소에서 물품을 꺼내는 작업을 말한다.

⑤ 분류(sorting) : 물품을 품종별, 고객별, 지역별 등으로 구분하는 것을 말한다.

⑥ 정돈(상품구색갖추기) : 출하 물품을 운송수단에 곧바로 실을 수 있도록 준비

⑦ 래싱(lashing) : 운송수단에 적재된 화물이 운송중 이동, 흔들리지 않도록 묶기

⑧ 던니지(dunnage) : 운송중 화물이 손상, 파손되지 않도록 밑바닥이나 구석에 각목 등을 깔거나 끼우는데 여기에 사용되는 각목 등을 말한다.

2) 하역합리화의 기본원칙 8가지

① 하역경제성의 원칙 : 운반 순도의 원칙(과대포장은 안된다), 최소 취급의 원칙(필요한 작업만 수행), 수평 직선의 원칙(운반흐름을 수평과 직선으로 최단거리)

② 이동거리 및 시간의 최소화 원칙

③ 활성화의 원칙(활성지수는 바닥에 낱개로 놓인 경우 : 0, 상자내에 있는 경우 : 1, 파렛레트에 놓인 경우 : 2, 대차 위에 놓인 경우 : 3, 컨베이어 위에 놓인 경우 : 4)

④ 유닛로드의 원칙(파렛트, 컨테이너화)

⑤ 기계화의 원칙(인간 + 기계)

⑥ 중력이용의 원칙(운반은 위에서 아래로)

⑦ 시스템화의 원칙 : 인터페이스(원활하게 소통), 흐름의 원칙(연속적인 운반), 표준화의 원칙, 취급균형의 원칙

⑧ 정보화의 원칙

2. 하역시스템

1) 하역과 보관시스템 구성

〈표 8-4〉 하역과 보관시스템

보관제품특성			하역시스템	보관시스템	비 고
품종수	물량	회전수			
소	대	고	대차랙, 스택커 크레인	플로우랙, 대차랙, 파렛트랙	
소	대	저	수동적재	파렛트랙, 데크형랙	
소	소	고	어큐뮬레이션 컨베이어 수동피킹(임시출고) 보관컨베이어	플로우랙	재출고
소	소	저	포크 리프트	파렛트랙, 플로우랙	
중	중	중	포크리프트 이동이 간편한 크레인 포니 스택커 크래인	일반랙 고정배치	
다	대	고	스택커 크레인(모노레일)	고층랙, 자동창고	매우 복잡
다	대	저	스택커 크레인(모노레일)	고층랙, 자동창고	
다	소	고	팩키지 단위의 오더 피킹 머신 스택커 크레인(수동)	고층랙, 저층랙	피킹용
다	소	저	이동식 선반	파렛트평치, 경량랙, 이동랙	관리 곤란

2) 하역시스템의 주요 형태

(1) 파렛트 보관시

[그림 8-2] 하역시스템의 주요 형태

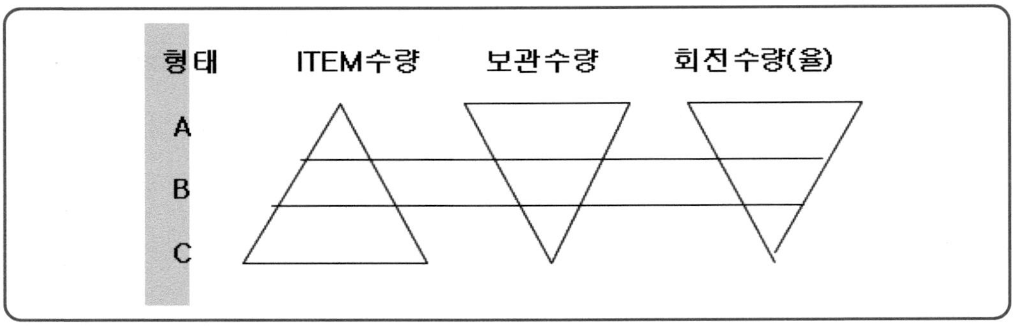

A-A-A : 맥주, 청량음료수, 사탕, 시멘트, 입출고가 빠른 상품, 보관설비는 플로우랙

A-A-C : 대량 재고를 갖고 있으며 별로 이동을 하지 않는 제품

A-C-A : 중간 과정이나 임시 출고라인에 피킹을 실시하는 형태

A-C-C : 수량이나 제품의 이동이 적은 제품

B-B-B : 3가지 다 모두 보통이라 설비가 간단하고 레이아웃의 변경도 용이한 형태

C-A-A : 보관점수가 많고 회전수가 많아 관리가 복잡한 형태

C-A-C : 재고점수 및 재고량은 많지만 회전수가 적어 고층랙에 모노레일 스태커 크레인 사용

C-C-A : 보관점수는 많지만 보관량이 적고 제품의 이동이 많은 형태로 고층랙 시스템을 사용하여 보관이 가능

C-C-C : 모두 적지만 점수가 많아 관리가 어려워 파렛트에 직접 쌓는 것이 유리

(2) 골판지 상자 보관시

A-A-A : 플로우랙(Flow Rack), Palletless Handing 지게차 작업

A-A-C : 적정재고량 체크요망, 계절적 변동형 제품, 입고는 골판지상자 단위, 출고는 파렛트 단위

A-C-A : 플로우랙(Flow Rack), Palletless Handing 지게차 작업

A-C-C : 경량랙(Rack) 이용, 출고는 골판지상자로 하기 때문에 피킹시스템에 대한 신

중한 검토 필요
B-B-B : 고정 Location 관리, 피킹용 지게차 작업
C-A-A : 다품종 다량, 단위화(Unit Load)화 필요
C-A-C : 플로우랙(Flow Rack), Palletless Handing 지게차 작업
C-C-A : 회전수, 피킹빈도의 검토가 필요, 다품종 평면 공간이 넓은 것이 바람직하며, Mezzanine 이용
C-C-C : 경량랙, 모바일랙 이용

3. 하역 및 운반장비

1) 운반 · 하역기계의 선정 시 고려사항

(1) 화물특성

화물특성은 화물의 종류로서 포장된 물품이나 포장되지 않은 살화물 등 최적의 하역장비를 선정하는 중요한 기준이 된다. 포장되지 않은 물품의 경우 입자의 분포, 비중, 성상 등을 염두에 두어야 하며, 포장물의 경우에는 형상, 크기, 중량 등을 감안하여 하역기기를 선택하여야 한다.

(2) 작업특성

작업특성은 작업의 성질로서 작업량, 계절변동의 유동성, 취급품목의 종류, 운반거리 및 범위, 운송기기의 종류, 로트(lot)의 대소에 따른 수배송 특성을 포함한 이들 모든 요인을 전제로 하여 이에 적합한 하역기기를 선택할 필요가 있다.

(3) 작업환경의 특성(작업장의 구조 및 여건)

작업환경의 특성은 그 작업장이 전용인지, 공용인지, 자사소유인지, 임대인지, 물품의 흐름은 어떠한지, 시설의 배치 및 건물구조는 어떠한지, 하중은 어느 정도인지 등의 요인을 포함한다.

(4) 하역기기 특성

하역기기의 특성은 하역기기의 안전성, 신뢰성, 성능, 탄력성, 기동성, 성(省)에너지성,

소음, 공해 등의 특성을 포함한다. 이러한 하역기기 특성을 고려하여 최적의 하역기기를 선정하여야 한다.

(5) 채산성(경제성)

이상의 모든 요소를 감안하여 경제성을 검토하여 기기를 선정한다. 경제성에 관해서는 복수의 대체안을 작성한 후 비교하여 기기를 선정하여야 한다.

2) 운반 · 하역기계의 분류

(1) 하역기기

〈표 8-4〉 하역기기의 분류

<table>
<tr><th></th><th>대분류</th><th>중분류</th><th>소분류</th><th></th><th>대분류</th><th>중분류</th></tr>
<tr><td rowspan="5">산업용 차량</td><td rowspan="4">지게차</td><td rowspan="2">카운터 밸런스형</td><td>내연기관식</td><td rowspan="3">로딩암</td><td>카운터 밸런스형</td><td>해상용</td></tr>
<tr><td>축전지식</td><td rowspan="2">스프링 밸런스형</td><td>철도화차형</td></tr>
<tr><td colspan="2">스트래들 리치형</td><td>탱크로리형</td></tr>
<tr><td colspan="2">사이드 포크형</td><td rowspan="3">소형 운반차</td><td rowspan="2">파렛트 트럭</td><td>동력식 파렛트 트럭</td></tr>
<tr><td colspan="3">셔블 로더</td><td>핸드 파렛트 트럭</td></tr>
<tr><td rowspan="11">크레인</td><td rowspan="4">지브붙이 크레인</td><td colspan="2">지브(Jib) 크레인</td><td>핸드 리프트 트럭</td><td></td></tr>
<tr><td colspan="2">인입식 크레인</td><td rowspan="9">하역 보조기기</td><td>핸드 리프터</td><td></td></tr>
<tr><td colspan="2">자주 크레인</td><td>플랫폼 트럭</td><td></td></tr>
<tr><td colspan="2">데릭</td><td>파렛트 로더</td><td></td></tr>
<tr><td colspan="3">천정 크레인</td><td rowspan="2">도크 레벨러</td><td>도크 레벨러</td></tr>
<tr><td rowspan="2">갠트리 크레인</td><td colspan="2">교형 크레인</td><td>도크 보드</td></tr>
<tr><td colspan="2">컨테이너 언로더</td><td>태일보드 로더</td><td></td></tr>
<tr><td colspan="3">스태커 크레인</td><td>리프트 롤러</td><td></td></tr>
<tr><td colspan="3">미니 스태커 크레인</td><td>호이스트</td><td></td></tr>
<tr><td colspan="3">케이블 크레인</td><td>체인블럭</td><td></td></tr>
<tr><td colspan="3">윈치 크레인</td><td></td><td></td><td></td></tr>
</table>

(2) 분류기기

〈표 8-5〉 분류기기의 분류

<table>
<tr><th>표시장치</th><th colspan="2">디지털 피킹</th><th>표시장치</th><th>디지털 피킹</th></tr>
<tr><td rowspan="3">플로우랙</td><td colspan="2">표시장치 부착</td><td rowspan="3">회전선반</td><td>수평 회전선반</td></tr>
<tr><td>자동플로우랙</td><td>로봇 부착</td><td>수직 회전선반</td></tr>
<tr><td colspan="2">파렛트플로우랙</td><td>파렛트용 회전선반</td></tr>
<tr><td rowspan="7">분류 컨베이어</td><td colspan="2">밀어내는 방식</td><td rowspan="5">단품단위 자동피킹기기</td><td>스토어매틱</td></tr>
<tr><td colspan="2">다이버터 방식</td><td>아이티매틱</td></tr>
<tr><td colspan="2">운반체인 방식</td><td>매스(MAS)</td></tr>
<tr><td colspan="2">Transfer 방식</td><td>S형 피킹머신</td></tr>
<tr><td colspan="2">이동슬랫 방식</td><td>스톡랙</td></tr>
<tr><td colspan="2">틸트 트레이 방식</td><td rowspan="3">자동분류 입력장치</td><td>키보드 입력 방식</td></tr>
<tr><td colspan="2">경사컨베이어 방식</td><td>바코드 입력 방식</td></tr>
<tr><td></td><td colspan="2"></td><td>음성 입력 방식</td></tr>
</table>

(3) 운반기기

〈표 8-6〉 운반기기의 분류

<table>
<tr><th></th><th>대분류</th><th>중분류</th><th></th><th>대분류</th><th>중분류</th></tr>
<tr><td rowspan="18">컨베이어</td><td rowspan="2">벨트 컨베이어</td><td>고무벨트 컨베이어</td><td rowspan="7">컨베이어</td><td>스크류 컨베이어</td><td></td></tr>
<tr><td>스틸벨트 컨베이어</td><td>진동 컨베이어</td><td></td></tr>
<tr><td rowspan="10">체인 컨베이어</td><td>슬라이드 컨베이어</td><td rowspan="3">유체 컨베이어</td><td>공기 컨베이어</td></tr>
<tr><td>플래트 톱 컨베이어</td><td>물 컨베이어</td></tr>
<tr><td>크로스 바 컨베이어</td><td>기송관 컨베이어</td></tr>
<tr><td>슬랫 컨베이어</td><td>공기 필름 컨베이어</td><td></td></tr>
<tr><td>에이프런 컨베이어</td><td>엘리베이팅 컨베이어</td><td></td></tr>
<tr><td>팬 컨베이어</td><td rowspan="3">승강기</td><td>엘리베이터</td><td></td></tr>
<tr><td>버킷 컨베이어</td><td rowspan="2">리프터</td><td>테이블 리프터</td></tr>
<tr><td>흐름 컨베이어</td><td>고소 작업대</td></tr>
<tr><td>토우 컨베이어</td><td>무인반송차</td><td></td><td></td></tr>
<tr><td>트롤리 컨베이어</td><td rowspan="2">수동운반차</td><td>손수레</td><td></td></tr>
<tr><td rowspan="3">롤러 컨베이어</td><td>인력형</td><td>대차</td><td></td></tr>
<tr><td>중력형</td><td rowspan="2">동력운반차</td><td>트레일러</td><td></td></tr>
<tr><td>동력형</td><td>도어 카트</td><td></td></tr>
<tr><td rowspan="3">휘일 컨베이어</td><td>인력형</td><td></td><td></td><td></td></tr>
<tr><td>중력형</td><td></td><td></td><td></td></tr>
<tr><td>동력형</td><td></td><td></td><td></td></tr>
</table>

3) 하역장비의 종류

(1) 지게차의 유형과 종류

지게차의 유형은 다음과 같다.

① **카운터밸런스형** : 포크 등 승강장치를 차체 앞에 설치한 형상. 하중능력은 0.5톤 ~ 30톤, 동력은 내연식과 전동식

② **리치형** : 차체 전방에 주행 차량이 붙은 2개의 아우트리거를 수평으로 매달아 그 안에 포크가 전후로 움직이는 구조로 랙 포크형 무인 지게차도 이형의 일종

③ **사이드 포크형** : 포크의 승강장치를 차체의 옆쪽에 설치한 것으로서 하역할 때 차체측면으로 아우트리거를 대서 차체폭 방향으로 포크 승강장치를 접근시켜 화물을 승강한다.

지게차의 종류 및 특징은 다음과 같다.

① **카운터밸런스 포크리프트** : 포크 및 이를 상하시키는 마스트를 차체전방에 갖추고 차체 후방에 카운터 웨이트를 설치한 포크리프트를 말하며 현재 가장 널리 이용

Count-balance fork lift truck

Straddle fork lift truck

② **스트래들 포크리프트** : 차체 전방으로 뻗어 나온 주행이 가능한 아우트리거에 의하여 차체의 안정을 유지하고 또한 포크가 양쪽의 아우트리거 사이에 내려지는 포크리프트

③ **파렛트 스태킹 트럭** : 차체 전방으로 뻗어 나온 주행 가능한 아우트리거에 의해 차체의 안정을 위해 유지하고 또한 포크가 아우트리거 위로 뻗어있는 형태의 포크리프트

④ **사이드 포크리프트 트럭** : 포크와 이를 승강시키는 마스트를 차체 옆쪽에 설치한 것으로서 하역할 때는 차체측면으로 아우트리거를 대어 차체측면방향으로 포크 승강장치를 접근시켜 화물을 승강한다.

⑤ **러프 테레인 포크리프트 트럭** : 정리하지 않은 땅에서 사용할 수 있도록 만들어진 포크리프트

⑥ **멀티 디렉셔널 포크리프트** : 전후뿐만 아니라 좌우방향으로도 주행할 수 있는 포크리

Side fork lift truck

프트

⑦ **워키 포크리프트** : 운전자가 걸으면서 조종하는 비승차형 포크리프트

⑧ **좌우 이동식 포크리프트 트럭** : 주로 저장창고에서 사용하는데 통로를 가장 적게 필요로 하는 운반장비이다. 아주 긴 막대모양의 자재운반에 매우 유용한 트럭이다.

⑨ **리치 포크리프트 트럭** : 마스크나 포크가 전후로 이동할 수 있는 Fork lift로서 포크에 가위형 부착물을 가지고 있어 4피트 이상 뻗을 수 있다. 통로공간을 50%정도 줄일 수 있다.

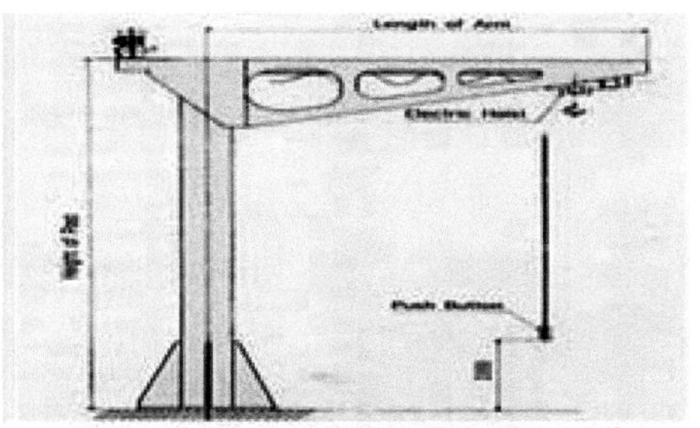

Jib crane (3각 돛-돌출)

⑩ **래터럴 스태킹 트럭** : 차량진행방향의 양쪽 또는 한쪽에 화물을 적재할 수 있는 포크리프트

⑪ **오더 피킹트럭** : 하역장치와 함께 움직이는 운전대에서 운전자가 조종하는 포크리프트로 랙창고에 사용되며 임의의 높이에서 작업자가 작업 가능

⑫ **3방향 스태킹 트럭** : 차량의 진행방향 및 그 양쪽에 화물을 적재할 수 있는 포크리프트

⑬ **톱 핸들러** : 카운터밸런스형의 일종으로 컨테이너 모서리쇠를 잡는 스프레더 또는 체결고리가 달린 팔과 마스트를 갖추고 컨테이너를 하역하는데 사용하는 대형 지게차이다.

⑭ **리치 스태커** : 대형 지게차에 유압식 지브(Jib) 크레인이 설치된 형상이다. 크레인 끝에 스프레더가 장착되어 컨테이너를 하역하는데 사용된다.

(2) 크레인

지브(Jib) 크레인과 언로더 등 크레인의 종류는 다음과 같다.

① **지브크레인** : 지브의 끝에서 화물을 매달아 올리는 지브붙이 크레인으로 항만이나 선박에 부착하여 화물 및 해치를 운반하는데 이용하는 기기이다.

② **인입식 크레인(끌어당김식 크레인)** : 화물의 인입 시 궤적의 기복에 관계없이 수평으로 이동시키는 기기로서 화물의 인입중 상하진동이 적지 않지만 인입속도가 빨라 항만하

역에 주로 사용되고 있다.

③ **자주 크레인** : 지브 크레인에 차륜이나 크롤러를 구비하여 레일에 의하지 않고 스스로 주행할 수 있는 지브붙이 크레인, 차륜식(트럭)과 크롤러식이 있다.

④ **데릭(Derrick)** : 상단이 지지된 마스트를 가지며 마스트 또는 부움(Boom) 위 끝에서 화물을 달아 올리는 지브붙이 크레인이다.

⑤ **언로우더** : 양륙전용의 크레인으로 호퍼, 피더, 컨베이어 등을 가진 것이다. 선박에서 화물을 적재할 때 사용하는 전용크레인으로서 갠트리식 언로우더와 끌어당김식 언로우더가 있다. 갠트리 크레인은 대표적인 교형 크레인식 언로우더이다.

⑥ **천정크레인** : 고가 주행궤도를 따라 주행하는 거어더에 트롤리를 장착시킨 크레인으로 호이스트식 천정크레인, 로우트 트롤리식 천정크레인, 셔틀 거어더식 천정크레인, 특수천정 크레인 등이 있다.

Container crane

Gentry crane (교량형)

⑦ **갠트리 크레인** : 안벽을 따라 설치된 레일 위를 주행하면서 선박에 컨테이너를 적재하거나 하역하는데 사용되는 대표적인 하역기기이다. 호이스트식, 로우프 트롤리식, 지브식, 셔틀거어더식 갠트리 크레인이 있다.

⑧ **케이블 크레인** : 양쪽의 탑이 주행하지 않는 고정 케이블 크레인과 한쪽 또는 양쪽의 탑이 주행하는 주행 케이블 크레인이 있다.

⑨ **컨테이너 크레인** : 컨테이너 전용크레인으로 갠트리크레인, 트랜스테이너, 스트래들캐리어 등이 있다. 컨테이너 크레인은 컨테이너를 집을 수 있는 스프레더를 장착하고 있다. 트랜스테이너는 일정한 간격을 가진 교각형 기둥으로 상부 크레인을 지지하고 기둥의 상하로 컨테이너를 감아올려 적재 및 인수를 수행하며, 하부에는 이동할 수 있는 바퀴를 지니고 있다. 스트래들캐리어는 CY에서 컨테이너를 양 다리 사이에 놓고 상하로 들어올리거나 컨테이너를 마샬링야드로부터 에이프런이나 CY로 이송하는데 사용되는 장비이다.

제5절 구매(purchasing), 오더 피킹(Order Picking) 시스템

1. 구매관리(Purchasing Management)

1) 구매관리의 기능

생산활동의 흐름 속에서 생산계획을 달성할 수 있도록 생산에 필요한 자재를 우수한 거래선(vendor)으로부터 적정한 품질(quality)을 확보하여, 적절한 시기(delivery)에, 필요한 수량(quantity)만을, 최소의 비용(cost)으로 입수하기 위한 관리 활동을 말한다. 구매기능별 업무영역은 다음과 같다.

① **조달계획 기능** : 생산계획 기능의 부분계획으로서 재료계획, 설비, 공구 등의 계획이나 다른 부서의 자재 등에 대한 소요계획 등을 말한다.

② **구매요청 기능** : 자재의 소요계획 및 공급계획에 의하여 구매에 의한 취득계획이 확정되면 이에 근거한 구매지시로 구매요청이 자재계획부문에서 구매부문으로 행해진다.

③ **구매조사 및 구매계획 기능** : 유리한 구매를 위한 가장 중요한 요소의 하나이다.

④ **구매 절충 및 계약 기능** : 구매의 기본적 기능으로서 협의의 구매기능이라 할 수 있다.

⑤ **수입 기능** : 해외로부터 필요한 자재를 구매할 때 수반되는 절차상의 기능이다.

⑥ **납기관리 기능** : 계약된 자재나 용역의 납품을 확보하는 기능이다.

⑦ **입고 및 검사 기능** : 현품을 받아들이는 기능이다. 즉, 실제로 자재나 용역을 공급자로부터 인수하는 것이다.

2) 구매관리의 유형과 공급업체 선정방법

구매담당자가 스스로의 필요에 의해 자재를 구입하는 경우는 없다. 다른 부서로부터 자재구매의 요구를 받을 때 비로소 구매가 시작된다. 구매는 크게 다음과 같은 형태로 구분된다.

(1) 구매관리의 유형

① **구매담당자에 대한 구매요구** : 구매담당자가 상비재고자재의 보충을 요구하거나, 생산계획의 설정에 따른 자재요구, 그리고 시장상항에 의한 자재를 요구하는 경우 구매한다.

② **매 경우마다의 구매** : 구매담당자는 필요한 부서 등의 주문발생 시 요구를 받고 당장 필요한 양만을 구매한다.

③ **일괄구매** : 일정한 품목 그룹별로 공급량을 설정하여 일괄구매를 하면 편리하다.

④ **장기계약구매** : 1년 이상 장기간 계약관계를 구축하고 고정 공급자 등으로부터 구매한다.

⑤ **투기구매** : 시장상항이 유리한 시점에서 구매를 행하는 것이 투기구매이다.

⑥ **시장구매** : 연간 예측되는 필요 수량을 확보하고 생산계획에 따라 구매가 이루어지는데 시장상황에서 볼 때 유리한 구매가 가능한 경우에는 제조계획에 근거한 구체적인 요구수량을 기다리지 않고 행하는 시장구매

(2) 수시구매와 장기계약 구매

수시구매의 장점과 단점은 다음과 같다.

① **장점** : 소요량과 구매량의 일치, 설계 변경이나 대체 품목의 채택이 용이

② **단점** : 조달비용이 증가하고, 공급자측의 판매비용 증대 초래

장기계약구매의 장점은 구매가격의 절감, 조달비용의 절감, 장기적으로 안정된 거래처 확보 등을 들 수 있다. 또한 장기계약구매를 할 수 없는 경우로는 가격변동이 있거나 저가품목이 개발된 경우, 규격(사양)이 안정되지 않은 경우, 그리고 소량인 경우 등이 있다. 따라서, 장기계약구매 대상은 다음과 같다.

① 구매품목은 전용품이나 공통품목을 막론하고 장기적으로 사용되는 것

② 규격(사양)이 장기적으로 안정되어 있는 것

③ 사용수량이 비교적 많은 것

④ 원칙적으로 가격변동이 적은 것

(3) 공급자 평가기준과 선정방법

공급자(납품업자) 선정시 평가기준은 납품가격, 납기이행률, 품질수준, 기술능력, 제조

능력, 재무능력, 관리능력, 업체와의 거리 등이다. 신규 공급자의 경우에 공급자 후보의 선정 → 공급자 후보의 조사 → 후보의 경영상황 파악 → 거래선 결정 → 거래 계약 → 시험거래 등의 절차를 거쳐 공급자를 선정한다. 일반적으로 활용되고 있는 공급자 선정방법은 다음과 같다.

① **입찰에 의한 방법(일반 경쟁방식)** : 불특정다수의 업체가 참여하여 상호간에 경쟁입찰을 하게 하여 미리 정한 제한가격(예정가격)의 범위내에서 가장 유리한 가격을 제시한 입찰자를 선정하여 계약.

〈절차〉 공고 → 입찰등록(입찰참가신청) → 입찰 → 개찰 → 낙찰 → 계약

② **지명경쟁에 의한 방법** : 특정한 자격을 구비한 업자만 경쟁입찰에 참가할 수 있도록 제한

〈절차〉 지명 → 지명통지 → 등록→ 개찰 → 낙찰 → 계약

③ **제한경쟁에 의한 방법** : 일정한 자격요건을 구비한 업체만이 경쟁입찰에 참가할 수 있도록 제한. 〈절차〉 공고 → 등록→ 개찰 → 낙찰 → 계약

④ **협의에 의한 방법** : 적합한 공급자로 판단될 때 업체별로 구체적으로 협의하여 선정

⑤ **수의계약에 의한 방법** : 기술, 품질, 가격, 납기 등 면에서 유리한 경우 적용. 이 경우 단일 공급자와 복수 공급자를 이용할 수 있는데 각각의 장단점은 다음과 같다.

〈표 8-7〉 단일 공급자와 복수 공급자의 장단점

	단일 공급자	복수 공급자
장점	품질 균일 긴밀한 유대관계 규모의 경제 실현	저렴한 구입단가 공급자 교체 가능 다수 공급자의 지식과 정보 이용
단점	공급차질시 대처 곤란 수요변동시 조절 곤란 다양한 생산기회가 없으므로 공급자의 변신 폭이 좁다	품질 불균일 유대관계가 좋지 않고, 조건 악화시 공급자 이탈 발생 규모의 경제 실현 곤란

3) 집중구매와 분산구매

집중구매는 한번에 대량으로 구매하는 경우이며, 분산구매는 필요할 때마다 소량씩 나누어 구매하는 경우를 말한다. 집중구매와 분산구매시 장단점은 다음과 같다.

〈표 8-8〉 집중구매와 분산구매의 장단점

구분	품목	장 점	단 점
집중구매	①금액중요도가 높은 품목 ②전사적 공통품목 및 표준품목 ③대량으로 사용되는 물품 ④수입자재 등 구매절차가 까다로운 품목 ⑤수요량, 수요빈도가 높은 품목 ⑥구매량에 따라 가격차가 있는 품목	- 대량구매로 가격과 거래조건 유리 - 공통자재의 표준화, 단순화 가능하고 재고 줄임 - 자재 수입 등 복잡한 구매에 유리 - 구입절차를 표준화하여 구매비용 절감 - 시장조사나 거래처조사, 구매효과 측정 등이 유리	- 각 공장내 구매의 자주성이 없고 수속이 복잡 - 자재의 긴급조달, 각 공장의 재고상황 파악이 힘듦 - 구매절차가 복잡하고 사무처리에 시간이 걸림 - 납품업자가 멀리 떨어져있는 경우에 조달기간과 운임이 증가됨
분산구매	①시장성 품목 ②구매지역에 따라 가격의 차이가 없는 품목 ③소량, 소액품목 ④사무용 소모품 및 수리부속품	- 자주적 구매가 가능하고 사업장의 특수요구 반영가능 - 긴급수요의 경우에 유리 - 구매수속이 신속 - 납품업자가 공장과 가까운 거리에 있을 때 유리	- 본사 방침과 다른 자재를 구입할 경우 발생 - 구입경비가 많이 들고 구입단가가 비쌈 - 구입처와 멀리 떨어져 있는 공장은 적절한 자재의 구입이 불가능 - 원가의식이 낮아질 수 있음

4) 구매업무 절차

구매관리는 소요량 산정 후 구매 요청부터 시작하여 구입처의 견적, 구입처 선정, 구매발주, 구매품 입고 및 검수, 청구서 조회, 대금지급이라는 흐름으로 이루어진다. 물론 이러한 구매관리는 ERP를 갖춘 기업에서는 ERP내에 구매관리를 지원하는 하위시스템을 이용하여 수행한다. 구매관리는 ERP 시스템내에서 생산계획·관리와의 통합에 의해 자재구매와 외주관리를 지원하고, 판매관리와의 통합을 통해 상품 수발주업무를 지원하며, 고정자산의 구매 등과 같은 일반구매에도 적용할 수 있다.

구매가격은 목표가격의 설정 → 사전 견적원가 산출 → 견적선 선정 → 견적의뢰 → 가격절충 → 가격의 내부결정 → 구입선의 승인 → 정식결정 등의 순으로 이루어진다.

2. 자재관리(Material Management)와 오더 피킹(Order Picking)

1) 자재관리의 기능과 효과

(1) 자재관리의 기능

자재관리는 기업에 필요한 적정한 자재를 적정한 수량과 가격, 적기에 구입하고 필요한 물자를 관리한다. 재고자산의 입출고를 총괄하며 회계부문과 밀접한 관련이 있다. 자재관리는 일반 입출고업무 외에 재고자산관리에 필수적인 재고 실사, 자산 평가, ABC 분석 등의 기능도 포함한다. 또한 자재관리 부문 중에 창고관리 부문, 즉 창고내 보관 위치, 선반번호로 재고관리 수행 등의 기능이 있어 현장에서 효율적으로 운용할 수 있도록 되어 있다.

자재관리를 위한 품목의 정의와 관리를 지원하며 창고의 재고를 관리한다. 기업의 모든 물자에 대한 관리를 지원할 수 있어 원자재, 완제품, 설비수리 부품, A/S 부품, 기업에 속한 물류 등의 자재관리업무를 처리한다. 자재관리의 주요 기능은 구매, 공급체인에 대한 통제, 생산품의 재고통제, 인수, 운반 등이다.

(2) 자재관리의 효과

자재관리를 통해 얻을 수 있는 경제적, 기능적 효과는 다음과 같다.

① 입고 품목의 질과 양을 주문서의 사양과 견주어 체크함으로써 손실 방지

② 과잉구매를 방지하며, 재고자산에 대한 투하자본 감소

③ 생산소요자재의 필요량을 필요한 시기에, 필요한 양을 공급함으로써 공정의 지연발생 방지

④ 자재의 도난, 파손, 소화 등의 방지에 의한 손실 감소

⑤ 창고면적의 효율적 이용과 작업횟수 감소

⑥ 물류서비스의 향상과 작업환경 개선

(3) 효율적인 자재관리를 위한 창고공간배치계획

창고 내에 제품을 어떻게 배치하는가에 따라 총자재관리비용이 달라진다. 자재관리비용과 창고공간이용률 사이의 균형이 필요하며, 특히 창고 내부를 설계할 때 보관공간과 오더 피킹(order picking)을 고려하여 공간을 배치해야 한다. 즉, 효율적인 자재관리를 위

한 공간배치시 재고회전율이 낮은 물품은 보관기능을 주로 하도록 배치하고 보관 bay를 넓고 깊게 하며, Stacking은 천장 높이처럼 높게 하고 통로는 좁게 한다. 또한 재고회전율이 높은 경우에는 통로를 넓게 하고, 적재 높이를 조금 낮게 유지하는 것이 바람직하다.

2) 오더 피킹(Order Picking)

(1) 오더 피킹의 정의

오더 피킹은 저장중인 창고의 재고에서 거래처로부터 수주 받은 물품을 주문별로 모아 출하하는 과정을 의미한다. 오더 피킹은 수주라는 수주활동의 하나로 유통정보에 기초한 주문서, 출하전표, 납품표, 송장, 포장지시서 및 불출지시서 등 정보처리와 불출지시서에 의해 불출된 물품의 흐름을 파악하는 것이다. 물류센터내의 작업 중 수작업이 필요한 업무 중 하나가 바로 오더 피킹이다. 현재와 같은 다품종 소량의 시대에도 오더 피킹은 창고작업 중에서 상당히 중요한 작업 중 하나이다. 오더 피킹의 협의의 개념은 보관 장소에서 물품을 꺼내어 주문별로 집화하는 것을 의미하며, 광의의 개념은 협의의 개념에 거래처의 정보에 기초한 서류의 흐름과 물품의 피킹, 정돈, 포장 및 배송지역별 상차까지 포함한다.

(2) 오더 피킹의 필요성

① 고객서비스 향상이 강조되고 소비형태가 다양해지면서 창고 또는 물류센터의 생산성 향상이 중요한 문제로 부각되었다.

② 오더 피킹의 업무는 창고 또는 물류센터에서 생산성 향상을 위한 가장 중요한 요소로 인식되고 있다.

③ 오더 피킹 업무가 노동 집약적이고 시간 소비적이라는 점을 고려할 때 오더 피킹 업무의 효율적 관리에 대한 필요성은 더욱 커지고 있다.

(3) 오더 피킹 방법

오더 피킹의 방법은 다음과 같다.

① 사람이 물품을 가지러 가는 방법

② 물품을 사람(피커)의 장소에 가지고 오게 하는 방법 : 회전선반이나 컨베이어시스템 등을 이용하여 물품이 사람 앞으로 도착하게 하는 방법

③ 1인 1건 방법 : 1인의 피커가 1건의 주문표로 요구되는 물품을 피킹하는 방법

④ 릴레이(relay) 방법 : 여러 명의 피커가 각각 자기가 분담하는 종류나 선반의 작업범위를 정하고, 피킹전표에서 자기가 맡은 종류의 물품만을 피킹해서 릴레이식으로 다음 피커에게 넘겨주는 방법

⑤ 존(zone)피킹 방법 : 릴레이 방법과 마찬가지로 여러 명의 피커가 각각 자기가 분담하는 종류의 선반의 작업범위를 정해두고, 피킹전표에서 자기가 맡은 종류의 물품만을 피킹한다.

⑥ 싱글(single) 오더피킹 방법 : 1건의 주문마다 물품의 피킹을 집계하는 방법으로 1인 1건이나 릴레이 방법으로도 실시할 수 있다.

⑦ 일괄 오더피킹 방법 : 여러 건의 주문전표를 한데 모아 한꺼번에 피킹

⑧ 총량피킹방법 : 한나절이나 하루의 주문전표를 모두 모아서 피킹하는 방법으로 일괄 오더 피킹 방법과 거의 동일하다.

⑨ 씨뿌리기 방법 : 여러 배송처별, 품목별 수량을 합계하여 피킹 리스트를 작성하여 피킹한 후, 피킹 물품을 주문전표에 따라 다시 배송처별로 분류하고 포장한 다음 출하하는 방식

⑩ 따내기 방법 : 주문 전표별로 구체적으로 배송처 순으로 피킹하여 동시에 골판지 상자에 넣어 출하 지역으로 이동한다. 출하 지역에서 검품 후 출하하는 방식이다.

한편, 오더 피킹은 다음과 같은 방법(운영 설계)으로도 운반시간을 줄일 수 있다.

① 순차인출(sequencing)

순차 인출은 창고를 따라 주문인출경로(order-picking route)상에 나타나 있는 순서대로 주문에 대한 필요 품목을 인출하는 방법이다.

② 구역분할 인출(zoning)

구역분할 인출은 개별 주문인출작업자(order picker)에게 제한된 수의 재고 아이템만을 인출하도록 할당하는 방식이다. 인출자는 하나의 통로 또는 지정된 지역에서 재고를 선별하고, 총고객주문의 일부분만 인출한다. 구역분할 인출의 장점은 노동 이용률의 균형화, 인출작업시 이동시간을 최소화할 수 있다는 점이다. 또한 구역분할 인출의 단점은 인출작업자의 부하가 균형을 이루도록 보관제품이 주문빈도, 무게, 아이템의 유사성 등에 따라 구역내에 고르게 위치되어져 있어야 판매주문이 나누어져 하며, 각 지역의 인출목록이 작성되어야 하고, 주문들의 여러 부문이 상차되기 전에 다시 합쳐져야 한다는 점이다.

③ 일괄 인출(batching)

일괄 인출은 한번 인출시 여러 주문을 함께 인출하는 방법으로, 이동시간을 줄일 수 있지만 선적을 위하여 주문을 다시 조합해야 한다. 또한, 인출작업완료가 배치에 포함시킬 주문의 수와 크기에 따라 좌우되기 때문에 하나의 주문에 대한 주문처리시간이 증가한다.

(4) 오더 피킹 효율화를 위한 공간 배치

① 창고 내부에서의 일반적인 흐름패턴은 창고에 제품이 대량으로 들어와 적은 단위로 반출되는 것임

② 재고를 받고 보관하는데 소요되는 시간에 비해 주문에 따라 인출하는데 보다 많은 노동과 시간이 필요

③ 보관구역에서 오더 피킹을 하는 경우

제품의 회전율이 높고, 제품 인출에 분류작업이 필요한 경우, 보관과 주문 인출을 충족시키기 위하여 보관공간을 사용하는 것이 자재취급에 필요한 비용보다 높은 비용을 초래하고 창고공간의 이용률도 낮아진다. 즉, 주문처리를 위한 창고에서의 이동거리가 증가하여 이동시간이 길어지고, 단위제품이 소량으로 나누어지기 때문에 상품의 적재와 배치의 효율성이 떨어져서 공간의 이용도가 감소하게 된다.

④ 창고내의 공간을 보관지역과 오더피킹 지역으로 분리하는 경우

가. 보관지역은 공간 이용률을 최대화하고, 오더 피킹은 이동시간을 최소화하도록 해야 한다.

나. 보관지역은 반영구적인 보관공간으로 사용하며, 필요 시 오더 피킹 지역에 제품을 보충한다.

다. 대형 벌크품목은 보관지역에서 인출하나, 대부분의 단위부하제품은 오더피킹 지역에서 작은 단위로 분리하여 인출한다.

라. 오더피킹 지역은 일반적으로 보관지역보다 작으며 보통 파렛트 2개 정도의 깊이를 차지하거나 보관지역에서 사용하는 보관 랙의 1/2정도 되는 보관 랙을 사용한다.

마. 오더피킹 지역의 적재 높이는 작업자가 편안하게 닿을 수 있는 높이로 제한한다.

바. 인출지역과 보관지역을 구분하여 사용함으로써 주문처리에 걸리는 경로시간과 서비스시간을 최소화할 수 있다.

⑤ 흐름 랙, 컨베이어, 토우라인 컨베이어, 스캐너, 다른 자재취급장비 등과 같은 전문화된 인출장비를 사용하여 오더 피킹 운반시간을 줄일 수 있다.

(5) 오더피킹 기기

① **표시장치** : 피킹하는 물품이 있는 장소에 빨간 램프를 켜서 거기서 물품을 몇개나 피킹할 것인가를 표시하는 장치를 말한다. DPS(Digital Picking System)가 대표적이다. 이 장치의 장점은 피킹전표가 필요 없고, 피킹의 순서, 물품부족 여부, 피킹한 물품의 송장, 기타 정보처리를 동시에 행할 수 있으며, 피커의 작업배분을 행할 수 있다는 점이다.

② **플로우랙**(flow rack) : 플로우랙은 경사가 있는 컨베이어를 선반으로 만든 것으로 물품을 컨베이어 뒤(=슬라이딩랙)로 넣어서 앞에서 피킹하기 때문에 선입선출이 가능한 기기이다. 이러한 플로우랙으로는 자동 플로우랙, 파렛트 플로우랙 등이 있다

③ **회전선반**(Carrousel) : 물품이 피커가 있는 곳으로 이동하는 방식으로 다품종 소량 오더 피킹에 적합하다. 회전선반은 수평 회전선반(가벼운 물품에 사용), 수직 회전선반(경량에서부터 중하중까지 폭넓게 사용), 파렛트용 회전선반(냉동냉장창고에서 사용 편리) 등이 있다.

④ **단품단위 자동피킹** : 단품으로 보관했다가 단품으로 출하하는 방식으로 약품, 화장품과 같은 소형상자단위의 출고나 전기부품의 콘덴서 등과 같이 상당히 작은 물품의 피킹도 포함한다.

가. 스토어매틱 : 독일 아커사에서 개발한 방식으로, 단품으로 선반에 보관되어 있는 물품을 소형의 스태커크레인으로 피킹하는 일종의 자동판매기와 같은 형태의 피킹기기.

나. 아이티매틱 : 선반에 보관되어 있는 물품을 크레인 대신 상하로 움직이는 컨베이어에 연결된 피킹기기를 사용하여 피킹하는 방식

다. 매스(MAS) : 미국 FMC사와 에이븐사가 개발한 것으로 피킹속도가 1초당 3개 정도로 매우 빠르며 A자형으로 마주보게 나열한 매거진에 여러 종류의 단품을 쌓아 둔 형태이다.

라. S형 피킹머신 : 외관과 구조는 MAS와 유사하며 현재 시세이도의 킨키 배송센터에서 사용중이다. 피킹속도는 초당 1개이나 시스템적으로는 MAS와 다소 다른 방식이다.

마. 스톡랙 : 캐비넷 서랍에 피킹할 물품을 넣어두고 필요한 물품이 들어 있는 서랍을 캐비넷 앞에 배치되어 있는 컨베이어까지 끌어내면 컨베이어의 벨트에 붙어있는 고리에서 물품을 캐비넷 밑에서 꺼내는 구조로 되어 있다.

(6) 분류(sorting)시스템의 종류

① **팝업(pop up)방식 소팅컨베이어** : 컨베이어 반송면의 아랫방향에서 벨트, 로울러, 휘일, 핀 등의 분기장치가 튀어나와 단위화물을 내보내는 방식(미국 :식품 등의 상자취급 배송

센터에서 주로 사용)

② **틸딩(tilting)방식 소팅컨베이어** : 레일을 주행하는 트레이, 슬라이드의 일부를 경사지게 하여 단위화물을 활강시키는 소팅컨베이어(신문사, 우체국, 통신 판매사에서 주로 사용)

③ **푸쉬-오프(push off)방식 소팅컨베이어** : 외부에 설치된 압출장치에서 단위화물을 컨베이어 외부로 압출하는 소팅컨베이어. 미국서 가장 보편화된 기기로 시간당 처리능력이 2,000 ~ 3,000개 정도로 낮은 편이다.

④ **저개식 소팅컨베이어** : 레일을 주행하는 트레이 등의 바닥면을 개방하여 단위화물을 방출하는 소팅컨베이어

⑤ **다이버터(diverter)방식 소팅컨베이어** : 외부에 설치된 안내판을 회전시켜 반송경로상에 가이드벽을 만들어 단위화물을 가이드벽을 따라 이동시키는 소팅컨베이어로, 화물의 형상에 관계없이 여러종류의 화물을 처리하는 운송회사에서 주로 사용

⑥ **경사벨트식 소팅 컨베이어** : 경사진 컨베이어의 측판을 개폐하고 단위화물을 활강시키는 컨베이어

⑦ **크로스 벨트(cross belt)방식 소팅컨베이어** : 레일을 주행하는 연속된 캐리어상의 소형벨트컨베이어를 레일과 교차하는 방향에 구동시켜 단위화물을 내보내는 소팅컨베이어로, 주로 통신판매, 어패럴, 화장품, 의약품, 서적 등의 자동분류에 이용된다.

⑧ **슬라이딩슈(sliding shoe)방식 소팅컨베이어** : 반송면에 튀어나온 기구를 넣어 단위화물을 함께 이동시키면서 압출하는 소팅컨베이어이다. 충격이 없어 정밀기기, 깨지기 쉬운 물건, 자루 포장물, 장척물 등이 분류대상화물이다.

⑨ **연속컨베이어방식 소팅컨베이어** : 연속하는 컨베이어의 일부를 각 소팅방향으로 전환하여 단위화물을 내보내는 방식

⑩ **오버헤드(overhead)방식 소팅컨베이어** : 오버헤드 컨베이어에서 단위화물을 분기 또는 낙하시키는 소팅컨베이어이다. 이방식은 슈트, 코트 등 겉옷 의류를 행거에 걸어서 보관, 배송하고 고객별로 분류하는데 이용

⑪ **수직 소팅컨베이어** : 단위화물을 수직방향으로 반송하는 소팅컨베이어

3) DPS(Digital Picking System)과 DAS(Digital Assorting System)

(1) DPS

DPS는 피킹할 물품을 컴퓨터와 디지털 표시기를 통해 작업전표 없이 피킹할 수 있는

시스템이다. 다품종 소량, 다빈도 피킹과 분류 작업에 필수적인 시스템이며, 고속 피킹기능도 있다. DPS는 물류센터에서의 작업 합리화와 생산성 향상을 위해 활용되며, 성수기에 취급 품목의 증가와 변경, 작업자 교체 등으로 피킹과 분류 작업의 혼란을 최소화할 수 있고, 미숙련자도 신속하고 정확하게 피킹작업과 분류작업을 할 수 있다. 평상시는 물론 물동량이 급증하는 성수기에도 DPS를 활용하여 아르바이트 직원도 유연하게 탄력적으로 이용할 수 있다.

(2) DPS의 특징과 유형

DPS의 특징은 다음과 같다.

① 다품종 소량, 다빈도 피킹, 분류작업에 이용할 수 있고, 양손으로 작업이 가능하다.

② 인력과 기계 등을 활용하여 다양한 시스템을 구성할 수 있다.

③ 시스템 변경이 용이하고 시각성이 높다.

④ 고객의 니즈를 충족시키기 위해 적합한 물량을 적기에 납품할 수 있다.

⑤ 복수 블록과 복수 배치의 실현으로 물동량에 따라 피킹의 효율을 향상시킬 수 있다.

한편, DPS의 유형은 다음과 같이 구분할 수 있다.

① **대차식 DPS** : 랙에는 피킹표시가 되어 있고, 작업자는 피킹표시를 보면서 피킹작업을 대차로 해 나간다. 피킹지시는 DPS 관리용 컴퓨터로 하고 다른 유형의 랙에서도 쉽고 신속하게 작업할 수 있다.

② **구동 컨베이어 동기 DPS** : 작업인원수에 따라 설정된 구역별로 피킹표시에 따라 구역단위로 피킹작업을 진행하고 전체 구역에서 완료버튼이 눌러지면 컨베이어가 출하상자를 한구역씩 움직이는 컨베이어 동기 피킹시스템이다. 구역별로 피킹 수량을 균등하게 함으로써 피킹효율을 높일 수 있다.

③ **무구동 컨베이어 DPS** : 주문단위로 출하박스를 무구동 컨베이어에 투입하여 구역별로 피킹하고 해당 구역에서 주문 피킹이 완료되면 구동 컨베이어로 밀어 출하라인으로 이송하고, 계속되는 주문은 재작업 형태로 이루어진다. 주문 건수에 따라 구역 수를 설정하므로 물량에 따라 피킹작업인원을 조정할 수 있어 배송처가 많고, 주문단위당 건수가 적은 인터넷, 카탈로그, 홈쇼핑, 방문판매 등의 무점포 물류단지에 적합한 방식이다.

(3) DAS

DAS는 피킹한 물품을 컴퓨터와 디지털 표시기에 의해 전표 없이 거래처별로 분류, 분배하는 작업을 지원하는 시스템이다. 과거에는 피킹작업자가 작업지시서를 보고 실행하던 작업을 작업지시서 없이 분류작업을 가능하게 해주는 시스템이다. 분류를 위한 피킹작업은 DPS 등을 활용하고, DAS시스템을 이용하여 적은 인원으로 신속하고 정확한 분류작업이 가능하며, 분류작업시 발생할 수 있는 누락이나 실수를 대폭 축소하여 고객서비스 향상과 비용절감이 가능하다.

(4) DAS의 특징과 유형

DAS의 특징은 다음과 같다.

① 특별한 상품 지식이 없어도 누구나 곧바로 분류작업이 가능하다.

② 분류시간을 단축하고, 정확하게 분류할 수 있다.

③ 전표가 필요 없어 양손 사용이 가능하다.

한편, DAS의 유형은 다음과 같이 구분할 수 있다.

① 멀티 릴레이 분류방식 DAS : 냉장과 신선식품 등 통과형 내지 생산형 물류센터의 입고수량을 1차 구역별 중분류와 2차 점포별로 분류하는 방식이다. 짧은 시간내 동시에 많은 품목을 분류할 수 있어 단품 분류시보다 생산성 향상이 가능하다.

② 멀티 분류방식 DAS : 고객별로 상품을 함께 포장해야 할 경우에 적합한 분류시스템으로 품목수와 고객수가 많은 인터넷 서적 판매나 카탈로그 등에 적합한 방식이다. 통과형 물류단지와 배송처가 많고 주문단위당 브랜드 이미지가 높지 않은 인터넷, 카탈로그, 홈쇼핑, 방문판매 등 무점포 물류센터에 적합한 방식이다.

③ 멀티 다품종 분류방식 DAS : 의류분야에 적합한 방식으로 품목수가 많아 동시에 4가지 이상의 품목을 분류할 수 있고, 남은 잔량을 표시하여 상자수를 감소시킬 수 있다. 상자명세서를 출력하여 상자에 투입한 상품리스트로 매장에서 검품하는데 기여하는 방식이다.

제9장 포장물류

제1절 포장의 기능과 종류

1. 포장의 정의

포장은 물품의 전시, 판매, 운송, 보관, 사용 등에 있어서 그 가치 및 상태를 유지하기 위해 적절한 재료, 용기 등을 사용하여 보호하는 기술 또는 쌓여진 상태를 말한다. 즉, 포장은 화물의 운송, 보관 또는 하역 시 화물을 안전하게 보호하고 취급이 편리하도록 하기 위해 용기 등으로 화물의 외부를 감싸는 것을 말한다.

포장은 물류의 하부시스템으로서 상품의 이동성을 높이고 운송, 하역, 보관면에서 상품 내용을 보호하는 기능과 역할을 담당하며, 생산과 마케팅을 연결하는 기능을 한다. 과거에는 포장을 단순히 물품의 가치 및 상태를 보호하기 위하여 적절한 용기 등을 시행한 상태만을 포장이라고 보았으나, 시대의 변화와 함께 최근에는 "물품의 생산에서 소비에 이르기까지 운송, 보관, 하역, 판매, 사용 등의 제공정에 있어서 물품을 보호하고 취급을 용이하게 하고, 그 물품의 판매를 촉진하게 하며, 사용 및 사용 후의 처리를 용이하게 하기 위하여 제품에 시공한 기법 또는 시행한 상태"로 보아야 할 것이다. 즉, 물품의 생산에서 소비에 이르기까지 운송, 보관, 하역, 판매, 사용 등의 제반 과정에 있어서, 물품의 품질, 가치를 보호·보전하고, 물품의 취급을 편리하게 하고, 그 물품 정보의 전달 및 물품의 판매를 촉진하며, 재료와 형태면에서는 포장의 사회적 공익성과 함께 환경에 적합하고, 유통합리화를 기하기 위하여 물품에 경제적으로 시공한 기법 또는 시행한 상태를 말한다.

2. 포장의 기능

첫째, 보호성의 기능이다. 즉, 내용품의 보호 및 품질유지에 필요한 것으로 물품을 보호하는 기능이다.

둘째, 단위성의 기능이다. 물품을 일정한 단위로 정리하는 기능을 포함하고 있으며, 포장의 단위화, 정량화 조건은 거래단위와 일치하고, 취급이 편리하고, 운송, 하역, 보관 등의 물류조건에 적합하여야 한다는 것을 의미한다.

셋째, 표시(정보)성의 기능이다. 화물취급 및 분류에 필요한 사항을 포장에 인쇄, 라벨 등으로 표시함으로써 하역활동을 용이하게 하는 것이다(문자, 표지, 기호, 바코드, 심벌 등).

넷째, 상품성과 판매촉진성의 기능이다. 상업포장의 본질로써 상품 이미지를 높이는 것이며, 상품과 소비자를 연결하는 매개체 역할을 하고, 광고효과가 높아 상품의 판매촉진 효과를 가져온다.

다섯째, 편리성의 기능이다. 포장은 이용, 진열을 용이하게 하고, 운송·하역·보관작업이 용이하도록 해야 한다. 또한 화물의 취급이 편리해야 하며, 운송·하역·보관에 적절한 형상을 유지해야 하며, 사용 편리, 이동 간단, 비용 저렴, 진열 간단, 용기의 재사용 등을 조건으로 한다.

여섯째, 효율성의 기능이다. 즉, 생산, 하역, 판매, 수배송, 보관 등의 효율적인 작업을 가능하도록 한다.

3. 포장의 종류

1) 형태별 분류

(1) 개별포장(단위포장, Unitary Packaging)

물품의 최소 단위를 개별적으로 하나씩 포장하는 것으로 물품의 상품가치를 높이거나 물품을 보호하기 위하여 적절한 재료, 용기 등으로 물품을 포장하는 방법 및 포장한 상태를 말한다.

(2) 내부포장(속포장, Inner Packaging)

개별포장화물을 적절한 단위로 모아서 포장하거나 중간용기에 넣은 기술 또는 상태를 말하는 것으로 물품에 대한 수분, 습기, 광렬, 충격 등을 방지하기 위하여 적합한 재료 및 용기 등으로 포장하는 방법 및 포장한 상태를 말한다.

(3) 외부포장(겉포장, Outer Packing)

포장화물을 용기에 넣거나 넣지 않은 채 결속하여 기호, 화인(Shipping Mark) 등을 표시하여 내부의 물품이 무엇인지 확인하도록 한다. 외장은 일반적으로 나무상자, 판지, 자루 등과 같이 튼튼한 포장재를 사용한다.

2) 한국공업규격(KS) 분류

(1) 낱포장(單位包裝)

물품 개개의 포장을 말하며, 물품의 상품가치를 높이거나 물품 개개를 보호하기 위하여 적합한 재료 및 용기 등으로 물품을 포장하는 방법 및 상태를 말한다.

(2) 속포장(內包裝)

포장된 화물 내부의 포장을 말하며, 운송포장 또는 공업포장으로서 물품에 대한 수분, 습기, 광열 및 충격 등을 방지하기 위하여 적합한 재료 및 용기 등으로 물품을 포장하는 방법 및 포장한 상태를 말한다.

(3) 겉포장(外包裝)

화물 외부의 상업포장 또는 소비자포장을 말하며, 물품을 상자, 포대, 나무통 및 금속 등의 용기에 넣거나 용기를 사용하지 않고 그대로 묶어서 기호 또는 화물을 표시하는 방법 및 포장한 상태를 말한다.

3) 기능별 분류

(1) 공업포장

물품의 운송·보관을 주목적으로 하는 포장으로 산업포장 또는 운송포장이라고도 하며, 내용물의 보호 및 물품취급의 편의기능에 중점을 둔다.

(2) 상업포장

일반적으로 상거래에서 상품을 정리 및 취급하기 위해 시행하는 포장으로 소매포장 또는 소비자포장이라고도 한다. 판매촉진기능과 운송·하역 편의기능, 작업의 효율화 도모를 목적으로 한다.

〈표 9-1〉 상업포장과 공업포장

상업포장	공업포장
– 상품성 및 판매촉진성 중시 – 구매자 및 소비자와 직접 접촉 – 상류의 중요한 요소(판매촉진의 수단) – 매출액 증가 중시	– 보호성 및 취급편리성 중시 – 반드시 직접 접촉하지 않음 – 물류의 중요한 요소(물류기술의 수단) – 비용 최소화 중심

4) 포장기법별 종류

(1) 방수·방습포장기법

운송·보관·하역과정에서 포장 내부에 물이 침투하는 것을 방지하기 위해 실시하는 것을 방수포장이라 하며, 방습포장이란 물류과정에서 습기가 상품에 스며들지 않도록 방지하는 포장을 말한다. 방수포장에 쓰이는 외부포장의 용기는 지정된 수위 정도의 물이 스며들더라도 외부포장의 형태 및 성질에 변동이 없는 방수성 재료를 사용하여 만들어야 한다.

방수포장과 방습포장은 반드시 겸하는 것은 아니지만 병용할 경우에 방수포장은 외면에, 방습포장은 내면에 하는 것을 원칙으로 한다. 방습성이 완전한 포장재료에는 금속과 유리가 있으며 플라스틱 포장재, 가공지 등도 방수·방습 성능이 아주 높은 재료이다.

(2) 방청포장기법

기계류와 같은 금속제품은 물류과정에서 녹이 생기는 경우가 있는데, 녹으로 인한 품질과 성능의 저하를 없애고 항상 사용하기에 적합한 상태로 만들어 두기 위한 모든 수단과 방법을 방청포장이라 한다.

방청포장하는 방법은 처리하는 방법에 따라 크게 화학적인 방법과 물리적인 방법으로 나눌 수 있다.

첫째, 화학적인 방법으로는 부식 억제제를 사용하여 금속표면의 흡착피막을 형성하거나 물 또는 습기의 금속 면에의 도달을 막고 포장 내부에 방청 분위기를 형성한다. 그 밖의 산화 피막과 같은 화학 피막을 형성하는 경우도 있다.

둘째, 물리적인 방법으로는 약제 이외의 장벽에 의해 습기나 물의 투과를 막거나 방수·방습성 특수골판지, 건조제, 진공포장 등에 의한 포장방법이 있다.

(3) 완충포장기법

물류과정에서 진동이나 하역의 충격에 의한 물품의 파손을 방지하고 외력이 물품에 직접 가해지지 않도록 외압을 완화시키는 포장기법을 완충포장기법이라 한다. 완충포장을 하기 위해서는 포장화물의 운송·하역 등에 어떠한 움직임이 있는지, 충격·진동의 크기는 어느 정도인지, 어떤 성질의 제품인지, 유통환경은 어떠한지 그리고 포장재료의 완충성능 등을 충분히 파악해야 한다. 완충포장의 설계를 할 때에는 내용물의 중량, 허용 가속도, 물류환경에 의해 예상되는 최대 낙하높이, 내용물과 완충 재료와의 접촉면적 등에 대한 검토가 고려되어야 한다.

진동·충격 등의 외력에 의해 물품이 견딜 수 있는 가속도를 그 물품의 허용가속도라고 하는데, 최대가속도를 중력의 가속도 단위(G)의 배수로 표시하는데 이를 G팩터라고 한다. 완충포장을 하기 위해서는 제품별 G팩터를 아는 것이 중요하다.

5) 기타 포장의 종류

포장내용물의 중량, 포장재료의 재질 및 포장방법 등에 의해서 포장의 종류를 구분할 수 있으며, 그 내용은 다음과 같다.

〈표 9-2〉 기타 포장의 종류

구 분		내 용
포장내용물의 중량에 의한 분류	경포장(輕包裝)	내용물의 중량이 50kg 미만의 것
	중포장(中包裝)	내용물의 중량이 50~200kg 미만의 것
	중포장(重包裝)	내용물의 중량이 200kg을 초과하는 것
포장재료의 재질에 의한 분류	강성포장	금속, 유리 등과 같은 강성재료를 사용한 포장
	반강성포장	플라스틱병 등의 반강성용기를 이용한 포장
	유연포장	플라스틱필름, 종이 등과 같은 유연성 있는 재료를 이용한 포장
포장방법에 의한 분류	방수포장	포장의 외부로부터 물이 스며드는 것을 방지하기 위하여 하는 포장방법
	방습포장	습기에 의한 손상 방지를 목적으로 하는 포장방법
	방청포장	물품에 녹이 발생되는 것을 방지하기 위한 포장방법
	완충포장	운송이나 하역 중에 발생되는 충격으로 인한 물품의 파손을 방지하기 위해서 적용되는 포장방법
	진공포장	내용물의 활성을 정지시키기 위해서 포장의 내부를 진공으로 한 후 밀봉하는 포장방법
	압축포장	상품을 압축하여 적은 용적이 되게 하는 포장방법

제2절 포장재료

1. 골판지

1) 골판지의 정의

골판지는 파도모양으로 성형한 골심지의 편면 또는 양면에 라이너를 붙인 것을 말한다.

골판지는 편면골판지, 단면골판지, 2중 양면골판지, 3중 양면골판지가 있으며, 용도에 따라 단위포장용, 내부포장용, 외부포장용 골판지로 분류한다.

〈표 9-3〉 골판지의 장점 및 단점

장 점	단 점
- 대량생산품의 포장에 적합하며, 대량주문에 대응할 수 있음 - 경량이며 부피가 작고, 물류비가 저렴함 - 포장작업이 용이하고, 성력화, 기계화가 가능함 - 재료의 보관 부피가 작음 - 인쇄가 가능함	- 습기에 약하며, 흡습에 의해 압축강도가 떨어짐 - 소량의 주문에는 비능률적이고 비용이 비교적 비쌈 - 화물 취급시 손상되기 쉽고, 휘기 쉬움

2) 골판지 골의 종류와 특징

A골은 규격화된 골 중에서는 단위길이 당 골의 수가 가장 적고(30cm당 34±2골), 골의 높이가 가장 높다. A골을 사용하여 만든 상자는 비교적 가벼운 내용물을 포장하는 경우에 충격흡수성과 압축강도가 강하다.

B골은 A골과 대조적으로 골의 수가 가장 많고(30cm당 50±2골) 골 높이가 낮아서 내용물이 단단한 통조림이나 유리병 등의 내용물 포장에 적합하다.

C골은 제2차 세계대전 중 미국이 군사물자의 효율적 운송을 위한 목적으로 개발하였다. A골과 B골의 중간형상(30cm당 40±2골)으로, 주요 물성도 중간적인 특성을 나타낸다.

E골은 1970년대 미국에서 지기용으로 개발되었는데, 골 높이가 낮고 골의 수가 많아(30cm당 93±5골) 표면이 평활하기 때문에 인쇄적성이 우수하다.

3) 특수골판지 상자

골판지 상자는 주로 물류기능을 충족시키기 위해 사용되었으나 유통기능의 추가가 요구되면서 내용물 보호기능에 다양한 특수기능을 부가한 골판지 상자가 등장하였다.

특수골판지 상자의 종류는 다음과 같이 정리할 수 있다.

① 다품종소량 다빈도 배송용 소분할포장(小分割包裝)

② 압축강도강화 골판지상자

③ 녹방지-방청 골판지상자
④ 신선도보존 골판지상자
⑤ 방충(防蟲) 골판지상자
⑥ 곰팡이방지 골판지상자
⑦ 수분방지-방수(防水) 골판지상자
⑧ 중량물 포장용 골판지상자

2. 플라스틱 포장재

1) 플라스틱 포장재의 개념과 특징

플라스틱 포장재는 플라스틱 중량포장부대와 플라스틱 컨테이너로 구분한다. 중량포장부대에는 플라스틱 필름을 부대로 한 것과 플라스틱포를 부대로 한 것이 있다. 필름부대는 방습・방수성이 높아 비료, 설탕, 소금 등에 사용되며, 플라스틱포대는 통풍성이 있는 부대로서 가마니나 마대의 대체품으로 곡류나 사료 등에 이용된다.

플라스틱 용기의 특징은 다음과 같이 정리할 수 있다.

① 성형 가공성
② 투명성・착색성
③ 경량・강인성
④ 충격성
⑤ 내약품성・내부식성
⑥ 전기절연성
⑦ 내열성
⑧ 내수성
⑨ 강도성
⑩ 상품설계성

2) 플라스틱 컨테이너의 장점과 단점

플라스틱 컨테이너는 플라스틱제의 상자 또는 배달상자 등을 총칭하는 것으로, 식품, 청과물, 가공식품, 부품 등에 이용된다.

〈표 9-4〉 플라스틱 컨테이너의 장점 및 단점

장 점	단 점
– 나무상자에 비해 가벼움 – 내용연수가 길고, 보수비용이 들지 않음 – 착색이 용이하고, 색깔에 의해 물품을 구별하기 쉬움 – 세척 및 건조가 쉬워 관리하기가 용이함	– 미끄러지기 쉬우므로 구조 개발이 필요함 – 표면이 훼손되면 복구가 어려움 – 나무상자보다 비용이 높음

3. 나무상자

나무상자는 목재를 이용한 포장상자를 말하며, 그 장점과 단점은 다음과 같이 정리할 수 있다.

〈표 9-5〉 나무상자의 장점 및 단점

장 점	단 점
•재료의 입수가 용이함 •가공이 비교적 간단하고 대형의 기계설비를 필요로 하지 않음 •가격이 비교적 저렴하며 반복사용이 가능함 •강도가 크고 수분, 습도에 강함 •내용물에 따라 자유자재의 용적 또는 형상을 용이하게 만들 수 있음 •목재의 특질로서 충격에 강하고 유연성이 있음	•다른 외부용기에 비해 용기의 질량 및 용적이 큼 •목재재질이 균일하지 못하기 때문에 강도 또한 균일하지 못할 수 있음 •목재는 약간의 수분을 함유하고 있어 내용물에 나쁜 영향을 줄 수 있고, 건조가 진행됨에 따라 수축하여 변형되는 결점이 있음 •기계에 의한 대량생산이 어려워 인공가공에 의존함 •재사용이 가능한 반면 해체 및 빈상자의 폐기에 어려움이 있음

4. 금속용기 및 유리

1) 금속재료

금속포장은 주석도금강판, 강철, 알루미늄을 이용한 캔 포장뿐 아니라 드럼, 알미늄박스, 병뚜껑 등의 포장분야에 사용된다. 알루미늄은 가볍고 녹이 잘 슬지 않는 장점이 있으나 강철보다 가격이 비싸기 때문에 재활용에 대한 관심이 높다. 그리고 금속캔은 장기간 저장을 위해 사용되는 포장용기로 신선한 맛의 보존을 위한 맥주, 탄산음료 등의 식품 포장재로 주로 사용하고 있다.

2) 유리용기

유리는 무기질의 용융체를 냉각할 때 결정화하는 일 없이 실용상 고체로 사용할 수 있는 상태까지 응고한 것을 말하며, 딱딱하고 부서지기 쉬운 특징이 있다. 또한 빛을 잘 통과시키며, 표면이 아름답게 빛나고, 물과 접촉 가능, 기체 및 액체의 불통과, 소리차단 및 전기 부도체 등과 같은 장점이 있다.

5. 포장 부자재

포장 부자재란 포장의 보조적 기능을 하는 재료로서 구체적으로는 완충재, 방청재, 방충제, 방서제 또는 결속재 등을 들 수 있다.

완충재는 화물에 가해진 진동이나 낙하에 의한 충격을 완화시키기 위해 사용되는 부자재이며, 구체적으로는 스프링, 목모, 골판지, 플라스틱모, 기포 주입 플라스틱 필름 등을 말한다. 방청재는 녹을 막기 위해 사용되는 약제로서, 방청유, 기화성 방청재 등을 말하며, 방충제・방서제는 충해, 곰팡이의 발생을 방지하고, 쥐의 피해를 방지하기 위해 가공처리시 사용하는 약제를 말한다. 결속재는 포장을 그대로 묶는 재료이며, 구체적으로는 끈, 종이밴드, 플라스틱 밴드, 와이어, 테이프 등을 말한다.

제3절 집합포장기법

1. 집합포장기법의 개념

집합포장기법은 운송포장의 취급시 기계하역의 대상이 되는 비교적 대량화물의 집합체로서 낱개의 포장상품을 하나의 단위화된 화물로 만드는 것을 말한다. 일반적으로 집합포장기법은 다음과 같은 요건을 갖추어야 한다.

첫째, 보호기능으로서 적재된 화물의 붕괴방지 수단과 방법이 되어야 한다.

둘째, 기계·기구사용의 용이성으로서 운송기관이나 보관설비에서의 하역작업과 취급이 용이할 수 있도록 지게차나 크레인 등 하역기계·기구의 사용에 적합하여야 한다. 이를 위해서 집합체의 단위중량, 중심위치, 평면치수, 높이 및 안정성의 적정화가 요구된다. 즉, 적재화물의 붕괴 방지뿐만 아니라 크레인 하역시 와이어로프(wire rope)에 의한 취급으로 포장 및 물품이 변형·손상되지 않도록 하는 방지수단이 필요하게 된다.

셋째, 설계단계에서부터 집합체로서의 포장을 고려하여야 한다. 즉, 복수의 물품이나 운송포장을 파렛트 등의 위에 적재한다는 사고방식이 아니라 포장은 설계단계부터 집합체로서의 포장을 고려해야 한다.

2. 집합포장방법

1) 밴드결속

집합포장에서 가장 많이 사용되는 방법으로 종이, 플라스틱, 라일론 및 금속밴드 등이 재료로 사용된다. 밴드의 결속방법에는 수평묶음과 수직묶음이 있으며, 코너의 변형을 막기 위해 코너패드(corner pad)가 보호재로서 사용된다.

2) 테이핑(Taping)

용기의 층 등에 접착테이프를 사용하나, 용기의 표면을 손상시킬 우려가 있다.

3) 슬리브(Sleeve)

종이, 천 및 필름 등으로 슬리브를 만들어 수직 4면에 감거나 싼다.

4) 꺾쇠·물림쇠

주로 칸막이 상자 등에 채용하는 방법인데 고정되도록 꺾쇠 또는 물림쇠를 박는다.

5) 틀

주로 수평이동을 위·아래의 틀로 고정하는 방법으로 적어도 4개 정도의 밴드를 사용한다.

6) 대형 골판지상자

작은 부품 등을 꾸러미로 묶지 않고 담는데 사용되며, 보통 내부에 칸막이(partition)가 장착된다. 집합포장에 사용하는 대형 골판지 상자에서는 위·아래의 덮개와 동판의 결합으로 구성되는데 바깥쪽을 밴드로 묶어 파렛트와 일체가 되도록 하는 것이 일반적이다.

7) 쉬링크(Shrink)포장

수축 필름의 열 수축력에 의해서 파렛트와 그 위에 적재된 포장물을 일체화하는 포장을 말한다.

8) 스트레치(Stretch)포장

스트레치 필름을 사용하여 필름의 접착성을 이용하는데, 쉬링크 필름이 한 겹인 데 비해서 스트레치 필름의 경우, 대개 세 겹 정도를 필요로 한다.

9) 접착

접착제로는 풀이나 접착테이프를 이용하는 경우가 있다. 이 방법에는 두포와 점적의 2가지 방법이 있는데, 특수한 성능으로 수평방향의 저항에는 강하지만 수직방향에는 약한 단점이 있다. 또한 접착테이프로는 양면에 접착제를 도포한 것을 용기의 층간 접착에 사용한다.

10) 보호재

집합포장에서는 물품, 단위포장 및 운송포장을 보호하기 위해 각종 보호재를 사용하는데 일반적으로 사용되는 재료로서는 코너패드(corner pad), 덮개(tray, cap), 틀(상면, 측면, 단면), 칸막이 판(수평 · 수직방향), 덧 받침재(밴드의 인장력 보전), 충진물(공간 매우기, 돌출 방지) 등이 있다.

[그림 9-1] 집합포장수단

번호	호 칭	방 법	번호	호 칭	방 법
1	밴드결속	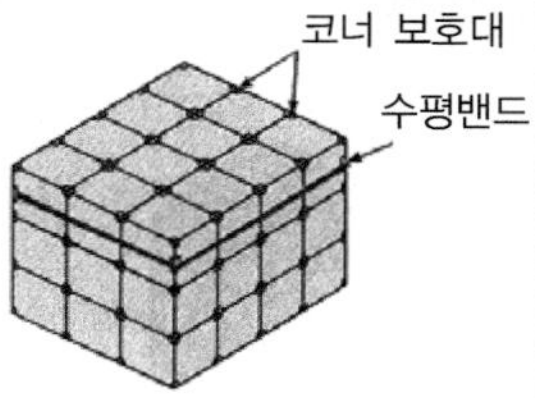	5	스트레치 포장 (Stretch)	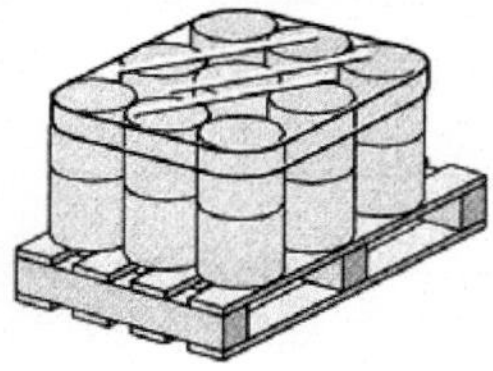
2	테이핑 (Taping)		6	꺽쇠/ 물림쇠	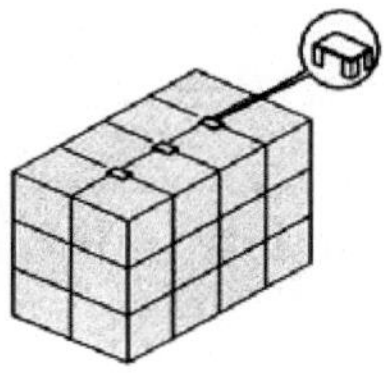
3	슬리브 (Sleeve)	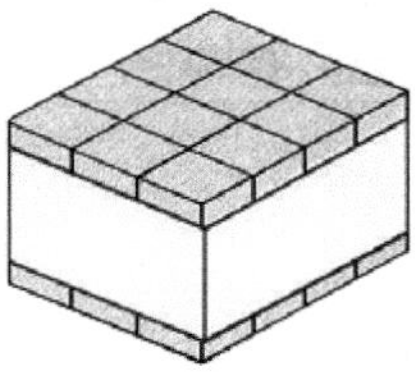	7	틀	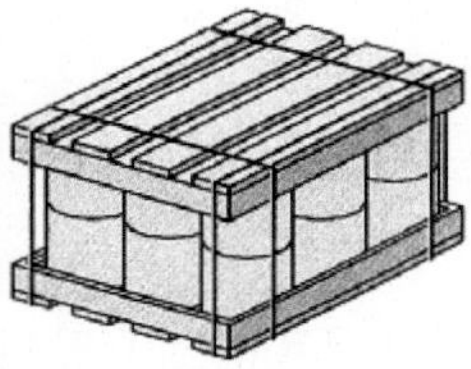
4	쉬링크 포장 (Shrink)	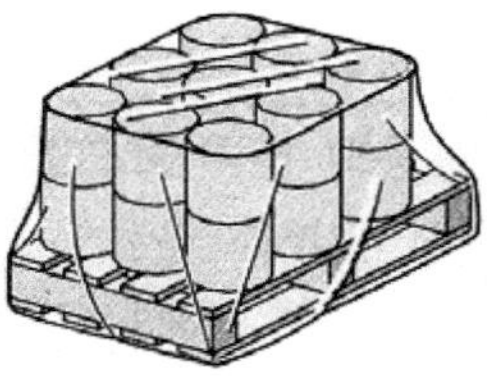	8	대형 골판지 상자	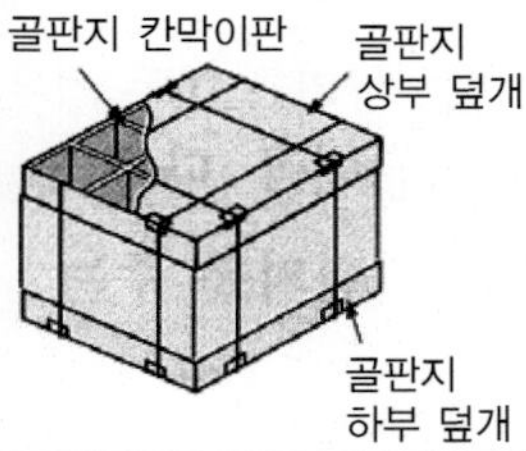

3. 파렛트의 집합적재방법

1) 블록 쌓기

물건을 아래에서 위까지 홀수단과 짝수단 모두 같은 방향으로 적재하는 방법이다. 짐이 갈라질 염려가 없고 비교적 안정적이나 상단의 붕괴가 나타날 수 있어 이를 방지하기 위하여 밴드를 걸고 스트레치 포장을 실시하는 경우가 많다.

2) 교호열 쌓기

홀수단과 짝수단을 90° 방향을 바꾸어 교차적으로 적재하는 방법이다. 짐이 갈라질 염려는 없으나 정방형의 파렛트에서만 적용할 수 있다.

3) 벽돌형 쌓기

벽돌을 쌓듯이 한단을 화물의 종방향과 횡방향으로 조합하여 적재하고 다음 단은 그 방향을 180° 바꾸어 홀수단과 짝수단을 교차적으로 적재한다. 정방향 파렛트에 적재할 수 있는 패턴으로 주로 포대형태의 적재패턴이 많이 이용된다.

4) 핀휠(Pinwheel) 쌓기

파렛트 중앙부에 빈 공간이 생기도록 만드는 형태로 이 공간을 감싸듯 풍차형으로 화물을 적재하는데 주로 장방형의 파렛트의 적재에 사용된다. 보통 홀수단과 짝수단의 방향을 바꾸어 적재한다.

5) 스플릿(Split) 쌓기

벽돌 쌓기를 하는 경우에 화물과 파렛트의 치수가 일치하지 않을 경우, 물건 사이에 부분적으로 공간을 만드는 패턴이다. 화물이 갈라질 염려가 없고 안정감이 있어 장방형 파렛트에 적합하다.

[그림 9-2] 파렛트의 집합적재 방법

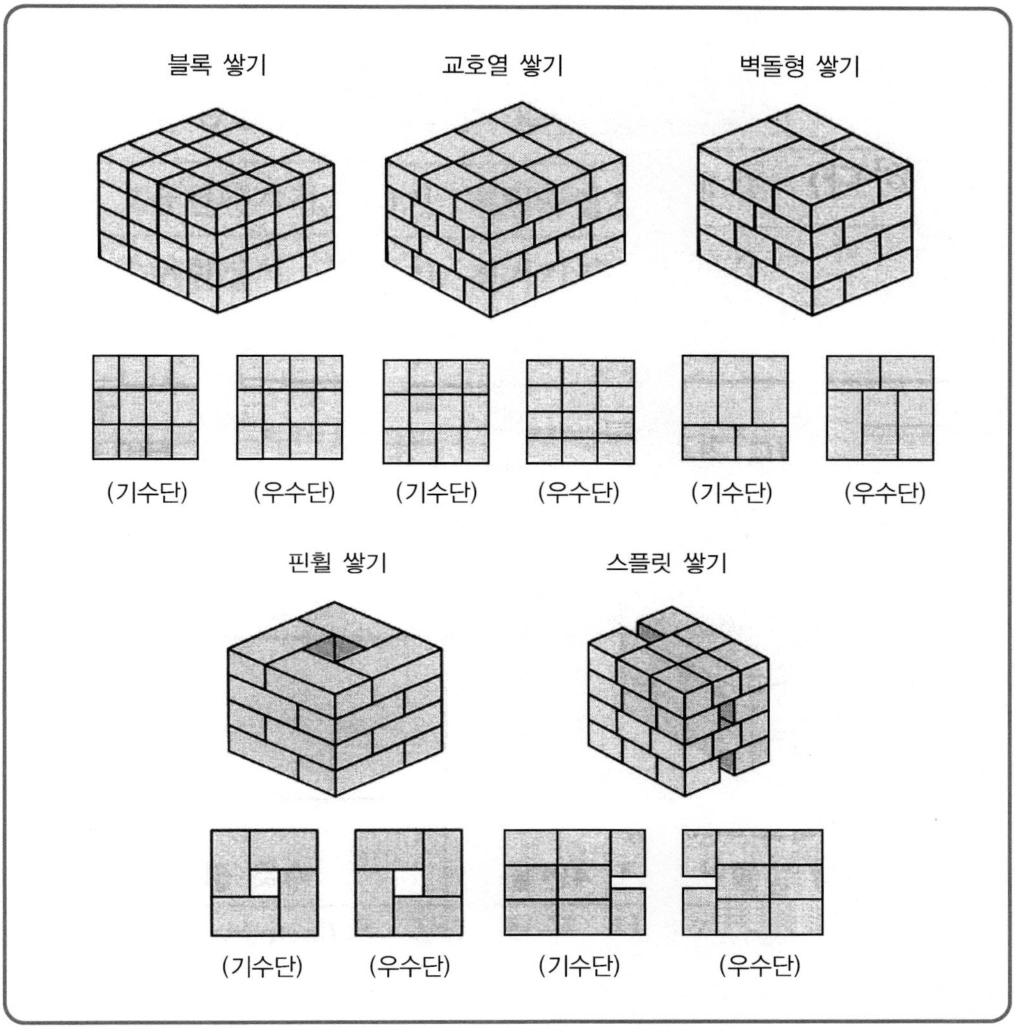

제4절 화인과 화물취급주의표시

1. 화인의 의의

화인(Mark)이란 포장화물의 외장에 기입하는 특정한 기호, 번호, 목적지, 취급상의 문구 및 기타의 표시 등을 총칭하는 것으로, 화물취급자로 하여금 다른 화물과의 구분, 매수인의 사용편의 및 선적서류와 물품과의 대조에 편의를 주는데 목적이 있다.

2. 화인표시의 종류

1) 주표시(Main Mark)

화인 중 가장 중요한 표시로서 타 상품과 식별을 용이하게 하는 기호로 외장면에 마름모꼴 등의 표시를 하고 그 안에 송화인이나 수화인을 표시하는 특정한 기호에 대표문자를 넣어 만든 약자를 기입하는 것을 말한다.

2) 부표시(Counter Mark)

내용물품의 직접 생산자나 혹은 수출대행사 등이 붙이는 기호로 같은 선적분의 다른 화물과 식별할 수 있도록 표시한 것이다. 주마크의 위쪽이나 밑쪽에 기재하게 되나 기재되지 않는 경우도 있다.

3) 품질표시(Quality Mark)

내용품의 품질이나 등급 등을 표시하는 것으로 주표시의 위쪽이나 밑에 기재한다.

4) 상자번호(Case Number)

송장(invoice), 적하목록(manifest), 기타 운송서류와 대조하여 식별・확인하기 위하여 상자 겉면에 표시하는 일련번호를 말한다.

5) 목적지 표시(Destination Mark)

내용품이 도착하게 되는 목적지를 표시하는 것으로 화물이 다른 곳으로 잘못 운송되는 것을 막기 위해 필수적으로 표시해야 하는 화인이다.

6) 수량표시(Case Mark)

단일포장이 아닌 2개 이상의 경우 번호를 붙여 수량이 포장 수량 가운데 몇번째에 해당되는지를 표시한다.

[그림 9-3] 화인의 예시

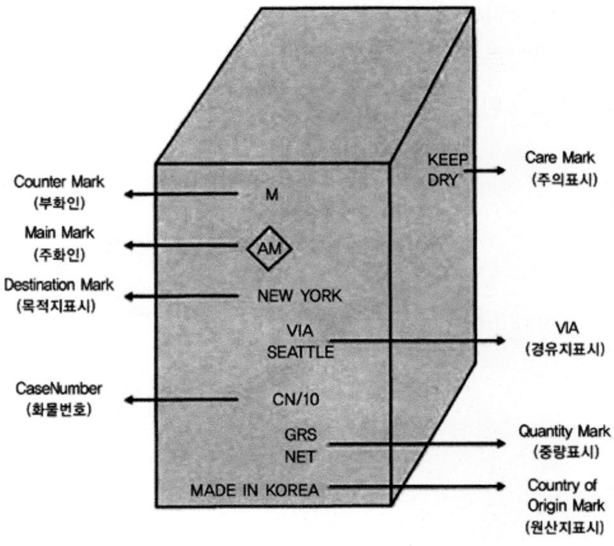

7) 주의표시(Care Mark)

내용품의 성격, 품질, 형상 등에 따라 취급상의 주의를 표시하는 것을 말한다.

8) 원산지표시(Origin Mark)

정상적인 절차에 의해 선적되는 모든 수출품은 관세법의 규정에 따라 원산지명을 표시하도록 되어 있어 이를 표시한다.

3. 화인표시의 방법

1) 스탬핑(Stamping or Printing)

화인할 장소에 고무인이나 프레스기 등을 사용하여 찍는 것으로, 종이상자나 골판지상자 또는 자루 등에 주로 이용된다.

2) 스텐실(Stencil)

기름기가 많은 무거운 종이나 셀룰로이드판, 플라스틱판, 알루미늄판 등의 시트에 글자를 파두었다가 잉크나 페인트 등을 붓이나 스프레이를 이용하여 칠하는 방법으로 나무상자나 드럼, 베일 등에 이용된다.

3) 스티커(Sticker)

태그방법과 비슷하나 태그와는 달리 종이나 직포 또는 양철, 알루미늄판, 플라스틱판 등에 일정한 내용을 기재한 다음 못으로 박거나 혹은 특정방법에 의하여 고착시키는 방법이다.

4) 태그(Tag)

스티커의 방법과 유사하지만 고착시키는 것이 아니라 철사 등을 이용하여 매다는 방법이다.

5) 레이블링(Labeling)

종이나 직포 등에 필요한 내용을 미리 인쇄해 두었다가 일정한 장소에 붙이는 것으로 통조림병, 유리병 또는 베일 등에 이용된다.

6) 카빙(Carving or Embossing)

금속제품에 주로 사용하는 방법으로 직접 내용상품에 쇠로 된 각인을 찍거나 주물을 주입할 때 미리 화인을 만들어 두어 제품의 완성시에 화인이 나타나도록 하는 방법이다.

4. 화인표시의 주의사항

화인을 표시할 때에는 다음과 같은 사항을 주의하여야 한다.

① 기재사항의 누락이나 오류가 발생하지 않도록 세심한 주의가 필요
② 화인은 물에 씻기지 않도록 방수잉크 사용
③ 외부의 힘에 의하여 파손 또는 탈락 방지
④ 문자 획의 굵기 동일(중요하다고 굵게 표시해서는 안됨)
⑤ 기재되는 사항은 분명하게 읽을 수 있도록 함
⑥ 표시방법은 기재장소나 포장형태에 따라 적절한 방법 선택
⑦ 표시장소는 가장 알기 쉽게 판독할 수 있는 장소에 표시
⑧ 주의표시는 관심을 끌 수 있도록 붉은 색으로 표시
⑨ 일체의 표시는 문자의 배열이 정연하고 짜임새 있도록 표시

5. 화물의 취급주의표시

일반화물의 하역작업시 화물의 보호 및 취급자의 안전을 위해 적정한 화물취급을 지시하는 표시이다. 내용품의 성격, 품질, 형상 등에 따라 붉은 색으로 취급상의 주의를 표시하게 된다. 이하에서는 한국공업규격(KS)에 의한 일반화물의 취급주의표시(KS A 1008)와 위험물의 취급주의 표시(KS A 1009)에 대하여 살펴보도록 한다.

[그림 9-4] 화물의 취급주의표시

번호	호 칭	표 시	표지내용 및 위치
1	깨지는 것		깨지기 쉬우므로 주의하여 취급할 것을 표시한다.
2	취급주의 (HANDLE WITH CARE)		충격을 주지 않도록 조심스레 취급할 것을 표시한다.
3	갈고리 금지 (USE NO HOOK) (DO NOT PUNCHUR)		갈고리를 사용하여서는 안된다는 것을 표시한다.
4	직사광선 · 열차폐 (PROTECT FROM HEAT)		직사광선 및 열로부터 차폐하는 것을 표시한다.
5	위(上) (THIS WAY UP)		화물의 올바른 방향을 표시하여 반대·가로쌓기를 하지 않을 것을 표시한다. 표지는 표시보기와 같이 포장화물의 옆면 또는 양 끝면의 위쪽 구석에 가까운 다른 면의 2곳 이상에 표시한다.
6	방사선 방호 (PROTECT FROM RADIOACTIVE SOURCES)		방사원에서 격리 또는 방사선을 방지하는 것을 표시한다.
7	거는 위치 (SLING HERE)		슬링을 거는 위치를 표시한다. 표지는 표시보기와 같이 상대하는 2면 각각에 표시한다.
8	젖음 방지 (KEEP DRY)		물이 새지 않도록 보호할 것을 표시한다.

9	무게중심 위치 (CENTER OF GRAVITY)		화물의 무게중심 위치를 표시한다. 표지는 표시보기와 같이 무게중심의 위치가 쉽게 보이도록 필요한 면에 표시한다.
10	불안정 (UNSTABLE)		쓰러지기 쉬운 화물임을 표시한다.
11	굴림 금지 (DO NOT ROLL)		굴려서는 안됨을 표시한다.
12	손수레 삽입금지 (NO HAND TRUCK HERE)		손수레를 끼워서는 안되는 부위를 표시한다.
13	위쌓기 제한 (STACKING LIMITATION)	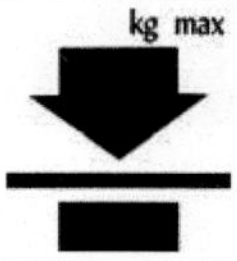	위에 쌓을 수 있는 최대무게를 표시한다. 표지의 상부에는 최대 허용무게를 수치로 표시한다.
14	쌓는 단수 제한 (LAYERS LIMIT)		겹쳐쌓을 수 있는 총단수를 표시한다. 표지 위의 수치는 최대허용 겹쳐쌓기 총단수 10단 쌓기의 보기를 표시한다.
15	온도제한 (TEMPERATURE LIMITATIONS)	 (1) 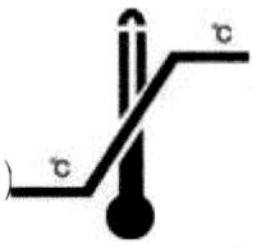 (2) 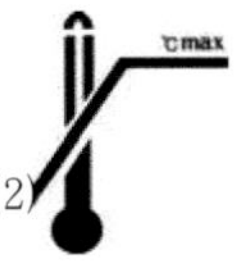 (3) 	허용되는 온도범위 또는 최저 · 최고 온도를 표시한다. 다음과 같이 (1)은 허용되는 온도범위를, (2)는 최고 허용온도치를, (3)은 최저 허용온도치를 표시한다.

16	화기 엄금 (KEEP AWAY FROM FIRE)		불에 타기 쉬우므로 화기를 접근시켜서는 안된다는 것을 표시한다.
기타			'밟지 마시오' 표시
			'찍힘주의' 표시

제5절 적장포장과 포장표준화

1. 적정포장

1) 적정포장의 개념

적정포장이란 상품의 품질보존, 취급상의 편의성, 판매촉진, 안정성 등 포장 본래의 기능을 만족시킴과 동시에 가장 합리적이며, 경제적인 포장을 말한다. 예를 들어 물류에 있어 포장의 간이화는 포장비는 절약되지만 물품의 파손이 많고 하역비, 운송비, 보관비의 증가를 초래하기 때문에 총비용을 최소화하는 포장을 의미한다. 적정공업포장을 실현시키기 위해서는 포장을 위한 포장에서 운송을 위한 포장으로 포장설계를 개선해야 한다. 이 과정에서 포장의 합리화를 위한 표준화가 필요하다.

공업포장에서는 유통과정에서 발생하는 진동, 충격, 압축 및 온・습도 등에 의해 물품에 파손 및 손상이 발생하여 그 가치 및 상태의 저하를 가져오지 않도록 하는 유통조건에 적합한 합리적인 보호를 이루도록 해야 한다. 또 상업포장에서는 과대, 과잉 및 거품포장을 시정함과 동시에 결함 포장을 없애기 위한 그 설계상 보호성, 안정성, 단위, 표시, 용적, 내포장, 폐기물 처리 등을 배려한 포장을 해야 한다는 의미이다.

2) 적정포장의 조건

(1) 생산자 측면의 조건

제품의 적절한 보호, 포장비 절감을 통한 원가절감, 작업의 라인화 및 자동화를 위한 포장설계, 기업 및 제품광고의 효율성 제고, 재생의 활용성 제고 등을 고려하여야 한다.

(2) 물류업자 측면의 조건

하역의 용이성과 위험성을 고려한 중량과 용적단위 포장, 물품의 구분, 행선지, 취급방법 등의 명확한 표시, 유닛로드의 적합성 고려, 포장강도의 표준화, 표시마크, 운송수단과 하역수단의 적합성 고려, 유통과정에서의 도난 방지 등을 고려하여야 한다.

(3) 판매자 측면의 조건

개장과 재포장의 용이성, 간단명료한 내용표시, 판매시점에 효과 여부, 소비자 감각에 부합되는 디자인을 하여야 한다.

(4) 소비자 측의 조건

소비자에게 만족감 제공, 개장 및 재포장의 용이, 포장의 처리나 재이용의 용이성 등의 조건을 충족시켜야 한다.

〈표 9-6〉 적정포장의 요구조건

구 분	요구조건
생산자	- 제품의 적정한 보호 - 보다 저렴한 포장비 - 기업의 이미지 상승효과 - 작업의 라인화, 자동화 가능성
물류업자	- 하역의 용이함과 위험방지 - 표준화에 의한 유닛로드화 가능성 - 포장강도의 안정 - 표시의 용이성 - 운송수단의 적합성 - 물류과정에서의 도난 방지
판매자	- 개봉 또는 재포장이 용이함 - 내용 표시의 명확성 - 소비자의 감각에 부합된 디자인
소비자	- 만족감의 제공 - 개봉 또는 재포장의 용이함 - 포장후 처리의 용이함(재이용 포함)

3) 적정포장의 설계 조건

적정포장을 설계하기 위해서는 보호성, 작업성, 화물취급의 용이성, 표시성 및 편리성 등을 갖추어야 한다.

(1) 보호성

보호성은 공업포장의 본질로서 품질의 유지를 위해서는 반드시 필요하며, 상품 본래의 품질보존과 외력으로부터의 품질보호라는 의미를 동시에 내포하고 있다.

(2) 하역성

파렛트, 컨테이너, 트럭, 화차 등의 운송기관과의 관계를 고려하여 표준규격에 의하여 하역이 이루어질 수 있도록 설계되어야 한다.

(3) 작업성

포장작업의 기계화와 시스템화가 두드러지고 자동화로의 전환도 진전되고 있다. 또한 용기의 사용재료도 기계화에 따라 복합재료의 사용이 증가하고 포장공정도 일관작업 및 자동화가 이루어지고 있다.

(4) 편리성

유통과정에서 여러차례 하역과정을 거쳐야 하므로 이로 인하여 발생하는 충격을 완화하고 원활한 유통이 되기 위해서는 하역에 편리한 포장형태로 만들어져야 한다.

(5) 표시성

품명, 수량, 중량 등과 같은 화물취급이나 분류에 필요한 사항을 표시함으로써 하역의 자동화가 용이해진다.

(6) 운송성

운송기관에서 하역작업이 편리하고 능률적으로 이루어질 수 있도록 포장이 되어야 한다. 효율적인 작업을 위해서는 운송포장을 보다 큰 단위로 한 형태로 이루어지는 것이 바람직하며, 그 단위는 표준파렛트와 정합성을 유지하는 것이 효율적이다.

(7) 경제성

무포장 상태로 유통되는 것이 불가능한 물품은 일정한 포장이 이루어져야 한다. 이 때 물류를 위해 필요한 최소한의 적정포장을 통하여 비용을 최소화할 수 있도록 해야 한다.

2. 포장표준화

1) 포장표준화의 개념

포장표준화란 물품의 운송, 보관, 하역 등 물류의 각 단계에 있어서 시설 및 장비의 종류・형상・치수를 규격화하고 통일시켜 이들 간 호환성과 연계성을 확보・일관흐름체계를 이룰 수 있도록 포장물동량의 취급단위를 단위화시키는 것을 말한다. 포장표준화는 물류표준화를 하기 위한 전제조건이며 자재조달에서부터 생산, 물류, 판매에 이르기까지 모든 프로세스를 전체적으로 최적화하고 동기화하기 위한 핵심요소로서 프로세스의 접점기능을 효율화하고 원활하게 하여 물품을 신속하고 안전하게 이동시킨다. 이를 위해서는 포장표준화의 5대 요소인 규격(치수), 재질, 강도, 포장기법, 관리 중에서 규격의 표준화가 가장 선행되어야 한다.

2) 포장표준화의 목적

포장표준화는 다음과 같은 사항을 목적으로 한다.

① 하역작업의 기계화로 일손 부족을 해결하고, 물류흐름의 속도 증가

② 보관시설의 적재효율 향상, 운송장비의 회전율, 운행시간 증대

③ 물류장비, 시설의 공동 이용 등으로 다빈도 소량의 물류활동에 공통의 기준을 부여함으로써 전체적인 효율성 향상

3) 포장표준화의 효과

포장표준화를 시행할 경우 다음과 같은 효과를 가져올 수 있다.

① 포장설계의 간소화로 포장비, 포장재료비, 포장작업비 등 절감

② 하역의 능률을 향상시켜 유통비용 절감

③ 수출업체로 하여금 발주 및 가공의 신속화를 기하게 하고 일정한 로트에서 더 많은 생산비 절감

④ 균일한 포장으로 해외시장에 진열했을 때 품위의 유지와 종합유통원가를 절감시킴으로써 기업경쟁력 제고에 유리

4) 포장표준화의 방향

포장물류의 관점에서 보면 물류관리의 합리화는 물류의 5대 기능인 운송, 포장, 보관, 하역, 정보 등의 각 기능들을 상호 유기적으로 통합시키는 방향으로 추진해야 한다. 물류합리화는 물류의 기본이 되는 포장에서도 포장표준화와 모듈화의 추진에서 시작되어야 하는데, 이는 포장의 치수 변화에 따라 운송의 적재효율이나 보관·하역의 효율 등에 큰 영향을 미쳐 물류비의 증가를 가져오기 때문이다. 또한 제품, 포장개발, 설계에 있어서 단순히 제품의 포장만을 생각하는 차원이 아닌 물류시스템적 차원에서 고려되고 개발되어야 한다.

5) 포장표준화의 5대 요소

포장표준화를 위해서는 치수, 강도, 포장기법, 재료 및 포장관리와 같은 요소를 고려하여야 한다.

① 치수의 표준화

② 강도의 표준화

③ 기법의 표준화

④ 재료의 표준화

⑤ 포장관리의 표준화

6) 포장표준화의 원칙과 절차

포장표준화는 단계적 모듈(Module)화를 추진(규격화, 표준화)하는 것이 바람직하다. 여기에서 포장모듈화란 포장합리화, 표준화를 위해 포장에 수치를 부여하기 위한 기준척도이다. 모듈은 여러 종류의 유형을 서로 비슷한 유형끼리 군락을 이루어 최적화시키는 것을 말한다. 또 포장모듈은 물류합리화의 기본이 되는 것으로 운송, 포장, 하역, 보관, 정보 등 각각 물류기능 및 단계의 물품량 취급단위를 규격화하고 이에 사용되는 포장자재, 용기, 설비 등을 대상으로 규격, 강도, 재질 등을 표준화시키는 것을 말한다.

물류합리화를 도모하려면 포장의 표준화, 규격화 등 포장 자체의 근대화, 합리화를 실시하여야 한다. 또한 포장의 치수를 전체 물류시스템 안에서 계열화해야 하며, 하역의 기계화를 가능하게 할 뿐만 아니라 파렛트의 규격, 트럭, 화물, 보관선반 등 모든 규격을 결정하게 한다. 이 경우 포장공정의 기계화, 자동화 추진, 포장의 규격화를 고려한 제품설계, 포장재의 압축강도 연구 및 검사 강화, 포장 설계의 전산화 등을 추진하여야 한다.

7) 포장합리화의 원칙

포장합리화를 위해서는 다음과 같은 6가지 원칙이 지켜져야 한다.

① 제1원칙(대량화 · 대형화의 원칙) : 포장화물단위의 크기를 대량화 · 대형화시킴으로써 대량운송이 가능해지고, 하역기계화를 통해 하역의 효율성 제고를 도모할 수 있다.

② 제2원칙(집중화 · 집약화의 원칙) : 다수업체들의 물량을 집중화 · 집약화시킴으로써 관리수준을 제고시킬 수 있다.

③ 제3원칙(규격화 · 표준화의 원칙) : 규격화 · 표준화함으로써 포장설계의 간소화 및 과잉포장의 배제로 용기제작비의 절감, 보관효율의 향상, 운송비 절감 및 포장재료비의 절감을 도모할 수 있다.

④ 제4원칙(사양변경의 원칙) : 완충제의 변경(양면골판지, 편면골판지, 귀퉁이 보강) 등 사양의 변경을 통하여 비용절감을 도모할 수 있다.

⑤ 제5원칙(재질변경의 원칙) : 내용품의 보호에 지장이 없는 범위내에서 재질변경을 통하여 비용절감을 도모할 수 있다.

⑥ 제6원칙(시스템화 및 단위화의 원칙) : 물류의 모든 활동이 유기적으로 연결되도록 시스템화하며, 포장화물의 단위화(집합포장, 파렛트 및 컨테이너 사용)를 통해 포장의 합리화를 추구한다.

8) 포장모듈화의 절차

포장모듈화를 추진하기 위하여 다음과 같은 절차를 따르게 된다.

① 운송수단의 결정
② 표준파렛트의 치수 결정
③ 적정포장재 선택
④ 상품성을 고려하여 낱포장 설계
⑤ 겉포장 설계 및 치수 결정
⑥ 겉포장과 연계하여 낱포장 치수 결정

9) 포장모듈화의 저해요인

포장모듈화를 추진함에 있어서 주로 다음과 같은 어려움에 직면하고 있다.

① 일관파렛트화의 부진
② 상품형태가 모듈화에 부적합
③ 소규모의 거래단위
④ 제품의 다양화와 판매지향적 경향
⑤ 포장의 모듈화에 따른 기존 생산설비 및 물류시설의 변경 여부
⑥ 경영자들의 포장모듈화에 대한 인식 부족

제 10 장

물류표준화와 공동화

제1절 물류표준화

1. 물류표준화의 기초

1) 물류표준화의 개념

물류표준화란 운송, 보관, 하역, 포장, 정보 등과 같은 물동량 취급 단위를 물류상의 공통기준을 정하여 시행함으로써 모든 분야에서 낭비를 예방하고 이익을 도모하는 것을 말한다. 즉, 포장, 하역, 보관, 운송, 정보 등 각각의 물류기능 및 단계의 물동량 취급단위를 표준 규격화하고 이에 사용되는 기기, 용기, 설비 등을 대상으로 규격, 강도, 재질 등을 통일시키는 것을 가리키는데, 이 중에서 가장 중요한 것은 규격의 표준화·통일화이며, 이것이 이루어져야만 운송, 보관, 하역 등 물류의 제기능 및 단계에서 일관된 연결작업이 가능해진다.

물류표준화는 물류의 시스템화를 전제로 하여 단순화(Simplification), 규격화(Standardiz-ation), 전문화(Specialization)를 통해 물류활동에 공통의 기준을 부여함으로써, 물류활동의 효율화, 화물유통의 원활화, 수급의 합리화, 물류비의 저렴화로 국가경쟁력 기반 강화를 목적으로 한다. 물류표준화에는 물류기기·자재·시설의 표준화, 물류정보시스템의 표준화, 유닛로드시스템의 표준화 등이 있다.

2) 물류표준화의 필요성

물류표준화는 운송, 보관, 하역부문 등을 효율화시키고 물류비를 절감할 수 있는 방안이다. 물류표준화를 통하여 물류비를 절감시키고 물류서비스를 향상시켜야 한다. 물류표준화의 필요성을 다음과 같이 정리할 수 있다.

① 물류수요의 증대에 대응하기 위한 물류의 일관성과 경제성을 확보하기 위하여

② 과다한 물류비의 절감을 위해서

③ 하역·보관의 기계화, 자동화, 수배송의 합리화 등의 기술을 경제적으로 수립하기 위하여

④ 국제화 및 시장개방으로 인한 국제표준화(ISO)에 연계되는 물류표준화 요구

⑤ 기업 자체 규격에 의한 표준화가 선행되어 정착하기 전에 국가표준화가 선행되어야만 보급이 용이하고 낭비 예방

⑥ 기계화·자동화가 불가피해짐에 따라 국가 전체적인 효율성 차원에서 물류와 관련된 각종 운송수단 및 각종 기기 및 시설의 규격·강도·재질 등에 대한 표준화 요구

3) 물류표준화의 대상

물류표준화의 대상은 물류활동 전체라고 할 수 있다. 소비자의 욕구 변화에 따라 다빈도 소량의 물류활동이 일반화되고 있는 상황에서 물류표준화는 하역작업의 기계화를 통한 생산성 향상, 물류 소요시간의 단축, 보관시설의 표준화를 달성하여 가동율의 향상,

운송장비 회전율 및 적재율의 향상, 물류장비 및 시설의 호환성 및 공동활용을 가능하게 하여 전체적인 물류의 효율성을 증가시킬 수 있다

〈표 10-1〉 물류표준화의 대상

구 분	분 야	표준화 대상
운 송	화물자동차, 기차, 선박, 항공기	트럭적재함, 화차, 파렛트
보 관	창고, 물류센터	보관 랙, 파렛트, 하역시설
포 장	운송용 외포장	포장치수
하 역	물류기기	파렛트, 컨테이너, 화차, 지게차, 컨베이어, 크레인, 무인반송차 등
기반시설	철도, 도로, 항만, 공항터미널, 화물역, 트럭터미널	–
정 보	–	EDI, POS

(1) 소프트웨어부문의 표준화

소프트웨어부문의 표준화 대상은 물류용어의 통일, 거래단위의 표준화, 전표의 통일, 표준코드의 활용, 포장치수의 표준화 등으로 요약할 수 있다.

① 물류용어의 통일

물류에 관련된 전문적인 용어들을 통일화・표준화하여 공통적인 이해가 가능하도록 기준이 되는 표준 물류용어의 정의가 필요하다.

② 거래단위의 표준화

동종업계 동일상품인 경우에는 거래단위를 조정하여 표준화하여야 한다. 단위포장의 중량, 크기, 수량 등을 적정하게 통일하고, 단가의 결정, 할인조건, 결제조건, 배송방법, 운임의 결정, 수・발주방법, 반품방법 등을 표준화하여 생산성을 높여야 한다.

③ 전표의 표준화

업종별・지역별로 상품이 거래되는 유통과정에 사용되는 전표를 통일하여 사용하여야 한다. 전표용지의 크기, 양식, 기재내용 등 필요한 자료 등을 각 거래단계에 따라 상호 협의하여 통일된 물류전표를 사용하도록 하여야 한다.

④ 표준코드의 활용

물류분야에도 POS의 바코드와 문자코드를 도입하여 활용해야 한다. 표준코드의 사용으로 재고량, 운송량, 생산량, 판매량, 작업량 등 필요한 자료를 필요한 분야별로 또는 전사적 차원에서 실시간 온라인으로 활용할 수 있다.

⑤ 포장치수의 표준화

골판지상자, 지대(bag), 캔・드럼 등의 포장단위를 기준으로 가로×세로×높이의 규격 표준화가 필요하며, 포장의 모듈화가 자동으로 도입되어 유닛로드시스템을 구축할 수 있다.

2) 하드웨어부문의 표준화

물류의 하드웨어부문이란 물류과정에 이용되는 장비나 기기, 설비 등을 말하며, 물류의 기능 중에서 운송장비, 하역기기, 보관설비 등의 일관된 규격의 적합성을 확보하는 것이 하드웨어부문의 표준화 목표이다.

① 파렛트의 표준화

선진국에서는 파렛트의 규격이 표준화되어 있으나, 우리나라에서는 아직도 여러 종류의 파렛트가 사용되고 있어 일관파렛트시스템이 미흡하여 전체적으로 많은 물류비 손실이 발생하고 있으므로 파렛트의 표준화가 필요하다.

② 내수용 컨테이너의 보급

수출입 물동량에 비해 내수용 물동량에는 컨테이너를 잘 활용하지 못하고 있는 실정이다. 컨테이너는 포장비 절감과 신속한 물류작업 등의 장점을 갖고 있기 때문에 물류시스템의 구축을 위해서도 내수 물동량에 본격적으로 사용되어야 한다.

③ 운반, 하역기기의 표준화

국내의 지게차는 각 제조업체별로 해외업체로부터의 기술도입에 의한 공급방식이었으므로 공급된 장비의 사양이 각양각색으로 표준화가 필요한 분야이다. 따라서 안정성이나 작업효율을 고려하여 지게차의 사양을 제정하여 표준화를 추진하여야 한다.

④ 트럭적재함의 표준화

운송장비 중에서 트럭의 의존도가 상당히 높지만 적재함이 파렛트와 컨테이너의 규격과 일치하지 못하여 적재 효율성이 떨어지고 있으므로 적재함의 바닥높이, 폭과 길이 등의 표준화가 필요하다.

⑤ 물류시설의 표준화

창고시설의 랙과 건물사양 등이 표준화되어야 한다.

4) 물류표준화의 효과

물류표준화가 이루어지면 다음과 같은 효과를 기대할 수 있다.

첫째, 재료의 경량화, 적재효율의 향상, 작업의 기계화·자동화·표준화를 통한 물류 채산성의 향상으로 자원 및 에너지의 절약이 가능해진다.

둘째, 물류장비 및 시설의 공동화 및 교환가능, 하역의 기계화, 일관운송 및 연계운송을 실현시킬 수 있다.

셋째, 물류활동의 간소화에 부가적으로 인건비 및 인력 절감, 물류시간 단축, 장비활용의 극대화, 물류공동화를 촉진할 수 있다.

물류표준화의 효과를 자원·에너지 절감, 물류기기, 포장표준화 등의 측면에서 다음과 같이 정리할 수 있다.

〈표 10-2〉 물류표준화의 효과

분 야	물류표준화 효과
자원·에너지 절감 효과	– 재료의 경량화 – 적재효율의 향상 – 일괄운송에 의한 에너지 절약 – 단순화 – 작업의 표준화 – 물류생산성 향상
물류기기의 표준화 효과	– 각사의 사양 통일 – 호환성 및 교체성 용이 – 모든 기기와의 연계성 증대 – 모든 기기를 안전하게 사용 – 부품의 공용성으로 수리 용이 – 물류비 절감 – 작업조건 용이

포장표준화의 효과	- 포장공정의 단순화 - 기계화에 따른 보관효율 증가 - 포장재 비용 감소 - 제품의 파손 감소 - 인건비 절약 및 제품의 물류비 감소
물류표준화 후 기대효과	- 고객서비스 개선 - 물류비용 절감 - 물류기능업무의 신속화 - 물류정보활용 극대화 - 경영효율 극대화

5) 물류표준화의 방향

물류표준화는 점진적으로 확대되고 있으나, 일관성의 결여로 시스템으로서의 물류전체의 효율화를 이루지 못하고 있는 실정이다. 이러한 문제를 해결하고 물류합리화를 실현하기 위해서는 물류표준화 체제의 확립이 필요하다.

물류표준화의 실행은 개개의 기업이나 업계에서 실시되는 것이 아니라 물류관련 부문의 모든 관계자, 즉 제조업자, 물류업자, 유통업자, 소비자의 상호협력이 필수적이다. 물류 각 분야의 상호협력을 고려하지 않는다면 연결점에서의 결합이 원활하게 수행되지 못해 경제적으로 불이익을 초래할 수 있다. 따라서 물류표준화에는 일관된 표준화가 필요하다.

또한, 화물단위의 표준화뿐만 아니라 관련된 장치・기기・시설 등의 표준화도 함께 이루어져야 한다. 그리고, 고객의 다양한 요구에 신속히 대응하기 위해서는 표준화된 요소의 각종 결합의 적정화가 필요하며, 물류를 둘러싼 여건 변화에 따른 표준화의 기준 변경에 유연히 대응할 수 있도록 단기간이 아닌 영구적인 사업으로서 지속적인 개선작업이 필요하다.

2. 유닛로드시스템(Unit Load System)

1) 유닛로드시스템의 개요

유닛로드시스템(ULS)이란 화물을 일정한 중량이나 크기로 단위화시켜 기계화된 하역작업과 일관된 운송방식으로 물류의 여러 과정들을 표준화시키는 것을 말한다. 즉, 하역 및 운반의 혁신을 통하여 운송합리화를 이룩하는 체제로서 화물을 일정한 표준의 중량과 용적으로 단위화하여 기계적인 힘에 의해 일관운송하는 물류시스템이라고 할 수 있다.

유닛로드시템의 도입으로 화물취급단위에 대한 단순화·표준화를 통하여 기계하역을 보다 용이하게 할 수 있으며, 하역능력 향상 및 비용절감을 꾀함과 동시에 운송 및 보관업무의 효율적 운용과 운송포장의 간이화를 도모할 수 있다.

2) 유닛로드시스템을 도입하기 위한 선결과제

유닛로드시스템을 도입하기 위해서는 다음과 같은 조건이 전제되어야 한다.

① 운송장비 적재함의 규격 표준화
② 포장단위치수 표준화
③ 파렛트 표준화
④ 운반하역장비의 표준화
⑤ 창고보관설비의 표준화
⑥ 거래단위의 표준화

3) 유닛로드시스템의 실행 효과

(1) 인건비의 절감

파렛트화나 컨테이너화함에 따라 하역작업이 각종 장비에 의해서 기계화가 되므로 많은 인력이 절약된다.

(2) 물동량의 신속화

하역단위가 대형화되어 빠른 속도로 하역이 가능하므로 물동량의 유통속도가 빨라지게 되어 물류비용의 절감과 물류생산성이 향상된다.

(3) 작업의 표준화

표준화된 단위로 운송, 포장, 하역, 보관되므로 물류의 전과정에 있어서 작업의 표준화가 가능하며, 재고파악이 용이하고 서류절차를 간소화할 수 있다.

(4) 운송장비의 효율적인 이용

트럭, 철도화차, 컨테이너, 선박 등 운송장비에 상·하차작업이 신속하게 이루어지므로 하역작업 대기시간이 대폭 단축되고 운송장비의 운행시간이 증가하여 운송비의 절감과 운송장비의 운행회전율이 향상된다.

(5) 포장비용의 절감

물동량을 단위화된 크기로 작업하므로 포장의 간이화가 가능하게 되고 인력작업과 비교하여 포장자재 비용의 절감이 가능하다.

(6) 자동화설비 및 장비의 이용 가능

물동량을 단위화함으로써 각종 운반하역장비, 보관시설, 포장기계의 이용이 가능하다.

(7) 적재효율의 향상

물동량을 표준화된 단위로 규격을 설정하게 되므로 창고내부 적재공간의 효율을 향상시킬 수 있고 운송장비의 적재효율을 제고시킬 수 있다.

4) 유닛로드시스템의 단점

유닛로드시스템이 많은 장점을 갖고 있지만 다음과 같은 단점을 가지고 있다.

① 유닛로드형 도구관리가 어려움
② 유닛로드를 관리할 비용이 필요함
③ 보관효율이 저하됨
④ 하역기계 및 장비가 필요함
⑤ 넓은 공간이 필요함

3. 물류모듈시스템

1) 물류모듈시스템의 설정

물류모듈이란 물류표준화 체계의 근간이 되는 것으로 물류시스템을 구성하는 각종 요소인 화물의 유닛로드 및 이 유닛로드에 대한 하역·운반기기·기계, 트럭, 철도화차, 컨테이너선박 등 운송을 위한 장비, 보관용 기기나 시설 등의 치수나 사양에 관한 기준척도와 대칭계열을 말한다. 즉, 물류시설이나 장비들의 규격이나 치수가 일정한 배수나 분할관계로 조합되어 있는 집합체로서 물류표준화를 위한 기준치수들이다.

물류모듈의 치수구조를 보면 Unit Load의 최대허용치수(maximum plan view size) 1,140mm×1,140mm를 기준으로 하여 배수계열 치수들은 컨테이너 내부 치수, 트럭적재함 치수, 보관용 랙의 규격과 창고의 천장 높이, 기둥 간격, 점포의 진열대 간격, 운반·하역장비의 규격 등이 있으며 분할계열치수로서는 포장치수들이 있다.

유닛로드시스템 효율화를 도모하기 위한 물류모듈은 물류전반에 걸쳐 치수의 정합화를 구축할 수 있도록 포장치수의 표준화, Unit Load 치수의 표준화, 컨테이너 트럭의 적재함 규격의 표준화, 하역·보관용 기기의 표준화, 보관시설, 운송시설, 점포 등의 표준화가 이루어져야 한다.

물류모듈치수의 기본치수는 Unit Load 치수가 된다. 이 유닛로드치수에는 실제 물동량의 치수로 평면치수인 Net Unit Load Size(NULS)와 포장단위들을 하나의 집합체로 구성할 때 돌출부나 변형을 포함한 밑면과 수직인 4개 면의 간격인 입체면으로부터 설정되는 Plan View Size(PVS)의 2종류 유닛로드 규격이 있다. 정방형 규격으로서 가로×세로를 1,140mm×1,140mm로 허용공차를 −40mm로 한다.

2) 배수모듈시스템

Unit Load Size(1,140mm×1,140mm)를 기준으로 하고 최대 허용공차 −40mm를 인정하고 있는 Plan View Unit Load Size가 하나의 기본 단위이다. 이를 배수로 하여 물류시설이나 장비들의 표준치수들을 설정하고 있다. 우리나라의 표준파렛트치수는 KS A 2155(일관운송용 파렛트)로 제정되어 있으며, 1,100(가로)mm×1,100(세로)mm×144mm(높이)의 규격이다.

도로(공로)운송의 주요 장비가 되고 있는 8톤, 11톤 대형트럭의 적재함 폭은 2,340mm이다. Unit Load Size가 1,140mm이며 표준파렛트의 규격이 1,100mm로 이들 트럭의 적재함에 2열로 적재될 수 있도록 설계되어 있는 것이다. 8톤 트럭에는 표준 파렛트가 12매(6매×2열), 11톤 트럭에는 16매(8매×2열)가 적재되고, 물류 Module에 있어서 배수관계가 정립되어 있다.

[그림 10-1] 트럭의 배수모듈

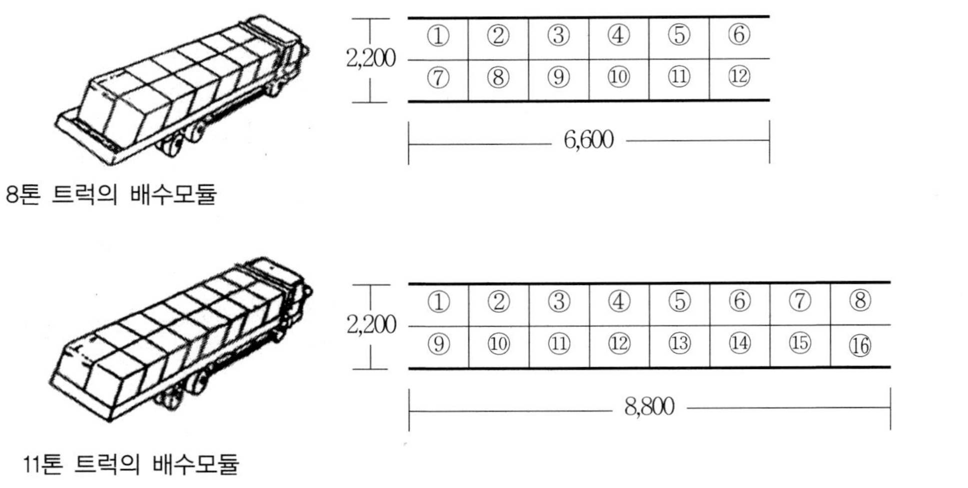

[출처 : 로지스틱스21(2009)]

[그림 10-2] 컨테이너의 배수모듈

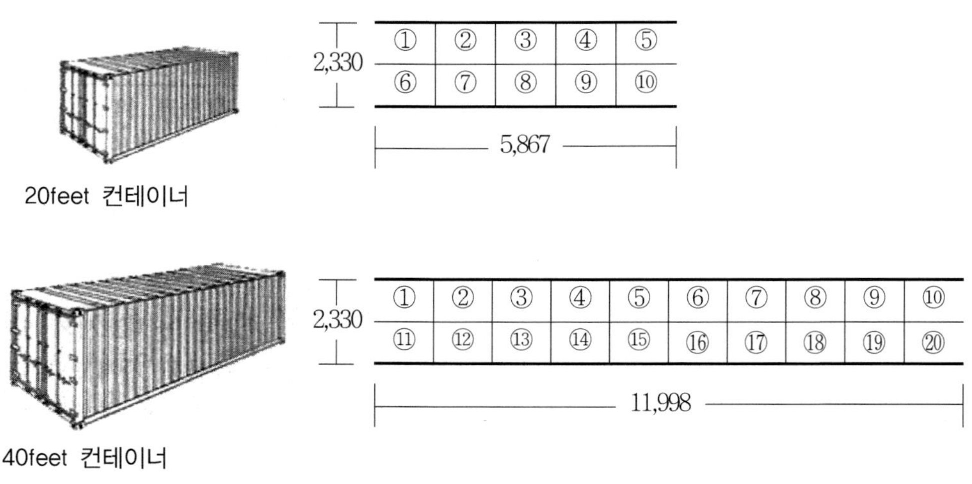

[출처 : 로지스틱스21(2009)]

해상용 컨테이너는 ISO 표준규격으로서 현재 국제 교역 물동량의 주된 물류장비로 활용되고 있다. 컨테이너 내부치수의 폭이 2,330mm이므로 Unit Load Size 1,140mm을 2열로 적재할 수 있도록 되어 있다. 따라서 평면적으로는 20Feet 컨테이너에는 10매(5매×2열), 40Feet 컨테이너에는 20매(10매×2열)가 적재되며 높이로 2단을 쌓는 경우 20Feet 컨테이너에는 20매, 40Feet 컨테이너에는 40매가 적재된다.

3) 분할모듈시스템

물류 Module System에서 분할체계는 포장단위의 치수 Module System이다. 이는 KS A 1002(운송포장 계열치수)로 제정되어 있다. 이 치수들은 1,140mm×1,140mm인 Unit Load Size에서 −40mm 공차를 뺀 1,100mm×1,100mm(일관운송용 표준파렛트규격)을 정수(1, 2, 3, 4, 5…)로 분할한 수치들로서 T-11형 표준파렛트를 사용하는 것을 전제로 하여 설정되고 있다. 이들 치수들은 1,100mm를 어떤 정수로 나누거나 가로와 세로의 치수들을 합산하여 1,100mm가 되는 숫자들이며 포장 Module 치수들은 이들을 조합하여 만들었다. 우리나라 표준파렛트인 T-11형에 95% 이상의 적재효율을 갖는 치수는 69종류가 있다.

4) 포장모듈의 치수

포장치수의 표준화를 위하여 모듈화를 실행하고 있으며, 한국산업표준(KS A 1002)의 운송포장계열치수는 다음과 같다.

〈표 10-3〉 포장 모듈을 위한 운송포장 계열치수(KS A 1002)

번 호	길이×너비 (mm)	1단 적재수	적재효율	번 호	길이×너비 (mm)	1단 적재수	적재효율
1	1100×1100	1	100.0	36	458× 213	3×4	96.7
2	1100× 550	2	100.0	37	450× 325	2×4	96.7
3	1100× 366	3	99.8	38	450× 216	3×4	96.4
4	1100× 275	4	100.0	39	440× 330	2×4	96.0
5	1100× 220	5	100.0	40	440× 220	3×4	96.0
6	733× 366	4	88.7	41	412× 343	2×4	93.4
7	711× 388	4	91.2	42	412× 275	2×(4+2)	93.6
8	687× 412	4	93.6	43	412× 229	3×4	93.6
9	687× 206	2×4	93.6	44	388× 355	2×4	91.1

10	660× 440	4	96.0	45	388× 237	3×4	91.2
11	660× 220	2×4	96.0	46	366× 366	3×3	99.6
12	650× 450	4	96.7	47	366× 275	3×4	99.8
13	650× 225	2×4	96.7	48	366× 244	3×(4+1)	95.9
14	641× 458	4	97.1	49	366× 220	3×5	99.8
15	641× 229	2×4	97.1	50	343× 206	2×2×4	93.8
16	628× 471	4	97.8	51	330× 220	2×2×4	96.0
17	628× 235	2×4	97.6	52	325× 225	2×2×4	96.7
18	611× 488	4	98.6	53	320× 229	2×2×4	96.9
19	611× 244	2×4	98.6	54	314× 235	2×2×4	97.6
20	600× 500	4	99.2	55	305× 244	2×2×4	98.4
21	600× 250	2×4	99.2	56	300× 250	2×2×4	99.2
22	576× 523	4	99.6	57	300× 200	(2+3)×4	99.2
23	576× 261	2×4	99.4	58	293× 220	3×(5+3)	95.9
24	550× 550	2×2	100.0	59	288× 261	2×2×4	99.4
25	550× 366	2×3	99.8	60	275× 275	4×4	100.0
26	550× 275	2×4	100.0	61	275× 220	4×5	100.0
27	550× 220	2×5	100.0	62	275× 206	4×(4+5)	98.3
28	523× 288	2×4	99.6	63	250× 200	2×3×4	99.2
29	500× 300	2×4	99.2	64	244× 203	2×3×4	98.2
30	500× 200	3×4	99.2	65	235× 209	2×3×4	97.4
31	488× 305	2×4	98.4	66	229× 213	2×3×4	96.7
32	488× 203	3×4	98.2	67	229× 206	2×3×(4+1)	97.4
33	471× 314	2×4	97.8	68	225× 216	2×3×4	96.4
34	471× 209	3×4	97.6	69	220× 220	5×5	100.0
35	458× 320	2×4	96.9				

4. 일관파렛트화

1) 파렛트의 표준화

파렛트는 물류표준화의 기본인 유닛로드시스템의 기본수단이 되는 것으로 운송장비의 적재효율을 높이고 자동설비와 장비와의 정합성이 있으며 거래처와의 일관파렛트화를 가능하게 하고, 파렛트의 품질을 유지하기 위하여 파렛트의 표준화가 요구되고 있다.

파렛트 표준화를 추진하는 방안으로는 정부차원에서는 표준파렛트와 유닛로드시스템에 대한 확산운동과 정책적인 지원제도(운임할인, 세제혜택, 금융지원)를 실시하고 각 기업은 거래기업 간에 일관파렛트화를 실시하는 방법이 있다.

〈표 10-3〉 국제 표준파렛트의 규격

정사각형(단위 : mm)	직사각형(단위 : mm)
- 1,140×1,140(호주 표준규격) - 1,100×1,100(아시아 태평양지역) - 1,067(42″)×1,067(42″)	- 1,200×800(유럽 표준규격) - 1,200×1,000(독일, 네덜란드 규격) - 1,219(48″)×1,016(40″)(미국 표준규격)

2) 일관파렛트화의 개념

일관파렛트화란 발송지에서 최종 도착지까지 파렛트에 적재된 화물을 운반・하역・운송・보관하는 물류작업의 과정 중 이를 환적하지 않고 이동시키는 것을 말한다. 파렛트를 사용하여 복수단위의 화물을 한 단위의 화물로 전환하여 하역시 화물의 취급빈도와 하역시간을 낮춤으로써 물류작업의 효율성을 증진시키는 것이다. 즉, 화물이동의 출발지점으로부터 최종 도착지점까지 파렛트 상에 적재된 화물을 운반, 하역, 운송, 보관하는 물류과정 중 최초에 파렛트에 적재된 화물의 형태를 변형시키지 않고 일관되게 파렛트 화물의 흐름을 만드는 것이다.

3) 일관파렛트화의 효과

일관파렛트화는 다음과 같은 효과를 갖고 있다.

① 인력에 의한 상・하차작업을 기계화하여 하역인원과 하역시간 90% 감축

② 하역시간의 단축은 트럭의 상・하차작업 대기시간을 단축시켜 운행효율 향상

③ 포장은 낱개단위로 인력작업을 할 때보다 간소화할 수 있으므로 포장비 절감

④ 보관방법의 개선 및 전반적인 물류작업의 신속화로 보관능력 향상, 재고 감축 등으로 보관비 절감

4) 일관파렛트화 도입시 문제점

첫째, 파렛트를 사용하는 경우에 파렛트의 자체 체적에 해당하는 면적만큼 운송기관의

적재 효율이 감소할 뿐만 아니라, 포장 모듈화가 완벽하지 못할 경우 빈 공간의 발생으로 적재효율이 훨씬 낮아질 우려가 있다.

둘째, 파렛트화된 화물이 운송·하역 과정 중 진동이나 충격에 의해 손상되거나 붕괴될 수 있다. 파렛트 화물이 무너지거나 훼손될 경우 기계에 의한 하역작업이 불가능하게 된다.

셋째, 사외로 운송되어진 파렛트의 회수가 어려워 파렛트 회전율이 나빠진다. 따라서 파렛트의 필요매수가 늘어나게 되고 공파렛트의 회송비용이 부가적으로 발생한다. 파렛트의 교환성을 증가시키기 위해서는 일정한 규격의 파렛트를 Pool System(공동이용제도)하에서 관리·운영해야 할 필요가 있다.

넷째, 일관파렛트에 의한 효과는 출화주, 운송회사, 착화주 모두에게 이익이 발생되는데 반해 경제적 부담은 일반적으로 출화주기업만이 지게 되므로 이익배분상의 문제가 발생하게 된다.

5) 일관파렛트화의 추진 방안

① **포장치수 표준화 및 Module화의 추진** : 파렛트 단위로 Unit Load화할 경우 적재효율 감소 및 붕괴가 발생하므로 완벽한 포장 Module화를 실시한다.

② **일관운송용 표준파렛트(T-11형, KS A 2155)의 채택** : 일관파렛트화를 추진할 경우에는 반드시 1,100mm×1,100mm(T-11형)의 일관운송용 표준파렛트를 사용해야 한다.

③ **화물붕괴 방지대책 수립** : 파렛트 위의 화물이 운송·하역작업 도중에 붕괴되지 않도록 쌓는 방법을 개선하고 띠 두루기(banding), Strech 필름 포장, 수축포장 등 붕괴방지 기술개발이 필요하다.

④ **출하방식 및 출하단위의 조정** : 원칙적으로 일관파렛트화의 도입 범위는 공장이나 생산자에서 소비자의 물류거점(배송센터 등)까지 출하단위가 파렛트 단위로 되어야 한다.

5. 파렛트 풀 시스템(Pallet Pool System)

1) 파렛트 풀 시스템의 개념

파렛트 풀 시스템(PPS : Pallet Pool System)은 기업의 외부로 유출된 파렛트의 회수에 시간과 경비가 많이 들고, 수요변동 및 분실 등에 대응하여 다량의 파렛트를 준비하는데 과다한 투자비가 발생하는 점 등 파렛트화에 따른 문제점을 극복하기 위한 방안으로 도입된 제도이다.

파렛트 풀 시스템이란 파렛트의 규격, 척도 등을 표준화하고 상호교환성이 있도록 한 후 서로 풀(Pool)로 연결하여 사용함으로써 각 기업의 물류합리화를 달성하여 물류비를 절감하고자 하는 방안이다. 파렛트의 상호교환성을 증진시키기 위해서는 일정한 규격의 파렛트를 풀 시스템 제도 하에서 관리・운용하여야 한다.

파렛트 풀 시스템이 도입되기 위해서는 전국적인 파렛트 집배망이 설치되고, 표준 파렛트의 대량 보유를 통한 대여와 공 파렛트의 전문적인 회수체계가 구축되고 파렛트의 지역적・계절적 수요 조정 등이 선행되어야 한다.

자사파렛트를 사용하는 경우와 풀 파렛트를 사용하는 경우의 파렛트의 흐름을 보면, 먼저 자사파렛트를 사용할 경우에는 공장 물동량, 하치장 물동량, 거래처 물동량, 운송(납품, 회수) 물동량이 발생하여 실생산 소요량의 2배 이상이 필요하며, 또한 파렛트 구입비, 회수 운송비가 발생하게 된다. 그러나 풀 파렛트를 사용할 경우, 풀 파렛트는 1회용 파렛트와 같이 사용할 수 있으므로 소요량은 실생산 소요량과 동일하다. 그러나 가까운 집배소까지의 납품, 회수에 따른 파렛트 집품 운송비가 발생하게 되며, 하치장 및 거래처에서 공장으로 직송하는 경우도 발생한다.

2) 파렛트 풀 시스템의 필요성과 효과

파렛트 풀 시스템의 도입 필요성은 다음과 같다.

첫째, 일관파렛트화의 실현으로 제품을 생산하여 파렛트에 적재 후 최종 소비지까지 일관운송이 가능하게 된다.

둘째, 지역 간 수급 불균형의 해소로 파렛트를 공동으로 사용함으로써 지역 간의 파렛트의 불균형을 해소할 수 있다.

셋째, 계절적 수요에 대응이 가능하다. 즉, 업종 간에 파렛트를 공동으로 이용하여 성수기와 비수기의 파렛트 수요 변동에 대한 대응이 가능하게 된다.

넷째, 회수관리시스템의 구축으로 집배소를 공동으로 활용할 수 있어 회수운임이 절감되고 회수관리를 원활화할 수 있다.

다섯째, 설비자금의 절감으로 비수기에 불필요한 파렛트 비용을 절감하여 타용도 전용이 가능하므로 설비자금이 절감된다.

여섯째, 파렛트 관리부담 및 분실위험의 제거가 가능하다. 즉, 자사에서 파렛트를 보관관리가 불필요하고 관리의 일원화로 분실이 감소된다.

일곱째, 사회자본투자의 낭비를 제거할 수 있다. 전체적인 파렛트 제작에 대한 수요가 줄어들어 사회간접자본의 투자부담이 줄고, 물류기기 및 시설의 규격화와 표준화가 촉진된다.

이상과 같은 파렛트 풀 시스템의 필요성에 의하여 본 시스템을 도입하게 되면, 포장의 간소화에 따른 포장비 절감, 작업능률의 향상, 화물파손의 감소, 운임 및 부대비용의 절감, 운송효율 및 하역효율의 향상 등과 같은 효과를 기대할 수 있다.

3) 파렛트 풀 시스템(PPS) 도입 선결 조건

파렛트 풀 시스템을 도입하기 위해서는 다음과 같은 조건이 전제되어야 한다.

① 파렛트 규격 표준화 · 통일화
② 표준파렛트에 대한 포장 모듈화
③ 화물 붕괴 방지책
④ 거래 단위의 Unit화

4) 파렛트 풀 시스템의 운영방식

(1) 교환방식

주로 유럽 각국에서 채용되고 있는 국유 철도를 중심으로 운영되는 시스템으로 발화주가 파렛트화된 화물을 국철에 위탁하는 시점에서 동일한 수의 파렛트를 국철에서 인수하며, 반대로 착화주는 파렛트화된 화물을 인수할 때 동일한 수의 파렛트를 국철에 인도해주는 방식이다.

(2) 리스 · 렌탈방식

호주에서 시작하여 미국, 캐나다, 일본 등에서 도입한 방법으로 개별기업에서 각각 파렛트를 보유하지 않고 파렛트 풀을 운영하는 기관이 사용자의 요청에 따라 규격화된 파렛트를 사용자가 소재하는 가까운 Depot에 공급해 주는 제도이다. 파렛트를 공급받은 사용자는 도착지 가까이에 있는 파렛트 풀 운영기관의 데포에 반납하는 방식으로 운영된다.

파렛트 이용에 대한 수급파동의 조정, 파렛트의 품질유지가 쉽고 파렛트 매수의 최소화

운영 등의 장점이 있지만 운영에서 교환방식보다 인도·반환 등 복잡한 전표처리와 대여 요금계산 등 사무처리가 복잡하다는 단점이 있다.

(3) 교환·리스병용방식

교환·리스병용방식은 영국에서 개발된 제도로서 교환방식과 리스·렌탈방식을 절충하여 결점을 보완하여 사용하는 방식이다. 그러나 교환 파렛트와 대여 파렛트를 모두 관리해야 하기 때문에 오히려 사무관리가 복잡해져 성공을 거두지 못했다.

(4) 대차결제방식

스웨덴의 파렛트 풀사에서 교환방식의 결점을 개량하기 위해 고안한 제도로서, 현장에서 즉시 파렛트를 교환하지 않고 일정한 시간 이내에 국철 역에 같은 수의 파렛트를 반환하면 된다. 그러나 파렛트 회수를 확실히 하기 위해 책임소재를 명확히 하는 것이 어렵다는 단점이 있다.

〈표 10-4〉 파렛트 풀 시스템의 종류 비교

구분	즉시교환방식 (유럽방식)	리스렌탈방식 (호주-우리나라)	교환리스 병용 (영국)	대차결제방식 (스웨덴)
정의	유럽각국의 국영 철도에서 송화주가 국철에 파렛트 화물형태로 운송하면, 국철에서는 이와 동일한 수의 Pallet로 교환하는 방식	Pallet Pool회사에서 일정규격의 Pallet를 필요에 따라 임대해 주는 제도	즉시교환+리스렌탈	교환방식의 개선을 위해 만들어짐. 현장에서 즉시 교환하지 않고 일정시간 내에 국철역에다 같은 수로 반환

제2절 물류공동화

1. 물류공동화의 개요

물류활동에 필요한 노동력, 운송수단, 보관설비, 정보시스템, 도로 등의 물류인프라를 복수의 파트너와 함께 연계하여 하나의 시스템으로 운영하는 것을 말한다. 인력, 물자, 자금, 시간 등 물류자원을 최대한으로 활용함으로써 비용 절감을 도모하고, 이를 통해 고객서비스의 향상뿐만 아니라 외부불경제, 즉 대기오염, 소음, 교통체증 등의 문제를 최소화하기 위한 사회적 요청에 기여하게 된다.

[그림 10-3] 물류공동화의 개념

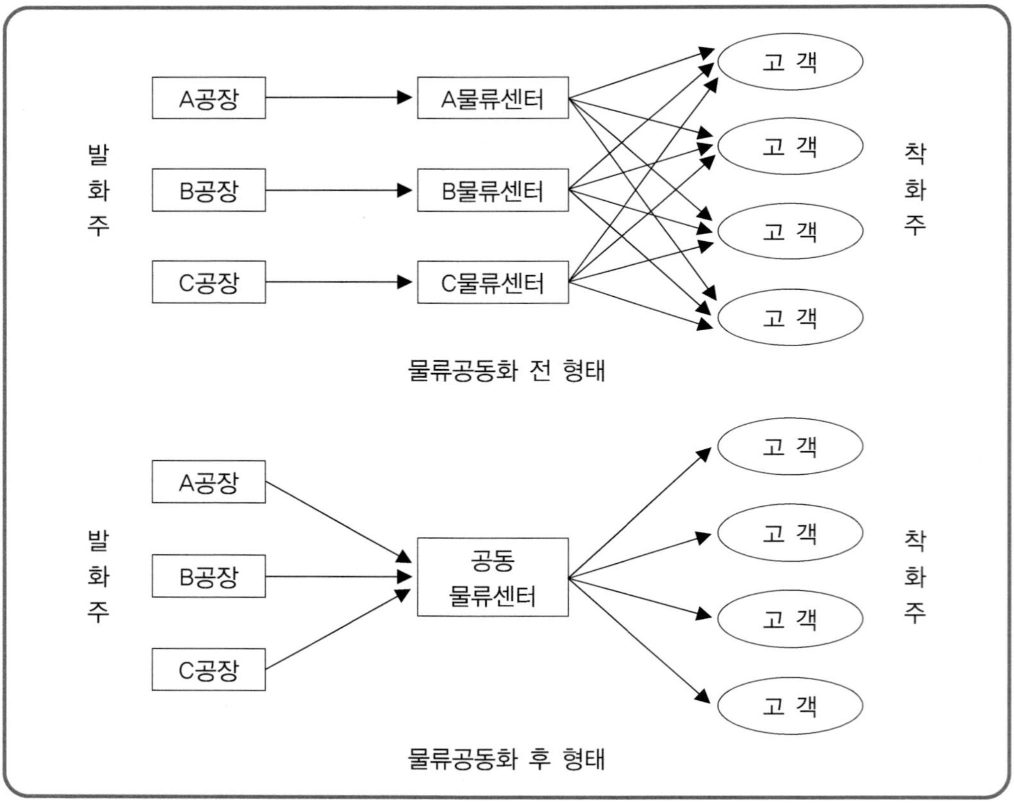

물류공동화를 위해서는 자사의 물류시스템이 타사의 물류시스템과 접점을 가져야 하므로 우선 자사의 물류시스템을 완전 개방해야 한다. 또한 표준물류심벌 및 업체 통일전표와 외부와의 교환이 가능한 파렛트를 사용해야 하며, 서비스 내용의 표준화 및 통일된 회계기준에 근거하여 물류비를 산정하고 체계화해야 한다.

2. 물류공동화의 필요성

물류공동화의 필요성에 대해서는 다음과 같이 정리할 수 있다.

첫째, 다빈도 소량생산 시대로 접어들면서 소비자에 대한 서비스의 증대가 요구되고 있다.

둘째, 독자적인 물류시스템을 구축할 수 없는 기업의 물류효율화를 위한 최적의 방법이 되고 있다.

셋째, 기업 간 과당경쟁의 방지를 위해 필요하다.

넷째, 새로운 시설과 설비투자의 억제에 따른 위험부담을 감소시킬 수 있다.

3. 물류공동화의 전제조건

물류공동화를 통해 물류합리화를 가져올 수 있으나 다음과 같은 조건이 전제되어야 물류공동화를 실현할 수 있다.

① 일정지역내 유사영업과 배송을 실시하는 복수기업 존재

② 대상기업 간 이해가 일치하고 대상기업 간의 배송조건의 유사성

③ 간사회사의 존재 및 공동배송센터 존재

④ 상품, 보관, 하역, 시스템 특성의 유사성

⑤ 자사시스템의 개방 및 서비스 내용의 명확화와 표준화

⑥ 통일적인 기준에 의한 물류비의 명확화와 체계화

⑦ 외부와 교환 가능한 파렛트 사용 및 포장 모듈(module)화 추진

⑧ 외장표시와 화인(貨印)의 표준화 추진 및 표준물류심벌 사용

⑨ 일관파렛트화 추진 및 업계의 통일전표 사용

⑩ VAN, EDI, CALS에 대한 대응 추진 등 외부의 시스템과 연결되는 방향으로 자사시스템 개방

4. 물류공동화 효과

물류공동화의 효과는 물류기업뿐 아니라 대리점이나 소비자, 사회적 측면 등에서도 다양하게 나타난다. 주체별 물류공동화의 효과를 다음과 같이 정리할 수 있다.

1) 참여 업체 측면

① 공동보관, 공동배송을 통한 단위당 물류비 절감
② 수배송 효율 향상
③ 가동률·적재율 향상, 공차율 감소
④ 차량, 시설, 센터에 대한 불필요한 투자 억제
⑤ 비효율적인 인력과 차량을 줄임으로써 필요 부분의 인력, 자원 전환 가능
⑥ 공동구매를 통한 비용 절감
⑦ 단독기업의 처리물량 증대의 한계 극복
⑧ 리드타임 단축
⑨ 물류아웃소싱을 통한 핵심역량 집중 가능
⑩ 새로운 유통채널 확보 가능
⑪ 기계화로 채산성 확보 및 생산성 향상
⑫ 소량 부정기화물도 운송 가능, 입·출하 활동의 계획화

2) 대리점 및 소비자 측면

① 다수 납품차량에 의한 점두 혼잡 해소
② 납품횟수 및 검품시간이 감소되어 판매에 전념 가능
③ 쾌적한 쇼핑공간의 창조
④ 물류비 절감에 따른 소비자가의 하락
⑤ 주택가, 상점가 등의 교통체증 완화

3) 물류업체 측면

① 공동물류를 통한 수익모델 구축
② 안정된 물류시장 확보

③ 소량화물의 혼적으로 규모의 경제 효과
④ 운송효율 향상(적재효율 · 회전율 향상)
⑤ 차량 및 기사의 효율적 활용
⑥ 공동물류네트워크 구축을 통한 시너지 효과

4) 사회적 · 산업적 측면

① 물류비 감축과 불필요한 사회적 비용 감소
② 중복교차운송의 배제로 물류비 절감과 교통체증 완화
③ 물류시설 및 인원의 축소, 인력난 해결
④ 교통혼잡 완화 및 환경오염 방지
⑤ 교통량 감축과 에너지 절감
⑥ 차량의 적재율 향상에 의한 배송비 절감, 운임요금의 적정화
⑦ 차량, 시설의 불필요한 중복투자 억제
⑧ 다수 운송업체와의 복잡한 거래교섭 감소
⑨ 물류비 절감에 의한 기업비용의 상승 억제로 물가상승 억제에 기여

5. 물류공동화의 유형

1) 수평적 물류공동화

동종의 다수 제조업체와 이들과 거래하는 다수의 도매점이 정보네트워크와 물류시스템을 공동화하는 형태이다.

2) 물류기업 동업자 공동화

물류기업이 동업 형식으로 물류시스템을 공동화하는 유형이다.

3) 소매기업에 의한 계열적 공동화

대형 소매체인점이 도매점이나 메이커의 납품물류를 통합하여 납품자와 수령하는 각 점포의 상호 이익을 도모하기 위하여 물류센터 등을 만드는 것을 말한다. 제조업체가 원

재료·부품의 공급기업 및 협력공장에 공동으로 납품센터를 만드는 것, 배송 등을 특정 운송업자에게 모아서 실시하는 유형이다.

4) 경쟁관계에 있는 제조업체 간의 공동화

물류의 효율화를 위해 서로 경쟁관계에 있는 기업들이 모여 공동화를 이룩하는 것으로 자동차 전용 운송차, 대형 가전제품, 기계류의 대형 제조업체들의 공장과 물류센터간 공동운송에서 나타나다.

5) 제조기업에 의한 계열적 공동화

수직적 공동화의 형태로 제조업체와 판매회사의 도매점과의 물류공동화 방식이다.

6) 화주와 물류기업의 파트너십

전문업체로서 화주의 물류합리화나 시스템화에 적극 참여하는 제안형 기업이 되어 상호 신뢰를 확립하는 유형이다.

6. 물류공동화 방안

첫째, 물류공동화를 위해 공동수배송체제의 도입이 필요하다. 공동수배송체제의 구축은 기업들의 물류공동화 방법 가운데 가장 우선시되는 물류비 절감을 위한 물류합리화 방안이다.

도로운송의 경우 공동수배송체제의 구축을 위해서는 다음과 같은 조건들이 전제되어야 한다.

① 필요한 화물을 수배송할 수 있는 차량 보유
② 일정 구역내 유사업체나 배송을 실시하는 복수기업 존재
③ 대상기업간 배송조건 유사
④ 공동배송에 대한 이해의 일치
⑤ 공동배송을 위한 주관업체 존재

공동수배송체제를 구축할 경우 화물의 적재율 향상, 배송차량의 감소로 차량유지비 절

감, 사무처리의 간소화, 수배송시간을 절감하고 기동성 향상, 납입빈도의 향상으로 재고품의 신선도 향상 등과 같은 효과를 가져올 수 있다.

둘째, 공동집배송단지의 건립이 필요하다.

셋째, 물류단지와 물류센터의 건립이 필요하다.

넷째, 물류자회사와 공동물류회사의 건립이 필요하다. 각 기업별 물류관리조직을 통합하여, 물류자회사를 설립하거나 동종 기업 간 물류관리조직을 통합하여 공동물류회사를 설립하는 방안을 고려할 수 있다.

7. 물류공동화 추진상의 문제점

물류공동화를 추진하면서 직면하고 있는 문제점을 다음과 같이 정리할 수 있다.

① 당사자간의 이해 불일치

② 기밀유지문제

③ 물류서비스의 차별화 곤란

④ 운임 및 요금문제

⑤ 운송수요의 세분화 및 개성화 현상(수요처의 다양한 요구)

⑥ 리더 및 조정자의 확보 문제

⑦ 물류업체 문제(이해관계자에 대한 높은 의존도)

⑧ 제품 및 포장의 다양한 규격과 취급 특성

⑨ 출하시간 집중으로 배송순서 조절의 어려움

8. 물류공동화의 성공조건

물류공동화를 성공적으로 도입하기 위해서는 다음과 같은 조건들이 충족되어야 한다.

첫째, 참가구성원 전원의 공동화에 대한 욕구, 합의, 시기, 환경조건, 행정지원 등이 충족되어야 한다.

둘째, 참가구성원이 자사만의 이해가 아닌 전체적인 관점에서의 합리성를 추구하여야 한다.

셋째, 자사의 이익을 잊고 전체 이익을 위한 공동화를 추진하는 기관이 필요하다.

넷째, 수량통합, 취급효율 향상, 대체수단 선택의 가능성 향상 등을 위한 취급 로트(lot)

의 확대가 필요하다.

다섯째, 참여기업의 물류체계 연동화를 위해 공동규칙을 정하고 표준화를 시행하여야 한다.

여섯째, 물류혁신을 위해 공동화에 앞서 구조적인 노동력 부족에 대비하여 기계화 및 성력화를 추진하여야 한다.

일곱째, 배송센터의 건설이나 정보시스템 구축과 관련한 투자 및 신념을 가지고 꾸준히 협력하는 인내심이 필요하다.

제11장 물류정보시스템

제1절 물류정보시스템의 기초

1. 물류정보의 개념과 특징

1) 물류정보의 정의

물류정보란 재화의 흐름에 반드시 수반되는 것으로 축적된 물류정보는 종합적인 물류활동의 원활화를 도모하는데 필수불가결한 존재로서 생산에서 소비에 이르기까지 이루어지는 물류활동, 즉 운송・보관・포장 등의 제 기능을 유기적으로 결합하여 전체적인 물류관리의 효율성을 제고시키는 역할을 하는 정보시스템을 의미한다.

기업의 물류계획 수립 시에도 물류환경의 변화 및 공급체인상의 각 구성원의 재고현황, 수주현황 등의 내・외부의 제반 정보를 수집・분석하는 과정을 거치는데, 이렇게 수립된 계획에 근거하여 실행된 결과인 실적 정보는 다시 정리・분석되어 차기 계획에 반영되어 변화하는 환경에 대응할 수 있는 경영활동이 전개되어 간다. 물류정보에서는 이러한 물류활동에 수반되는 정보를 가공・생산하여 정보의 이용가치를 높이는데 그 의의를 찾을 수 있다.

2) 물류정보의 특징

물류정보는 다음과 같은 특징을 갖고 있다.

① 물류정보는 정보의 원천, 처리부문, 전달대상이 다양하며 정보의 절대량이 많다.
② 영업, 생산 등 기업 내 타부서 간에 연관성이 높다.
③ 화물흐름과 정보흐름의 동시성이 요구된다.
④ 평상시와 성수기의 정보량의 차이가 크다.
⑤ 물류시스템의 중심지는 정보의 중계전송을 수반하는 경우가 많다.

3) 물류정보의 경제적 편익

첫째, 정보의 효율적 관리를 통해 물류시스템을 최적화함으로써 생산성 증대를 통한 물류비용의 절감과 고객에 대한 물류서비스 수준을 증대시킬 수 있다.

둘째, 조달 단계에서부터 고객에 이르기까지 물류업무 프로세스를 합리화함으로써 기업내 경영혁신의 중요한 기반이 될 수 있다.

셋째, 사회간접자본 투자 부담이 경감되는 효과가 있다.

넷째, 물류정보의 공동이용을 촉진하고 체계적인 정책수립을 가능하게 한다.

다섯째, 정보통신관련 산업의 발전에도 기여할 수 있다.

2. 물류정보의 종류

물류정보는 정보활동의 역할에 따라 수주정보, 재고정보, 생산정보, 출하정보, 물류관리정보 등으로 분류할 수 있다. 기업의 물류활동은 상류활동에 의해 고객으로부터 주문을 받아 수주처리하는 일에서부터 시작되므로 수주정보를 기본으로 현재 파악된 상품의 재고정보를 배당하게 된다. 만약 물품의 재고가 부족할 때에는 제조업의 경우 매입지시서에 의해 출하정보를 기본으로 반출장소로 이동되어 출하되게 된다. 출하된 물품은 마지막으로 물류관리부문이 물류활동을 관리・통제할 수 있도록 납품완료통지, 물류비, 창고・차량 등의 물류시설, 용기의 가동율 등을 물류관리정보로서 수집하게 된다.

국제물류에서는 계약이행을 위하여 〈표 11-1〉과 같은 단계별로 많은 정보를 필요로 하게 된다.

〈표 11-1〉 물류정보의 종류와 내용

구 분	내 용
화물운송 정보	화물집하정보, 개별창고화물정보, 화물터미널정보, 특정화물확인정보, 도로교통정보, 고속도로관리정보 등의 종합교통정보와 항공화물운송정보 등이 있다.
화주정보	화주의 성명, 전화, fax, e-mail, 화물의 종류, 중량, 용적, 장소, 발착지, 운송기간, 운송거리 등이 포함된다.
화물운송 기기정보	– 화물자동차운송관련 정보 : 운송차량, 운송공급력, 운송수요, 화물자동차운송관리정보 – 철도관련 정보 : 화물열차운행정보, 열차운행시간통제정보, 철도보안정보, 철도컨테이너 관리정보 등 – 선박정보 : 선박운항 입·출항정보 등 – 항공기관련 정보 : 항공기운항정보, 항공화물하역정보, 항공보세창고관리정보, 항공터미널정보 등
수출화물 검사정보	검량정보, 검수정보, 선적검량정보 등이 있다.
보험정보	화물보험정보, 컨테이너보험정보, 자동차운송보험정보, 철도운송보험정보 등이 있다.
항만정보	항만관리정보, CY·CFS 관리정보, 컨테이너추적정보, 항만작업정보, 화물유통통제정보, 작업지시정보, 선박도착정보, 선적지시정보, 선하증권정보, 보세창고, 장치장정보 등이 있다.
컨테이너 정보	컨테이너 동정정보, 컨테이너 관리정보 등이 있다.
화물통관 정보	수출·입신고정보, 수출·입면장획득정보, 관세환급정보, 항공화물통관정보 등이 있다.

3. 물류정보시스템의 개요

1) 물류정보시스템의 개념

물류정보시스템이란 생산에서 소비에 이르기까지 물류활동을 구성하고 있는 운송·보관·하역·포장 등의 제 기능을 유기적으로 결합하여 전체적인 물류관리를 체계적으로 수행하게 하는 정보시스템으로 종합적인 물류활동의 원활화를 도모하는데 필수불가결한 존재이다.

오늘날 물류정보의 기술적 기능이 가능하게 된 것은 컴퓨터의 도입을 통한 전산화와 종합정보통신망(ISDN : Integrated Services Digital Network)과 부가가치통신망(VAN : Value Added Network)의 구축이 물류정보시스템에 있어서 일관된 정보의 흐름으로 연결되어 신속한 물류기능을 지원할 수 있게 되었기 때문이다. 시간, 인력 및 비용이 많이 소요되던 종래의 거래서류 처리업무를 EDI로 처리함으로써 업무의 효율성도 높아지게 되었다.

2) 물류정보시스템의 목표

물류정보시스템이 구축되면 수배송이 가속화되고, 재고관리상 재고의 최소화 및 최적화, 물류거점의 집약화, 물류비의 절약화 등이 가능해져서 결과적으로는 고객에 대한 서비스를 향상시킬 수 있게 된다. 궁극적으로 물류정보시스템은 기업의 환경, 특징, 성격 등을 감안하여 전체 물류비용을 최적화할 수 있도록 종합적인 시스템 관점에서 계획되어야 하고, 물류네트워크를 구축하여야 한다.

물류정보시스템의 목적은 고객서비스의 향상과 물류비용의 절감라고 할 수 있다. 즉, 주문받은 물품을 신속하고 정확하게 고객에게 도달시킴으로써 고객이 만족할 수 있도록 하는 동시에 물류의 제반 활동에 수반하는 비능률적인 요소들을 배제하고 개선함으로써 효율적인 물류시스템의 운용을 통한 전체적인 비용의 절감을 가져오도록 해야 한다.

구체적으로 물류정보시스템의 목표를 다음과 같이 요약할 수 있다.

① 유통재고 최소화 : 기업간 정보 공유
② 최소 비용으로 적정 고객서비스 지원
③ 조달, 생산, 유통 등을 포괄적으로 연결하여 전체 물류흐름을 효율적으로 관리
④ 환경변화에 신속히 대응하여 기업경쟁력 향상
⑤ 수주정보에 기초하는 Pull방식으로 유통망 지원

3) 물류정보시스템의 필요성과 효과

(1) 물류정보시스템의 필요성

물류정보가 점차 중요도를 더해가는 원인은 물가상승을 억제하기 위해 물류관리의 합리화가 시급한 과제로 등장하고 있기 때문이다. 물류시스템을 조정하는 물류정보는 과거 경험이나 직감에 의한 것과 다른 성격을 지니고 있으며, 컴퓨터의 보급의 증가와 더불어 일상의 물류업무가 자동화되고, 물류정보는 경영정보처리시스템내에 조직적으로 축적되어 이것을 가공·처리함으로써 경영전략적 의사결정이 행해지고 있다.

실제적으로 물류정보시스템은 물류의 중요성이 높아지면서 비약적인 발전을 이루고 있다고 할 수 있다. 유통구조의 급격한 변화, 기업간 경쟁의 심화, 기업활동의 국제화 경향 등으로 물류환경도 계속 변화되고 있으며, 또한 물류부문의 효율성 제고를 위한 기업간 물류 공동화 노력도 본격화되고 있다. 결국, 향후 물류정보시스템은 네트워크화에 의한 국제적 기업간 정보시스템의 구축이 이루어질 것이다.

물류정보의 효율성을 높이기 위해서는 다양한 정보기술들을 적절히 평가·수용하고, 얻을 수 있는 정보를 인수·처리·가공할 수 있는 체계적인 시스템을 개발하여야 하는 동시에 필요한 정보를 적시에 기업 내부는 물론 기업 외부까지 전달할 수 있는 네트워크를 구축해야만 한다. 즉, 조달에서 생산, 수배송, 판매에 이르는 모든 운송과정을 연계 통합하여 통합물류시스템이라는 차원에서 자사와 고객을 통합하는 물류정보망을 구축해야만 지속적인 물류서비스의 제공을 통해 경쟁력 우위를 확보할 수 있게 된다.

물류정보시스템의 필요성을 다음과 같이 정리할 수 있다.

① 고객 요구의 다양화, 고도화로 소량·다빈도, 즉시배송 증대

② 기업들의 비용부담 압력 가중

③ 기업들은 물류 프로세스의 단축 및 효율화를 통해 고객서비스의 수준 제고와 비용절감을 동시에 추구

④ 정보통신기술의 발전과 컴퓨터 기술의 발전은 물류활동을 하나의 시스템으로 통합·관리할 수 있는 주요 수단 제공

(2) 물류정보시스템의 효과

국가적 차원에서 전국적인 물류정보망을 구축함으로써 화물의 통계 및 운행패턴, 물류흐름이 정확히 파악되고 물류비 산정의 기초자료를 제공할 수 있게 되며, 또한 물류 EDI

구축을 통하여 화물운송시장의 유통구조가 개선된다. 기업적 차원에서도 수배송, 보관, 입하, 출하를 종합적으로 관리하는 체계를 구축함으로써 기업의 물류비용 절감이 달성될 수 있고 물류기업은 수익이 증진된다.

물류정보시스템의 효과는 다음과 같이 정리할 수 있다.

첫째, 효율적인 정보시스템 운영에 의한 적재율 향상, 운송의뢰에서 집화, 운송, 배송 등 운송시간 단축 등 화물운송 효율의 향상을 가져온다.

둘째, 집화 및 배송을 체계화하고 사무 및 작업의 정확성을 증대시키며 사무처리의 간소화로 화주에 대한 서비스가 향상된다.

셋째, 신속·정확한 정보에 의한 배송창고 이용효율 향상, 하역작업의 간소화, 신속하고 정확한 통계자료의 작성이 가능하게 된다.

4) 물류정보시스템의 구축절차

물류정보시스템은 다음과 같은 절차에 따라 구축된다.

① 제1단계 : 시스템 목표 설정
② 제2단계 : 적용범위 결정
③ 제3단계 : 구축조직 구성
④ 제4단계 : 업무현상 분석
⑤ 제5단계 : 시스템 구축 및 평가

4. 물류정보시스템의 기능

1) 기획·통제기능

물류정보시스템은 리드타임정보 및 수요예측정보를 제공하여 기업이 생산량을 예측하고 재고수량과 재고입지를 결정하는데 중요한 정보로써 활용된다. 또한 사전에 설정된 설비 및 시설활용 목표 및 서비스 수준목표와 실제 달성된 서비스 수준을 비교함으로써 물류활동의 통제자료로서도 사용할 수 있다.

[그림 11-1] 물류정보시스템의 핵심기능

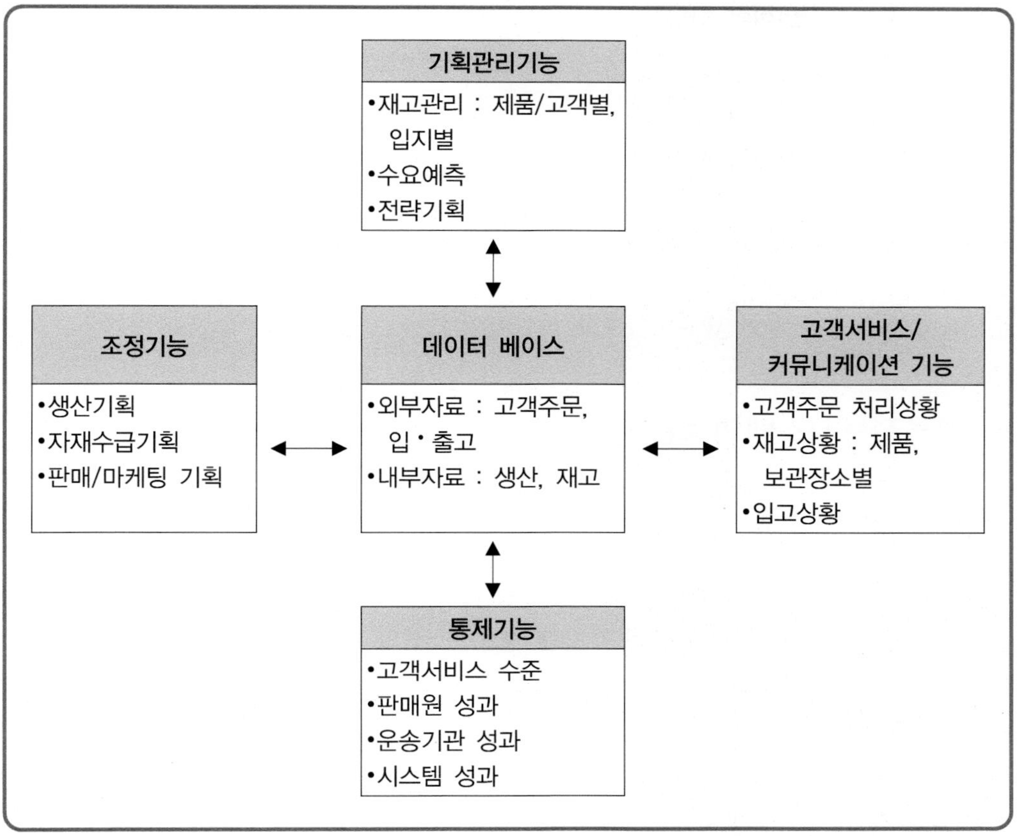

2) 조정기능

물류정보시스템을 통해 정보의 공유가 가능해짐으로써 생산계획과 조달계획을 조정할 수 있다. 그러나 이를 위해서는 정보시스템의 통합이 필수적이다. 통합적 정보시스템은 다음과 같이 설계되어야 한다.

① 정보시스템내의 어떤 하위시스템(예컨대 조달물류정보시스템)의 자료가 기타 하위시스템(예컨대 판매정보시스템)에도 사용될 수 있도록 설계되어야 한다.

② 모든 분산된 자료를 공통된 지역에 보관함으로써 공통의 데이터베이스를 구축할 수 있어야 한다.

③ 밀접하게 관련된 활동을 통합하여 수행하는 것이 필요하다.

④ 각 하위시스템이 각종 지원(컴퓨터 설비, 데이터베이스, 정보 네트워크, 분석도구 등)을 공동으로 이용할 수 있어야 한다.

3) 고객서비스 · 커뮤니케이션기능

고객의 주문이 긴급히 발생할 경우가 있다. 고객이 인터넷 주문시 최초로 접촉하게 되는 것이 정보시스템으로서 정보시스템의 반응은 즉각적이고 신축적이어야만 한다. 기업으로서는 항상 고객에 대한 커뮤니케이션 경로가 적절히 유지되고 있는지 점검함으로써 주문율의 향상을 이끌어 낼 수 있도록 하여야 한다.

5. 물류정보시스템의 특징

1) 원거리간 시스템

물류정보시스템은 발주자와 수주자, 공장과 영업소, 업무부서 간에 통신망을 이용하여 정보를 제공하고 업무를 지원하는 격지간 정보시스템의 특성을 가지고 있다. 이와 같이 서로 다른 장소에서 물류업무를 지원하기 위해 당사자간에 정보통신망을 통해 하나로 연결해 주는 역할을 한다.

2) 다수기업간 시스템

물류당사자는 같은 기업내 업무부서간, 본사와 지사, 공장과 영업소, 물류자회사, 운송업체, 거래기업 등과 같은 회사 내 · 외부의 구성원들과의 정보교환이 많아 이기종(異機種) 네트워크와의 접속이나 부가가치 통신망과 같은 공용 서비스에 대한 요구가 높다.

3) 대량의 정보처리와 정보량의 차이 발생 시스템

화물별로 수주, 분류, 피킹 등과 같은 정보를 처리해야 하므로 정보량이 많은 시스템이라고 할 수 있다. 정보량의 변동 폭 또한 큰 시스템으로, 예를 들어 계절적 상품인 경우에는 계절변동을 감안하여야 한다. 따라서 물류정보시스템은 대용량의 데이터베이스를 운용해야 하며 업무성격에 따라 온라인처리와 배치처리를 병용해야 한다.

4) 현장 밀착형 시스템

물류정보시스템은 현장 담당자에게는 업무처리를 위한 필수적인 시스템이다.

6. 물류정보시스템의 유형

1) 수주 · 출하처리시스템

고객의 주문에 대한 제품의 출하과정을 관리하는 시스템으로 수주처리는 거래활동의 출발점이며, 수주정보는 물류활동 및 물류정보시스템의 기초자료가 된다.

2) 재고관리시스템

물류거점의 네트워크에서 적절하게 재고를 배치함으로써 적정재고 수준을 유지하고 판매기회의 손실을 최소화하며 운송비 절감을 목적으로 한다.

3) 수배송관리시스템

물류네트워크에서 화물이동에 관한 관리 및 배송효율의 향상을 위한 시스템으로 고객의 주문상황에 대하여 적기배송체제의 확립과 최적운송계획을 수립함으로써 운송비를 절감하는 체제로 되어 있다.

4) 창고관리시스템

최소의 비용으로 작업자, 창고면적, 하역기계설비 등의 경영자원을 유효하게 이용하고 목표로 하는 고객서비스 수준을 제고시키기 위한 시스템이다. 또한 보관시설 및 품목별로 재고상황기록을 적정하게 유지하는 기능을 가지고 있다.

5) 물류관리시스템

고객의 주문에서 배송에 이르기까지 전 과정을 계획, 실시, 평가 및 통제하는 시스템으로 각 분야의 관리 시스템이 가장 효율적으로 수행되도록 물류시스템 전반을 관리하는 시스템이다.

〈표 11-2〉 물류기능의 단계별 물류정보시스템 구성

구 분	계 획	실 시	통 제
수 주	•수주방법의 선정 •주문정보 전달수단의 선정	•주문처리 •재고 확인 •신용한도 확인 •배송능력 확인 •출하지시서 작성 •납품서 작성	•수주통계 분석 •반품처리 •납품관리 •납품지체관리
재고관리	•창고의 수 · 위치의 결정 •상품재고의 적정 배치 •재고예산의 설정 •표준재고회전율의 설정 •서비스율의 설정	•재고조회의 응답 •취소처리 •입 · 출고처리 •이송처리 •현품처리	•재고예산과 재고실적과의 대비 •표준재고회전율과 실적재고 회전율과의 대비 •과잉재고분석 •결품재고분석 •파손분석 •보관비계산 •보관료계산
발 주	•발주방법의 설정 •주문정보전달의 선정	•발주	•발주통계분석 •미입하품의 파악과 독촉
창고관리	•영업창고 · 자가창고의 결정 •창고용량의 결정 •창고설비설계 •보관형식설계 •창고설비의 투자 •경제성계산	•자동창고운전 •격납장소의 지시 •창고설비의 보전 · 정비 •위치관리	•창고설비의 가동분석 •고장분석 •수선비계산 •보전정비비계산
하 역	•하역방법설계 •하역기기의 투자 •경제성계산	•하역작업지시 •결품	•하역비분석 •하역기기의 가동분석
포 장	•포장형식의 결정 •운송화물형태의 결정 •포장모듈의 선정 •자동포장설계	•포장재료관리 •포장공정관리 •이종포장의 지시 •파렛트관리 •공컨테이너관리 •바코드심벌의 표시	•포장비 분석 •사고통계
운송과 배송	•운송수단의 선정 •운송경로의 선정 •운송로트의 결정	•배차준비 •화물적재지시 •배송지시	•운임계산 •적재효율분석 •반품운임분석

	•배송설계 •배송센터의 수 · 위치의 선정 •배송지역의 결정	•발송정보통보 •귀환차량 정보관리 •화물추적 파악	•오송분석 •교차운송분석 •사고분석
집 하	•집하방법의 선정 •집하경로의 선정 •집하시스템 설계	•집하지시 •납입자 연락	•집하운임 계산
종합 시스템	•종합시스템 설계 •수요예측	•주문처리흐름의 추적	•종합실적파악과 분석 •총물류비의 분석 •서비스 시간과 서비스률 분석

7. 물류정보시스템의 추진현황

종합물류정보망은 화물운송정보 처리의 비효율성에서 기인하는 화물의 지체를 최소화하고, 화물의 흐름을 원활히 하기 위해 육상, 해상, 항공 등 개별 화물정보망과 무역, 통관, 금융, 보험 등 유관망 그리고 타 국가기간 전산망 등을 EDI로 연결한 통합된 물류운용시스템을 말한다.

1) 해상화물정보네트워크

항만운영정보시스템(PORT-MIS)은 해양수산부 주관으로 선박의 운항관리, 화물관리, 시설관리, 선원관리, 화물추적, 선박의 안전 항행에 관련된 항만운영정보를 제공하고 있다. PORT-MIS를 이용하여 선박의 입 · 출항 보고서 및 허가서 등 항만관련 업무를 전자자료교환(EDI) 방식 등으로 전산처리함으로써 행정절차를 간소화하고 업무처리를 신속하게 하여 비용과 인력을 절감할 수 있다. 또한 전국의 항만 및 선박 운항에 관한 정보를 통신망으로 연결하여 멀티미디어 서비스를 제공하며, 종합물류정보시스템과 연계하여 효율적인 항만관리를 가능하게 한다.

2) KL-Net(한국물류정보통신, Korea Logistics Network)

수출입업무의 EDI(전자문서교환) 서비스, 컨테이너화물운송관련 EDI 서비스, 항만운영정보시스템(PORT-MIS), 철도화물운송정보시스템(KROIS), 관세청 적하목록, 위험물검사,

조달청의 EDI 서비스를 비롯한 부가통신서비스, 물류정보화 사업, 정보시스템 수탁운용 등의 서비스를 제공하고 있다.

3) KT-Net(Korea Trade Network, **한국무역정보통신**)

EDI를 활용한 무역자동화(전자무역)시스템 및 국내외 네트워크를 구축하여, 무역업체가 복잡한 무역업무 처리절차를 간단하게 처리할 수 있도록 상역·외환 등 자동화, 통관자동화, 수출입 자동화, 무역자동화시스템 및 관세청 통관시스템에 대하여 EDI 서비스(무역자동화서비스)를 독점으로 제공하고 있다.

[그림 11-2] 종합물류정보망의 구성도

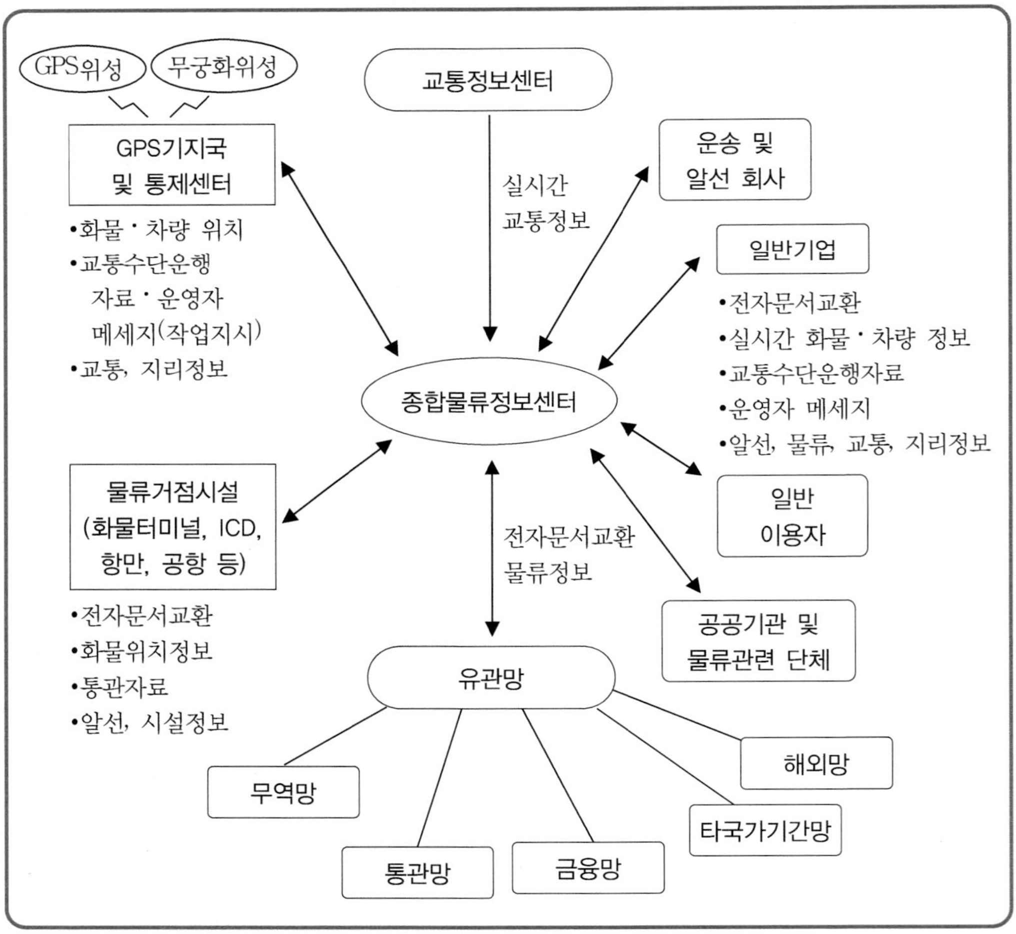

4) 첨단화물운송정보서비스(CVO : Commercial Vehicle Operation)

화물 및 화물차량에 대한 위치를 실시간으로 추적·관리하여 각종 부가정보를 제공함으로써 생산성 향상을 도모하고, 특히 위험화물의 적재차량을 추적·감시하며, 돌발 상황 시 조난신호를 자동적으로 발신토록 하여 신속한 사고처리체계를 구축함으로써 교통체계내 안정성 향상을 도모할 수 있는 시스템을 의미한다. 제공되고 있는 서비스는 다음과 같다.

[그림 11-3] 첨단화물운송시스템의 서비스 구성도

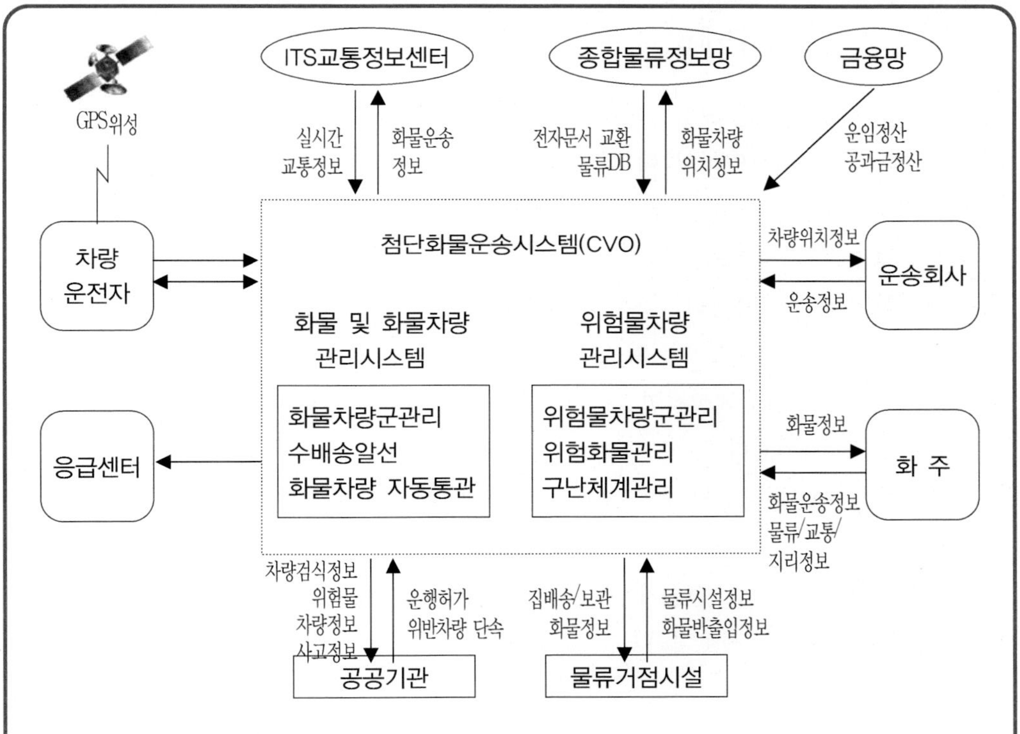

[출처 : 로지스틱스21(2009), 전게서]

① 실시간 차량 위치추적서비스

② 차량운행관리서비스

③ 수·배송알선, 자동통관 서비스

④ 위험물 차량관리, 교통상황정보 서비스

⑤ 거점별 화물추적 서비스
⑥ 구난체계관리, 생활물류 DB서비스

제2절 물류정보시스템의 운영방식

1. VAN(부가가치통신망, Value Added Network)

1) 부가가치통신망의 개요

VAN이란 회선을 직접 보유하거나 전기통신사업자로부터 회선을 차용하여 유통관련업체 간의 데이터교환에 있어서 이기종(異機種)을 포함한 다종다양한 컴퓨터를 효율적으로 접속시켜 데이터 교환을 가능하게 하는 통신망을 말한다.

VAN의 종류는 다음과 같다.

① **업계형 VAN** : 일용잡화, 의류, 완구, 과자 등을 취급하는 업계는 제조업과 도매업 간에 공동이용형 교환정보 네트워크가 구성되어 있다.

② **거래계열형 VAN** : 핵심적인 기업을 중심으로 자사의 거래계열 전체에 VAN이 구축되어 있는 것을 가리킨다.

③ **지역유통 VAN** : 다수의 중소 소매업과 도매업의 공동이용형 수발주시스템(EOS)네트워크를 가리킨다.

또한 VAN은 교환기능, 전송기능, 통신처리기능(프로토콜 변환, 속도 변환, 메일박스, 통신, 미디어 변환, 포맷 변환), 정보처리기능을 한다.

2) VAN의 기대효과

VAN 사용에 따른 기대효과는 다음과 같다.

① 정보교환시간의 단축으로 업무능률이 향상된다.
② 정보의 정확성으로 신뢰도가 증가된다.
③ 물류비용의 감소로 경영의 합리화를 도모할 수 있다.
④ 주문처리시간의 단축, 신속한 상품보충으로 매출증대를 가져올 수 있다.
⑤ 발주업무의 표준화를 통하여 발주업무효율화 및 재주문의 자동화를 실현할 수 있다.

2. EDI(전자문서교환, Electronic Data Interchange)

1) EDI의 개념 및 필요성

EDI란 기업간의 거래내용이나 관련정보를 표준화된 형식과 코드체계를 이용하여 전송하고 처리하는 시스템이다. EDI 이용시 경로구성원간의 커뮤니케이션을 빠르고 정확하게 수행할 수 있으며, 각종 경로비용을 절감할 수 있다.

EDI의 필요성을 정리하면 다음과 같다.

① 기존의 서류시스템은 작업소요시간이 많고 에러 발생

② 수작업에 의한 서류중복입력에 따른 부대비용의 유발

③ 수출입 부대비용(서류비용)의 절감을 통한 무역업체의 국가경쟁력 제고

④ 사회간접자본의 부족(하드웨어)을 전산시스템의 고도화 등으로 보완하여 화물적체현상 해소

⑤ 세계적인 무역자동화(전자무역) 및 정보화에 부응

2) EDI의 구성요소

EDI는 두개이상의 기업간 전자적 연결을 통한 업무처리를 지원한다. 따라서 원거리간 문서의 교환을 위해서는 응용 프로그램, 네트워크 소프트웨어, 변환 소프트가 필요하다.

〈표 11-3〉 EDI의 구성요소

구성요소	내용
EDI 서비스 제공업자	VAN 사업자
EDI 서비스 이용자	EDI 서비스의 최종소비자
EDI 서비스 시스템	문서변환처리 소프트웨어, 하드웨어, 응용 소프트웨어, 사용자 단말기
EDI 표준	양식표준, 통신표준(UN/EDIFACT)

3) EDI 도입효과

첫째, 전자문서교환방식은 문서들이 상대방의 컴퓨터시스템에 전자적으로 직접 전송되기 때문에 적은 노력으로도 정보의 전송이 가능하다.

둘째, EDI를 통한 거래는 신속하게 이루어지기 때문에 시간과 투입비용의 절감이 가능하며, 고객서비스를 향상시킬 수 있다.

셋째, 전통적인 전달방식은 분실, 훼손, 배달 오류 등이 발생시킬 수 있으나 EDI는 컴퓨터시스템에 직접 전송되므로 이와 같은 오류를 제거할 수 있을 뿐만 아니라 재입력으로 인한 오류도 줄일 수 있다.

넷째, 종이문서를 처리할 때 발생하는 자료입력, 복사, 파일링, 운송 등의 비용을 절감할 수 있다.

다섯째, 신속한 정보전달이 가능하기 때문에 고객서비스 향상과 적정재고수준 유지에 따른 기업경쟁력을 확보할 수 있다.

여섯째, 다양한 외부 네트워크와의 연결로 활동영역을 확장시키고 새로운 거래기회를 확보하는데 유리하다.

〈표 11-4〉 EDI의 효과

구 분	기대효과	
직접적인 효과	- 문서거래의 단축 - 업무처리의 오류 감소	- 자료의 재입력 방지 - 업무처리비용의 감소
간접적인 효과	- 재고감소 - 관리의 효율성증대 - 효율적인 자금관리	- 효율적인 인력활용 가능 - 고객서비스 향상
전략적인 효과	- 거래상대방과의 관계 개선 - 새로운 사업으로 확대 - 경쟁우위 확보	- 전략적 정보시스템 - 경영혁신

3. POS 시스템(판매시점정보관리, Point of Sales)

1) POS 시스템의 개요

POS(Point of Sales) 시스템이란 판매시점 정보관리시스템을 말하며, 소매상의 판매기록, 발주, 매입, 고객관련 자료 등 소매업자의 경영활동에 관한 각종 정보를 판매시점에서 파악하여 컴퓨터시스템을 활용하여 관리하는 종합적인 소매정보시스템을 말한다. 고객이 원하는 상품을 원하는 시기에 원하는 양만큼 구매할 수 있도록 하여 고객의 상품만족도를 높일 수 있다. 기업은 팔릴 수 있는 상품을 그 양만큼 공급할 수 있도록 함으로써 매출과 이익의 극대화를 창출할 수 있다.

2) POS 시스템의 기능

(1) 단품관리

상품을 제조회사별, 상표별, 규격별로 구분해서 상품별 정보를 수집·가공·처리하는 과정에서 단품관리가 가능하다. 이를 위해서는 바코드(bar code)가 상품에 인쇄되어 있어야 한다.

(2) 판매시점에서의 정보입력

상품에 인쇄되어 있는 바코드를 통해 신속하고 정확하게 자동 판매함으로써 판매시점에서 정보를 곧바로 입력할 수 있다. 금전 등록기에서 일일이 자료를 입력하는 것에 비하면 시간과 노력을 절약할 수 있다.

(3) 정보의 집중관리

단품별 정보, 고객정보, 매출정보, 그 밖의 판매와 관련된 정보를 수집하여 집중적으로 관리할 수 있다. 이러한 정보는 필요에 따라 처리 또는 가공되어 필요한 부분에 활용되는 것은 물론 경영상의 의사결정에 활용된다.

3) POS 시스템의 장점

첫째, 매상등록시간 및 고객대기시간을 단축시키고 계산대의 수를 줄일 수 있다.

둘째, 판매원 교육 및 훈련시간이 짧아지고 입력오류를 방지할 수 있다.

셋째, 자동발주시스템(EOS : Electronic Order System)과 연계하여 신속하고 적절한 구매를 할 수 있다.

넷째, 재고의 적정화 및 물류관리의 합리화를 꾀할 수 있으며, 판촉전략의 과학화를 유도할 수 있다.

4) POS 시스템의 효과

POS 시스템을 이용할 경우, 생산성 향상, 계산원의 실수 방지, 사무작업의 간소화, 상품명이 명기된 영수증 발급, 부정 방지 등과 같은 직접적인 효과가 있다. 또한 간접적인 효과로서 품절 방지, 상품 회전율 향상, 신상품에 대한 원활한 평가, 판촉 등 영업정책에 대한 평가 등이 있다.

4. EOS 시스템(자동발주시스템, Electronic Ordering System)

1) EOS의 개념

자동발주시스템 혹은 온라인발주시스템이라고도 하며, 매장에서의 재고관리를 지원하기 위한 시스템으로, 매장내에서 특정 상품의 재고량을 실시간으로 파악할 수 있는 시스템이 장착되어 있고, 판매에 따라 재고량이 줄어들어 재주문점에 도달하게 되면 컴퓨터에 의해 자동발주가 이루어지는 시스템을 말한다.

컴퓨터에 의한 온라인기술의 진보와 POS 시스템의 보급에 따라 점포 진열선반 앞에서 필요한 상품의 발주자료를 발주 단말기에 입력하여 이를 거래선 컴퓨터의 회선을 통하여 전송함으로써 수발주작업의 생력화와 정보수집처리의 신속화·정확화를 도모하는 보충발주시스템이다.

EOS의 도입 목적은 소매점의 EOS화 측면에서 점포재고의 적정화, 오납·결품관리 용이, 검품체제 개선, 매입관리시스템의 확립, 발주작업체제의 개선, 점포관리시스템으로의 발전 등이다. 또한 도매점의 EOS화 측면에서는 수주작업의 효율화, 물류체제의 효율화, 단골거래처에 대한 서비스체제의 향상, 판매관리의 시스템화, 사무작업의 생력화 등을 목적으로 한다.

2) EOS의 도입 효과

EOS 도입시 다음과 같은 효과를 가져온다.

① 발주작업의 효율성 제고 : 발주시간 단축, 발주오류 감소

② 재고관리비용 절감 및 창고 활용의 효율화

③ 오납 및 결품 감소로 시간과 인력의 절감

④ 전표업무 삭감
⑤ 효율적인 점포종합관리시스템 구축 가능
⑥ 수주 및 반품처리업무의 효율성 제고
⑦ 비정상적인 거래 근절
⑧ 다양한 고객의 욕구에 대응
⑨ 수발주 데이터에 근거한 합리적인 영업관리
⑩ 효율적인 물류체계 확립 : 배차빈도 감소, 인력 및 시간 단축

5. CAO(자동발주시스템, Computer Assisted Ordering)

POS(Ponit of Sale)를 통해 얻어지는 상품흐름에 대한 정보와 계절적인 요인에 의해 소비자 수요에 영향을 미치는 외부요인에 대한 정보, 그리고 실제재고수준, 상품수령, 안전재고수준에 대한 정보 등을 통합하여 컴퓨터가 자동발주하는 시스템을 말한다.

CAO는 소비자 판매데이터를 근거로 다른 재고관련 정보와 연계·결합되어 상품 보충측면에서 개선을 이룰 수 있다. 컴퓨터로 자동화된 주문관리에 의해 물류의 동기화 및 수요관리의 통합화가 가능해져 전체 재고수준의 감소와 결품률의 감소효과를 얻을 수 있다.

자동발주시스템의 성공적인 구현을 위해서는 유통업체와 제조업체의 정보공유가 기반이 되어야 하고, 실제 상품의 판매량과 보충상품의 필요수량 사이의 차이를 효과적으로 관리하고 통제하는 것이 중요한데, 이를 위해서 CAO는 EDI 기반정보시스템이므로 유통업체와 제조업체가 규격화된 문서를 사용하도록 해야 한다.

6. CALS(Commerce At Light Speed)

1) CALS의 개요

CALS(광속상거래, Commerce At Light Speed)란 제품의 설계·생산·유통에서부터 폐기처분 전까지 전 과정에 관련된 모든 조직이 전자적으로 정보를 교환하고 공유하는 조직간 시스템을 말한다.

1980년대 중반 미국에서 군사관련 문서와 정보를 효율적으로 관리하기 위한 의도에서 시작되었는데, 지금은 정보시스템을 활용하여 기업내 또는 기업 간의 업무 프로세스를 합

리화하고 부가가치를 높이는 개념으로 확장되었다. 정보통신기술을 기반으로 CALS가 실현되면 기업간의 생산・판매・조달 등의 경영활동에 효율화를 기할 수 있고, 기업 내부의 설계・생산 활동과도 연계한 정보화가 가능하다.

특히 제조업에서는 CALS에 의한 산업정보화 전략은 단순한 생산공정의 자동화나 유통과정의 자동화에 머무르지 않고 상품의 전체 순환주기에 걸쳐 상품관리와 처리절차를 근본적으로 정보화하는 것을 의미한다. 최근에는 광속 상거래를 뜻하는 의미로 발전하여 인터넷을 기반으로 하는 기업간 전자상거래를 지칭하기도 한다.

2) CALS의 기대효과

첫째, 통합데이터베이스를 구축함으로써 신속한 정보서비스를 제공받을 수 있다.

둘째, 정확한 정보제공을 통하여 비용을 축소시킬 수 있으며, 서류에 의한 업무절차를 자동화 및 통합화함으로써 노력의 중복을 감소하고 중복되는 데이터를 제거하며, 데이터관리의 효율성으로 데이터 개발 및 분배비용을 감소시킬 수 있다.

셋째, CALS는 통합된 데이터베이스를 이용하여 업무량을 감소시킴과 동시에 소요시간을 단축시킨다.

넷째, 데이터베이스를 직접적으로 연결함으로써 데이터의 부정확・누락・불일치 요소 등을 제거시켜 품질과 업무의 질을 향상시킬 수 있다.

다섯째, 서류 중심의 업무처리방식에서 과감히 탈피하여 연계된 업무처리를 전산화・자동화함으로써 정보기술의 효과적인 관리와 즉각적인 지원, 일관성 있는 정보 유지, 그리고 보다 많은 정보의 관리 등과 같은 효과를 기대할 수 있다.

7. ERP(전사적 자원관리, Enterprise Resource Planning)

1) ERP의 의의

ERP는 전사적 자원관리로서 기업의 경영자원을 유효하게 활용함으로써 조직의 효율성을 높이고 공급체인과의 조화를 통하여 비용을 절감하고 공급망의 효율성을 높이기 위해 정보기술을 활용하는 경영전략의 하나이다. ERP는 기업의 기간업무만이 아닌 기업활동에 필요한 자원, 즉 생산, 자재, 구매, 인사, 판매, 회계 등의 모든 경영자원을 하나의 체계로 통합하여 운영하고 기업의 업무처리방식을 선진화시킴으로써 한정된 기업의 자원을 효율적으로 관리하여 생산성을 극대화하려는 기업 리엔지니어링 기법이다.

ERP를 실현하기 위해서 공급되는 소프트웨어를 ERP package라고 하는데, 이 패키지는 데이터를 어느 한 시스템에서 입력을 하면 전체로 자동연결되어 별도로 인터페이스를 처리해야 할 필요가 없는 통합운영이 가능한 시스템이다. ERP package는 주기적으로 새로운 버전(new version)이 공급되어 신기술의 도입이 용이하며 선진 업무 프로세스의 도입에 의한 생산성 향상, 많은 기업의 적용으로 신뢰성 및 안전성 확보, 전 모듈 적용시 데이터의 일관성 및 통합성으로 업무의 단순화와 표준화 실현, 실시간 처리로 의사결정정보의 신속한 제공 등의 장점을 갖고 있다.

ERP 시스템은 업무의 통합과 재편성이 용이하기 때문에 고객지향 업무체계를 편성할 수 있다. 그리고 ERP 시스템은 변화하는 경영환경에 신속하게 대처할 수 있도록 판매, 생산, 회계, 인사 등 모든 사업 모듈에 대한 변경이 가능하다.

ERP는 회계부문에서 재무회계, 관리회계, 자금관리, 고정자산관리 가능을 제공하며, 물류부문에서 자재관리, 생산계획 및 관리, 판매, 품질관리, 설비 유지・보수 기능을 제공한다.

2) ERP 도입을 위한 요건

첫째, 경영투명성에 대한 경영자의 의지가 명확해야 한다.

둘째, ERP 도입에 대한 명확한 비전을 갖고 사전에 구축범위를 설정해야 시행착오를 줄일 수 있다.

셋째, 기업혁신을 통해 유사업무를 통합시켜 업무의 일괄처리를 가능하게 해야 한다.

넷째, ERP 프로젝트 팀원에 대한 철저한 교육을 통하여 시스템에 대한 이해도를 높여야 한다.

8. GPS(위성추적시스템, Global Positioning System)

GPS는 인공위성을 사용하여 지구상의 현재 위치를 조사하는 시스템으로 1950년대 후반에서 1960년대 초반에 미 해군이 위성에 기초한 두 종류의 측량 및 항해 체계를 마련한 것에서 시작되었다. 이와 같이 GPS는 원래 군사용으로 사용되어 왔지만, 민간에서 이용하게 되면서부터는 항공기, 선박, 측량기기에 이용되고 있으며, 근래에는 자동차(카 네

비게이션 시스템)와 휴대전화에도 사용되고 있다. GPS는 지구상 어디에서나 위치확인이 가능하고, 고확도 측위, 고정밀 시각정보제공이 가능하며, 무선통신과 결합하여 모바일 컴퓨팅 요구를 충족할 수 있는 특징을 가지고 있다.

물류부문에서는 인공위성을 사용하여 차량의 위치를 추적하는데 이용되어지고 있으며, 물류정보시스템을 가장 효율적으로 활용할 수 있는 장점을 가지고 있다. 위성추적시스템을 물류정보시스템에 응용함으로써 화물추적서비스가 가능하여 고객서비스 향상을 도모할 수 있고, 배송차량의 위치, 배송진행과정, 경로 등의 실시간 제공이 가능하여 공차 배정을 신속하게 함으로써 공차률을 줄일 수 있을 뿐만 아니라 교통체증이 없는 도로의 검색도 가능해져 운송시간의 단축 및 운송비 절감효과를 도모할 수 있다.

[그림 11-4] GPS 시스템 구성도

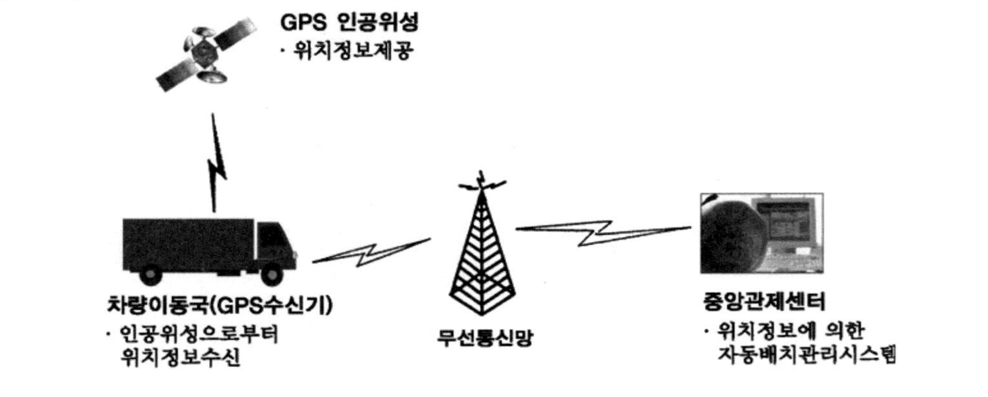

[출처 : 로지스틱스21, 「물류관리론」, 2009]

9. TRS(주파수 공용통신, Trunked Radio System)

중계국에 할당된 여러 개의 채널을 공동으로 사용하는 무전기시스템으로 운송수단에 탑재하여 이동간의 정보를 실시간으로 송수신할 수 있다. 일대 다수의 무선통신이 가능하며, 가입자는 소속된 중계국의 어느 채널이라도 사용이 가능하며, 그룹통신, 개별통신, 긴급통신이 가능하다.

TRS 도입시 물류비용 절감, 고객서비스 개선, 효율적인 차량관리, 부가서비스 이용(교통정보, 기상정보 등) 등과 같은 효과를 가져온다.

10. ITS(지능형 교통시스템, Intelligent Transport System)

ITS는 도로와 차량 등 기존 교통의 구성요소에 첨단의 전자・정보통신 기술을 적용하여 교통시설을 효율적으로 이용하고 통행자에 유용한 정보를 제공하여 안전하고 편리한 통행과 전체 교통체계의 효율성을 기하도록 하는 교통부문의 정보화시스템이다.

화물운송 효율화 분야(물류정보관리 서비스, 위험물 차량관리 서비스, 화물 전자행정 서비스), 교통관리 최적화 분야, 전자지불 서비스 분야, 교통정보 유통 활성화 분야, 여행자 정보 고급화 분야, 대중교통 활성화 분야, 차량 및 도로 첨단화 분야 등에서 이용할 수 있다.

ITS 활용시 교통시설의 효율성 향상, 교통관리 효율화 도모, 교통혼잡 완화, 교통정보 제공을 통한 이용자 편의성 증대, 사고방지 및 안정성 확보, 에너지 절감 및 환경오염 감소 등과 같은 효과가 나타난다.

11. 기 타

DPS(Digital Picking System)는 점포로부터 발주자료를 센터의 상품 랙에 부착한 표시기에 피킹 수량을 디지털로 표시하게 하는 시스템으로 작업 생산성 향상을 도모한다. 도입 효과에는 피킹 오류 감소, 피킹 생산성 향상, 피킹시간 단축, 피킹인원 감소 등이 있다.

GIS-T(교통지리정보시스템, Geographical Information System for Transportation)은 디지털 지도에 각종 정보를 위성으로 연결하여 관리하고, 이를 분석 및 응용하는 시스템이다.

AVLS(이동체 위치 파악시스템, Automatic Vehicle Location System)은 위성으로부터 받은 신호를 차량, 선박, 항공기에 장착된 수신기와 기타 위치 센서의 정보로부터 이동체의 현 위치를 실시간으로 계산하여 운행자와 중앙관제소에 알려 준다. 이동체의 위치 및 이동 상태를 파악하고, 차량의 최적 배차 및 파견, 실태 파악 및 분석, 안내, 통제 등 일련의 작업을 자동화한 시스템이다.

제3절 바코드 시스템

1. Bar Code(바코드)의 개요

1) 바코드의 개념

바코드는 컴퓨터가 정보를 읽기 쉽도록 하기 위해 두께가 서로 다른 검은 막대와 흰 막대(space)를 조합시켜 숫자 또는 특수기호를 코드화한 것으로 이를 이용하여 정보의 표현과 정보의 수집・해독을 가능하게 한다. 상품유통분야에서 바코드는 과학적인 판매 및 재고관리를 가능하게 해 줌으로써 판매시점 정보관리(POS system)의 중심적 역할을 수행한다.

바코드는 바와 스페이스로 구성되고, 바코드에는 상하좌우로 4곳에 코너마크가 표시되어 있다. 또한 판독기를 통해 바코드를 읽기 위해서는 바코드의 시작과 종료를 알려주기 위하여 일정공간의 여백을 두기도 한다.

현재 세계적으로 사용되는 코드로는 GS1(국제표준 상품코드 관리기관)이며, 기존의 세계공통상품코드(UPC : Universe Product Code), 유럽공통상품코드(EAN : European Article Number) 등을 표준화하였다. EAN/UPC International과 EPC Global이 통합되어 GS1이 되었다.

2) 바코드의 장점 및 단점

(1) 장점

① 오독률이 낮아 높은 신뢰성을 확보할 수 있다.
② 바코드에 수록된 데이터는 비접촉 판독이 가능하고 한 번의 주사로 판독이 가능하다.
③ 컨베이어 상에서 직접 판독이 가능하며 신속한 데이터 수집이 가능하다.
④ 도입비용이 저렴하고 응용범위가 다양하다.

(2) 단점

① 정보량이 적다.

② 정보의 변경이나 추가가 되지 않는다(정보를 추가하기 위해서는 추가 표시라벨을 별도로 부착해야 함).

2. 국제 바코드 표준체계

1) Global Trade Item Number(국제거래단품코드, GTIN)

거래단품은 공급체인 상에서 가격이 매겨지거나 주문 단위가 되는 상품을 말하며, 소비자에게 판매되는 모든 낱개 상품뿐만 아니라 묶음 상품, 기업 간 주문 단위로 이용되는 골판지 상자 단위도 거래단품의 범주에 포함된다.

GTIN의 종류에는 GS1-8(8자리), GS1-13(13자리), GS1-14(14자리)가 있으며, 이를 전산으로 처리할 경우에는 모두 14자리로 입력해야 하므로 각 코드의 앞에 '0'을 채워 14자리로 만든 후 데이터베이스에 입력한다.

2) GTIN 코드의 예시

(1) 국가식별코드(3자리)

첫 3자리 숫자는 국가를 식별하는 코드로 대한민국은 항상 880으로 시작된다. 세계 어느 나라에 수출되더라도 한국 상품으로 식별되며, 원산지를 나타내는 것은 아니다. 1981년까지 GS1에 가입한 국가는 국가식별코드가 2자리이며, 1982년 이후에 가입한 국가는 국가식별코드가 3자리를 사용한다(한국 1998년 가입).

(2) 제조업체코드(6자리)

국가코드 다음의 6자리 제조업체코드는 대한상공회의소 유통물류진흥원에서 제품을 제조하거나 판매하는 업체에 부여한다. 업체별로 고유코드가 부여되기 때문에 같은 코드가 중복되어 부여되지 않는다.

(3) 상품품목코드(3자리)

제조업체코드 다음의 3자리는 제조업체코드를 부여받은 업체가 자사에서 취급하는 상품에 임의적으로 부여하는 코드이다. 000～999까지 총 1,000품목의 상품에 코드를 부여할 수 있다.

(4) 체크디지트(1자리)

스캐너에 의한 판독 오류를 방지하기 위해 만들어진 코드로 바코드가 정확하게 구성되어 있는가를 보장해주는 컴퓨터 체크디지트를 말한다.

[그림 11-5] GTIN 코드의 예시

1. GS1-13 표준형

880	$M_1M_2M_3M_4M_5M_6$	$I_1I_2I_3$	C/D
↓	↓	↓	↓
국가식별코드	제조업체코드	상품품목코드	체크디지트

8 809123 456785

GS1-13 표준형의 체계 바코드의 심벌

2. GS1-13코드 생성과정

880 → 국가식별코드

880 912345 → 제조업체코드 : 유통물류진흥원이 제조업체에게 부여

880912345 678 → 상품품목코드 : 제조업체가 자사상품에 부여

880912345 678 5 → 체크디지트 : 컴퓨터에서 자동적으로 계산

3. GS1 바코드의 활용 이익

GS1 바코드 시스템은 유통과정에서의 신속・정확한 정보를 간단한 조작을 통해 입력하여 유통정보의 수집과 관리의 효율성을 높이는 시스템이다. 또한 모든 소매점에서 판매되고 있는 소비재 상품에 활용되고 있으며, 판매시점 정보관리시스템(POS)의 활용을 통한 정보창출을 비롯하여 매입관리시스템, 주문관리시스템 등과 연계된 소매업 종합정보시스템으로 확산・발전하고 있다.

GS1에 기초한 물류용 수치부여와 심벌시스템의 개발로 물류정보시스템의 구축을 촉진하고, EDI의 확산에 따라 활용성이 높아지고 있으며, 유통산업은 물론 소비자와 국민경제 전반에 긍정적인 이용효과를 가져다주고 있다.

〈표 11-5〉 GS1 바코드 활용의 이익

구분	이익
유통산업	- 신속 정확한 판매정보 관리에 의한 유통경영의 과학화 촉진 - 수발주 자동화에 의한 신속 정확한 상품관리의 실현과 적정재고관리 - 출하와 배송의 효율화 실현 - 가격표 부착작업의 감소에 의한 노동비용의 절감 - 효율적인 인력관리와 고객관리의 가능 - 유통정보 분석에 근거한 점내상품계획(ISM, In-store Merchandising) 실시 - 유통정보시스템의 표준화에 의해 저렴한 관련기기와 기술의 보급이 가능함 - 비용의 절감과 고객서비스 향상
제조업	- 판매동향, 소비자행동 등 시장정보 조사비용의 절감 - 신제품 개발전략의 효과분석 및 효율적 대응 - 과학적인 물류관리, 생산계획, 판촉계획 등의 실현 - 유통단계별 정보공유로 SCM 실현 - 전반적인 유통비용의 절감
소비자	- POS 사용업체의 이용을 통한 양질의 서비스 혜택 - POS 기기에서 발행된 영수증을 통해 구매계획 및 정산에 활용 - 효율적인 소비활동, 물가안정 기대
국민경제	- 경제적인 자원 활용의 실현 - 물가안정, 생산증대 등 거시 경제정책목표의 달성 - 정보통신산업의 동반 발전 촉진

4. GS1 바코드의 종류

1) 1차원 바코드

(1) GS1-13(다품목코드)

① **국가식별코드** : 국가를 식별하기 위한 숫자로 2~3자리로 구성되며, 1982년 이전에 GS1 International에 가입한 국가는 2자리이며, 1982년 이후에 가입한 국가는 3자리가 부여된다.

② **제조업체코드** : 상품의 제조업체를 나타내는 코드로 5자리 다품종 업체에 63000~69999번까지 부여된다.

③ **상품품목코드** : 각각의 단품을 나타내는 4자리 코드로 0000~9999 까지 총 10,000 품목에 부여할 수 있다.

④ **체크디지트** : 스캐너에 의한 판독 오류를 방지하기 위해 만들어진 코드로 modulo 10방식에 의해 계산된다.

[그림 11-6] GS1-13(다품목코드)

880	$M_1M_2M_3M_4M_5$	$I_1I_2I_3I_4$	C/D	
↓	↓	↓	↓	
국가식별코드	제조업체코드	상품품목코드	체크디지트	8 806300 012345 >

GS1-13 다품목코드의 체계　바코드의 심벌

(2) GS1-13(표준형 B)

① **국가식별코드** : 국가를 식별하기 위한 숫자로 2~3자리로 구성된다.

② **제조업체코드** : 상품의 제조업체를 나타내는 코드로 6자리로 구성된다.

③ **상품품목코드** : 각각의 단품을 나타내는 코드로 총 1,000 품목에 부여할 수 있다.

④ **체크디지트** : 스캐너에 의한 판독 오류를 방지하기 위해 만들어진 코드로 modulo 10방식에 의해 계산된다.

[그림 11-7] GS1-13(표준형 B)

880	$M_1M_2M_3M_4M_5M_6$	$I_1I_2I_3$	C/D	
↓	↓	↓	↓	
국가식별코드	제조업체코드	상품품목코드	체크디지트	8 809123 456785

GS1-13 표준형 B의 체계　바코드의 심벌

(3) GS1-13(의약품코드)

① **국가식별코드** : 국가를 식별하기 위한 숫자로 2~3자리로 구성된다.

② **제조업체코드** : 의약품의 제조업체를 나타내는 코드로 5자리로 구성된다.

③ **상품품목코드** : 각각의 단품을 나타내는 코드로 총 10,000 품목에 부여할 수 있다.

④ **체크디지트** : 스캐너에 의한 판독 오류를 방지하기 위해 만들어진 코드로 modulo 10방식에 의해 계산된다.

[그림 11-8] GS1-13(의약품코드)

880	$M_1M_2M_3M_4M_5$	$I_1I_2I_3I_4$	C/D
↓	↓	↓	↓
국가식별코드	제조업체코드	상품품목코드	체크디지트

GS1-13 의약품코드의 체계바코드의 심벌

(4) GS1-14(표준물류코드)

업체 간 거래 단위인 물류단위(Logistics Unit)로서 주로 골판지 박스에 사용되는 국제표준물류바코드로서 생산공장, 물류센터, 유통센터 등의 입출하 시점에 판독되는 표준바코드이다. 물류식별코드, 국가식별코드, 제조업체코드, 상품품목코드, 체크디지트로 구성된다.

[그림 11-9] GS1-14(표준물류코드)

VL	880	$M_1M_2M_3M_4$	$I_1I_2I_3I_4I_5$	C/D
↓	↓	↓	↓	↓
물류식별코드	국가식별코드	제조업체코드	상품품목코드	체크디지트

GS1-14 물류식별코드의 체계 바코드의 심벌

표준물류코드의 "0~9"까지 부여할 수 있으며, 그 의미는 다음과 같다.

〈표 11-6〉 표준물류코드

물류식별코드	의 미
0	박스 내에 서로 다른 단품이 혼합된 경우로 박스 내에 있는 단품에 부여된 상품 품목코드와 다른 상품 품목코드를 부여해야 함.
1~8	박스 내에 동일한 단품이 들어 있는 경우, 물류식별코드는 박스에 포함된 단품의 개수의 차이를 구분함.
9	추가형 코드가 있는 경우 : 계량형 상품

표준물류바코드를 활용할 경우 그 이점은 다음과 같다.

① 물류센터내 검품, 거래처별·제품별 소팅, 로케이션관리의 자동화

② 물류센터내 실시간 재고파악을 통한 재고관리의 효율화

③ 생산에서 배송까지의 제품이동의 신속·정확화 : 수주에서 납품까지의 리드타임 단축 등

④ 물류단위 중심의 EDI 거래 촉진

(5) GS1-128

GS1-128은 물류단위(박스, 파렛트, 컨테이너 등)에 다양한 정보를 표시하고자 하였으며, 기업간·산업간에 상호호환이 가능한 표준정보를 담을 수 있는 코드에 대한 욕구가 발생하면서 등장하였다.

GS1-128은 코드를 인쇄한 기업에 관계없이 어느 국가, 어느 장소, 어떤 기업에서도 사용 가능한 개방화된 표준이며, 기업들이 필요로 하는 새로운 정보가 발생할 경우, 기존의 시스템에 대한 변경이 전혀 불필요하여 새로 정의하여 사용할 수 있는 이점을 갖고 있다.

GS1-128의 정보의 정보는 다음과 같다.

① 식별번호 : 상품식별, 물류단위식별, 변형된 제품식별, 제품모델번호, 카탈로그식별, 회수자산식별

② 추적번호 및 일자표시 : 상품, 물류단위에 대한 추적/배치·로트번호/일련번호, 유효기간, 생산일자, 포장일자, 최대사용일자

③ 척도단위 : 창고공간관리시스템, 운송서비스에 대한 물류측정단위에 사용, 상품내용물이 주문자 또는 상품특성에 따라 변하는 경우

④ 로케이션관리 : 배송처, 청구처, 구매처, 원산지

⑤ 기타 : 롤제품, 쿠폰, 기업 내부 활용

(6) SSCC 코드

제조, 물류 또는 상품공급업체들이 상품을 주문한 업체로 상품을 배송하는 배송단위(박스, 파렛트, 컨테이너 등)를 식별하기 위해서 SSCC(Serial Shipping Container Code)를 개발하였으며, GS1-128이라는 바코드 심벌로 표시된다. 제조업체, 운송업체, 물류업체, 유통업체에 이르는 공급체인의 모든 참여 주체들이 사용 가능하다. 즉, 배송정보가 EDI에 의해서 미리 제공됨으로써 SSCC는 선적, 입고, 재고, 분류, 주문조정, 추적 등과 같은 응용분야를 지원할 수 있다.

SSCC가 EDI와 연계되어 사용될 때 다음과 같은 다양한 물류업무 기능을 수행할 수 있다.

① 배송단위에 대한 식별
② 개별적인 배송단위에 대한 추적, 조회
③ 운송업체의 효율적인 배송
④ 재고관리시스템을 위한 정확한 입고 정보
⑤ 자동화에 의한 효율적 입고와 배송

(7) 서적코드

ISBN(International Standard Book Number)제도는 출판물 및 문헌정보 유통을 효율화하기 위하여 각종 도서 하나하나에 국제적으로 표준화된 방법으로 고유번호를 부여하여 책의 일정한 위치를 표시하는 제도이다.

국제표준도서번호(ISBN)는 13자리로 구성되어 있으며, 부가기호는 5자리이다. 접두부번호는 단행본의 경우 978이며, 정기간행물은 977이다.

〈표 11-7〉 서적코드

978	89	74	12345	7	0 3 810
접두부 (3)	국별번호 (2)	발행자번호 (2)	서명식별 번호 (5)	체크기호 (1)	내용분류(1) 발생형태(1) 내용분류 기호(3)

2) 2차원 바코드

(1) 2차원 바코드의 정의

2차원 바코드는 기존의 1차원 바코드 심벌의 단점인 정보표현의 제한성을 보완하기 위하여 만들어진 것으로, 양 축(X축 방향, Y축 방향)으로 데이터를 배열시켜 평면화시킨 바코드이다.

문자, 숫자 등 3,000여 개의 정보를 저장할 수 있는 2차원 바코드에서는 바코드 자체에 제조회사와 제조일시, 가격 등의 정보가 포함되어 있어 미리 데이터베이스를 준비해 놓고 있지 않아도 판독기가 바코드를 읽기만 하면 바로 컴퓨터 화면에 상품의 자세한 정보가 나타나며 자동 계산을 할 수 있게 된다.

(2) 2차원 바코드의 종류

① 매트릭스형 코드(Matrix Code)

정방향의 동일한 폭의 흑백 요소를 모자이크식으로 배열하여 데이터를 구성하기 때문에 체크무늬 심벌형태를 가진다. 이 심벌을 판독하는 스캐너는 각 정방형의 요소가 검은지 흰지를 식별해 내고 이 흑백 요소를 데이터의 비트로 삼아서 문자를 구성한다. 매트릭스형 코드는 2D Array 코드라고 불리며, 그 종류는 다음과 같다.

〈표 11-8〉 매트릭스 바코드의 종류

구분	내용
Data Matrix Code	Data Code라고도 불리며 심볼당 표현할 수 있는 데이터의 양이 강조되어 있다.
QR Code	Quick Response Code라는 의미로 신속한 판독을 필요로 하는 물류관리나 공장자동화 부분에 적합하도록 고안되었다.
Matrix Code	미국의 UPS사에 의해 개발된 매트릭스형 코드이다.
Code one Code	각 Code one 심볼은 빠르게 인식하기 위한 중앙 인식 패턴이며, 10종류의 패턴과 14종류의 크기가 있는 2차원 매트릭스 심볼로지이다.

② 다층형 바코드(Stacked Bar Code)

1차원 바코드와 같이 개별적으로 인식될 수 있는 몇 의 문자가 모여 수평으로 열을 구성하며, 열 안에는 1개 이상의 데이터 문자를 포함한다. 특수한 별도의 장비가 아닌 상용화된 범용 스캐너로 판독이 용이하다.

〈표 11-9〉 다층형 바코드의 종류

Code 16K Code	Code 16K는 다층형이고 데이터 길이는 가변인 연속형 심볼로지로서 128개의 ASCII 문자집합을 모두 표현할 수 있다.
PDF-417 Code	한 심볼은 데이터 표현양식(Mode)에 따라 최대 ASCII 1850문자나 1108바이트 또는 2710수치를 표현할 수 있다. 데이터의 오류검출 및 수정문자가 제공하는 것보다 훨씬 높은 정도의 데이터의 안전단계를 보장하고 있다.
Code 49 Code	Code 49는 다층형이고 작은 데이터 길이는 가변인 연속형 심볼로지로서 128개의 모든 ASCII 문자를 표현할 수 있다.

(3) 2차원 바코드의 장점

2차원 바코드는 다음과 같은 장점을 갖고 있다.

① 공간 점유도가 낮다.

② 좁은 영역에 많은 데이터를 표현할 수 있다.

③ 심벌이 오염되거나 훼손되어 데이터가 손상되더라도 복원능력이 뛰어나다.

④ 문자와 숫자로 된 모든 문자를 지원한다.

⑤ 심벌 인쇄 및 판독이 쉽고, 심벌의 판독을 360° 다방향으로 할 수 있다.

[그림 11-10] 2차원 바코드(국제표준)

QR Code　PDF 417　Data Matrix　Maxi Code

제4절 RFID

1. RFID의 개념

RFID(Radio Frequency IDentification), 즉 무선주파수인식기술은 각종 물품에 소형 반도체 칩을 부착해 사물의 정보와 주변 환경정보를 무선주파수를 이용하여 식별하는 방식을 말하는 것으로 원거리에서 인식이 가능하고 충돌방지기능이 있어 동시에 여러 개를 인식할 수 있는 장점을 가진 자동인식기술의 하나이다. 1980년대부터 등장한 이 시스템은 DSRC(전용 근거리 통신, Dedicated Short Range Communication) 또는 무선식별시스템이라고도 한다. 전파식별기술은 바코드처럼 직접 접촉하거나 가시대역 안에서 스캐닝할 필요가 없어 바코드를 대체할 기술로 평가받으며, 활용범위도 확대되고 있다. RFID는 기본적으로 태그, 안테나, 리더, 호스트로 구성되어 있다.

바코드와 비교해 보면, 바코드의 경우 레이저 판독기를 바코드에 직접 접촉시켜야 하지만 RFID는 안테나와 태그만 있으면 판독기를 직접 접촉하지 않아도 쉽게 상품의 정보를 식별할 수 있으며 필요한 정보를 삽입할 수도 있다.

유비쿼터스(ubiquitous)를 실현시키는 핵심기술이기도 하며, 공급체인에 있는 모든 품목의 개별적 식별이 가능해짐으로써 공급체인의 효율이 증가한다. RFID 시스템은 상품을 자동으로 인식하여 처리를 하게 되므로 실제 재고파악의 신속성·정확성이 향상될 뿐만 아니라 수많은 점포에 대해 재고관리, 판매, 보충, 도난방지 등 모든 업무가 일괄관리되며, 상품 보충 및 생산 주문이 자동화되는 이점을 지닌다.

2. RFID의 장점 및 단점

1) RFID의 장점

RFID는 바코드에 다음과 같은 장점을 갖고 있다.

① 투과성이 좋음 : 나무, 직물, 플라스틱 등을 투과하여 인식 가능

② 원거리 및 고속 이동시에도 인식 가능
③ 충돌방지기능이 있어 여러 개 동시 인식 가능
④ 반복 재사용, 반영구적 사용
⑤ 대용량의 메모리 내장 : 바코드가 20자리인 데 비해 수k~수백k byte
⑥ Tag의 데이터의 변환(write) 및 저장이 용이
⑦ 다수의 Tag 정보를 동시에 인식 가능
⑧ 데이터의 신뢰도 높음
⑨ 내환경성이 좋음 : 눈, 안개, 결빙, 도색, 오염 등 환경적 제한상황에서도 인식 가능

2) RFID의 단점

① 바코드에 비해 비싼 가격
② 개인 프라이버시 침해 가능
③ 국가별 주파수가 다름
④ 전파의 적용범위(1m)가 한정

〈표 11-10〉 바코드와 RFID의 비교

구 분	바코드	RFID
인식방법	광학식 Read Only	무선 Read / Write
정보량	수십단어	수천단어
인식거리	최대 수십 cm	최대 100m
인식속도	개별스캐닝	최대 수백 개
관리레벨	상품그룹	개개상품(일련번호)
가 격	라벨인쇄 10원 미만	태그 수백원(향후 100원 이하)

[출처 : 로지스틱스21(2009), 전게서]

3. RFID의 구성요소

1) RFID의 기본 구성요소

RFID는 태그, 안테나, 리더 및 호스트로 구성된다.

〈표 11-11〉 RFID의 기본 구성요소

구분	내용
태그 (Tag)	- 상품에 부착되며 데이터가 입력되는 IC 칩과 안테나로 구성 - 리더와 교신하여 데이터를 무선으로 리더에 전송 - 배터리 내장 유무에 따라 능동형과 수동형으로 구분됨
안테나 (Antenna)	- 무선주파수를 발사하며 태그로부터 전송된 데이터를 수신하여 리더로 전달함 - 다양한 형태와 크기로 제작 가능하며 태그의 크기를 결정하는 중요한 요소임
리더 (Reader)	- 주파수 발신을 제어하고 태그로부터 수신된 데이터를 해독함 - 용도에 따라 고정형, 이동형, 휴대용으로 구분 - 안테나 및 RF회로, 변 / 복조기, 실시간 신호처리 모듈, 프로토콜 프로세서 등으로 구성
호스트 (Host)	- 한 개 또는 다수의 태그로부터 읽어 들인 데이터를 처리함 - 분산되어 있는 다수의 리더 시스템을 관리함 - 리더로부터 발생하는 대량의 태그 데이터를 처리하기 위해 에이전트 기반의 분산 계층 구조로 되어 있음

[출처 : 로지스틱스21(2009)]

〈표 11-12〉 RFID 태그의 종류

방식별 구분		원 리
읽기 / 쓰기 가능여부	읽기전용	- 제조시 정보 입력, 정보내용은 변경 불가 - 가격이 저렴하여 바코드와 같이 단순인식 분야 사용
	한번쓰기 가능	- 사용자가 데이터를 1회 입력할 수 있으며 입력 후에는 변경 불가
	읽기 / 쓰기 가능	- 여러 번 데이터 입력과 변경이 가능 - 가격은 높지만 고가 상품 등에 활용 가능
태그 전원유무	능동형(Active)	- 태그에 배터리가 부착, 수십 미터 원거리 통신용 - 가격 고가, 수명 제한, UHF대역 이상에서 사용
	수동형(Passive)	- 태그에 배터리가 없으며, 10m 이내 근거리 통신용 - 가격 저렴, 수명 반영구적(약 10년 이상)

[출처 : 로지스틱스21(2009)]

2) RFID 시스템의 구성

RFID에 사용되는 서버급 컴퓨터는 서반트 서버(Savant Server), PML(Physical Markup Language) 서버, ONS(Object Name Service) 서버로 구성되어 있다.

(1) 서반트 서버(Savant Server)

RFID를 부착한 상품이나 박스, 파렛트가 리더기를 지나갈 때 전자제품코드(EPC)정보를 취득하는 일종의 미들웨어로 리더기와 연결돼 있다. 또 인터넷을 통해 ONS 서버의 데이터베이스로 EPC를 조회해 정보를 처리하는 기능도 갖추고 있다.

(2) PML 서버

서반트 서버(Savant Server)가 모아 온 정보들, 즉 제품명을 비롯해 현재 상태, 위치 등을 PML 형태로 저장·보관하는 서버이다.

(3) ONS 서버

인터넷 주소정보를 제공하는 DNS(Domain Name Service)와 같은 역할을 하는 ONS는 RFID 상품정보를 제공한다. 즉, PML 서버의 주소를 정의하고 있다가 Savant가 필요로 할 경우, 이를 전달해 PML 서버의 제품정보를 찾아낼 수 있도록 도와 준다.

3) 기업에서 RFID를 활용하는 데의 한계점

RFID 칩이 내장된 파렛트나 개별 상품 박스가 해독기(리더기)에서 100% 인식되지 못해 지속적인 후속 노력이 필요하다. 또한 RFID 시스템 구축에 사용되는 하드웨어, 소프트웨어의 호환성이 100% 보장되지 않는다. RFID를 통한 유비쿼터스 환경 구현을 위해서는 서반트 서버(Savant Server), ONS 서버, PML 서버 등이 올바르게 정보를 교환할 수 있도록 기술적 보완이 요구된다.

4. RFID 시스템의 특징

첫째, 정보가 쌍방향으로 판독뿐 아니라 기입이 가능하다.

둘째, 큰 메모리 용량을 갖고 있다. 바코드가 20자리인 데 비해 수k～수백k byte의 용량을 갖는다.

셋째, 내환경성이 좋다. 즉, 오물의 부착에도 교신에 지장이 없다.

넷째, 투과성이 좋다. 즉, 나무, 직물, 플라스틱 등을 투과하여 교신이 가능하다.

5. 무선주파수 대역별 특징

무선주파수는 5개의 주파수 대역이 있으며, 125~135㎑는 축산물 유통이나 출입카드 등에 활용되고, 13.56㎒는 신용카드, 교통카드, 낱개상품, 주차관리 등에 활용된다. 433.92㎒부터 능동형 태그가 적용되어 컨테이너 식별, 화물트럭 추적 등에 활용되고, 860~960㎒는 세계 공통의 물류유통분야 공용주파수대이다. 2.45㎓는 자동차 운행 모니터링, 톨게이트 등에 사용하거나 의약품, 전자문서, 여권 등의 위변조방지에 활용된다.

RFID 태그는 저주파 대역이 주로 근거리용으로, 고주파 대역이 중장거리용으로 사용되며, 저주파 대역에 비해 고주파 대역의 인식속도가 빠른 반면에 고주파 대역은 저주파 대역에 비해 장애물에 많은 영향을 받는다. 또한, 저주파 대역에 비해 고주파 대역의 태그를 소형으로 만들 수 있지만 시스템구축 비용은 고주파 대역보다 저주파 대역이 저렴하다.

RFID를 업무에 적용 시 주파수 대역별로 기능과 성능에 차이가 있으므로 어떤 대역이 우수하고 어떤 대역이 나쁘다고 할 수 없으며 용도에 맞는 주파수 대역을 사용하는 것이 바람직하다. 최근에는 고주파와 마이크로파의 적용이 확대되고 있으며 고주파 대역이 RFID 분야의 중심이 되고 있다.

〈표 11-13〉 무선주파수 대역별 특성

구분	저주파 125.13㎑ & 134㎑	중간주파 13.56㎒	고주파 433.92㎒	극초단파 860~960㎒	마이크로파 2.45㎓
	LF	HF	UHF		Microwave
인식거리	60㎝ 미만	60㎝ 미만	~5~100m	~3.5~100m	−1m 이내
특징	−비교적 고가 −환경에 의한 성능 저하 거의음	−저주파보다 저렴 −짧은 인식거리와 다중 태그 식이 필요한 곳에 응용	−장거리 인식 −실시간 추적 및 컨테이너 내부도, 충격 등 환경 감지	−IC기술발달로 가장 저가 −다중태그 인식, 거리와 성능이 가장 뛰어남	−900대역 태그와 유사한 특성 −환경에 대한 영향을 가장 많이 받음
동작방식	수동형	수동형	능동형	능동/수동형	능동/수동형

적용분야	–출입통제 –동물식별 –공정자동화 –재고관리 –출입통제/보안	–스마트카드 –수화물관리 –대여물관리 –출입통제/보안	–컨테이너 식별/추적 –실시간 위치추적	–유통물류분야 –공급체인관리 –자동통행료 징수	–위조방지 –자동차 운행 흐름 모니터링 –톨게이트 시스템
인식속도	저속		고속		
환경영향	강인		민감		
태그크기	대형		소형		

*출처 : ETRI, "물류와 경영", 2005년, p.35

6. RFID의 물류분야 활용

첫째, 물류창고관리시스템에서 파렛트·박스 단위로 태그를 부착해 자동입출고처리, 공급체인을 경유하는 상품의 실시간 위치추적 및 재고관리 접속제어, 유통물류분야에서는 컨테이너·파렛트 등의 추적관리 등에 이용할 수 있다.

둘째, 항공수화물처리에서 항공수하물의 보다 신속·정확한 판독과 분류, 위험물품 재검사가 가능하다.

셋째, 통신분야에서 차량의 이동 중 자동지불 등에 이용할 수 있다.

넷째, 주차관리분야에서 태그가 부착된 차량이 접근하면 출입통제장치가 자동으로 개폐된다.

다섯째, 공장의 제조 및 소매업 분야에서 자산관리, 제품의 추적관리 등에 이용될 수 있다.

여섯째, 군사 및 의료 분야에서 위치 파악, 진단 기능에 사용할 수 있다.

일곱째, 저가 아이템 분야의 소매업 및 교통 분야에서 소매제품의 추적, 교통기관 티켓 추적 등에 이용할 수 있다.

[그림 11-11] RFID의 물류분야 활용

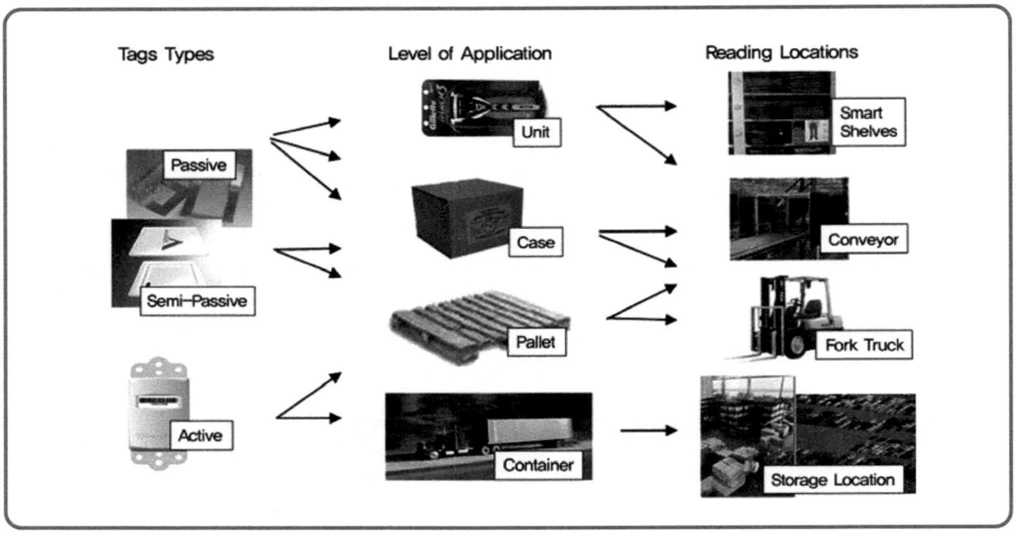

제 12 장

SCM

제1절 SCM의 기초

1. SCM의 개념

SCM(공급사슬(체인)관리; Supply Chain Management)은 부품의 조달에서 최종소비자에 이르기까지의 상품의 흐름을 지원하는 인프라, 조직, 정보 등이 구성하는 업무 프로세스 전체를 '공급사슬(supply chain)'로 보고, 이를 기업경영전략에 맞추어 전체 시스템의 관점에서 관리하는 것을 말한다.

SCM은 공급사슬상의 모든 업체, 즉 원재료의 공급업체, 제조업체, 물류업체, 유통업체, 최종고객에 이르기까지 업무를 통합함으로써 경로 전체의 효율성을 높이는 것을 목적으로 하고 있으며, 이를 위해서는 공급체인(공급사슬) 파트너간에 효과적인 정보의 창출·공유·확산이 필수적이다.

공급업체 파트너간의 유기적이고 협력적인 관계구축을 통하여 고객의 욕구를 효과적으로 충족시킬 수 있으며, 이를 통하여 이윤을 창출하게 되고 궁극적으로는 공급사슬 전체의 이익 제고에 기여하게 된다.

SCM의 추진유형으로는 의류부문에서는 QR(Quick Response), 식품부문에서는 ECR(Efficient Consumer Response), 의약품부문에서는 EHCR(Efficient Healthcare Consumer Response), 신선식품부문에서는 EFR(Efficient Foodservice Response) 등이 있다.

2. SCM의 필요성

기존의 제조업체들은 라인, 공장 또는 기업내의 생산성 향상, 리드타임 단축, 원가 절감, 품질 제고를 위한 합리화 및 리엔지니어링, 기업통합, 정보화, 자동화 등에 노력해 왔다. 그러나 최근에는 제품의 품질이 더이상 시장에서 경쟁력을 판가름하는 요소가 될 수 없으며, 기업 내부의 각 조직·기능별 관리만으로는 경쟁력 확보가 어렵다는 것을 인식하게 되었다. 기업들이 글로벌화되고 급변하는 시장환경에서 경쟁우위(competitive advantage)를 확보하기 위해서는 이제까지의 부분적이고 제한적인 경영개선과는 차원이 다른 새로운 경영혁신이 필요하게 되었다.

기업 내부의 제조 프로세스 이후에 발생되는 물류비용이 제조업의 경우, 업종에 따라 10~15%에 이르고 있으며, 고객이 주문 후 납품까지의 주문 사이클 타임 중에서 순수 제조 소요기간보다 공급사슬상에서 소요되는 시간이 훨씬 길어짐으로써 기업 내부 가치사슬과 더불어 관련기업 가치사슬과의 연계를 통한 공급사슬관리 관점에서의 관리가 더 중요하게 인식되고 있다.

경쟁우위를 확보하기 위해서는 기본적으로 경쟁력 있는 상품과 서비스를 공급할 수 있는 역량(capabilities)을 갖추는 것이 필요한데, 제품개발·생산·유통·마케팅의 각 부문별 프로세스의 개선만으로는 한계가 있으므로 이들 프로세스들을 하나의 시스템으로 통합하는 것이 중요하다. 특히 가치창출의 원천이 되는 고객의 수요를 정확히 예측하고 변화하는 고객수요에 신속히 대응할 수 있어야 한다.

최근 세계적 기업들은 경쟁우위를 확보하기 위해 자사의 내부 프로세스 통합과 함께 공급자, 자사, 고객을 연결하는 전체 공급사슬(supply chain) 상의 제품서비스, 정보, 현금, 나아가 지식의 흐름을 통합하고 효율화하는데 초점을 두기 시작하였다.

[그림 12-1] 경쟁우위와 공급사슬

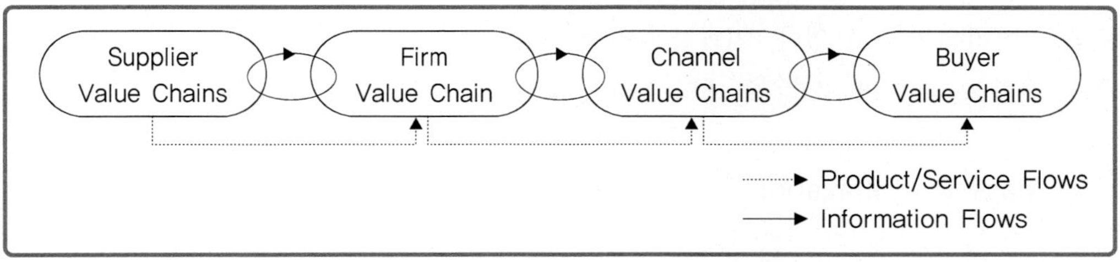

3. SCM의 중요성

많은 기업들은 글로벌 경쟁의 심화와 위험에 대처할 수 있는 경쟁력을 강화하기 위한 방안으로 SCM을 생각하고 있다. 정보기술과 커뮤니케이션의 확장을 통하여 상품개발 및 운송의 효율성을 높이고, 고객의 욕구를 반영한 기업간 상호 협업시스템을 구축하는 시장 경쟁의 불확실성을 극복하게 하고, 글로벌 경영을 위한 경쟁력을 강화시켜주고 있다.

1) 부가가치의 원천

대량고객화(Mass Customization)시대에는 상품의 생산이나 제조공정에서 상품의 가치를 결정하게 되는 경우 고객의 만족을 완전히 만족시켜 주기가 어렵다. 즉, 전체 부가가치의 원천이 제조과정 밖에서 창출되고 있으며, 전체 리드타임 중에서 제조에 소요되는 시간보다 공급사슬 상에서 소요되는 시간이 훨씬 길다는 것을 의미한다.

2) 매출의 10~15%가 SCM 비용

정보전달의 지연 및 왜곡 확대현상이 실제로 존재하여 소매단계의 고객으로부터 주문 및 수요형태의 변동에 관한 모든 정보가 도매상, 지역 유통센터 등의 공급사슬을 거슬러 전달되는 과정에서 지연이나 왜곡이 발생하고 있다. 결국, 납기지연, 과잉재고 등의 문제가 발생하게 되며, 이러한 문제를 해결하기 위해 추가적인 비용이 발생하고 있다.

3) 기업활동의 글로벌화에 따른 물류의 복잡성 및 리드타임의 증대

현재의 기업활동은 국내를 대상으로 하는 것이 아닌 국제적 활동을 기초로 하고 있다. 즉, 과거와는 달리 부품조달이나 운송, 관세, 환율 등 지역특성의 차이로 인하여 많은 기업들이 어려움을 겪고 있다. 지역화에서 국제화로 경영활동의 범위가 확대됨으로써 합리적인 계획 및 관리와 조정·통제의 중요성이 부각되고 있다.

4) Mass Customization의 보편화

기업의 경영활동이 국내에서 세계로 확대됨에 따라 각국의 소비자들의 다양한 욕구를 수용하기 위하여 제품의 사양이 더욱 더 소량화·다품종화되고 있다. 또한 대량생산 체제에서 대량고객화 체제로 생산시스템이 변경됨에 따라 주문생산계획이 나타나고, 추적관리가 더욱 복잡해지고 있으며, 결국 공급사슬상에서의 통합된 통제를 더욱 절실히 필요로 하게 되었다.

5) 기업간 경쟁의 심화와 비용 및 납기개선의 중요성 증대

기업은 경쟁우위의 요인으로 비용의 감소와 납기개선, 즉 리드타임의 단축을 통한 이윤추구의 극대화를 이루게 된다. 과거의 경쟁적 요인에서 벗어나 공급사슬간의 공동예측, 온라인 판매 및 주문, 공동발주와 같은 특색적인 공급사슬의 혁신적인 요구를 더욱 더 가속화시키는 요인이 되고 있다.

6) IT의 발달

EDI, 인터넷, 전자상거래 등 IT의 발달은 각 공급사슬 주체간에 정보공유 및 전달과정의 혁신을 가져오고 있으며, 이는 공급사슬의 통합을 용이하게 만드는 중요한 요인으로 인식되고 있다.

4. SCM의 제원칙

정보기술의 발달, 기업의 글로벌화, 기업간 경쟁의 심화 등과 같은 다양한 요인들은 기업경영 혁신 방향을 조직내에서 외부 조직과의 연계를 강화하는 방향으로 변화시키고 있다. SCM을 성공적으로 활용하기 위해서는 다음과 같은 원칙들이 적용되어야 한다.

1) 고객지향성

SCM은 고객의 가치와 니즈를 이해하는 것에서 출발하며, 고객의 니즈에 따라 시장을 세분화하고, 세분화된 고객층의 서로 다른 니즈를 충족시키는 것이 기본이다.

2) 장기적으로 강력한 파트너십 구축

파트너십은 합의된 기간 동안 물류 파트너들이 상호 이익과 위험을 공유하는 것을 의미한다. 공급사슬상에서 2개 이상의 기업들은 자산 소유 및 시장 위험을 분산시키면서 장기적인 사업관계를 유지하게 되므로 상호협력과 원활한 의사소통은 필수적인 사항이다. 물류파트너십은 소유, 장기계약, 상호 이해 등의 다양한 법적 또는 계약적 형태를 취하게 되며, 공급사슬 구성원간의 파트너십을 유지하기 위한 신뢰성이 중요하다.

3) 계획수단과 정보수단의 활용

지속적인 물류계획의 수단을 활용하여야 한다. 특히 정보기술을 활용한 시스템의 도입 및 구성원간 정보공유가 필수적이다.

4) 경로 전체를 통합하는 정보시스템

공급사슬 파트너간의 의사소통은 효과적이고 적시에 이루어져야 하며, 수량, 품질, 재고에 관한 정확한 정보가 공급사슬에 참여하는 모든 주체에게 적시에 제공되어야 한다. DB를 상호 공유하여 접근을 용이하게 함으로써 수요 및 판매 자료, 재고상황, 배송, 주문수량 등의 정보가 어떤 장소에서든 언제라도 공급되어야 한다.

정보공유가 활발해지면 단기적으로 주문을 무재고 원칙 하에서 충족시킬 수 있고, 중기적으로는 자재계획을 효율적으로 수행할 수 있으며, 장기적으로는 전략계획과 고객과의 협상을 효과적으로 이행할 수 있다.

5) 상품과 서비스의 품질 제고

기업은 고객이 원하는 니즈를 충족시키기 위하여 상품을 생산하고 공급하며, 고객이 원하는 제품사양을 충족시켜야만 한다. 공급사슬 구성원간에 상호 만족할 수 있는 품질보증 절차가 있다면 상품의 흐름은 훨씬 개선될 수 있다. 즉, 고객의 니즈를 반영한 상품의 생산과 공급을 통하여 고객만족뿐만 아니라 상품과 서비스의 품질을 제고할 수 있게 된다.

5. SCM의 도입 효과

SCM의 도입 효과를 다음과 같이 정리할 수 있다.

① 작업지연시간의 단축 및 사내 업무의 정형화를 통한 업무 단축
② 철저한 납기관리 및 영업관리로 고객만족도 향상
③ 비표준적인 수작업처리로 인한 업무의 오류 제거
④ 수주처리기간의 단축 및 외형적인 업무 운영효율화에 의한 비용 절감
⑤ 계획기능 강화로 재고의 감소 및 원청업체와 하청업체의 신속한 교류로 인한 하청업체의 재고 감소
⑥ 공급사슬 및 고객서비스 분야의 개선
⑦ 전산비용의 절감

6. SCM 환경과 물류정보시스템

정보주체간 수배송, 포장, 하역, 보관 등이 유기적으로 결합된 정보관리차원에서 물류효율화를 도모하도록 지원되는 시스템을 말한다. 종합적인 물류활동의 원활화를 위해 생산에서 소비에 이르기까지 물류활동을 유기적으로 결합하여 전체적인 물류관리를 효율적으로 수행하게 하는 정보시스템을 의미한다.

물류정보시스템은 각 물류활동의 기능관계를 조정하여 전체적인 시스템으로서 목적에 맞게 통합적인 관리・운영을 지원하게 된다. 정보관리차원에서 물류효율화를 도모하는 물류관리시스템은 기획통제기능, 조정기능, 고객서비스 및 커뮤니케이션 기능을 수행한다.

제2절 SCM의 응용기법

1. QR(신속대응전략, Quick Response)

1) QR의 개념

섬유의류업계에서의 SCM의 응용으로 1980년대 초 수입의류의 증가로 인해 미국 내 의류업체 간의 경쟁 심화, 미국내 시장 개방에 따른 경쟁 심화, 고객욕구의 다양화, 유통업자의 협상력 증대 등과 같은 급격한 환경변화로 인해 많은 기업들이 경영상의 어려움에 직면하게 되었는데, 이러한 환경요소들을 대처하고 나아가 이들을 관리하기 위한 경영기법으로 QR이 개발・사용되었다.

QR은 자재공급자, 의류업계와 유통업체가 상호간 WIN/WIN 관계로 전환하여 정보네트워크를 축으로 생산과 유통의 파트너십을 확립하여 소비자에게 적절한 시기에 적절한 양을 적절한 가격으로 제공하는 것을 목표로 하고 있다.

소비자의 개성화나 가격지향 시대에 적응하기 위해 기업의 거래선과 공동으로 실시하는 리엔지니어링의 개념이다. 즉, QR 시스템은 원료로부터 최종제품에 이르는 리드타임과 재고의 감소, 상품기획과 소재기획의 연계 등을 계산하여 가격의 인하와 수익의 향상, 그리고 생산거점의 유지를 도모하고자 하는 구조개혁의 시도로서 적시생산(JIT)과 전사적 품질관리(TQM)의 개념을 포괄한다. QR 운영의 효과를 거두기 위해서는 거래업체들 간의 커뮤니케이션과 파트너십 형성이 중요하다.

또한 EDI(전자문서교환), 바코드, POS(판매시점정보관리), 유통정보 데이터베이스 등의 정보처리기술을 활용하여 생산·유통기간의 단축, 재고의 감소, 반품으로 인한 손실 감소 등 생산유통단계에서 합리화를 실현하고 그 성과를 생산자, 유통관계자, 소비자에게 부여하는 것이다.

2) QR의 발전단계

(1) 제1단계 : 기본 QR 정보기술의 사용

공동상품코드(한국의 경우 GS1 코드)를 제품에 표시(소스마킹)하고 표준 EDI 메시지 등을 이용하여 수・발주를 행하며, 재고・물류관리에 GS1 코드를 이용한다. 소매점 POS 판매데이터를 메이커에 전달하여 시즌 중에 추가생산을 가능하게 한다.

(2) 제2단계 : 자동재고보충

출하 카툰 박스에 물류용 바코드(GS1-128)를 붙이고 관련 데이터를 EDI 전자문서인 발송통지를 이용하여 상대방에게 사전 통지한다. 따라서 상품을 수시로 박스를 뜯어 검품작업을 실시할 필요가 없으며, 물류센터의 크로스도킹화와 소매창고의 재고 삭감이 실현될 수 있다. 소매점은 POS 판매데이터를 이용하여 일별・주별 예측이 가능하며 이에 따라 고정 사이클로 매장재고를 자동보충하기 위한 자동보충발주시스템을 실시할 수 있다.

(3) 제3단계 : 파트너십 보충

POS 판매데이터를 공유함으로써 예측기능이 강화되어 보다 짧은 사이클로 자동보충이 가능해진다. 이 단계에는 메이커가 주도하는 매장재고의 자동보충(VMI)이 이루어지는데 이를 파트너십 보충이라고도 한다. 이 단계에서는 메이커의 QR 대응능력이 향상되고 양자의 장점 모두를 갖는 공동상품을 계획하게 된다. 미국기업은 전반적으로 QR의 제3단계에 이르고 있으며, 일부기업은 제4단계에 접어든 경우도 있다.

(4) 제4단계 : 공동상품개발

제3단계까지의 성과로 얻은 확실성 높은 상품기획능력, 신속한 추가생산능력, POS 정보의 즉각적인 입수와 예측 가능한 분석능력을 구사하여 신상품의 판매결과를 근거로 상품의 디자인을 개량화하는 것이 가능하게 된다. 이것은 소매점과 메이커의 공동상품개발이 된다. 이 단계에서는 회전이 빠른 상품을 개발할 수 있어 가격이 높은 하이패션 상품 등에서는 큰 QR 효과를 볼 수 있다.

(5) 5단계 : 소매지원

제조업체가 가지고 있는 고도의 정보를 이용한 상품디스플레이 영업 등의 소매지원이 이루어진다. 이 단계는 QR을 이용하여 유행변화에 대한 대응이나 소량생산제품의 대응을 효과적으로 수행할 수 있다. 판매의 무대가 점포로부터 가정으로 이동하게 되는데, 가계의 소비동향이나 요구를 여러 가지 방법으로 파악하여 소비자가 필요로 하는 시기에 상품을 가정으로 보낸다. 이것이 소위 무점포판매의 일종으로서 QR을 넘어섰다고 하여 CR(Consumer Response)이라고 부른다.

〈표 12-1〉 QR의 발전단계

구 분	특 징	목 표	기술요소
1단계	소스마킹	재입력 방지	POS, EDI 발주
2단계	출하카툰마킹	시장예측	POS, 자동발주
3단계	메이커 창고관리	파트너십	POS 정보의 공유
4단계	공동상품 개발	상품기획능력	POS 자료 분석, DB
5단계	마이크로 마케팅	무점포 판매	POS, EDI, EOS, DB

3) QR의 도입효과

QR의 도입효과를 제조업자, 소매업자, 소비자, 시스템 측면에서 다음과 같이 정리할 수 있다.

〈표 12-2〉 QR의 도입효과

구 분	도입효과
제조업자	– 주문량에 맞추어 유연생산 가능 – 공급자 수 삭감 – 높은 자산회전율 유지
소매업자	– 매출과 수익증대 – 낮은 유지비용이 가능해 짐 – 고객서비스 개선 – 상품회전율의 향상
소비자	– 개선된 품질을 제공 받음 – 낮은 가격으로 구매가 가능해 짐 – 다양한 상품 – 소비패턴의 변화
시스템	– 낭비의 제거 – 효율성 향상 – 신속성 향상

2. ECR(효율적 소비자 대응, Efficient Consumer Response)

1) ECR의 개념

ECR은 1990년대 초반 미국 최대 할인점인 월마트에 대항하여 식료품 산업을 중심으로 식품유통업체와 제조업체들이 유통경로의 효율성을 제고시키고 소비자의 가치를 증진하기 위하여 제조업체와 유통업체 간의 전략적 제휴, 카테고리 관리, 활동기준 원가계산회계 도입, EDI 시스템의 활용, 조직의 변화를 추구하면서 시작되었다.

ECR은 상품의 제조・생산으로부터 유통, 도·소매를 통한 판매에 이르기까지 전 과정을 일관된 흐름으로 보고, 각 단계의 관련 기업들이 공동참여를 통해 총체적으로 경영효율을 개선하여 보다 낮은 비용으로, 보다 빠르게, 보다 나은 소비자 만족을 달성하는 데 초점을 둔 공급경로의 효율을 극대화하는 모델이다.

ECR 체계는 소매점 측의 POS(판매시점정보)를 특정 제조업체와 공유하여 제조업체가 재고상황을 점검해 별도의 주문 없이도 적절한 시점에 납품하는 것으로, 공급경로에서 발생하는 재고를 줄이고 최소한으로 유지하여 재고비용, 보관비용 등 각각의 비용을 최소화한다.

ECR이 단순히 공급망 통합과 다른 점은 산업체와 산업체간의 표준 및 최적화를 포함하고 있는 것이며, QR과 같이 단일업계뿐만 아니라 다른 산업부문에도 적용이 가능한 것이다.

2) ECR의 전략

첫째, ECR은 소매점의 판매시점(POS)정보를 제조업체와 공유하여 상황에 따라 적절한 시기에 상품을 납품하여 소비자의 요구에 신속하고 정확하게 대응해야 한다.

둘째, 공급경로에서 발생하는 재고를 줄이고 최소한으로 유지하여 재고비용, 창고비용 등 각각의 비용을 최소화하도록 노력해야 한다.

셋째, 대상이 한 업체에 국한된 것이 아니라 제조・생산으로부터 최종소비자에 이르는 전 과정을 대상으로 하여 이 연결고리에 관계된 제조, 유통, 도·소매 업체들간의 제휴를 통해 전체적으로 효율을 높여 기업의 이익을 창출하고 그 성과를 참여한 기업들이 배분하여 가져야 한다.

다섯째, ECR의 양대 축은 100% 비문서화에 의한 양질의 정보교환과 원활한 제품의 흐름으로 요약된다.

3) ECR의 구현전략과 이점

(1) 효율적 보충(Efficient Replenishment)

연속적인 제품 보충으로 공급오류를 방지하여 시간과 비용의 최적화를 도모할 수 있다.

(2) 효율적 진열(Efficient Assortment) 및 보충

진열대의 공간활용을 통하여 가장 생산성 있는 제품구색을 갖춤으로써 재고 및 소비자 접점에서의 점포공간의 최적화를 가져올 수 있다.

(3) 효율적 판매촉진(Efficient Promotions)

소비자의 호감을 살 수 있게 함으로써 거래와 판촉 시스템의 효율성을 극대화할 수 있다.

(4) 효율적 상품 개발(Efficient Product Introductions)

신상품 개발 및 소개 활동의 효과를 극대화할 수 있다.

4) ECR의 실현도구

(1) EDI와 바코드 사용

정보의 원천이 되는 EDI와 바코드를 기본으로 해야 한다.

(2) 컴퓨터 이용 자동발주(CAO)

판매데이터를 기초로 한 자동발주로서 상품에 부착된 바코드를 활용하게 된다.

(3) 크로스도킹(Cross-docking)

제조업체에서 판매되는 시점의 장소와 포장형태를 고려하여 소매업자에게 제품을 발송하면, 물류센터 도착 즉시 각 점포별로 구분되어 출고시키는 시스템으로 재적재 시간과 비용을 절감할 수 있다. 크로스도킹시스템 하에서의 물류센터는 최소한의 안전재고를 제외하고는 재고를 보유하지 않는다.

(4) 가치사슬분석(VCA)

ECR의 잠재적 이익을 예측하기 위해 제품보충체인과 거래당사자 각자가 수행해야 하는 활동에 대한 정밀한 분석이 선행되어야 한다. 이런 분석과정을 통해 ECR 도구들을 어디에 적용할 것인가를 판단한다. 중복된 활동, 불필요한 활동 또는 필요하지만 적용되지 않는 것들을 구분할 필요가 있다.

(5) 활동원가회계(ABC)

ABC 분석을 통해 공급자 및 소매업자는 상품과 관련된 제반비용을 측정하여 그 수익성 수준을 결정할 수 있다. 상품이 최종소비자에게 이르는 과정에서 비용이 발생되는 수많은 과정을 거치게 되며, 각 과정에서 발생하는 실제비용을 측정함으로써 거래당사자들이 ECR 이익을 공유할 수 있게 된다.

(6) CM(Category Management, 카테고리 관리)

유통업체가 제조업체들과 협력하여 소비자를 비롯하여 유통업체 및 제조업체에게 최상의 가치를 부여할 목적으로 카테고리를 관리하고 계획하는 일련의 과정을 말하는 것으로 상품관리가 하나하나의 단품수준이 아니라 상품의 그룹 또는 카테고리 수준에서 이루어진다.

(7) 연속적 제품보충(CRP : Continuous Replenishment Program)

공급업자와 소매업자와의 POS 정보공유로 재고량, 유통채널 잔존 주문량, 예측 판매량, 계절적 변동요인을 감안하여 유통업체의 별도의 주문 없이 제조업체가 직접 그리고 연속적으로 제품을 보충하는 것을 가리킨다. 이를 통해 재고량과 재고시간을 단축할 수 있으나 공급자와 소매업자 사이의 긴밀한 협조체제 하에서만 가능한 시스템이다.

(8) 배송상품의 순서 선정(Sequencing of Parcels)

배송처에서 상품위치를 고려한 납품준비를 하면 불필요하게 선반 사이를 오고가는 일 없이 상품을 진열대에 바로 비치하는데 유용하다.

5) ECR의 효과

ECR의 효과를 제조 및 공급업체, 소매업체 측면에서 살펴보면 다음과 같다.

〈표 12-3〉 ECR의 효과

제조/공급업체	소매업체
- EDI의 활용으로 주문과정 감소 - 판매동향에 따른 생산으로 생산원가 절감 - 최소 수준의 재고 보유 - 효과적인 판매촉진	- 매출신장효과, 재고축소를 통한 품절축소 및 매장공간의 활용, 창고운영의 효율성을 통한 관리비용 감소 - 수발주업무 단축 및 비용 절감 - 현금흐름의 원활화

6) ECR과 QR의 비교

SCM의 응용인 ECR과 QR은 IT 기술을 이용하여 조직의 효율성을 높이고 공급사슬 파트너와의 협업과 조화를 통하여 비용을 절약하고, 수익을 창출하는 공통점이 있다.

발전과정을 보면 제조업에 있어서 원재료를 필요로 하는 시간에 정확하게 배달해 주므로 재고를 감소시키기 위한 전략인 JIT(Just In Time)의 개념이 발전하여 QR개념이 형성되었고, 이렇게 생겨난 QR이 발전하여 ECR의 개념을 형성하게 되었다.

QR은 제조업체 중심으로 신속한 대응을 핵심으로 하며, 보다 정확하고 신속한 고객정보를 획득하기 위한 시스템을 구축함으로써 고객대응 속도를 높이기 위한 것이다. 반면에 ECR은 유통업체 및 소매업체를 중심으로 거래당사자 간 협력관계를 구축함으로써 업무프로세스의 문제점을 개선하여 공급사슬 전체를 통해 효율적으로 고객의 수요를 만족시키기 위한 것이다.

QR과 ECR의 큰 차이점은 ECR은 기업 내부 및 공급사슬 전체에 리스트럭처링(restructuring)을 통한 업무프로세스의 개선을 목표로 한다는 것이다.

〈표 12-4〉 ECR과 QR의 비교

구 분	ECR(Efficient Consumer Response)	QR(Quick Response)
주 체	유통업체, 소매업체	제조업체
요구사항	효율적인 고객대응	신속대응
출 현	1993년 식품, 잡화 슈퍼마켓 중심	1985년 섬유 및 의류업계 중심
핵 심	제조업체 및 유통업체가 공급사슬의 문제점을 개선하도록 협력관계 구축을 통하여 상호 이익 추구	생산자 사이에 걸쳐 있는 유통경로상의 제약조건 및 재고를 줄임으로써 제품 공급사슬의 효율성 극대화

3. CRP(지속적 상품보충, Continuous Replenishment Program)

1) CRP의 개념

CRP는 소비자가 구입한 수량 등에 기초를 두고, 필요 재고수량을 산출하여 자동적으로 보충하는 것을 말한다. 즉, 상품의 판매데이터와 판매예측을 근거로 한 소비자 수요에 기초하여 재고수량을 산출하여 자동적으로 상품을 보충하는 것으로 전통적인 상품보충 프로세스(유통업체에서 주문서를 작성하여 거래업체에게 발송)를 근본적으로 변화시키는 새로운 시스템이다.

[그림 12-2] CRP(지속적 상품보충)

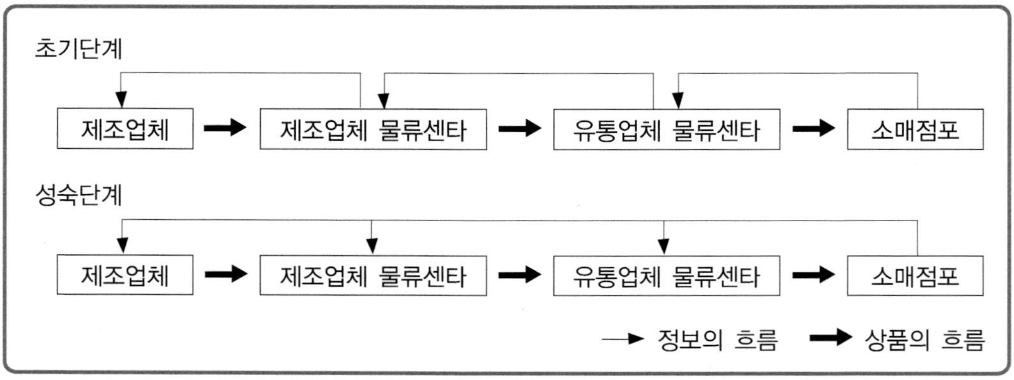

CAO가 유통업체 주문관리의 자동화를 의미한다면, CRP는 주로 제조업체나 물류센터의 보충발주 자동화를 의미한다. 이는 기존의 전통적인 밀어내기식(Push) 공급방식이 아닌

정확한 수요에 근거하여 상품이 공급되는 풀(Pull)방식이라고 할 수 있다.

CRP는 거래업체간에 상품이 공급되는 모든 지점에 적용될 수 있는 개념으로서 POS 레지스터의 이용 등 소매업에서의 IT화가 필요불가결하다.

2) CRP의 분류

기업에서 CRP를 추진하는 방법에는 재고관리의 책임소재를 고려한 방법과 협력업체간 정보공유의 정도를 고려한 방법이 있다. 재고관리의 책임소재를 고려한 방법에는 제조업체와 유통업체 중 누구에게 주문책임이 있느냐에 따라 VMI(Vendor Managed Inventory)와 CMI(Co-Managed Inventory)가 있다. 주문책임이 제조업체 또는 납품업체에게 있는 경우를 VMI, 유통업체에게 있는 경우를 CMI라고 한다.

(1) VMI(납품업자 또는 공급자 재고관리 ; Vendor Managed Inventory)

제조업체(또는 공급업체, 도매배송센터)가 상품보충시스템을 관리하는 경우로 상품보충시스템이 실행될 때마다 판매·재고 정보가 유통업체에서 제조업체로 전송된다. 이러한 정보는 제조업체의 상품보충시스템에서 미래의 상품수요량 예측을 위한 데이터로 활용되며 또한 제조업체의 생산공정에서는 생산량 조절에도 사용된다.

과거 기업들이 제조원가를 절감시키기 위한 방안으로 주로 사용되었던 것이 제조부문에서의 비용절감을 위한 JIT(Just In Time), LEAN 생산방식, 품질경영 생산방식 등이었다면, 최근에 와서는 비용절감 방안이 공급사슬관리로 옮겨가고 있으며, 여기에 VMI를 활용하고 있다.

VMI의 장점은 다음과 같다.

① 컴퓨터의 발주처리 비용이 필요 없어지게 된다.

② 상품의 리드타임 단축이 이루어진다.

③ 대폭적인 재고삭감을 실현할 수 있다.

④ 소매점포에서의 품절감소와 제품의 매상을 증가시킬 수 있다.

⑤ 소매점포로부터의 획득한 제품정보를 통해 제조업자·도매업자들의 시장분석과 매상분석이 가능해져, 이들 업체들의 과잉생산 및 과잉재고를 방지할 수 있다.

[그림 12-3] VMI의 구조

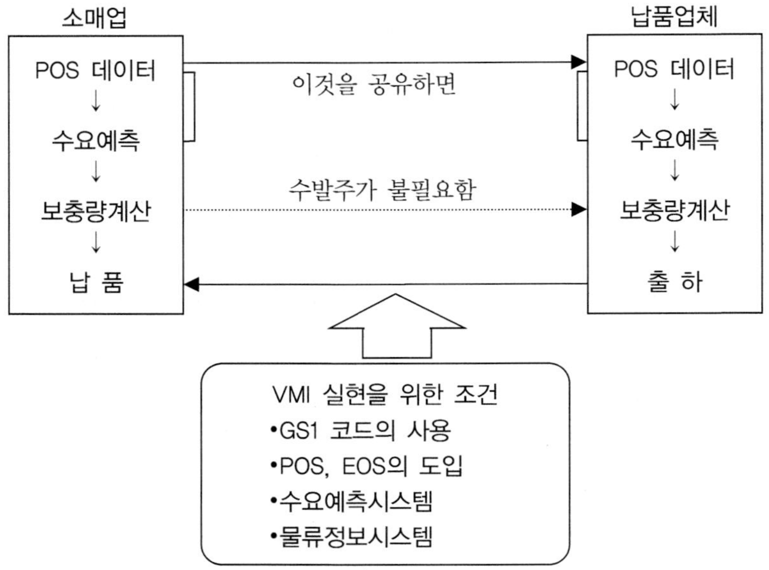

[출처 : 유아사카즈오 저, 「물류관리론」, 우용출판사, p.181]

(2) CMI(공동 재고관리, Co-Managed Inventory)

CRP 시스템이 제조업체와 유통업체에서 공동으로 운영될 경우, 판매·재고정보는 CRP 시스템이 실행될 때마다 유통업체에서 제조업체로 전송된다. 유통업체로부터 전송된 판매·재고정보는 제조업체의 CRP 시스템에서 상품수요예측을 위한 정보로 활용되며, 생산 사이클의 생산량 조절에도 사용된다.

CMI를 거래처간에 추진할 때에는 주문제안서를 제조업체가 작성하고 이를 유통업체가 수정·확정하게 된다. 즉, CMI는 상품보충에 대한 책임이 유통업체에 있음을 의미한다.

[그림 12-4] CMI 프로세스

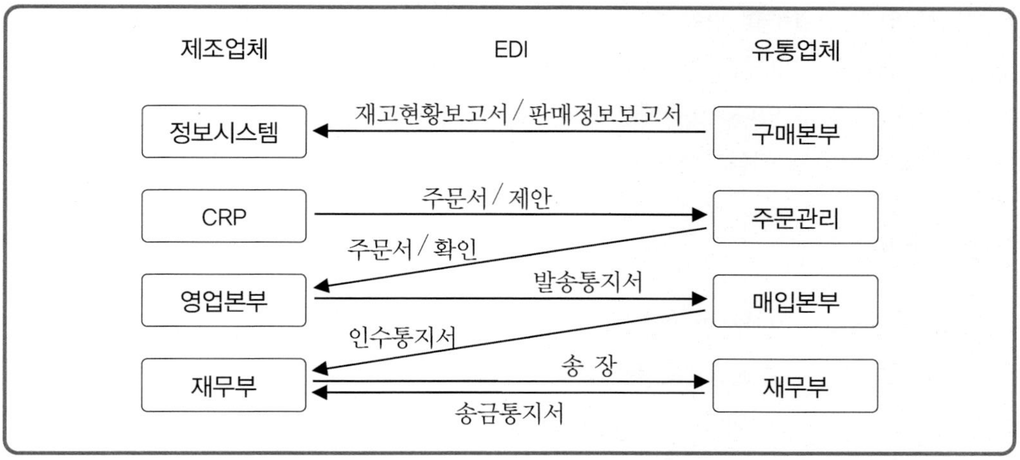

4. CPFR(Collaborative Planning Forecasting & Replenishment)

1) CPFR의 개념

CPFR은 공급사슬을 이루는 여러 기업들 및 구성원들이 공동으로 같은 정보를 사용하여 수요를 예측하고 생산을 계획하며 재고를 보충해 나가면서 공급사슬에서 발생할 수 있는 채찍효과(Bullwhip Effect)나 예기치 못한 사항들을 줄여나감으로써 공급사슬 전체의 효율성을 극대화시키는 포괄적인 방안이다.

CRP(Continuous Replenishment Progress)가 POS 등의 판매데이터를 근거로 벤더(vender)가 주로 판매수요를 예측하는 수법이라면, CPFR은 세일 등의 프로모션까지도 포함시켜 소매업체와 벤더가 함께 보충 상품수요량을 판단하는 수법이다.

CPFR은 판매 손실을 회복하고, 카테고리 매니지먼트를 활성화 시켜주며, 수요계획을 확장하여 상품보충을 실현해 준다. 예를 들면, CPFR의 상호판촉협의, 판매기회 증대, 마케팅을 지원하며 계획 및 실행, 재정, 기타 운영시스템 간의 통합을 지원하고 효율적인 자원의 배분, 인건비 절감, 시간 절감, 장비의 효율성 증가 등에 최적화 조건을 제공한다.

CPFR이 성공하기 위해서는 거래당사자간에 업무프로세스와 사업계획을 공유해야 한다. 여기서 사업계획이란 상품의 종류, 상품화 방안, 타깃시장, 프로모션 방법 및 기간 등을 말하는 것으로 VAN 등의 기간통신망을 통해 정보의 공유가 가능하다.

CPFR를 이용하면 예측치가 사전에 확정되어 출하계획으로 자동전환되기 때문에 기존의 일상적인 발주업무를 피할 수 있을 뿐만 아니라, 프로모션이 시작되어야 하는 시점과 공급제약요소 등 목표달성에 중요한 정보를 포착하여 전체 공급사슬으로부터 상당한 재고량을 감축시킬 수 있다. 요즘에는 ERP 시스템이나 물류시스템들이 이 CPFR을 지원하는 모듈을 포함하는 것들도 많이 있다.

2) CPFR의 장점

CPFR의 장점을 정리하면 다음과 같다.

첫째, 유통업체와 제조업체의 협업으로 생산계획과 수요예측, 재고처리 등에 있어서 오류를 감소시켜 수익 증대와 운영비용 감소, 주기 감소 등을 가능하게 한다.

둘째, 상품 장기계획을 가능하게 해준다.

셋째, 파트너 확대, 파트너관계 개선, 협업수준 향상으로 안정적인 판매기반을 확보하여 결품을 감소시킨다.

넷째, 다양한 구색으로 소비자의 만족도를 향상시킨다.

다섯째, 제조업체는 CPFR의 도입을 통해 고객만족과 서비스 향상으로 인한 투자수익률 증대, 판매상품에 대한 원가 절감, 판매 및 일반관리 비용 절감, 회전율 증가, 재고 감축, 현금흐름 개선 효과 등으로 제조비용이 인하되고 동시에 재고 감축을 이룰 수 있다.

5. 채찍효과(Bullwhip Effect)

1) 채찍효과의 개념

고객의 수요가 공급사슬을 거슬러 올라갈수록 수요예측의 변동폭이 커지는 현상을 말한다. 채찍효과라는 이름은 소를 몰 때 쓰는 긴 채찍을 사용하면 손잡이 부분에서 작은 힘이 가해져도 끝 부분에서는 큰 파동이 생기는 데 착안하여 명명되었다. 공급사슬에 있어서 소비자 수요의 작은 변동이 제조업체에 전달될 때는 확대되므로, 제조업체 입장에서는 수요의 변동이 매우 불확실하게 보이게 된다.

정보의 왜곡현상으로 공급사슬 전체로는 재고가 많아지고 고객에 대한 서비스 수준도 저하되며, 생산계획에 있어서도 차질을 빚게 되고, 운송상의 비효율, 생산계획 상의 난맥 등과 같은 악영향이 발생하는 등의 문제가 발생된다.

새로운 구조와 운영방식 하에서는 최종소비자의 소비속도에 따라 제품이 공급사슬 전체를 물 흐르듯이 흘러가야 하며, 이와 같이 된 상태를 '동기화' 되었다고 하고 이러한 제품흐름의 동기화가 SCM의 핵심과제이다.

[그림 12-5] 채찍효과

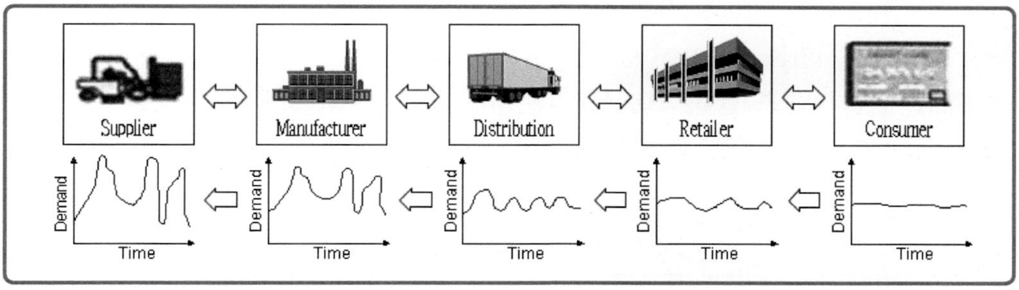

2) 채찍효과의 발생원인

채찍효과의 발생원인을 정리하면 다음과 같다.

① 다단계 수요예측 : 최종소비재 시장에서의 수요변화에 대한 판단 오류 발생

② 리드 타임 : 리드타임이 길어지면 변동폭의 증가 정도가 확대되며, 이는 수요변화의 인식과 대응, 공급선상의 재고수준 조정에 상당한 시간이 걸리기 때문임

③ 가격 변동 : 판촉활동, 가격할인, 수량할인

④ 과장된 수요

⑤ 배치(batch) 주문 : 일괄 대량주문

3) 채찍효과의 대처방안

첫째, 정보의 왜곡으로 인한 문제발생을 없애기 위해서는 공급사슬 전반에 걸쳐 수요에 관한 정보를 집중화하고 공유하여야 한다.

둘째, 가격정책의 안정화와 철저한 판매예측을 거친 뒤 공급하는 방안을 마련하여야 한다.

셋째, 최종소비자의 수요 변동폭을 감소시킬 수 있는 영업전략을 선택하는 등의 시장전략을 고려하여야 한다.

넷째, 제품의 공급 리드타임을 감축시킬 수 있는 방안을 강구하여야 한다.

넷째, 불황에 대비하기 위해 거래선과 전략적 파트너십을 강화하여야 한다.

6. Cross-Docking

1) 크로스도킹의 개념

크로스도킹은 창고나 물류센터에서 수령한 상품을 창고에서 재고로 보관하는 것이 아니라 바로 배송할 수 있도록 하는 물류시스템으로 상품이 입고된 즉시 각 목적지별로 분류만 하여 출고시키는 역할을 수행하게 된다. 따라서 이러한 유형의 창고 및 물류센터를 통과형 물류센터라고도 한다. 크로스도킹은 유통업체의 제품보충을 위한 물류지원정보시스템으로 제조업체와 유통업체가 정보공유를 통해서 이루어지는 기업 간 정보시스템이다.

[그림 12-6] 크로스도킹의 개념

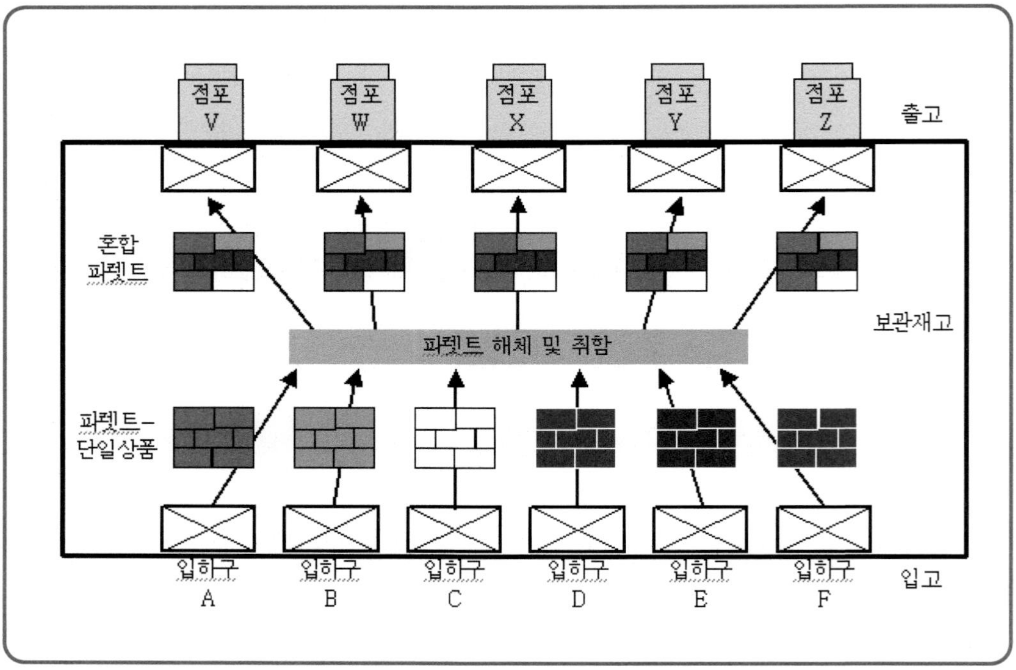

크로스도킹의 목적은 유통업체나 도매·배송업체, 항만터미널 운영업체의 물류센터에서 발생될 수 있는 비생산적인 재고를 제거하고자 하는 것이다. 이를 위해서는 제조업체와의 협력이 주요한 요소로서 실제 유통업의 비용은 감소하지만 제조업체의 비용은 상승하게 되어 유통업체와 제조업체가 성과를 공유해야 할 필요가 있다.

크로스도킹을 실현하기 위해서는 사전출하정보와 JIT(Just In Time)라는 2가지 조건이 필요한데, 사전출하정보란 납입자가 어떤 운송수단에 어떤 화물을 싣고 있으며, 물류센터에는 몇 시에 도착하는가 등의 정보를 말한다.

2) 크로스도킹의 구분

크로스도킹은 기포장 크로스도킹과 중간처리 크로스도킹으로 구분된다.

〈표 12-5〉 크로스도킹의 구분

기포장 크로스도킹	유통업체의 주문에 따라 제조업체가 미리 선택한 파렛트, 케이스 등의 패키지 중간의 분류과정을 단축시킨 것으로 주로 중소형 슈퍼마켓에 위생용품이나 잡화 등을 공급하는데 사용
중간처리 크로스도킹	파렛트, 케이스 등의 패키지를 수령하여 물류센터에서 소분된 패키지에 다시 라벨을 붙여 새로운 패키지를 만들어 최종 유통업체(소매업체)에 패키지를 조달해 주는 체계

3) 크로스도킹의 수준

크로스도킹은 파렛트 크로스도킹, 케이스 크로스도킹, 사전 분류된 파렛트 크로스도킹의 3가지 수준에서 구현될 수 있다.

〈표 12-6〉 크로스도킹의 수준

파렛트 크로스도킹 (Pallet Cross-docking)	가장 단순한 형태의 크로스도킹으로 한 종류의 상품으로 적재된 파렛트별로 입고되고 소매점포로 직접 배송되는 형태로 양이 아주 많은 상품에 적합
케이스 크로스도킹 (Case Cross-docking)	한 종류의 상품이 적재된 파렛트 단위로 상품이 소매업체의 물류센터로 입고된 후, 각각의 소매점포별로 주문수량에 따라 피킹되고, 남은 파렛트 상품은 익일 납입을 위해 잠시 보관
사전 분류된 파렛트 크로스도킹	사전에 제조업체가 상품을 피킹, 분류하여 납품할 각각의 점포별로 파렛트에 적재하여 배송하는 형태이다. 이 방법의 경우 제조업체가 각각의 점포별 주문사항에 대한 정보를 사전에 파악하고 있어야지만 가능하므로 제조업체에게 추가적인 비용을 발생시키는 단점

4) 크로스도킹의 장점

크로스도킹은 유통업체와 도매업체 간에 발생하는 물류비용을 감소시키는데, 재고의 효율적 통제를 통한 창고비용을 절감, 원활한 상품공급을 통한 유통업체의 결품률 감소, 상품이 창고로케이션으로 입고되고 출고되는데 소요되는 시간과 비용 등을 제거시키는 효과를 거둘 수 있다.

〈표 12-7〉 Cross-Docking과 CRP의 비교

CRP의 기대효과	Cross-Docking의 기대효과
- 재고수준 및 운영비 감소 - 상품의 보충주기 단축을 통한 다빈도 배송 가능 - Supply Chain에서의 상품의 흐름 향상 - 소비자 수요에 대한 반응 증대 - 거래업체 간 보다 나은 업무 협조관계 구축	- 유통업체의 결품 감소 - 재고수준 감소 - 물류센터에서의 회전율 증가 - 상품의 공급용이성 증대 - 상품흐름의 원활화

7. Category Management와 Postponement

1) 카테고리 관리(Category Management)

소비자의 가치를 창출하기 위해 유통업체와 공급업체가 비즈니스 결과를 향상시킬 수 있도록 카테고리를 전략적 비즈니스 단위로 관리하는 프로세스를 의미한다. 유통업체의 구매부서와 영업부서를 재편하여 내·외부적으로 공급업체와의 통합 비즈니스 계획(구매, 판매 및 영업 등)을 수행하기 위한 통합 카테고리 관리팀으로서의 역할을 포함한다.

2) Postponement(제품 차별화 지연, 유예)

Outbound(수출 또는 유통 및 판매측) 로지스틱스에서 가급적 공용 부품을 사용하여 모듈화, 표준화된 반제품 상태로 생산, 보관, 운송하여 현지에 공급하고 최종조립 및 제품의 차별화는 최종소비자가 있는 현지에서 하도록 차별화 시점을 지연하여 로지스틱스를 단순화시키는 방법이다. 즉, 완제품 상태로 재고를 유지하기에는 많은 재고와 수요예측 차

이로 인한 결품과 과잉재고가 발생할 수 있으므로 고객이 있는 현지에서 가급적 주문이 확정되거나 가시화된 시점으로 지연하여 최종 조립 · 포장하는 물류체계를 운영하는 방식이다.

〈표 12-8〉 제품차별화 지연의 유형

구 분	내 용
Pull Postponement	– 제조업체측에서 Push에서 Pull로 전환되는 접점(또는 주문과 계획이 만나는 주문 침투점이라고도 함)을 가급적 지연 예 National Bike사(社)는 Push에서 Pull로의 전환점을 가급적 상류(商流)에 설정하여 고객의 다양한 제품 주문에 쉽게 대응하여 각 제품구성별 주문량에 맞게 적기·적량을 생산·유통
Logistics Postponement	– Customization 시점을 고객과 가까운 단계에서 하도록 미루는 지연 전략 예 HP Deskjet printer의 국가별 폰트를 현지에서 설치하도록 프로세스를 분리하고 지연
Form Postponement	– 부품 또는 사양을 표준화하거나 프로세스 순서를 변경함으로써 물류 및 제품이 차별화되는 단계를 지연 예 Benetton Sweaters 제작 공정에서 실을 염색한 후 직조하던 것을 직조 후 염색으로 프로세스 순서를 바꿈

제품 차별화 지연 전략은 구성부품의 표준화와 공통화, 공정순서의 재배치, 모듈단위의 제품설계가 필요하며, 차별화 지연은 판매에 변동성이 크고 제품의 수명주기가 짧아야 유리하다.

8. SCOR, SCP와 SCE

1) 스코어카드(Balanced Scorecard)

스코어카드(Balanced Scorecard)는 SCM 추진을 진행중이거나 준비중인 기업(제조, 도매, 물류, 유통)이 자사 및 거래파트너의 SCM 추진의 준비도, 협업수준 및 그에 대한 성과를 객관적으로 측정할 수 있도록 하는 계량적 평가도구이며, 평가를 통해 특정 취약 분야에 대한 우선순위 설정과 필요한 개선안을 파악하는데 지침서로 활용되며, 향후 개선을 위한 전략과 방향 수립 및 실행 프로세스를 설정하는데 도움이 된다.

스코어카드의 전체 내용은 유통, 도매/물류, 제조 등 공급망상에 관련된 기업 간의 협업의 관점으로 구성되며, 기업 내부의 기능 간 장애요인 및 외부의 거래 파트너와의 장애요인을 제거하는 데서 출발한다.

스코어카드의 평가대상은 유통(Retailer), 제조(Supplier), 공동(Joint)의 3개 부문으로 구성하여 자사의 역량을 평가하는 것은 물론 거래 파트너와의 준비도 및 협력관계를 평가하도록 구성된다. 그리고 스코어카드의 평가는 수요 관리, 공급 관리, 기반 기술, 통합 역량이 상호 작용의 관점에서 이루어지도록 한다.

2) SCOR(Supply Chain Operations Reference) 모델

SCOR(Supply Chain Operations Reference) 모델은 해당 기업의 공급업체로부터 고객에 이르기까지 계획, 조달, 생산, 판매 및 배송이 이루어지는 공급사슬을 통합적으로 분석한다는데 기초를 둔다. BPR, 벤치마킹, Best Practices 분석의 개념을 하나로 통합한 개념이며, 프로세스 요소, 성과지표, Best practice 등을 함께 제시함으로써 모델의 적용성을 높인다.

SCOR 모델은 공급사슬관리의 성과를 측정하고 개선분야의 직접적으로 파악할 수 있는 구조를 가지고 있으며, 공급사슬의 통합운영은 정보와 상품의 흐름을 개선하며, 공급사슬내의 모든 연결부분에서 발생하는 과잉재고와 낭비요인의 흐름을 개선하며, 공급사슬내의 모든 연결부분에서 발생하는 과잉재고와 낭비요인을 절감시킬 수 있다.

SCOR 모델은 계획(Plan), 조달(Source), 제조(Make), 배송(Deliver), 반품(Return)의 다섯 가지 상위 레벨의 관리 프로세스로 이루어진다.

[그림 12-7] SCOR 모델의 구조

구 분	수 준 #	수 준 내 용	설 명
SCOR 모델	1 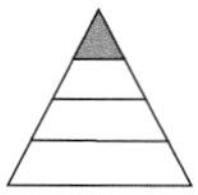	최상위 수준 (프로세스 유형)	수준 1 – SCOR 적용범위와 내용을 정의 – 경쟁전략과 성과목표를 설정
	2 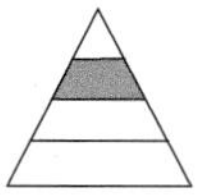	구성수준 (프로세스 카테고리)	수준 2 – 핵심 프로세스 카테고리를 배열하여 해당기업의 공급사슬을 구성 – 공급사슬의 구성을 기초로 운영전략을 설정
	3 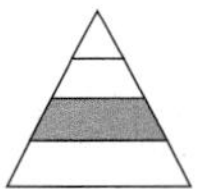	프로세스 요소 수준 (프로세스 분해)	수준 3 – 선택된 시장에서 성공적으로 경쟁하기 위한 해당기업의 운영능력을 정의 예 프로세스 요소 정의 예 프로세스 요소별 입출력 정보 예 프로세스 성과지표 예 적용 가능한 best practices 예 best practices 지원에 필요한 시스템 능력 예 소프트웨어 선정 – 공급사슬 운영전략을 세밀하게 조정
범위 밖	4 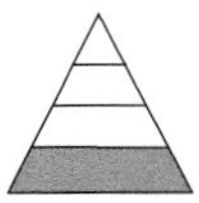	실행 수준 (프로세스 요소 분해)	수준 4 – 경쟁우위를 달성하고 변화하는 비즈니스 환경에 대응하기 위한 실행활동을 정의 – 구체적인 공급사슬관리 실행활동을 설정

[출처 : 로지스틱스21(2009)]

3) SCP와 SCE

SCM Software 구성 중 SCP(Supply Chain Planning)는 의사결정과 계획입안 업무를 지원하는 소프트웨어이며, 수요계획, 행사계획, 재고계획, 자동재고보충계획, 생산계획 등이 포함된다.

SCE(Supply Chain Execution)은 주문처리나 물류관리에 따른 SCM을 실행하기 위한 Software들로 구성되며, 주요 의사결정사항은 공급자 선정, 배송업체 선정, 재고 수준,

채널간의 정보공유수준, OMS(Order Management System), WMS(Warehouse Management System), TMS(Transport Management System) 등이 해당된다.

[그림 12-8] SCP과 SCE의 범위

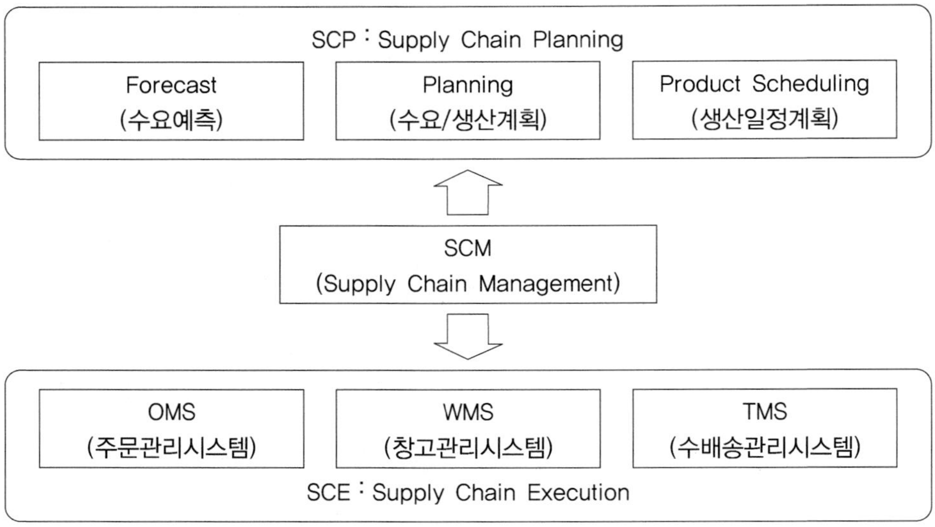

[출처 : 로지스틱스21(2009)]

제13장

제3자물류 및 전자상거래 물류

제1절 아웃소싱과 물류아웃소싱

1. 아웃소싱

1) 아웃소싱(Outsourcing)의 의미

광의의 아웃소싱은 기업 내부에서 하던 일을 외부의 기능이나 자원을 활용하여 하는 것을 가리키는 것으로 외주, 하청, 도급, 근로자파견, 업무대행, 분사화 등이 있다. 또한 협의의 아웃소싱은 전략적 아웃소싱이라고도 하며, 자사가 수행하는 활동 중 핵심역량을 제외하고 나머지 부문을 기획에서부터 운영에 이르기까지 일체를 해당 분야의 전문기업에 맡김으로써 기업의 경쟁력을 제고시키려는 전략이며, 네트워크화를 통해 자사의 핵심역량을 공급업체의 핵심역량과 상호 연계시켜 기업 전체의 시너지효과를 극대화하는 전략을 말한다.

〈표 13-1〉 아웃소싱의 개념 변화

구 분	전통적 아웃소싱	새로운 아웃소싱
명 칭	- 하청(Suboontracting) - OEM	- 전략적 아웃소싱 (Strategic Outsourcing) - 프로세스아웃소싱 (Process Outsourcing)
등장시기	1950년대 말	1980년대 말
도입목적	인건비, 간접비 등의 비용절감	기업의 조직과 자원을 핵심역량 중심으로 새롭게 재구축하여 경쟁우위를 확보
대상분야	- 생산, 전산, 홍보 등 단순 업무 및 간접지원 부문 중심 - 전체 업무 프로세스 중 일부	- 간접지원 부문을 포함한 R&D, 마케팅 판매, 인사, 물류 등의 기업 - 전분야 해당 업무 프로세스 전체
공급업체와 관계	단기적 · 거래적	장기적 · 동반자적

2) 아웃소싱의 도입 이유

기업들의 리스트럭처링이나 리엔지니어링의 일환으로 사업내용을 재검토하는 과정에서 외부자원의 활용을 통해 비용을 절감할 수 있는 방안을 강구하면서 그 대안으로 도입되었다. 기업의 물류관리 영역이 보다 광범위해지고 있으며, 물류개혁에 있어 정보시스템, IT 등의 도입이 불가피해짐에 따라 자사에서 하는 것보다 전문성 및 노하우를 지닌 물류업체에게 위탁하는 것이 효과가 크기 때문에 최근 물류계획단계, 전략단계 등 보다 상위의 아웃소싱이 선택되어지고 있다.

아웃소싱을 도입하는 외적 요인은 저성장 및 경기침체 지속, 글로벌 경쟁 심화, 아웃소싱업체의 제공서비스 고도화, 다양화 및 전문화 등이며, 내적 요인은 매출신장율 둔화, 비용증대, 관리부문의 조직 비대화, 고정비 부담 심화 및 투자 리스크 확대 등이다.

3) 아웃소싱의 장점

첫째, 인소싱의 경우에 비해 필요한 인력, 금전, 정보 등의 자원 투입을 생략할 수 있다.

둘째, 공장시설, 창고, 차량, 정보시스템 등의 설비 및 이와 관련된 요원을 자사 내에 보유할 필요가 없어지기 때문에 고정비용이 적게 든다. 위탁비용은 발생하지만 자금 유동성이 확보되고, 아웃소싱에 의해 경영자본의 슬림화를 도모할 수 있는 등 경영효율화가 가능하다.

셋째, 아웃소싱 분야는 통상 자사의 핵심업무 이외인 경우가 많기 때문에 아웃소싱에 의해 얻어지는 내부자원을 핵심역량에 집중시킴으로써 생산성을 높일 수 있다.

넷째, 외주기업은 위탁을 의뢰하는 기업보다 해당 분야나 기능에 있어서 높은 전문성을 지니고 있는 경우가 많으므로 외부의 전문인력을 활용함으로써 내부인력으로 불가능한 업무를 수행할 수 있으며 자사에서 검토, 개발하여 운용하는 것보다 노하우, 설비를 지니고 있는 외주기업을 활용하는 것이 정확성과 신속성을 기할 수 있다.

다섯째, 외주기업의 측면에서도 타사 화물과 혼재함으로써 업무량적인 면에서 규모의 경제효과를 발휘할 수 있어 비용절감 효과를 얻을 수 있다.

4) 아웃소싱의 단점

첫째, 종래 내부에서 실시하던 업무가 외부화됨으로써 업무내 기밀이나 노하우가 누설될 위험이 내재되어 있다.

둘째, 당해 업무가 외부화되기 때문에 이 업무를 알고 있는 스탭의 부재로 인한 위험부담을 안고 있다.

셋째, 도입부서의 인원 삭감에 따른 노동문제가 야기된다.

다섯째, 섬세한 물류서비스 제공이 곤란해지는 등의 서비스 수준 저하에 대한 염려가 나타날 수 있다.

5) 아웃소싱의 유형

(1) 비용절감형

비용절감을 위해 중요하지 않은 기능들을 아웃소싱하는 것으로 현재 우리나라 기업들이 주로 이용하고 있는 형태이다.

(2) 분사형

기업내의 특정 기능이나 조직을 분사화시키는 형태로 여기에는 이익추구형(Profit-Center)과 스핀오프형(Spin-off)이 있다.

① 이익추구형(Profit-Center) : 사내에서는 크게 중요하지 않지만 나름대로의 전문성을 확보하고 있는 기능을 외부화함으로써 스스로 수익률을 창출시키려는 아웃소싱

② 스핀오프형(Spin-off) : 자사가 보유한 일정기술, 역량 등을 분사화하는 형태로 핵심역량 자체는 아웃소싱하지 않는 형태

(3) 네트워크형(가상기업형 아웃소싱)

핵심역량 이외의 모든 기능을 아웃소싱하고 이들 공급업체와 네트워크를 형성하여 시너지 효과를 창출시키는 형태이다. 공급측과 활용측이 각각 서로의 경영자원을 공유하고 상호 보완적으로 활용하는 코소싱(Co-Sourcing)의 형태로 개방적인 기업간 제휴로 인해 조직의 유연성 창출과 협력이 가능해지며, 새로운 부가가치의 창출과 이의 사업화가 가능해진다.

(4) 핵심역량 자체의 아웃소싱

핵심역량 자체를 외부화시켜 경쟁에 노출시킴으로써 핵심산업의 경쟁력을 더욱 높이려는 아웃소싱을 말한다.

2. 물류아웃소싱

1) 물류아웃소싱의 개념

물류아웃소싱은 물류활동의 일부 또는 전부를 외부 물류 전문업자에게 위탁하여 수행할 수 있도록 하는 물류전략이다. 기업은 물류아웃소싱을 통해 핵심역량에 집중할 수 있으며, 인적 자원의 감소, 자본투자비용의 절감 및 조직의 유연성을 확보할 수 있다.

SCM, JIT, JIT-II, 정보통신기술의 발달 등과 같은 최근의 물류환경 변화는 물류기능의 아웃소싱을 통한 접근방법을 파트너십에 입각한 전략적 차원으로 전환시키고 있다.

2) 물류아웃소싱의 편익과 불안요소

물류아웃소싱의 편익은 다음과 같다.

① 경제적 이익

② 전문화의 이점 활용

③ 리스크 감소

④ 사회 경제적 비효율성 제거

물류아웃소싱의 동기는 다음과 같다.

① 경쟁우위의 획득

② 품질 향상

③ 리드타임의 단축

④ 재고수준의 감소

⑤ 고객서비스 향상

⑥ 수요와 공급의 안정화

⑦ 기업내 핵심업무에 전념

⑧ 새로운 기술에의 접근 가능

⑨ 시장확대 및 국제화

물류아웃소싱의 불안요소 및 주요 결정요인은 다음과 같다.

〈표 13-2〉 물류아웃소싱의 불안요소 및 결정요인

불안 요소	주요 결정요인
- 직접 통제의 어려움 - 서비스 수준의 불확실성 - 비용체계의 불확실성 - 고객변화에 대한 대응 체제 - 전문기술의 정도 - 정보시스템 통합 및 사용 기술력 - 프로세스 재설계 - 새로운 관계형성 및 문화 충돌 - 의사소통의 애로 - 정보유출 가능성	- 비용 절감 효과 - 고객서비스 대응 수준 - 전문성, 경력 및 평판 - 정보시스템 능력 - 재무적 안정성 - 서비스 권역 - 시설 및 보유장비 - 노무관리의 안정성 - 자사와의 관계 및 기여도 - 전문화의 이점

3) 물류아웃소싱의 단계

(1) 1단계 : 개별 물류분야의 아웃소싱

수배송, 보관, 하역 등 분야별로 물류업무를 개별적으로 선정하여 아웃소싱하는 단계이다. 물동량이 적은 기업일 경우, 수배송이나 하역 등의 부분적인 작업에 화주기업내에 사원을 두는 것보다는 저비용으로 처리할 수 있는 장점이 있다. 그러나 물동량이 많아지면, 배송루트의 설정, 성수기・비수기에 따른 차량수배 등을 자사가 관리해야 하므로 어느 정도의 사내 관리조직의 확립과 이에 소요되는 사내 관리비용을 염두해 두고 있어야 한다.

(2) 2단계 : 물류분야를 포괄한 아웃소싱

수배송, 보관, 하역 등의 분야의 다른 업무들을 일괄해서 아웃소싱하는 단계이다. 이 단계의 물류아웃소싱은 기업규모가 커지면서 물동량이 많아지면 물류업무를 직접, 개별적으로 관리하는 것이 힘들어질 뿐만 아니라 배송루트의 재설정, 배송량의 급증에 대응하여 증차계획을 세우는 등의 일을 사내에서 모두 관리하는 것보다 외주물류업자에게 위탁하는 것이 효율적이라고 여기는 것에서부터 시작된다.

납품데이터나 전표의 작성, 출력 등과 같은 일상적인 업무를 외주물류업체에게 맡김으로써 사무작업이 경감될 뿐만 아니라 물류작업량의 변동에 대해서도 외주물류업체에게 맡김으로써 평준화가 가능해진다.

(3) 3단계 : 로지스틱스의 최적화를 지향한 물류아웃소싱

동일 기업내에서도 생산, 판매, 수배송 등 각 부문에 따라 재고수준이나 발주규칙 등의 최적 물류상태가 달라진다. 어느 부문의 최적 물류가 타 부문의 물류 비효율화를 초래하는 경우도 있기 때문에 기업 전체의 물류효율화 측면에서는 로지스틱스의 최적화를 고려하는 것이 필요하다.

대기업의 경우, 공장이나 물류거점을 여러개 보유하고 있는데, 각 거점별로 물류업자가 정해져 있는 경우가 많다. 그러나 거점단위에서의 물류관리는 위탁물류업체에 따라 관리능력수준이 다르거나 거점배치 혹은 운송네트워크 전체의 물류개선이 어려운 경우가 있다. 이러한 이유로 화주기업 내에서 판매・조달・거점물류 등을 토탈 물류로 인식하고 일원적인 관리가 필요해진다.

이 단계를 일괄해서 외부 위탁하는 것이 로지스틱스의 최적화를 지향한 물류아웃소싱이다. 화주기업뿐만 아니라 외주물류업체의 경우에도 규모의 경제 메리트 확보 및 전체 최적화를 위한 부문간 조정이 가능해지기 때문에 보다 전략성이 높은 제안을 하기가 수월해진다.

(4) 4단계 : 물류관리 영역을 확대한 아웃소싱

물류관리는 수배송관리, 수발주관리 등의 하위 운영단계의 관리에서 시작되어 정보시스템 등의 계획단계의 관리, 물류관리, 전사경영전략 등의 상위 전략 수준의 관리까지 존재한다. 이 중에서도 계획단계, 물류전략 수준에 대해서도 외부업체를 이용하여 실시하는 것이 물류관리 영역을 확대한 아웃소싱이다. 현재는 이 단계의 아웃소싱의 경우 일반 물류업체에게 위탁하는 것은 드물며, 화주의 물류자회사가 맡아서 하는 경우가 많아지고 있다.

그러나 최근에는 3PL(Third Party Logistics) 등의 물류개혁 제안형 물류서비스가 주목받고 있는 점을 감안해 볼 때, 향후에는 이 단계에서도 외부기업으로 아웃소싱하는 경우가 증가할 것으로 생각된다.

(5) 5단계 : SCM(Supply Chain Management)에 대응한 아웃소싱

최근 SCM을 도입함으로써 기업이나 조직의 벽을 초월, 물류효율화에 임하는 기업이 나타나고 있다. 1~4단계까지는 한 기업내 물류영역에 관한 것이지만 SCM이라는 기업의 테두리를 넘은 구조를 실현하기 위하여 물류아웃소싱이 필요한 경우도 있다.

4) 물류아웃소싱의 성공전략

물류아웃소싱의 성공전략은 다음과 같이 정리할 수 있다.

① 물류활동과 관련하여 현재 지출되고 있는 비용현황을 정확히 파악하여야 한다.
② 물류 아웃소싱의 목적과 전략이 조직 전체의 전략과 일관성을 유지해야 한다.
③ 최고 경영자의 지지획득이 필수적이다.
④ 기업 내부의 물류부서에 대한 인원감축 등의 저항을 해결해야 한다.
⑤ 현재와 미래의 고객욕구를 해결해야 한다.

또한 물류아웃소싱의 성공적 수행을 위해서는 다음 사항을 적극적으로 고려하여야 한다.

① 기업의 아웃소싱에 대한 필요성을 인식하여야 한다.
② 최고 경영자의 인식이 고취되어야 한다.
③ 물류아웃소싱 회사에 대한 신뢰성을 가져야 한다.

④ 물류아웃소싱에 대한 기대효과를 정량적・객관적으로 평가해야 한다.
⑤ 고객서비스, 대응성, 신속한 처리능력 등의 평가기준이 있어야 한다.

그리고 성공적 물류아웃소싱을 위해서는 다음과 같은 8가지 원칙이 지켜져야 한다.
① 제안요청서 전에 정보요청서를 송부 받는다.
② 물류 운영에 영향을 줄 수 있는 이슈에 관해 정직한 접근이 필요하다.
③ 세부적인 목표를 설정해야 한다.
④ 교육훈련을 통한 제3자물류 구성원들의 능력을 배가해야 한다.
⑤ 단순히 공급업체로만 인식하지 말고 파트너로 인정해야 한다.
⑥ 제안요청서 응답에 대한 충분한 시간적 여유를 가진다.
⑦ 신규 파트너보다는 발생한 문제를 해결하는데 중점 관리해야 한다.
⑧ 지속적인 의사소통을 위해 표준화된 채널을 이용한다.

제2절 물류자회사

1. 물류자회사의 의의

1) 물류자회사의 특징

물류자회사란 물류비용 절감, 물류경비의 외부유출 방지, 노무관리상 잉여인력의 활용 등을 도모하기 위한 물류관리상의 한 수단으로 모회사 혹은 그룹기업 전체의 물류업무를 전문적으로 담당하기 위하여 모회사의 출자에 의해 설립된 회사를 가리킨다. 회사에 따라서는 운송・보관・포장 등의 물류작업을 행하는 자회사가 각기 있으면서 경우에 따라서는 복수로 설립・운영하고 있는 곳도 있지만 보통 자회사는 모회사에 있어서 1개사가 존재한다.

자회사에 의한 물류관리의 특징은 다음과 같다.
① 모회사 혹은 관련기업의 물류비를 명확히 분리
② 독립채산제를 취함으로써 물류비용 관리를 철저히 할 수 있음

③ 물류활동 전반에 제약조건이 완화되어 철저한 물류활동을 할 수 있음
④ 물류인력 양성이 용이해짐

2) 물류자회사의 설립 목적과 성공요건

물류자회사를 설립하는 목적은 다음과 같다.
① 물류업무의 전문성과 서비스 향상
② 물류기능의 강화로 경쟁 우위 확보
물류자회사가 성공하기 위해서는 다음과 같은 요건이 충족되어야 한다.
① 물류전문업자로서 경영의 독립성(독립채산성)
② 물류전문업체로서 특화되어 있는 형태
③ 물류전문인력의 활용
④ 모회사의 조직과 동일한 물류기능을 실시하는 형태
⑤ 물류공동화 실시

3) 물류자회사의 발전 단계

물류자회사는 모회사의 업무만을 수행하는 모회사 전속형, 그룹의 물류업무까지 수행하는 그룹형, 그룹 이외의 업무로 확장하는 물류사업형으로 발전한다.

첫째, 모회사 전속형은 모회사의 업무만을 전적으로 실시하는 형태이다.

둘째, 그룹형은 사업영역이 모회사뿐만 아니라 그룹회사 관련 물류업무를 대상으로 하는 형태이다.

셋째, 물류사업형은 운수회사, 창고회사, 포장회사 등을 중심으로 하여 수익사업을 실시하여 수익을 창출할 수 있는 형태이다.

2. 물류자회사의 장점과 문제점

1) 물류자회사의 장점

(1) 모회사의 관점에서 물류자회사의 장점

첫째, 모회사의 유휴인력의 자회사 파견으로 인재의 활성화가 가능하다.

둘째, 노동조건 문제는 컴퓨터부문을 자회사로 하는 경우와 동일한 문제라고 간주할 수 있다.

셋째, 현업형 물류 자회사의 경우에 해당한다. 공장과는 다른 안전대책, 노동시간, 작업환경 등으로 말미암아 조합 측으로부터 항의를 받는 경우를 흔히 볼 수 있으나, 이것을 별개 회사로 하여 관리한다면 조합과의 절충도 쉬워질 것이다.

넷째, 노동임금의 탄력성이 있다. 정보관련 자회사에서는 젊은 기술자를 중도 채용하는 경우에 고임금을 지불해야 하는 것이 일반적이다.

다섯째, 정보의 수집이 빨라진다.

여섯째, 자회사 경영의 테두리 안에서 설비투자가 가능하게 된다.

일곱째, 인재의 육성, 인원배치를 독자적으로 할 수 있기 때문에 개개인의 기술을 살리고, 적재적소에 배치가 가능하게 된다.

여덟째, 관리책임이 명확해 진다.

아홉째, 타 기업과의 물류표준화, 공동화 등을 통한 물류합리화가 가능해진다.

열째, 모회사의 지시에 근거하여 자회사 경영정책의 수행이 원활히 이루어질 수 있다.

(2) 자회사의 관점에서 장점

첫째, 자회사가 독자적으로 물류정책 입안과 실시를 할 수 있게 된다. 단, 자회사의 물류정책이라고도 하지만 어디까지나 모회사의 테두리 가운데 이루어진다는 점이 전제가 된다. 그러나 독립된 자회사일 때, 보다 자율성이 높은 독자적인 물류정책을 입안·실시할 수가 있다.

둘째, 자회사 경영의 테두리 안에서 설비투자가 가능해진다. 많은 기업경영자는 물류의 중요성을 인식하고는 있으나 기업경영 전체로서는 물류의 우선순위가 낮아 결과적으로 물류에 대한 선행투자는 오히려 불충분하다. 자회사라면 물류설비투자가 최우선 사항이 된다.

셋째, 인재의 육성, 인원 배치를 독자적으로 할 수 있어 개개인의 기술을 살리고, 적재적소 배치가 가능하게 된다.

넷째, 물류활동 전반에 대하여 제약조건이 완화되고, 활동의 자율성이 많아지는 탓으로 기업에 활성화를 가져다준다.

다섯째, 경영책임이 커지는 동시에 명확해지므로 평가가 객관화되고 기업공헌도도 명료해진다.

여섯째, 자회사 자체의 독자 시스템 구축이 가능하게 되고, 상황에 적합한 시스템을 만들 수가 있다.

일곱째, 모회사 이외로 업무를 확대하고, 조업도의 안정과 향상, 나아가서는 규모의 이익을 실현할 수가 있다.

여덟째, 물류요율이 명확해지고, 객관화된다.

2) 물류자회사의 문제점

물류자회사는 여러 장점을 갖고 있지만 반대로 다음과 같은 단점을 갖고 있다.

첫째, 모회사의 물류정책이 자회사의 말단에까지 미치지 않는다.

둘째, 모회사의 지휘명령계통이 자회사와 일원화되기 어려워 상호 간 절충이 필요하다.

셋째, 커뮤니케이션의 원활화가 어렵다.

넷째, 모회사의 시스템과 자회사의 시스템이 유기적으로 조화를 이룰 수 없게 된다.

다섯째, 자회사가 고이익·고배당을 하면 모회사가 물류비를 억제하도록 하여야 할 것이라는 생각이 강해지고 그 결과 자회사의 합리화 의욕이나 생산성 향상 운동이 저해된다.

여섯째, 물류자회사가 영업의 엄정성을 상실하고 하청적 기업으로 전락할 수도 있다.

일곱째, 물류요율이 엄해지는 반면, 지불조건 등이 느슨해진다.

여덟째, 모회사로부터의 낙하산식 인사 등에 의해 고연령·고임금·저생산성이라는 현상이 초래된다.

아홉째, 낙하산식 인사는 행동규제, 하청화 등으로 종사원의 사기를 저하시킬 수 있다.

열째, 물류자회사를 관리하는 스탭부문이 비대화·중대화될 수 있다.

3) 향후 물류자회사의 발전 방향

물류자회사 경영은 어느 면에서나 하나의 분기점에 와 있다. 이런 문제들을 극복하고 제안형·창조형 물류기업으로 전환하는 일이야말로 자회사 본래의 의의를 되찾는 것이 될 것이다.

물류자회사로서 성공하고 있는 기업은 첫째 모회사의 전속 물류회사로서 모회사의 내부조직과 동일한 기능을 하고 있는 경우, 둘째 물류자회사가 물류전업형으로 특화되어 있는 경우, 셋째 물류전업자로서 독립한 경우 등과 같이 기능적으로도 경영적으로도 초점을 맞추어 명확히 하고 있는 기업이 많다. 이는 기업육성이라는 물류자회사 설립 목적에 합치되는 것으로 지극히 당연한 일이라고 할 수 있다. 물류자회사는 본래의 의미에서 설립 취지를 실현하고 확립한 이후에 비로소 다른 영역에 대해서 전략을 전개하여야 할 것이다.

제3절 제3자물류와 제4자물류

1. 제3자물류(3PL : Third Party Logistics)

1) 제3자물류(3PL)의 개념

제3자물류는 물류아웃소싱의 발전된 형태로서 물류활동을 전문 물류업체에게 맡겨서 관리하는 형태라고 할 수 있다. 즉, 제3자물류란 화주인 기업이 고객서비스 향상, 물류관련 비용 절감, 시장경쟁력 확보 등을 목적으로 계약에 근거하여 물류업무를 외부의 특정 물류전문업체에게 위탁하는 것을 말한다.

제3자물류에서는 기업과 물류업체간에 파트너십 혹은 전략적 제휴를 장기간 맺고 있으며, 외부 위탁범위가 단순한 물류작업의 대행에 그치지 않고, 수발주나 관리업무, 효율적인 물류전략, 계획을 제안하고 통합물류서비스를 제공하는 등 고도화된 물류서비스를 제공하는 점에서 종래의 아웃소싱(outsourcing)과는 크게 다르다.

화주의 관점에서는 로지스틱스 업무의 일부·전부를 일괄 위탁하는 것으로 아웃소싱 및 외부기업을 활용한다. 그러나 물류업자의 관점에서는 로지스틱스 업무 중 두 가지이상을 결합하여 제공하고, 화주인 기업의 로지스틱스 개혁의 제안 및 로지스틱스 전반의 효율화를 추진하는 것을 말한다. 3PL업체의 경우, 화주와 고객에게 재화와 관련된 정보를 신속하고도 올바르게 전달하기 위한 정보화 능력이 요구된다.

기업이 원자재나 제품의 적기 조달과 물류부문의 과도한 투자비 절감을 꾀하고 전문물류업체의 물류서비스 활용을 통해 고객서비스 향상을 도모함과 동시에 핵심적인 사업분야에 역량을 집중시켜 기업경쟁력을 제고시키려는 목적 하에 물류분야는 과감히 제3자에게 대행시키는 경향이 늘어나고 있다. 최근에는 전자상거래의 발달과 부가가치물류의 개념이 중시되면서 e-Logistics, 사이버물류, 4PL(Fourth Party Logistics) 등으로 발전되고 있다.

제3자물류는 기업의 핵심역량 강화, 기업 리스트럭처링 수단, 경영 리스크 분산, 시너지효과 창출, 과도한 물류비용 절감, 기업의 효율적 운용, 기업경영 혁신, 고도의 물류서비스 제공, 글로벌 물류네트워크 구축 등을 목적으로 도입하게 된다.

〈표 12-3〉 3PL과 아웃소싱과의 차이 비교

구 분	3PL	아웃소싱
운영기간	중장기 위주	단기 · 일시적
관계내용	밀접 · 협력관계	느슨 · 일시관계
신규서비스 제공	능동적 · 적극적	수동적
개입범위	운영 · 관리 · 전략	주로 운영
계약방식	경쟁계약	수의계약
의사결정점	최고 경영층	중간관리층
자산특성	무자산 가능	자산소유 필수
관리형태	통합관리형	분산관리형
화주와의 관계	협력관계	상하계약관계
서비스범위	종합물류지향	기능별 서비스

[출처 : 정종석, "물류산업고도화를 위한 제3자물류 발전방안", 대한상공회의소, 1998년, p.2]

2) 제3자물류(3PL)의 발전 배경과 발전동인

(1) 제3자물류(3PL)의 발전 배경

제3자물류는 1980년대 초반부터 실시된 미국의 육상운송산업에 대한 규제완화로 인해 업체간 경쟁이 치열해지면서 등장하게 되었다. 3PL이란 용어는 1988년 미국물류관리협회에서 처음 사용하였으며, 단순한 물류제공으로는 비용절감이 불가능하며 경쟁력 강화를 위해서는 보다 고도화되고 특화된 물류서비스의 제공과 전체 물류시스템을 최적화한 통합물류서비스가 필요하게 되었다. 1990년대에 들어서면서 세계경제의 글로벌화, WTO 출범에 따른 무역장벽의 축소와 시장 개방 확대, 정보화시대의 도래 등 기업을 둘러싼 경영환경의 변화로 인해 국가간, 기업간 경쟁이 심화되고, 기업간 M&A, 전략적 제휴가 확산됨으로써 생존을 위한 기업의 경영혁신전략의 하나로 추진하게 되었다. 다국적 기업들의 경우, 세계시장을 통합관리할 수 있는 물류관리체계가 필요하게 되었는데 이들 기업들은 3PL을 적극적으로 활용하여 국제물류관리체계를 구축하게 되었다.

(2) 제3자물류(3PL)의 발전 동인

① 기업의 핵심역량 강화 및 비핵심 분야의 아웃소싱 경향 증가

대부분의 기업들은 생산과 마케팅에 역점을 두고 생산공정의 효율화, 기술개발, 영업망 확충 등에 전력하고 있는 반면 운송, 보관 등 물류기능은 비핵심적인 분야로 간주하고 있다. 이러한 비핵심분야를 아웃소싱함으로써 기업은 경영의 효율성을 달성할 수 있기 때문에 제3자물류업체를 활용하게 된다.

② 소비자 수요의 변화

소비자들의 다양한 기호는 공급업자들로 하여금 대량소빈도에서 소량다빈도 배송체계로 변화되게 만들었다. 다양화·개성화되고 있는 소비자들의 기호를 만족시키기 위해서는 소량다빈도 배송체계가 필요하게 되었고, 자가물류로는 물류효율성을 가져오기가 어려우며, 또한 서비스에 대한 소비자의 기대수준이 지속적으로 올라가고 있어 기대를 만족시키기 위한 비용이 증가하게 된다.

제3자물류업체는 다수 고객업체의 상품을 취급하기 때문에 규모의 경제를 달성할 수 있어 자가물류 체계보다 훨씬 효율적으로 물류를 수행할 수 있다.

③ 정보통신기술의 발달

물류는 외면상 물적 흐름을 관리하지만 이면에는 정보흐름의 관리가 매우 중요한 역할을 하고 있다. 기업간 정보공유 및 교류가 실시간으로 갱신되어 이루어지고 모든 상품에 대한 이동경로를 정보시스템을 통하여 추적 및 통제할 수 있게 된다. 그러나 정보기술의 짧은 수명주기와 시스템 구축비용의 과다는 기업 자체적으로 해결하기 어려운 문제가 되고 있다. 따라서 정보기술의 충분한 능력을 보유한 제3자물류업체에게 물류활동의 일부를 위탁하게 된다.

④ 물류관련 신기술의 개발

제3자물류업체는 물류관련 신기술과 다양한 서비스 기능을 보유하고 있으며, 기업 내부적으로 신기술 개발과 운영은 다분히 높은 비용이 소요되므로 기업들은 적극적으로 제3자물류업체의 기술을 이용하게 된다. 기업은 운송운영상의 복잡성과 고비용을 해결하기 위해 자체 소유의 자원과 기업구조 이외의 외부자원을 활용하여 전문기술을 보충하도록 자극하고 있다.

⑤ 기업간 경쟁에서 기업 네트워크간 경쟁으로 변화

원재료의 조달에서부터 최종고객의 소비에 이르는 물적 흐름의 과정에서 참여자들 간의 협조체계는 우선적으로 이루어지고 있으며 공급사슬을 자연스럽게 형성되고 있다. 이렇게 공급사슬을 연결시켜 주는 연결고리가 물류활동이며, 물류활동을 전문적으로 수행해 주는 제3자 물류업체의 역할이 더욱 중요해지고 있다.

⑥ 국제물류의 중요성 증대

세계 각국의 교역 증가는 기업경영의 세계화를 진전시키고 있으며, 세계시장의 지속적 성장과 해외자원의 활발한 이용은 국제적 물류기능에 대한 수요를 증대시키고 있다.

3) 제3자물류(3PL)의 발전 과정

(1) 자사물류(1PL : First Party Logistics)

사내 물류조직을 두고, 물류업무를 수행한다. 유통경로 구성원인 제조업체, 도・소매업자체 여기에 해당된다.

(2) 자회사물류(2PL : Second Party Logistics)

사내 물류조직을 별도로 분리하여 자회사로 독립시켜 물류업무를 추진한다. 일반 물류업자체 여기에 해당된다.

(3) 제3자물류(3PL : Third Party Logistics)

외부의 물류업체에게 물류업무를 아웃소싱해서 물류업무를 추진하는 형태를 말한다.

[그림 13-1] 제3자물류의 발전 과정

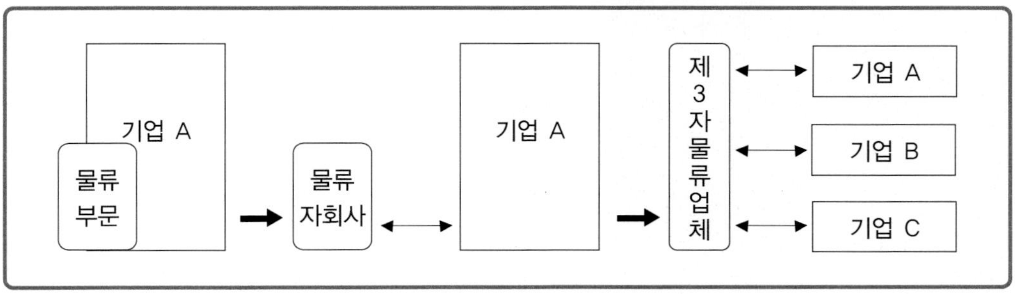

4) 제3자물류(3PL)의 편익과 문제점

제3자물류의 기대효과는 다음과 같이 정리할 수 있다.

① 물류시설에 대한 고정비 부담의 감소로 규모의 경제효과를 얻을 수 있어 물류산업의 합리화 및 고도화 실현

② 고품질 물류서비스의 제공으로 제조기업의 경쟁력 강화

③ 종합물류서비스의 활성화

④ SCM 도입 및 확산을 촉진하는 매개 역할

⑤ 핵심역량에 대한 집중력 강화

⑥ 유연성의 향상

⑦ 시간, 인력, 비용의 절감

제3자물류를 이용하고 기업에 대한 설문조사 결과, 편익과 문제점의 순위는 다음과 같이 정리할 수 있다.

〈표 13-4〉 제3자물류서비스 활용의 편익과 문제점

편 익	문제점
- 물류 외주 비용의 절감 - 유연성의 향상 - 외주물류 서비스 수준의 향상 - 인력 절감 - 핵심부문에 대한 집중력 강화 - 물류 활동을 위한 자본비용의 절감 - 물류전문인력 활용능력의 강화 - 정보통신기술 활용의 개선	- 외주물류기능에 대한 통제력 저하 - 물류 활동을 위한 시간과 노력이 감소되지 않음 - 실질적인 비용절감이 이루어지지 않음 - 제3자물류업체 인력의 질에 문제가 있음 - 서비스 수준이 기대에 미치지 못함 - 적용단계에서 전환 과정이 만족스럽지 못함 - 고객 불만이 높아짐

제3자물류 이용시 화주와 제3자물류업체가 누릴 수 있는 편익은 다음과 같이 정리할 수 있다.

〈표 13-5〉 화주와 제3자물류업체의 편익

관 점	화 주	제3자물류업체
경제적	- 장비 및 설비 관련 재무위험의 전가 - 비용 절감 및 품질 향상 - 규칙적인 거래 - 제3자물류업체의 전문성 이용	- 장비 및 설비의 이용 효율 향상 - 소수 화주와의 관계를 통한 운영절차 감소로 운영효율 향상
관리적	- 핵심역량에 집중 - 소수 업체와의 체인 구축을 통한 관리 용이	- 소수의 화주에게 전문능력 집중 - 소수 화주와의 체인 구축을 통한 관리 용이
전략적	- 경쟁우위 획득 - 경로 구성원간 상호 정보교환을 통한 전략적 재고 배치 - 소수 업체 이용을 통한 적절한 배송스케쥴로 고객서비스 충족	- 장기계약을 통한 투자 확대 - 핵심서비스에만 집중함으로써 전문영역 개발 연마

5) 제3자물류(3PL)업체의 수익모델

① 자산기반 수익모델 : 트럭, 창고 등의 자산 보유로 안정적 수입 가능

② 비자산 서비스 수익모델 : 자산을 보유하지 않은 지식형 제3자물류로 서비스의 유연성이 장점임

③ 물류창고를 통한 수익모델 : 글로벌 물류환경에 따라 물류창고가 상당한 수익모델이 되고 있음

④ 국제복합운송 수익모델 : 육해공을 연결하는 국제복합운송이 지속적으로 성장하고 있음

⑤ 소프트웨어 기반 수익모델 : IT 인프라를 기반으로 운송되고 있으며 제3자물류의 핵심요소임

6) 제3자물류(3PL) 구축 시 문제점과 육성방안

제3자물류 구축시 예상되는 문제점은 다음과 같다.

〈표 13-6〉 제3자물류 구축시의 문제점

구 분	화 주	제3자물류업체
경제적 측면	– 다른 파트너 교체시 전환비용 발생	– 상당량의 착수금 투자 – 호환이 불가능한 장비에 대한 투자
관리적 측면	– 제품 및 재고에 대한 통제력 약화 – 정보유출 우려 – 고객서비스 품질평가 난해 – 제3자의 기회주의 우려	– 화주로부터 탈락시 화주 교체의 어려움 – 화주의 기회주의 우려
전략적 측면	– 특정 제공자의 장기계약으로 인한 시장이동 및 선택의 제약 – 간접적인 고객접촉으로 화주 및 고객간 서비스 차이 발생	– 화주로의 합병 및 흡수 – 화주의 자가물류화

제3자물류의 육성방안은 다음과 같이 정리할 수 있다.

① 기업간 신뢰관계 구축

② 물류업체의 대형화와 전문화

③ 계약의 투명성 확보

④ 제3자물류에 대한 인식 전환

⑤ 물류 전문인력 양성

⑥ 물류업체의 핵심 역량 확충

⑦ 물류관련 규제개혁, 자금과 세제지원, 물류관련 법령정비

2. 제4자물류(4PL : Forth Party Logistics)

1) 4PL의 정의

물류컨설팅을 하는 하나의 업체가 운송루트, 운송수단 선정 등 전체 물류활동이 효율적으로 이루어질 수 있도록 관련된 모든 물류업체들을 연계한다. Andersen Consulting(현재 Accenture)사에 의하면 제4자물류(4PL)란 화주기업에게 포괄적인 공급사슬 솔루션을 제공하기 위하여 물류서비스 제공기업이 자사의 부족한 부분을 보완할 수 있는 타사의 경영자원, 능력 및 기술과 연계하여 보다 완전한 공급사슬 솔루션을 제공하는 공급사슬통합자라고 정의하고 있다.

제4자물류는 통신 및 인터넷 기술의 진전에 따라 경영컨설팅업체, 제3자물류업체, 정보기술업체들이 가상조직을 형성하여 한 번의 계약으로 공급사슬 전반에 걸친 통합서비스를 제공하는 서비스 방식을 말하며, 제4자물류의 이용으로 기업들은 원재료의 조달에서부터 최종 고객으로의 판매에 이르기까지 공급사슬상에서 발생하는 모든 물류활동을 하나의 조직에 의존할 수 있게 된다. 이와 같이, 제4자물류는 포괄적인 공급사슬관리의 통합자 역할을 수행함으로써 공급사슬관리에서 일어날 수 있는 문제점을 해결해 줄 뿐만 아니라 물류관련 네트워크를 개선하는 수준 높은 물류서비스를 제공하고 있으며, 종래의 제3자물류업자를 능가하는 영업상의 책임을 진다.

2) 4PL의 등장 배경과 특징

기업의 물류 부담 가중 및 핵심역량 집중으로 제3자물류는 운영체계의 한계 극복 및 사업기회 확대를 위해 e-비즈니스 기반의 물류서비스를 제공하는 제4자물류가 등장하게 되었다.

공급사슬내의 물류를 최적화하여 기업의 경쟁력을 강화하기 위하여 기능적 아웃소싱의 단계를 거쳐 물류기능의 통합과 운영의 자율권이 증대되고 전체적인 공급사슬 솔루션을 제공하는 서비스 제공자와 함께 기업의 경영자원, 능력, 기술을 관리하고 결합하는 공급사슬통합자로서의 역할을 하게 되었다.

[그림 13-2] 제4자물류의 등장 배경

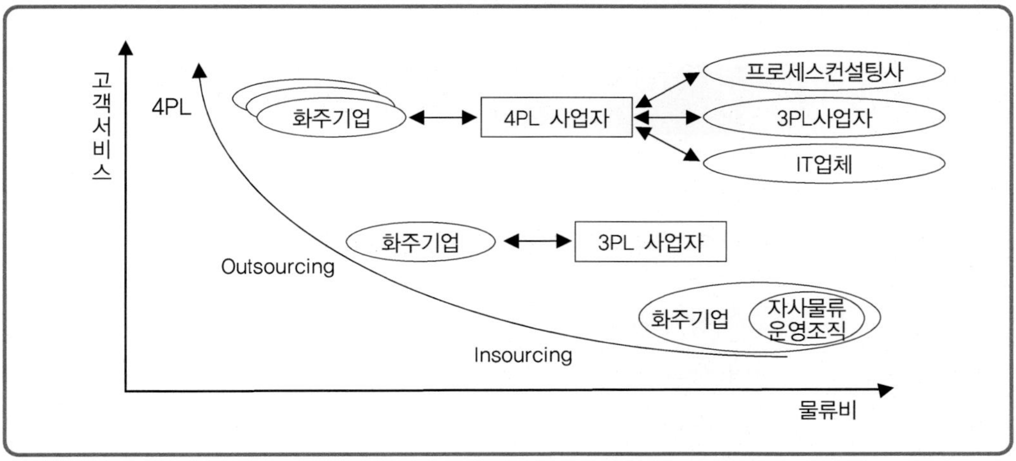

제4자물류의 특징은 다음과 같이 정리할 수 있다.

① 다양한 기업이 파트너로서 참여하는 혼합조직

② 합작투자 또는 장기간 제휴형태

③ 이익의 분배를 통하여 공통의 목표 설정

④ 공급사슬 상의 전체 관리와 운영

⑤ 4PL 조직과의 계속적인 노하우 공유

⑥ 막대한 잠재이익

3) 제3자물류와 제4자물류의 차이점

제4자물류 서비스 제공자는 제3자물류에서 보다 광범위하게, 그리고 종합적이고 전문적인 물류서비스를 제공하여 비용 절감뿐만 아니라 서비스 제고에 주안점을 두고 있으므로 보다 확정적인 경쟁력 제고에 기여한다. 제4자물류 서비스 제공자는 제3자물류와는 달리 물류 전문업체, IT업체 및 물류 컨설팅업체가 컨소시엄을 구성하여 가상물류 형태의 물류서비스를 제공한다.

제4자물류 서비스는 물류 활동의 단순한 수행이 아니라 물류활동 업무프로세스의 혁신을 우선하고 있으며, 다음 단계로서 물류활동을 수행하여 실질적인 물류효율화의 기여가 가능하다. e-비즈니스 환경에 적응하여 인터넷 등의 최신 정보기술 기반에서 e-SCM, e-CRM, QR, ECR 등의 물류전략과 조화를 이루면서 서비스를 제공한다.

제4절 전자상거래 물류

1. 전자상거래 물류(E-commerce & Logistics)의 개념

전자상거래 물류는 전자상거래에 따른 물류활동을 가리키는데 물류기업이 정보통신기술 및 물류설비를 통하여 사회적 수요와 소비자의 주문 욕구를 충족하기 위하여 상품의 조달, 보관, 분류, 포장 등의 작업을 거쳐 고객에게 배송하는 물류시스템이라고 할 수 있다.

전자상거래 시장은 인터넷 보급률 상승, 스마트폰 · 테블릿 PC 보급 등 통신인프라 시설 개선과 더불어 세대구성의 변화, 전자상거래 사업자가 제공하는 서비스 확대에 따른 소비자의 편리성 향상 등 기술적 · 사회적 · 소비경향 등의 각종 요인을 배경으로 급속도로 확대되고 있다. 특히 최근 들어 전자상거래 기업들은 배송시간 단축 및 배송료 경감 · 무료화 등 물류부문의 서비스 제고를 통해 소비자의 편의 및 이용가치 확대를 추진하고 있어 전자상거래 시장 확대가 더욱 진전될 것으로 예상되고 있다.

전자상거래 물류는 전자상거래 기업이 소비자의 상품 주문 이후 공급업체로부터 소비자에게 상품을 물리적으로 이동시키는 과정으로 고객의 주문 후 배송센터에서의 집품과 하역, 포장, 유통가공, 적재, 배송이 이루어진다. 즉 전자상거래 물류는 전자상거래에 따른 물류서비스를 고객에게 신속하고 정확하게 제공하는 것이라고 할 수 있으며 전자상거래 물류 및 정보를 유기적으로 결합하고, 물류기업이 전자상거래 기업, 물류 및 결제를 완전하게 통합하여 고객에게 신속하고 편리한 배송서비스를 제공하는 역할을 하게 된다.

[그림 13-3] 전자상거래 물류 프로세스

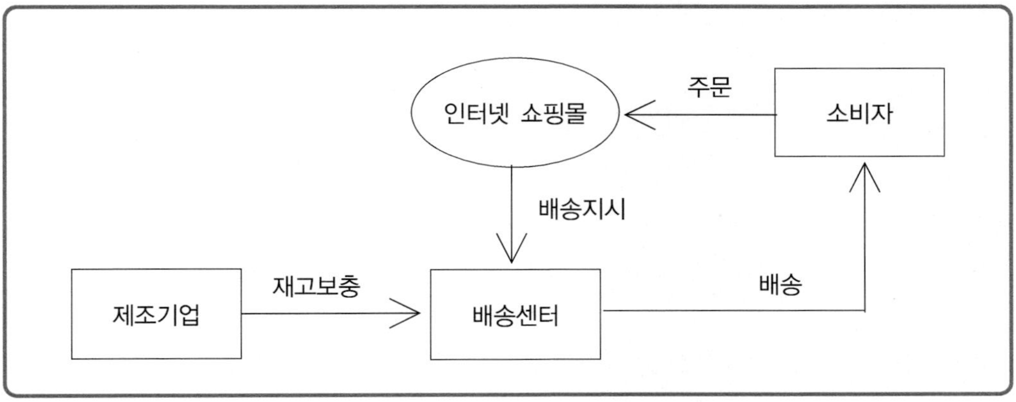

2. 전자상거래 물류의 특징

1) 물류서비스의 전문성

전자상거래 물류에서는 자가물류보다는 제3자물류서비스를 활용하게 된다. 운송, 보관, 창고 등 기능별 물류서비스 제공을 벗어나 통합물류서비스를 제공할 수 있도록 운영 및 관리뿐만 아니라 물류전략의 계획 수립과 실행까지 포괄적인 물류시스템을 필요로 한다. 특히 고객의 주문 후 배송까지 신속하고 정확한 일관물류서비스의 제공을 위하여 고도화되고 전문화된 물류서비스를 제공한다.

2) 고객에 대한 대응성

고객의 주문 후 집품, 포장, 배송 등 물류기업이 직접적으로 고객에게 물류서비스를 제공하며, 신속하고 정확한 배송은 물론 고객의 불만사항, 요구사항, 반품 등 서비스를 제공하는 등 고객의 요구에 신속하게 대응하는 물류프로세스가 필요하다. 즉, 고객의 물류서비스의 변경 요구에 대해 신속하게 대응할 수 있는 물류서비스의 제공을 필요로 한다.

3) 물류서비스의 유연성

전자상거래 물류는 다품종 소량, 다빈도, 적시배송을 필요로 하기 때문에 시간과 장소, 수량 등의 변화에 신속히 대응할 수 있는 물류서비스의 유연성을 필요로 한다.

4) 물류정보의 통합성

통합물류서비스 제공에 따라 생산정보와 판매정보의 공유 등 물류프로세스 내에 있는 주체들 간의 통합물류정보의 제공이 필요하다. 물류정보의 통합화를 통해 SCM 상의 정보교환의 효율성을 추구하고, 더 높은 수준의 전자상거래 물류서비스를 제공할 수 있게 된다.

운송, 보관, 창고 등 기능별 물류서비스를 제공하던 전통적인 물류프로세스에서 모든 물류서비스를 통합하는 전자상거래 물류체계는 기존 상거래방식과는 다른 특징을 보이고 있다.

〈표 13-7〉 기존 상거래 물류와 전자상거래 물류의 비교

	기존 상거래 물류	전자상거래 물류
물류영역	- 물류센터 → 유통점포 (유통점포와 소비자간 물류는 소비자가 직접 수행) - 최종 배송지의 제한 및 집중화	- 물류센터 → 소비자 - 최종 배송지의 분산 및 광역화
배송시간	- 비교적 충분한 리드타임 - 배송시간의 사전 계획 - 사전 계획된 배송시간(고정)	- 초단축화 - 배송시간의 사전계획 불가 - 배송시간의 소비자 선택 가능
배송단위	- 최소 루트 단위의 배송	- 최소 1개 단위의 배송 가능
관리방식	- 비용절감을 위한 관리체계	- 가치지향적 관리체계
물류정보	- 유통점포의 판매정보 (개별 주문 통합)	- 개별 고객주문정보 - 개별 배송물류의 실시간 추적 가능

자료 : 한국환경정책평가연구원, 「전자상거래의 확산에 따른 유통산업의 구조변화와 환경영향」, 2003.

3. 전자상거래 물류체계

일반적으로 전자상거래 물류체계는 자체 물류시스템, 타사 물류시스템, 공동 물류시스템으로 구분할 수 있다(이충배·정용균, 1999)

첫째, 자체 물류시스템을 이용하는 경우로서 자사 전용 물류센터를 이용한 물류서비스를 제공한다. 자사 전용 물류센터 및 배송만을 가지고 한정된 지역에서 배송서비스를 제공하지만 자사 물류센터와 전국 네트워크를 갖고 있는 물류기업과 제휴하여 전국의 고객에게 배송서비스를 제공하는 물류체계이다.

둘째, 타사 물류시스템을 이용하는 경우로서 전자상거래 운영업체가 자사 전용 물류인프라 없이 물류기업의 물류서비스 네트워크를 이용한다. 전국적으로 상품을 물류센터로 집하하여 전국적으로 판매하고 배송서비스를 실시하는 물류체계이다.

셋째, 공동으로 이용할 수 있는 물류시스템을 활용하는 방식이다. 상대적으로 규모가 작은 전자상거래 기업이 자사 전용의 물류시스템을 갖추기 어렵기 때문에 공동으로 운영하는 물류센터를 활용하여 거래 상품을 전국적으로 배송서비스를 제공하는 방식이다.

제 14 장

녹색물류, 물류보안 물류기술, 안전

제1절 환경물류와 녹색물류

1. 환경물류

1) 환경물류의 개념

환경물류는 원재료의 탐색에서부터 최종소비자에 이르기까지의 과정과 사용 후 재활용, 재사용 또는 폐기에 이르기까지의 물류 전 과정을 통하여 환경유해요소를 원천적으로 제거하거나 최소화할 수 있는 제반활동을 말한다. 다른 말로 환경성, 사회성, 경제성을 고려한 지속가능 측면에서의 접근으로 녹색물류라고 부른다.

2) 환경물류의 친환경 성격

직접적인 친환경 성격으로서 물류활동 자체를 통하여 발생하는 결과물(파렛트, 포장상자 등)이 환경에 미치는 영향력을 최소화시키는 물류활동을 말한다. 이를 위해 재사용 가능 툴(Tool) 개발, 차량의 최적 운행경로・일정 개발, 운송 방법・수단 설정 등이 필요하다.

그리고 간접적인 친환경 성격으로서 물류활동의 대상물(반품, 회수품, 폐기품)의 처리 결과가 환경에 미치는 영향력을 최소화시키는 물류활동이라고 할 수 있다. 이를 위해 최적의 수거 및 적정처리 프로세스 개발 및 효율적인 관리, 신속 정확한 의사결정 정보시스템의 활용이 필요하다.

3) 환경물류의 핵심 고려사항

환경물류를 위해 다음과 같은 사항을 적극 고려하여야 한다.

① 역물류(RL : Reverse Logistics) 구축을 통한 경쟁력 향상
② 반품허용 금지정책 활용
③ 반품취급의 제한 수립
④ 반품접수처의 역할 강조
⑤ 반품 처리기간의 단축
⑥ 역물류 정보시스템 구축
⑦ 반품원인 유형별 분류
⑧ 중앙 집중식 반품처리 센터의 활용
⑨ 환경물류 활동 강화

4) 역물류(Reverse Logistics)의 정의

기존의 물류활동을 통해 고객(소비자)에게 전달된 제품이 고객이 더 이상 필요로 하지 않는 상황이 발생할 때 적절히 회수하여 상태에 따라 최적의 처리(재사용, 재판매, 재생산, 재활용 또는 최종적 폐기처분)를 수행하는데 필요한 계획, 활동 및 관리 프로세스를 말한다.

보통 역물류(Reverse Logistics)는 반품물류, 회수물류 및 폐기물류로 세분한다. 또한 역물류는 Reduce(감량화), Reuse(재이용), Recycle(재활용), Recovery(재회수), Returnable(재사용 용기)의 5R로 구성된다.

〈표 14-1〉 역물류의 구분

구분	유형	내용
역물류 (RL)	반품 물류	고객이 제품 구입 후 다양한 이유로 교환, 환불 또는 수리의 목적으로 구입한 제품을 판매자(공급자)에게 되돌려 보내는 과정을 담당하는 물류 •Consumer 주도적(Downstream부터 push)
	회수 물류	문제가 발생된 제품, 고객의 재고, 신제품과의 대체 물품 및 물류활동에 사용된 도구 등을 공급자가 고객 또는 소비자로부터 회수하는 과정을 담당하는 물류 •Supplier 주도적(Upstream부터 pull)
	폐기 물류	고객이 더 이상 사용을 희망하지 않아 폐기된 제품 중 공급자가 회수하지 않는 물품들을 수거하여 적절한 채널로 보내는 과정을 담당하는 물류 •정부 주도하에 생산자/공급자 주도적으로 변환 중

[출처 : 지영호 외 2인(2009)]

4) 리버스물류의 특징

리버스물류는 다음과 같은 특징을 갖고 있다.

① 불확실성 : 반품(회수)되는 제품의 시기 및 상태 예측의 어려움

② 고비용성 : 대부분 수작업

③ 다양한 구성원의 관여 : 공급사슬의 다양한 구성원들의 참여가 필요

④ 시간성 : 가장 빠른 처리를 통한 가치(Value) 극대화의 달성

⑤ 추적 및 가시성의 어려움 : 반품이력 추적 및 가시성 확보 불가능

⑥ 재고 파악의 어려움 : 반품수량 파악 수준의 취약성

⑦ 회계처리의 복잡성 : 고객만족을 위한 필수사항(신속한 환불처리)

5) 리버스물류 대상의 특징

① 고객반품(제품자체에 전혀 문제가 없으나 반품됨)
② 재고반품(신제품이나 판매되지 못해 반품됨)
③ 리콜(Recall)된 제품(수리 또는 폐기 대상)
④ 고장으로 인한 반품(수리가 필요함)
⑤ 고장 및 제품의 수명 종료로 인한 반품(재활용 가능)
⑥ 리스(Lease) 반품(계약기간 종료 후 반품 됨)
⑦ 폐기대상 제품(소각 또는 매립)

〈표 14-2〉 기존 물류와 역물류의 차이점

기존 물류(Forward Logistics)	역물류(Reverse Logistics)
제품 균일 물질	제품 품질(상태)각기 다름
제품 가격 일정	제품 가격 각기 다름
재고관리 정확	재고관리 부정확
제품 수명주기 관리 가능	제품 수명주기 관리 어려움
회계관리 이슈 분명	회계관리 이슈 불분명
공급사슬 구성원 사이의 거래조건 단순	공급사슬 구성원 사이의 거래조건 복잡
해당 제품의 고객 및 시장파악 용이	해당 제품의 고객 및 시장파악 어려움
프로세스의 가시성 투명	프로세스 가시성 불투명
물류비용 파악 단순	물류비용 파악 복잡

[출처 : 지영호 외 2인(2009)]

6) 환경친화적 물류시스템

환경친화적 물류시스템은 자원 절약화, 환경 적합화, 환경오염 방지 대응을 위해 세부적인 물류활동을 계획하게 된다.

〈표 14-3〉 환경친화적 물류시스템

자원 절약화	- 포장재료의 감량화, 적정화 - 포장재료의 감용화 : 용기의 표준화, 공간 용적율의 삭감 또는 축소
환경 적합화	- 폐기처리가 용이한 포장재료의 선택 - 재자원화(리사이클)하기 쉬운 포장재료의 선택 - 재생된 포장재료의 용도개발의 추진 - 재사용 가능한 포장재료의 선택 - 폐기비용, 환경부하가 적은 포장재료의 선택 - 유해물질의 사용금지(안전위생성의 확인)
환경오염 방지 대응	- 오수, 폐유, 페인트 등의 처리대책 - 산업폐기물 발생량의 삭감 및 발생량의 재자원화 - 자원절약, 에너지절약의 추진, 이산화탄소 등 온실효과 가스발생량의 삭감

[출처 : 지영호 외 2인(2009)]

2. 녹색물류

1) 녹색물류의 의의

국제적으로 기후변화와 환경오염이 큰 이슈로 등장하면서 국가차원에서도 온실가스 저감을 위한 다양한 정책을 추진하고 있다. 화주와 물류산업계에서도 에너지 효율성과 자원재생형 녹색물류체계로의 전환을 추진 중이며, 회수물류를 포함한 친환경 물류의 중요성이 증대되고 있다. 최근 공급사슬과 물류활동 시 발생하는 탄소 배출과 환경오염물질 배출의 감축은 선택이 아닌 필수적이고 핵심적인 과제중 하나로 인식되고 있다. 기존 회수물류(Reverse Logistics)는 녹색물류의 일부분으로 이해하여야 한다.

협의의 녹색물류는 화물운송 시 발생하는 온실가스와 배출가스의 저감대책 등 오염물질의 배출을 감축하는 활동을 의미하고, 광의의 녹색물류는 물류활동과정에서 발생하는 대기환경에 대한 부정적인 영향뿐만 아니라 전통적인 정방향 물류와 회수물류를 포괄하는 물류활동 전반을 포함하여 환경을 고려한 물류를 의미한다.

공급체인에서 녹색물류를 통해 기대할 수 있는 이익은 다음과 같다.

〈표 14-4〉 공급체인에서 녹색물류의 이익

Aberdeen Group(2008)	Insight(2008)
– 전반적인 운영비의 감소	– 브랜드 이미지 개선
– 기업의 사회적 책임 강화	– 고객 요구조건 충족
– 수익 개선	– 경쟁자와의 차별화
– 쓰레기 및 폐기물 감소	– 물류비 절감
– 공급체인의 가시성 증가	– 경쟁우위의 확득
– 재사용 및 재활용 증가	– 물류흐름의 최적화
– 연료 효율성 개선	– 신규 시장의 확대
– 탄소 배출 감소	– 생산 최적화
– 신규 고객 확보 및 신제품 개발	– 제조비용 절감
– 유독성 원자재 사용 감소	– 기타
– 종업원 만족도 증가	

자료 : Alan, Mckinnon, "Environmental sustainability: A new priority for logistics managers", in the book *Green Logistics,* Koganpage, 2010, p.19.

2) 국내외 녹색물류의 추진정책과 현황

(1) 국내 녹색물류 추진 정책

가) 저탄소 녹색성장기본법

저탄소녹색성장기본법은 우리나라의 저탄소 녹색성장을 위한 정책목표 및 추진전략, 중점 추진과제를 포함한 국가전략을 수립하고, 시행하기 위한 내용을 담고 있다. 이 기본법은 녹색기술·녹색산업 및 녹색경제체제의 구현에 관한 사항과 기후변화 대응, 에너지 및 지속가능발전 정책에 관한 사항, 녹색생활, 녹색국토, 저탄소 교통체계 등에 관한 사항, 저탄소 녹색성장 관련 국제협상 및 국제협력에 관한 사항 등을 포함하고 있다. 배출권 거래제와 목표관리제를 시행할 수 있는 규정이 포함되어 있다.

나) 온실가스·에너지목표 관리제

온실가스·에너지목표관리제는 대규모 사업장의 온실가스 감축·에너지 절약 목표를 설정, 관리하는 제도를 의미하고, 저탄소녹색성장기본법과 시행령에 법적 근거를 두고 있다. 목표관리제를 추진하기 위해 정부는 목표관리제 대상업체의 지정기준, 온실가스 배출량 및 에너지 사용량 보고, 목표설정 방식, 감축목표 이행계획 및 이행실적 제출, 검증기관 관리방안 등 참고할 수 있는 통합지침서를 고시하였다. 목표관리제는 2020년 예상배출량 기준 30% 감축이라는 국가 온실가스 중기 감축목표를 달성하는데 목표를 두고 있다.

목표관리제를 이행하기 위하여 총괄기관(환경부)과 각 부문별 주관기관(산업통상자원부, 국토교통부, 해양수산부, 농림축산식품부 등)별 업무 영역을 구분하고 있다. 총괄기관은 목표관리제 이행 전반을 총괄하며, 통합지침을 마련하고 환경부 산하 온실가스 종합정보센터를 설치하여 국가 감축목표의 설정지원과 업무협조, 국제협력 지원, 목표달성 실적 온실가스 정보관리 업무를 지원하도록 하고 있다.

다) 배출권거래제도(ETS : Emission Trading System)

저탄소녹색성장기본법은 배출권 거래제를 실시할 수 있다고 규정하고 있다. 배출권거래제는 오염물질을 배출하는 오염원에게 일정량의 오염물질을 배출할 수 있는 권리를 부여하고, 오염원들간의 배출권리에 대한 거래를 허용함으로써 비용 효과적으로 환경목표를 달성하는 제도를 말한다. 본격적으로 배출권거래제를 도입하기 전에 지역단위 배출권거래제 시범사업을 실시하였고, 시범사업 참여자는 기준배출량 대비 온실가스 감축목표를 설정하고, 목표 달성을 위하여 배출량 초과분과 감축분을 거래하여 단위 감축분을 조기행동으로 인정하고 있다.

(2) 해외 녹색물류 추진 정책

가) 일본의 그린경영인증제도

① 개요

일본은 기업의 지속 성장을 유지하기 위해 사회・환경・경제의 조화를 도모하는 "기업의 사회적 책임"을 실천하도록 요구하고, 녹색물류의 도입을 확대하기 위하여 기업들이 선진화된 녹색물류대책을 사회적 책임(Corporate Social Responsibility: CSR)의 하나로 인식하고, 경영성적보고서 등에 공개하도록 하고 있다. 녹색물류 추진기업의 매뉴얼을 공개하여 다른 기업도 물류비 절감이나 시장 확대를 목적으로 CSR을 달성하기 위해 적극 녹색물류 전략을 추진하도록 요구하고 있다. 또한 대규모 화주기업은 에너지절약법상의 특정 화주로 지정되어 매년 운송 관련 에너지 사용량을 정부에 보고하고, CO_2 배출량을 지속적으로 축소하도록 의무화하였다.

현재 일본에서는 국토교통성 산하 교통에콜로지 모빌리티재단(교통에코모재단)이 그린경영 추진 매뉴얼을 작성하고, 충실히 이행하는 기업체을 인증해주는 그린경영 인증제도를 운영하고 있다. 그린경영 인증제도는 그린경영 추진 매뉴얼상 체크 리스트의 항목별로 법규제의 준수나 대책 정도에 따라 교통에코모재단이 심사·인증여부를 판정한다.

② 지원 및 규제정책

그린경영인증제도의 활성화를 위해 환경보고서의 작성, 온실가스 배출량의 모니터링, 법령 준수 여부 등을 확인하고 있다. 환경보고서는 기업의 환경대책을 종합하여 고객이나 투자자 등에 대한 환경관리의 성과를 홍보함과 동시에 IR의 우위성을 확보할 수 있도록 기여하고 있다.

온실가스 배출량의 모니터링은 사업활동에서 발생하는 온실가스 배출량을 감시하는 차원에서 환경정보를 공개하여 환경보호활동의 촉진과 기업의 자발적 정보공개로 사회적 신뢰성을 높이고 있다. 법령준수 여부는 물류사업자에게 부과된 자동차 POx·PM법(자동차가 배출하는 질소산화물 및 입자상 물질의 특정지역 내 총량 저감 등에 관한 특별조치법)과 경유차 배기가스 규제의 준수나 대형 화물차의 속도 억제장치 도입 등을 확인하는 것이다.

③ 사업 활동

공동배송, 운송수단전환(modal shift), 화주기업과의 협력, 저공해차량의 도입, 디지털식 운행기록기 설치, 물류거점의 합리화, 3PL에 의한 합리화, 효율적 수배송시스템의 도입, 에코 드라이브의 추진, 에코 포장, 고객과 환경 커뮤니케이션의 실천 등의 활동을 이행하고 있다.

나) 일본의 그린물류 파트너십 회의

① 개요

그린물류 파트너십 회의는 화주와 물류사업자간 연대를 통해 CO_2 배출량 저감을 위한 사례 등 보급을 추진하고 있다. 일본은 그린물류 파트너십 회의를 통해 화주와 물류사업자간 파트너십 확대와 소비자와의 파트너십을 구축하여 그린물류 확대를 추진하고 있다. 그린물류 파트너십은 전문가, 민간기업이 주도하여 추진하고 국가 등이 지원하는 형태로 발전하고 있다.

② 주요 활동 실적

2005~2006년 그린물류 파트너십 회의에서는 스미킨(住金)물산을 그린물류의 성공사례

로 채택하였다. 스미킨물산은 회사와 고객기업 및 물류사업자와의 파트너십으로 화물정보를 공유하여 물류의 효율화를 도모하고, 국제물류센터에서 CO_2 배출을 저감하는 시도를 적극 추진하였다. 또한 에너지 절약이나 쓰레기 감축, 자원절약 등 환경보호활동에 에코 포인트 제도를 도입하여 환경부하 저감에 기여하고 있다. 2007~2008년에는 친환경물류 대상 수상기업의 사례로 친환경물류센터 사례와 연계운송 사례를 소개하였다. 자동차부품을 취급하는 다하라 물류센터는 이산화탄소 배출량을 25% 저감하는데 성공한 물류개선 사례로 선정되었다. 또한 JR화물과 이용 운송업계가 31피트 컨테이너를 공동으로 이용하는 시스템을 구축하여 연계운송의 성공사례로 선정되었다.

(3) 미국의 스마트웨이 운송 파트너십

Smart Way Transport는 미국 환경청과 화물업계가 에너지 효율 향상, 온실가스와 대기오염물질 배출억제, 에너지 안전 제고 등을 위해 마련한 공동 협력체계이다. 스마트웨이 운송 파트너십을 통해 기업의 수지 향상 및 환경 개선 효과를 확산시켰고, 비용 절감 및 연료 소비량 감소와 함께 환경을 개선시키게 되었다. 스마트웨이 운송 파트너십은 화물운송이 환경에 미치는 영향을 줄이고 파트너들이 스스로 스마트웨이 필요성을 인식하도록 지원하고 있다.

3) 우수녹색물류실천기업의 지정

(1) 녹색물류 기업인증

저탄소녹색성장기본법과 시행령이 발효된 후 물류기업의 목표관리제와 배출권거래제 적용 등 기업의 환경경영체계 도입이 중요한 이슈가 되었다. 녹색물류기업 인증제는 대기오염물질 배출, 온실가스 저감, 폐기물 관리 등 물류분야의 환경부하를 줄이기 위하여 경영적, 기술적 측면에서 대응방안을 수립하고 실천하는 물류기업을 선정하였다. 녹색물류기업 인증은 화물운송기업을 주요 대상을 하되 물류시설 운영업체나 물류활동을 지원 또는 주선하는 물류기업도 포함하고, 화주기업의 자가물류부문과 위탁물류의 관리부분도 기업단위로 인증을 받도록 하였다. 물류기업의 경우 자신의 물류활동부분은 물론 협력업체의 물류활동까지 친환경적 관점에서의 평가받고, 인증을 받게 되었다. 화주기업의 경우는 자사 차량과 물류시설부분에 대한 인증과 더불어 협력업체인 물류기업의 친환경적 물류활동에 대한 관리부분에 대한 평가를 받았다.

현재는 물류정책기본법의 개정에 따라 녹색물류 기업인증 시스템은 우수녹색물류 실천기업의 지정제도로 변경되었다.

(2) 우수녹색물류 실천기업의 지정

국토교통부장관은 환경친화적 물류활동을 모범적으로 하는 물류기업과 화주기업을 우수기업, 즉 우수녹색물류 실천기업으로 지정할 수 있다. 우수녹색물류 실천기업으로 지정을 받기 위해서는 환경친화적인 물류활동의 실적 등 지정 기준을 충족해야 하며, 정기적으로 2년마다 지정 기준을 충족하고 있는지 점검을 받아야 한다.

우수녹색물류 실천기업으로 지정받기 위해서는 다음과 같은 평가항목에 대한 합산 점수가 80점 이상이어야 하고, 평가항목별 배점의 5할 이상을 취득하여야 한다.

① 물류시설, 운송수단 등에 관한 환경친화적 물류활동의 관리범위 설정 및 관리체계 구축
② 물류분야 에너지, 온실가스 및 화물운송량 관리수준
③ 환경친화적 물류활동에 관한 사업추진 계획수립 및 이행실적
④ 물류분야 에너지 사용량 또는 온실가스 배출량에 관한 감축목표 설정 및 달성률
⑤ 환경친화적 물류활동에 대한 효과분석 및 정부보고

〈표 14-5〉 우수녹색물류실천기업 지정 평가기준

평가항목 및 평가지표	배점
1. 관리범위 및 관리수준(30점)	
1-1. 물류시설, 운송수단 등에 관한 환경친화적 물류활동의 관리범위 설정 및 관리체계 구축(15점)	
가. 물류시설, 운송수단 등에 대한 관리범위 설정 수준	5
나. 환경친화적 물류활동 경영목표의 설정여부 및 내용	5
다. 환경친화적 물류활동에 관한 조직 및 인력 배치, 내외부 이해관계자 간 소통·협력 등 추진체계의 구축범위 및 정도, 장단기 계획수립현황	5
1-2. 물류분야 에너지 사용량, 온실가스 배출량, 화물운송량 관리수준(15점)	
가. 물류분야 에너지 사용량 및 온실가스 배출량, 화물수송량 산정범위 관리 수준	5
나. 물류분야 에너지 사용량 및 온실가스 배출량, 화물수송량 산정자료와 정보의 정확성 및 이해관계자 간 공유 실천 정도	5

다. 물류분야 에너지 사용량 및 온실가스 배출량, 화물수송량 산정시스템의 기계화 또는 IT화 추진 수준	5
2. 사업계획 및 추진실적(40점)	
2-1. 환경친화적 물류활동에 관한 사업계획의 수립 및 이행실적(20점)	
가. 환경친화적 물류활동 사업의 과제 수 및 내용, 사업 및 투자 규모(양 또는 비율)	10
나. 환경친화적 물류사업 계획 대비 실적	10
2-2. 물류분야 에너지, 온실가스 감축목표 설정 및 달성율(20점)	
가. 물류분야 에너지, 온실가스 감축 또는 효율화 목표 설정	10
나. 물류분야 에너지, 온실가스 감축 또는 효율화 목표 달성율	10
3. 환경친화적 물류활동에 관한 효과분석 및 정부보고(30점)	
가. 환경친화적 물류활동에 관한 사업실적의 주기적인 평가 및 효과분석 실시, 정확성 수준	10
나. 정부보고 또는 온실가스 검증기관 검증실시 여부	10
다. 환경친화적 물류지표의 설정 및 측정 여부(예 물류공동화량(율), 전환수송 전환량(율) 등)	10
합 계	100

* 출처 : 국토교통부(2014)

4) 국내외 녹색물류 추진 사례

(1) CJ-GLS

가) 추진배경

정부의 녹색물류정책에 수동적으로 대처하기 보다는 매출규모가 커질수록 녹색물류 추진이 물류프로세스나 자산운영의 효율성 제고와 비용절감에 기여할 수 있다고 인식하였다. 또한 탄소배출량의 20%를 차지하고 있는 운송분야에서 차량운영의 효율화를 통한 녹색물류의 실천이 포장이나 시설운영보다 우선 추진해야 할 과제로 판단하고 추진하였다.

나) 주요 추진내용 및 효과

① 친환경물류 통합 Visibility

수배송 차량 환경정보를 실시간으로 수집・모니터링하는 통합수배송관리시스템을 통해 경로 최적화, 적재효율 향상, 사고・고장 차량의 신속 조치, 탄소배출량 관리 등을 통해 이산화탄소 배출을 최소화하였다. 친환경물류 통합 Visibility 시스템을 구축하고 공회전 방지, 간선차량 대형화 등을 통해 탄소 배출량 25% 절감을 목표로 녹색물류전략을 추진하고 있다.

② 무선기반 다기능 실시간 물류정보 교환

무선기반 다기능 실시간 물류정보 교환은 RFID・USN 기반 재고조사, 피킹 등 물류프로세스 상에서 발생할 수 있는 다양한 운영환경을 무선기반으로 지원하여 간단한 탈부착을 통해 부가장비나 작업지시서 없이도 물류관리가 가능하도록 하였다.

③ 생산성 분석 시스템 Visualizer

물류센터의 불필요한 자원을 최소화하고, 지게차와 같은 직접적인 탄소배출 자원에 대한 생산성 향상을 위한 Real Time Locating System 기반 Visualizer를 적용하고 있다.

④ 친환경물류 최적화 시뮬레이션

Real Time Locating System 기술을 통해 획득한 물류자원 운영 data 기반 최적화 운영전략 시뮬레이션을 활용하고 있다.

⑤ Smart Cold Chain

상대적으로 탄소배출량이 높은 저온 물류차량에 대해 환경물류 통합 Visibility 시스템과 연계하여 실시간 위치 및 상태 관리를 통한 저탄소 녹색성장을 구현하고 있다. RFID・USN 기술을 적용한 Multi Point 온도관리를 수행하여 냉각효율을 극대화하고 있다.

(2) DHL

가) 추진배경

DHL은 2012년까지 탄소배출량을 2007년 대비 10% 감축하고 2020년까지 하청업체를 포함하여 30%까지 감축시키고자 하는 목표를 수립하고 있다. 특히 "Go Green" 프로그램을 수립하여 탄소 배출이 발생하는 전 부문에서 효율적인 탄소배출관리를 지향하고 있다.

나) 주요 추진내용 및 효과

DHL이 실행하고 있는 Go Green 프로그램은 운전자 교육, 차량기술, 네트워크 최적화, 효율적 채광 및 기타 현장시설 활동, 종업원 참여 유도, 고객 참여기회 마련 등으로 구성되어 있다. Go Green 프로그램의 5가지 핵심 분야는 다음과 같다.

① CO2 배출 투명성 제공 : 정확한 탄소배출량 산출시스템 구축
② CO2 효율성 제고 : 탄소배출량 감축 목표치 달성 및 프로그램 개선
③ 종업원 참여 : 각 부문 종업원들이 프로그램에 참여가 가능하도록 보증
④ Go Green 프로그램을 통한 가치 창출 : 고객을 지원하기 위한 신규 제품・서비스 창출
⑤ 공공정책 변화에 대한 대응 : 탄소 관련 법규 준수 보증

제2절 물류보안(Logistics Security)

1. 물류보안(Logistics Security) 개관

1) 물류보안의 의의

2001년 9・11테러 이후 물류보안이 국제물류체계상 중요한 이슈 중 하나로 부각되면서 글로벌 공급사슬관리(SCM)상 물류보안체계를 어떻게 구축하는가가 개별 기업은 물론 국가 차원에서도 중요한 과제로 인식되고 있다. 미국은 물류보안체제 구축에 선도적인 역할을 담당해왔는데, CSI(Container Security Initiative), C-TPAT (Custom-Trade Partnership Against Terrorism), 24시간 규칙(선적 24시간 전 화물정보 사전신고규칙), 항만보안법(Safe Port Act), 9・11 테러대책 위원회의 권고 등의 제도를 도입하였다. 아울러 미국은 미국과 교역하는 주요 국가 및 물류업체들은 이러한 규정을 준수하도록 요구하고 있다. 또한 IMO, 세계세관기구 등 국제기구도 물류보안제도를 도입하여 시행중이다.

2) 물류보안의 특징

① 대부분의 보안제도는 테러와 대량살상 물질의 자국내 반입을 봉쇄하는데 초점이 맞추어져 있다. 특히 미국과 유럽은 대부분의 보안제도를 발의, 주도하였고 엄격히 시행하고 있다.

② IMO 주도로 도입된 ISPS(International Ships and Port Facilities Security) Code는 전세계 국가들이 의무적으로 준수하여야 하는데 비해 AEO(Authorized Economic Operator) 및 ISO 28000 등은 자율 집행이라는 차이가 있다. ISPS Code를 준수하지 않은 선박이나 항만시설은 입출항 제한이나 항만운영의 제한을 받으나 AEO나 ISO 28000은 지켜야 할 내용이 방대하고 복잡하여 준비에 많은 시간과 노력이 필요하기 때문에 대형 물류기업을 중심으로 인증이 진행되고 있다.

③ 보안제도의 목적은 화물의 안전한 운송이나 그 구체적인 수단과 내용이 상이하다. 따라서, 각 물류기업은 여러가지 물류보안제도를 각각 준수해야 한다. 물류기업의 입장에서는 물류보안에 대처하는데 상당한 비용부담 등이 가중될 수 있으나 국제물류활동에서 이루어지는 필수적인 과정중 하나로 인식하고 대비해나가야 한다.

2. 주요 물류보안 제도

1) 컨테이너안전협정(CSI : Container Security Initiative)

미국은 9.11 테러이후 미국으로 수출물량이 많은 주요 외국 항만에 미국 세관원을 파견하여 미국으로 수출할 컨테이너 화물에 대한 위험도를 사전에 평가하는 컨테이너 보안협정(CSI)을 2002년 2월부터 시행중이다. 미국 세관은 CSI를 미국향 화물 및 미국 항만에 기항하는 모든 수출화물에 대하여 선적지에서 선적 24시간 전까지 미국세관에 적하목록 제출을 의무화하였다.

2) 대테러방지 민관협력프로그램(C-TPAT : Customs Trade Partnership Against Terrorism)

2002년 미국 CBP(세관·국경안전청, US Customs and Border Protection)가 도입한 반테러 민관파트너십제도(C-TPAT)를 시행할 수 있는 법적 근거를 명문화하였다. C-TPAT는 미국 수입업자와 선사, 항공사, 터미널운영사, 포워더, 통관중개인 등을 적용대상으로 하고 있고, 현재 1만개 이상 업체가 가입신청을 하였다. C-TPAT에 신청하기 위해서는 CBP가 정한 시설과 인력보안, 운송보안, 화물추적 등 최소한의 물류보안기준을 이행하고 있어야 한다. CBP가 제시한 Supply Chain Security의 주요 내용은 다음과 같다.

① 화물관련 정보의 제출, 위험분석 및 자기 평가
② 제조업체, 공급자, 납품업체 등 비즈니스 파트너의 보안활동 수행사항 확인
③ 컨테이너, 트레일러, 화물적재용기 등에 대한 보안 검사
④ 운송중인 화물의 추적관리 등 화물운송 보안
⑤ 이적 출입통제, 인사 및 절차 보안
⑥ 정보기술 보안 및 비상조치 등

3) 공급사슬보안경영시스템(ISO 28000)과 ISO/PAS 28007

보안경영시스템 ISO 28000은 다양한 국가의 물류보안제도를 수용·준수하는 보안경영시스템을 구축하여 국제적으로 보안상태가 유지되는 기업임을 인증받는 제도로서 생산자로부터 운송업체, 보관업체 등을 포함하는 공급사슬내의 모든 기업이 적용대상이다. 보안경영시스템은 공급사슬 보안에 영향을 미치는 조직이 관리하거나 영향을 줄 수 있는 모든 활동과 관련이 있다.

엄밀하게는 물류보안과 공급사슬보안은 차이가 있다. 즉, 물류보안은 화물을 공간적으로 이동, 보관하는 화주나 수화인이 효율성, 편의성, 경제성, 안전성을 추구하는 과정에서 재산상의 피해를 최소화하려는 체계적인 관리행위를 의미한다. 반면, 공급사슬보안은 화물이 생산되고 운송, 하역, 보관, 수출입 등의 과정을 거쳐 최종 소비자에 이르기까지 공급사슬 과정에서 테러위험의 대상이 되거나, 위협용도의 물품, 기술이 불법적으로 조달되는 것을 차단하려는 체계적인 관리행위이다. ISO 28000 인증시 이점은 조직의 보안수준과 능력 개선, 보안 리스크에 대한 효과적인 관리 가능, 도난·손실·교환 등의 감소로 제품과 서비스의 안전성 향상, 제품의 재고 관리 향상, 공급사슬(Supply Chain)의 가시성(Visibility) 향상, 물류 프로세스 관리 능력 향상 등을 도모할 수 있다.

우리나라에서도 2008년 4월 최초로 부산신항만(주)가 ISO 28000 인증을 취득하였고, 2010년 한진, 범한판토스, CJ GLS 등이 ISO 28000 인증을 획득하였고, 인증기관으로

는 한국선급협회(KR)가 담당하고 있다.

전세계적으로 소말리아 해역 등에서 해적문제가 제기됨에 따라, 위험지역으로 이동하는 선박에 무장보안요원을 제공하는 민간해상보안업체(PMSC(Private Marintime Security Companies))가 증가하고 있다. ISO/PAS 28007 해상보안경영시스템은 이러한 법적, 안전성을 보장하기 위하여 PMSC에 적절한 민간무장보안요원(PCASP(Privately Contracted Armed Security Personel))이 승선하는 것을 충족하기 위해 개발되었다.

4) 공인경제운영인 제도(AEO : Authorized Economic Operator)

미국은 9.11 테러 이후 무역안전을 위한 물류보안제도와 규정 등을 수립하였으나 초창기 물류보안제도는 보안에만 초점을 두었기 때문에 리드타임을 지연시키는 무역규제로 작용하기도 하였다. 따라서, 이를 보완하여 무역안전과 원활한 무역활동을 보장하는 국제규격의 무역안전규정을 세계관세기구(WCO : World Customs Organization)가 수립하였으며, WCO는 적절한 국경관리라는 정책 하에 국가간 화물흐름을 원활하게 유지할 수 있는 절차를 강화하기 위해 2005년 6월 SAFE Framework(물류보안과 무역간소화에 관한 국제기준)을 도입하였다. SAFE Framework는 세관간 네트워크 및 세관과 기업 간 파트너십 구축을 통해 국제공급사슬상 물류보안을 강화함과 동시에 무역원활화를 촉진시키기 위한 두가지 목적으로 추진되었다. 특히 물류공급서비스를 제공하는 물류기업 등이 지정된 보안기준을 충족하여 AEO로 인증받는 경우 신속한 통관절차 적용, 화물검사비율 축소 등의 혜택을 부여하고 있다. WCO가 추진한 제도가 바로 AEO(Authorized Economic Operator, 공인경제운영인 · 종합인증우수업체라고도 불림)이다. 국가별로 주어지는 혜택은 약간씩 상이하나 우리나라에서 AEO 인증 획득시 수입검사율 축소, 검사 선별시 우선검사, 수입서류 간소화, 비상시 우선 조치, 세관연락관을 통한 통관 애로사항 해소 등이다.

AEO는 수출업체, 수입업체, 관세사, 운송인, 창고업자, 선박, 항공사, 하역업자와 같은 물류주체들 중 WCO의 수출입 공급사슬 안전관리 기준 또는 이와 동등한 기준을 준수하여 자국 세관으로부터 공인받은 업체를 의미한다. 특히, AEO는 자국내에서 뿐만 아니라, 상호인정협약(MRA : Mutual Recognition Arrangement)을 맺은 해외 국가에서도 통관상의 혜택을 누릴 수 있다는 특징을 가지고 있다.

현재 미국, 중국, 일본, EU(27개국) 등 전세계 55개국이 AEO 제도를 도입중이다. AEO 제도를 도입한 국가들은 자국 수출업체를 지원하기 위해 상호인정협정을 추진하였다. 각국의 AEO 상호인정 노력은 2004년부터 시작되어 2009년까지 7개의 상호인정이 체결되는데 그쳤으나 2017년 현재까지 16개국과 상호인정협정이 체결되었다. 우리나라는 2007년 AEO제도를 도입, 물류보안체제 정비를 준비하였으며, 2009년부터 삼성전자, 코오롱, 삼성전기, LG전자, 삼성SDI, 한진, 고려해운, 대한항공 등 2017년 7월 현재 656개 업체가 AEO 인증을 획득하였으며, 50%가 중소기업이다.

5) 위험물컨테이너점검제도(CIP : Container Inspection Program)

해양부는 2002년 위험물컨테이너 점검제도(CIP)를 부산항과 광양항에 도입, 시행하면서부터 위험컨테이너의 결함율이 지속적으로 감소하는 등 효과가 큰 것으로 나타나 위험컨테이너화물 물동량이 증가하고 있는 인천항과 울산항으로 시행범위를 확대하였다. 위험물컨테이너점검제도(CIP)란 컨테이너에 적재되어 해상으로 운송되는 위험화물에 의한 사고를 예방하기 위하여 수입되는 위험물컨테이너에 대한 국제해상위험물규칙(IMDG Code) 준수여부를 점검하는 제도이다. 이를 통해 위험물 운송중의 사고를 방지한다는 것이 목적이다.

CIP의 주요 점검내용은 선적서류와 컨테이너적재 위험물의 일치여부와 컨테이너의 안전승인판 및 외관상태를 확인하게 된다. 또 위험성을 표시하는 표찰의 부착과 적정여부, 위험물의 컨테이너 수납상태(격리, 수납, 고박 상태)를 점검하고 적정용기의 사용여부와 표시・표찰의 적정성 등을 체크하게 된다. CIP 제도를 도입, 운용하게 되면 폭발 등 위험물 관련사고 예방으로 인명 및 재산 피해를 방지할 수 있게 된다.

6) 국제선박 및 항만시설 보안규약(ISPS code : International Ship and Port Facility Security)

2004년 7월 1일부터 165개 가맹국에서 적용되는 국제선박 및 항만시설 보안규약(ISPS code : International Ship and Port Facility Security)이 발효되었고, 각국은 항만시설들이 이 규정을 충족시키도록 조치를 취하고 있다. 국제해상보안규약인 ISPS 규정은 각국 정부와 항만관리당국, 선사들이 갖춰야 할 보안관련 조건들을 명시하고 있으며, 국제무역에 사용되는 선박 및 항만시설에서의 보안에 대한 위협을 감지하는 방법과 보안사고를 예방하는 방법에 대한 가이드라인을 제시하고 있다. ISPS 규정은 국제항해에 종사하는 총톤수 500톤 이상의 화물선과 국제여객선, 국제항만시설 등에 대해 적용되며, 각국 정부는 항만시설의 보안경계 수준을 '보통'(normal, 1단계), '경계'(heightened), '비상'(exceptional)의 세 단계로 설정해야 한다.

선사는 선박보안계획서에 선장의 권한을 강조하고 정부와 회사에 지원을 요청할 최우선의 책임과 권한을 가짐을 명시해야 한다. 또한 모든 항만시설과 선박에 대한 보안계획을 제출하고 승인을 받아야 한다. 이 규약에 따르지 않는 항만시설을 출발한 국제선박은 다른 규약가입국 정부로부터 더욱 엄격한 보안검사와 같은 규제를 당할 수 있고, 선박입항이 거부될 수도 있다.

7) 항만보안법(Safe Port Act)

미국의 조지 W. 부시 대통령은 2006년 10월 13일, 항만보안법을 공포하였고, 2002년 제정된 해운보안법과 함께 해운항만 분야에 거의 완벽한 보안시스템을 갖추게 되었다. 항만보안법의 가장 중요한 특징은 물류 전반을 적용대상으로 하고 있고, 대량살상무기(WMD : Weapons of Mass Destruction) 차단과 테러예방 등 거의 모든 조치가 망라돼 있어 파급효과가 크다. 특히 이 법률은 컨테이너를 통해 이동하는 WMD 등 위험화물을 사전에 통제하는데 필요한 거의 모든 조치가 포함돼 있다.

(1) 24 Hour Rule

미국으로 수출하는 컨테이너 화물에 대한 정보를 선적 24시간 전에 신고하도록 하는 제도이다. 화주는 운송인에게 화물을 선적하기 24시간 전에 적하목록(manifest)을 미국 관세청의 자동 적하목록 시스템(AMS : Automated Manifest System)에 신고하도록 하고 있다. 미국 관세청은 컨테이너 보안 대책(CSI)을 도입하면서 이 제도도 동시에 도입하였다. 외국 항만에 파견되어 있는 미국 세관원에게 검사 대상화물에 대한 정보를 제공하는 효과를 나타내고, 외국 항만의 보안검사에서 적발되지 않은 화물을 미국 항만에서 다시 검사하는 이중 검색수단으로 활용된다.

(2) 10+2 규칙

이 제도는 24 Hour Rule을 강화하는 조치로 적하목록에 없는 추가적인 항목을 미국행 선박에 선적하기 24시간 전까지 미국 세관에 제출하며, 수입화주는 10가지, 선사는 2가지(화물적재계획서와 컨테이너 상태) 추가항목을 제출하는 것으로 2010년 1월부터 의무화한 제도이다.

8) 세계세관기구(WCO)의 SAFE Framework

WCO는 2005년 6월 27일 166개국 회원국 대표가 참석한 가운데 벨기에 브뤼셀 본부 회의를 통해 '물류보안과 무역 간소화에 관한 국제기준(SAFE Framework 2.0)'을 채택하였다. WCO SAFE Framework는 세관과 세관협력, 세관과 민간협력, AEO 조건, 자격요건과 혜택 등으로 구성되었다. 이 기준은 미국의 컨테이너보안협정(CSI)과 반테러 민-관 파트너쉽 제도(C-TPAT)가 결합된 것이다. 이것은 국가 간 이동화물에 대한 테러와 조직범죄를 방지하기 위해 교역안전을 도모하기 위한 각국 세관이 이행해야 할 표준을 제시한 것이다.

9) Greenlane 해상화물보안법(The Greenlane Maritime Cargo Security Act)

CBP가 C-TPAT가입 송화인들의 서류만을 검토하여 검사단계를 완화하는 것에 대한 비판이 제기되었다. 화물의 보안유지를 위한 보다 엄격한 기준을 요구하고 공급망 보안에 참가한 기업에 대한 인센티브 도입 등 기존의 화물보안프로그램을 강화하기 위해 2005년 11월 미상원에서 제안하였다. 어떤 컨테이너가 테러위험 화물을 적재하고 있는지 쉽게 파악하고 송화인 스스로 공급망상의 모든 단계에 걸쳐 보안에 대한 책임을 질 수 있도록 절차를 마련하기 위하여 추진중이다.

제3절 물류기술

1. 물류기술(Logistics Technology) 개관

1) 물류기술의 의의

재화가 공급자로부터 원재료, 부품 등이 조달·생산되어 수요자에게 완제품이 인도되거나 소비자로부터 물품이 반품, 회수, 폐기될 때까지 수행되는 모든 물류기능 즉, 운송·보관·하역·포장 등과 기타 부가 활동에 필요한 제반 기술을 의미한다. 반도체, 컴퓨터, 통신 등 다른 분야에서 개발되어 물류시설과 장비 등에 접목된 기술 등을 모두 일컫는다.

2) 물류기술 R&D 필요성

국내 물류기술의 발전은 태동단계로서 특히 물류기술의 발굴, 개발, 실용화 정도가 매우 낮은 상태이므로, 수요기반의 물류 기술개발과 실용화 전략개발, 물류산업의 활성화 방안 수립이 시급하다. 4차 산업혁명과 맞물려 반도체, 정보통신, 로봇 등 급속한 기술발달로 모든 산업분야에서 기술 진보가 이루어지고 있고, 특히 첨단물류기술 또는 스마트 물류기술은 미래사회를 위해서, 그리고 물류분야에서 선도적인 역할을 수행하기 위해 필요한 기술이다. 급변하는 글로벌 물류체계가 스마트 물류기술을 도입한 시설과 장비에 기반한 시스템으로 운영되기 때문에 각 물류분야의 R&D가 활발하게 이루어지고, 물류기술 수준도 한단계 도약할 수 있도록 정부와 기업이 노력해야 한다.

우리나라 물류선진화의 비전은 '글로벌 물류강국 실현을 위한 첨단물류기술개발'에 있고, 이러한 비전을 실천하기 위해 선진국 물류기술 수준의 80~90%정도를 달성하는데 있다. 물류기술 추진의 중점 방향은 인공지능(AI), 사물인터넷(IOT), 자율주행차, 드론, 빅데이너, 3D 프린팅 기술 등을 통하여 연계운송강화, 물류장비 고도화, 시설운용 효율화, 보안과 안전의 가시성(visibility) 확보, 지속가능한 기술기발 등이다. 기술발전방향은 통합과 연계, 지능화와 자동화, 정보화와 표준화, 보안과 안전, 친환경물류 등이다. 물류분야는 정부・기업・개인 등 경제주체의 의사결정을 지원할 수 있는 사용자 중심의 종합적인 물류정보망 구축과 다른 교통수단과의 연계를 통한 일괄수송체계 구축이 시급히 추진되어야 하며, 첨단물류기술의 R&D도 적극 추진되어야 한다.

3) 국가과학기술표준 분류체계상 물류기술 분류

물류기술은 기본적으로 각 물류기능과 관련한 기술로 분류할 수 있으나, 타산업 분야에서 개발된 기술이 각각의 물류기술에 접목되어 활용되기 때문에 물류기술을 분류하는 것이 애매한 경우가 많다. 참고로 2012년 국가과학기술위원회가 고시한 국가과학기술표준에서 물류와 관련한 기술분류(E1 건설/교통중 E10 물류기술)는 다음과 같다.

〈표 14-1〉 국가과학기술표준 분류체계상 물류기술

분류	기호	소분류	설명
E1 10 물류기술	E1 1001	물류운송기술	물류시스템의 효율성 최적화를 위한 전반적인 운송기술
	E1 1002	보관기술	물품의 생산과 소비의 시간적 거리를 조정하여 시간적 효용을 창조하는 활동에 관련된 제반 기술
	E1 1003	하역기술	수송과 보관의 양단에서 물자를 상하좌우로 이동, 상차, 하차, 피킹, 분류 등의 작업에 관련된 제반 기술
	E1 1004	물류정보화 기술	물류시스템의 계획과 정보체계 구축을 위한 제반 기술
	E1 1005	물류시스템 운용기술	수송물류시스템의 거시적 관점에서의 전반적인 분석 및 계획, 절차 등 물류시스템 운용에 관한 제반 기술
	E1 1006	교통수단별 물류운용기술	교통수단에 따른 물류의 운반, 이동, 반출시 운송의 취급 방식 등 물류 운용에 관한 제반 기술
	E1 1007	물류 표준화 기술	물류시스템의 단순화, 규격화를 통해 물류활동에 공통의 기준을 부여하여 물류체계를 구축하는 기술
	E1 1099	달리 분류되지 않은 물류기술	

[그림 14-1] 물류기술 추진분야

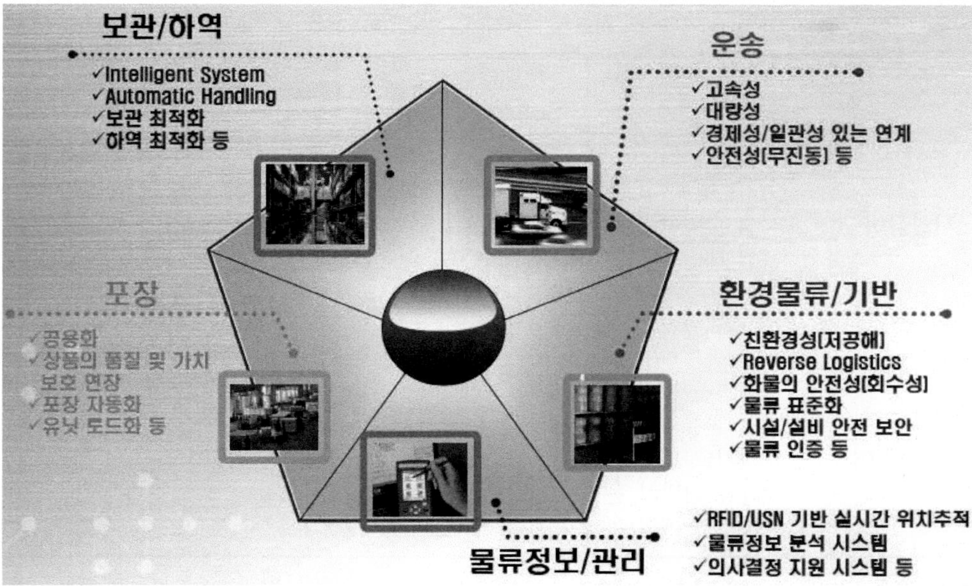

자료: 한국과학기술기획평가원, 「교통 R&D 중장기 계획수립 성과포럼 발표자료」, 2007.5

2. 물류기술 개발 동향

〈표 14-2〉 물류프로세스별 물류기술

구 분	주요 기술
운송	- 저탄소·친환경 운송수단 개발 - 운송 수단간 연계 강화 - 첨단 무인 자동화(자율주행차) 운송 시스템 개발 - 글로벌 물류정보망 실시간 통합 운영 기술 개발 - 운송차량 이력관리(위치추적 및 상태 모니터링) - 차량 및 교통 통합관리 시스템(ITS 기술 연계)
보관	- 물류센터의 기능 자동화, 지능화, 안전성 강화 시스템 개발 (로봇 활용, 자동화 창고, 스마트 선반 등) - 재고/자산관리 시스템 개발 - 물품 입출고 관리 시스템 개발 - 자동 운송/지능형 터미널
하역포장	- 첨단 컨테이너 개발 - 고효율/첨단 하역장비(크레인, 이송차량 등) 개발 - 웹/인터넷 기반 하역/포장 정보 시스템 - 물류 하역/보관 시스템 간 상호 정보 교환 서비스 제공 - 친환경 포장 용기 개발
시설장비	- 첨단 친환경 장비 및 부품 개발 - 통합적 인터모달 시스템 개발 - 원격관리/보수, 모니터링 시스템 개발 - 시설 장비간 상호 운용 제어 정보 시스템 개발 - 무선 데이터 취합, 가공 시스템 개발 - 화물 운송 인프라(H/W, S/W) 구축 - 에너지 절감형 운송 시설 및 장비 개발
소프트웨어	- 글로벌 물류정보망 실시간 통합 운영 기술 개발 - 첨단 물류 운영 시스템 개발 - 보안기술 개발 - 물류용 단말기 운영 기술 개발 - 수송경로 계획/관리 시스템

자료 : 정성용, 정기연, "스마트 물류 IT 기술 및 사례", 전자공학회지 제39권 제5호, 2012년 5월

1) 로봇(Robot)

환경을 스스로 인식하고 판단하는 로봇이나 무인반송차(AGV), 배송로봇, 무인지게차(예: Linde, Balyo) 등을 물류에 활용하는 기술이 현실화되고 하루가 다르게 새로운 기술과 제품이 개발되고 있다. 지능형 로봇을 이용한 배송, 택배로봇(BIBA의 LaMA), 물류창고 로봇(KIVA) 등이 활용되고 있고, 착용형(wearable) 스마트기기를 이용한 증강현실(Augmented Reality: AR)의 물류 활용도 일반화될 것으로 전망된다. 증강현실은 가상현실(Virtual Reality)과 흡사하지만 실시간 이미지를 사용자에게 보여주어 보다 더 많은 제품의 정보를 제공하는 만큼 상품을 고르는 과정과 상품의 수리 과정을 재정립할 것으로 예상된다. 즉, 증강현실을 활용한 안경을 이용하여 물류센터에서 일하는 작업자들에게 무슨 제품을 선택해야 하는지 정보를 제공하여 피킹과 분류작업시 실수를 감소시키고, 작업자들은 무슨 제품을 골라내야 하는지 실시간으로 정보를 받아볼 수 있다.

에피봇(Effibot)도 주목할 만한 로봇이다. 에피봇은 물류창고에서 사람의 동선을 따라 이동하며 짐을 싣는 트롤리 로봇이다. 트롤리에 짐이 가득 실리면, 로봇은 지정된 하차장소로 가서 짐을 내리고, 그 사이 새로운 로봇이 짐을 싣기 위해 합류하는 형태로 운영되어 창고관리직원의 업무 편의가 대폭 강화될 수 있다.

아마존 물류창고의 키바(KIVA) 로봇은 바퀴로 이동하며 물류창고에서 특정 물품을 찾아 포장하는 프로세스를 자동화 해주는 로봇이다. 키바는 700파운드의 스토리지 선반 용기들을 거뜬히 싣고 5mph(약 시속 8km) 속도로 바닥에 깔린 레일을 따라 지정해준 경로로 이동한다. 사각형 모양에 노란 색상이며, 높이는 16인치, 무게는 320파운드이다. 어디로 싣고 가는가 하면 콘베이어 벨트(Conveyer Belt)로 가는데, 여기에는 픽업 장치(Picker Unit) 로봇이 있다. 픽업 장치 로봇은 아이템을 픽업해 주문 바구니(Order Bins)에 담는다. 그러면 주문 바구니들은 콘베이어를 타고 수 마일을 질주한다. 그리고 직원들은 각각의 박스를 손으로 패킹한다. 그 다음 패킹된 박스들은 분류되고(sorted), 선적을 위해 트럭으로 보내진다. 이 한 곳의 물류센터에서, 사이버 월요일에 일하는 정규직원만 2,500명이다. 따라서 120곳의 전체 물류센터에서 20만 명 이상의 직원들과 대략 5만대의 키바 로봇들이 협업하며 일하고 있는 셈이다.

물류산업의 최종 소비자로서 모든 각각의 사람에게 저렴한 물류비용과 신속한 업무처리를 통한 빠른 배송, 안전한 운송 등 다양한 방면에서 사용자의 니즈가 증가하고 있다. 이러한 수요자의 니즈를 충족시키기 위해 로봇의 도입은 불가피하다. 한국의 경우 물류로봇에 대한 관심도가 떨어질 뿐만 아니라 물류 업무 처리에 대한 효율성 또한 새롭게 재고되어야 할 필요가 있다.

[그림 14-2] 아마존 물류센터내 키바(KIVA) 로봇

자료 : 아마존의 인터넷 자료

2) 드론(Drone)

드론과 같은 무인항공기(Unmanned Aerial Vehicles: UAVs) 등을 물류에 활용하는 기술이 현실화되고 있다. Google, Amazon, DHL, FedEx 등 인터넷업체, 전자상거래업체, 국제특송업체 등은 무인자동차와 무인항공기를 이용한 물류 배송 서비스를 강화하기 위한 혁신적 연구개발을 추진하고 있다. 아마존은 2013년 프라임 에어(Prime Air)를 발표하였고, 2016년 12월 실제 프라임 에어 드론 배송에 성공하였다. 아마존의 첫 번째 드론 배송 물품은 최대 5파운드인 아마존 '파이어TV'와 팝콘 봉지였으며, 드론 배송에는 날씨가 맑은 날, 10마일 이내 거리, 짧은 시간과 가벼운 중량, 고도 150미터 이내 등 아직

까지 제약요건이 많다. DHL은 파슬콥터(Parcelcoptor)를 이용하여 강을 건너 북해 섬에 의약품 납품을 위한 드론 시험 운행에 성공하였다. 파슬콥터 드론 배송은 헬리콥터 착륙장과 스카이포트(Skyport)란 우편함을 결합한 것으로, 드론이 착륙장에 내리면 화물을 자동으로 싣고 내리는 것은 물론, 화물을 착륙장의 로커 중 하나에 저장한다. DHL은 2016년 5월 독일 산악 지대에서 보통 차로 30분 걸리는 거리를 드론을 이용하여 8분만에 배달하는 시험 운용에 성공하였다.

[그림 14-3] 아마존의 Prime Air와 DHL의 Parcelcoptor

자료 : 아마존과 DHL의 인터넷 자료

특히 드론을 배송수단의 하나로 이용시 주목해야 할 점은 새로운 화물수송수단의 도입으로 인한 기준, 법규, 규격 등이 제대로 갖춰지지 않았다는 점이다. 드론 활용과 관련한 법과 제도의 부재로 무인항공기 개발기술에 따른 정부의 대응능력 및 상용화를 위한 체계 및 관심이 미흡하다. 무인항공기 기술에 대한 국제적 관심이 증가하고 경제성 및 다양한 활용분야가 입증되면서 국내 무인항공기 기술에 대한 개발은 필수적이다.

무인항공기 개발의 선두주자격인 미국을 중심으로 북미, 유럽, 이스라엘 등은 군사용 무인항공기 개발 관련 개발·제작·운용 기술력을 보유하고 있으며, 지속적으로 많은 관심을 쏟고 있다. 중국은 이미 DJI라는 드론 업체가 오락용 및 항공촬영용 등 경량 드론 세계시장의 70% 이상을 장악하고 있으며, 드론 관련 기술도 한국보다 앞서 있다. 2016년 중국 내에서 드론을 이용해 택배 배송을 성공한 사례는 총 500여 건에 이르며, 주로 산악 지형의 지방 소도시와 도로 망이 확충되지 않은 험준한 지형에 무인 항공기 배달을 활용하였다. 드론 배송은 택배 전문 업체 외에 중국 온라인 유통 업체의 1, 2위를 차지하는 '알리바바(alibaba)'와 '징둥(京東)' 도 드론을 활용한 택배 배송에 큰 관심을 기울이고 있다.

우리나라는 1990년 이전 군사용 무인항공기를 개발한 적이 있으나 대부분 시험 개발에 그치거나 사장되었고, 1990년 이후 개발된 군사용 무인항공기로는 '송골매', 'Searcher Ⅱ', 'RemoEye-006' 등이 있다. 민간분야에서는 한국항공우주연구원을 중심으로 대한항공, 한화, 유콘시스템, 바이로봇, 한국전자통신연구원, LG CNS 등 12개사에서 개발이 계속 진행되고 있다. CJ대한통운은 독일 마이크로드론사와 협력해 개발한 물품 배송용 드론 CJ Sky Door를 시연하였다. 현재까지 국내 드론 물품배송 시험은 자율주행이 아닌 조종사가 무선 조종기를 사용하거나 일부 자율기능을 시험하는 수준이다. 드론 배송시 드론 외형의 성능도 중요하나 각종 안전 규격과 자율주행 기술, 빅데이터, 레이더 · 센서 등 다양한 기술을 접목시켜야 하기 때문에 상용화에는 다소 시간이 소요될 것으로 예상된다. 드론에 필요한 첨단 기술은 무인 자율운행 자동차 기술과 흡사하며, 향후 우리나라도 드론 배송을 활성화하려면 드론의 자율주행 능력과 소프트웨어 개발에 많은 노력을 기울여야 한다.

[그림 14-4] CJ대한통운의 드론(CJ Sky Door)

자료 : 구글의 인터넷 자료

그러나 그 기술력은 미국, 이스라엘, 프랑스 등에 이어 세계 7위 정도 수준이나 독자적인 'Tilt Rotor 스마트 무인항공기' 개발을 성공하고 이동통신망을 활용한 무인항공기 기술을 개발하는 등 세계시장을 점유할 수 있는 기반을 다지고 있다.

드론의 상업이용을 위한 규정 마련에서 앞서갔던 호주의 경우 2013년 교과서 판매 및 대여 사업을 전개해 온 주칼(Zookal)社가 드론을 이용한 택배서비스를 시작했다. 또 미국에서도 2015년 7월 버지니아주에서 연방항공청(FAA)의 항공 허가를 받아 미국 최초의 상용 드론을 통한 의약품 배송 실증실험이 시연되기도 했다.

이제 드론을 이용한 배송은 제도적 측면에서도 정비작업이 진행되고 있으며, 미국 연방항공국은 민간 드론 이용과 관련 규정을 본격적으로 정비, 2015년 12월에 중량 약 250g이상 약 25kg이하 오락용 드론에 대한 등록 제도도 시작했다. 여기다 지난해에는 250g 이하 소형 드론의 상용 운용규제를 발표하는 등 다양한 사업자들이 드론 택배를 활용할 수 있도록 길을 열어줬다.

3) 사물인터넷(Internet of Things : IOT)

사물인터넷은 정보통신기술을 기반으로 모든 사물을 연결하여 사람과 사물, 사물과 사물간에 정보를 교류하고 상호 소통하는 지능형 인프라 및 서비스 기술을 의미한다. 사물인터넷은 모든 사물에 RFID와 같은 센서를 부착하고, 수집된 데이터를 실시간으로 주고받을 수 있는 기술로서 모든 산업분야에서 추진중이고 물류분야도 각 기능별로 추진되고 있다. 가트너그룹(Gartner, Inc)은 향후 IoT 시장(Internet connected physical devices)이 2010년 9억개 수준에서 2020년에는 260억개가 늘어 현재보다 30배가 넘는 단위가 설치될 것이라고 예상하였다. 전세계적으로 2020년까지 500억개의 사물이 인터넷으로 연결되어 지금까지와는 다른 제조, 물류유통 환경이 조성되고, 새로운 산업분야가 나타나는 등 물류산업생태계가 크게 변화될 것으로 예측하고 있다. 물류분야에서는 화물, 차량, 시설과 설비 등을 실시간 모니터링하고 통제하며, 특히 자재관리나 재고관리 분야에서 널리 활용할 것으로 판단하고 있다.

향후 사람과 모든 사물들의 위치 정보가 네트워크에 연결되고, 상호간의 모니터링과 제어가 가능한 방향으로 발전할 것으로 전망하고, 각 기술들을 사물인터넷과 직접적으로 관련된 기술과 간접적으로 사물인터넷에 부가가치를 부여하는 기술로 구분되어 발전할 것으로 예상하고 있다.

IOT 활용이 물류분야에서 확대되면 공급자・생산자・소비자간 긴밀한 커뮤니케이션이 가능해지고 글로벌 공급사슬의 효율성을 증진시킬 것으로 예상하고 있다. 또, 글로벌 구매활동의 효율성을 확대키고 공급사슬의 신뢰성과 가시성 확보가 한층 용이할 것으로 예상하고 있다. 궁극적으로 IOT기반 초연결사회가 도래하면 물류가 스마트 공장(smart factory), 스마트 홈(smart home), 스마트 유통(smart retail) 등과도 연결되어 사물과 사물에서 기능과 기능간 연결도 가속화될 것으로 전망된다.

[그림 14-5] 사물인터넷 개념도

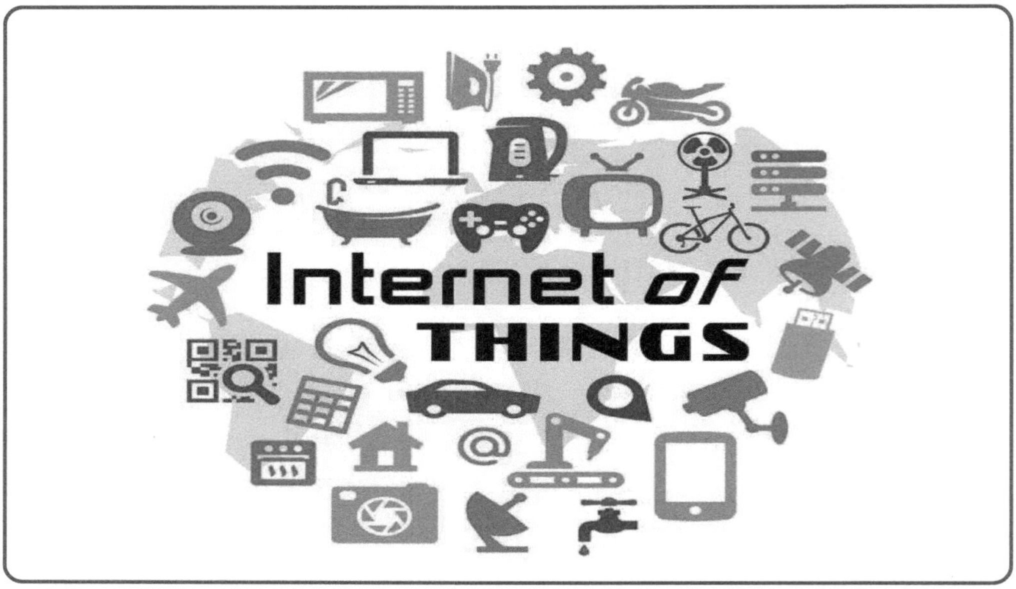

네덜란드 로테르담 항만이나 독일 함부르크 항만당국이 추진중인 '스마트 항만' 은 도로와 운송수단의 정보를 실시간 공유하여 항만운영관련 비용을 대폭 절감하고 운하나 교량을 통과하는 교통정체도 10% 이상 감소시켰다고 주장하였다. 현재 사물인터넷은 스마트 공장, 소비자 시장에서 몇몇 기업들이 활용하고 있으나 산업표준의 부재, 보안문제 등을 해결하는 것이 선결과제라고 할 수 있다.

4) 빅데이터(Big Data)

'데이터를 지배하는 자가 미래를 지배한다'는 말이 있듯이 장래 비즈니스는 빅데이터를 기반으로 이루어질 것으로 예상하고 있다. 오늘날 다양한 형태의 채널을 통해서 엄청난 양의 데이터가 생성되고 있는데 이 빅데이터를 활용하여 고객서비스를 향상시키고 물류비를 절감하기 위한 연구가 진행되고 있다. 글로벌 공급사슬 운영과 관련한 주체가 증가하고, 관련 주체들간 상호작용(Interaction)이 확대됨에 따라 공급사슬상 불확실성은 급속도로 증가하기 때문에 이러한 불확실성을 관리하고 서비스 품질을 향상시키기 위해서는 빅데이터에 기반한 서비스 제공이 중요한 요소로 부상하고 있다. 공급사슬과 물류시스템의 주체들이 생성하는 다양하고 방대한 데이터들을 합리적이고 체계적으로 관리하기 위하여 물류분야에서 필요한 빅데이터 기술체계의 도출 및 개발에 대한 연구가 필요하다.

향후 물류기술은 배송시간을 맞추기 위한 자동화가 부상할 것으로 예상되며, 이는 데이터를 기반으로 하는 물류시장으로 변화함을 의미한다. 미래 물류서비스는 보다 취합하기 쉬운 데이터를 기반으로 하여 보다 정확한 미래 예측 모델을 제시할 수 있는 물류시스템으로 발전할 것으로 기대된다. 물류업계는 안정적인 재고관리와 고객 서비스에 필요한 대응전략을 추진하기 위해서 데이터 분석을 통한 예측이 요구되고 있다. 물동량 데이터를 기반으로 한 예상치가 물류서비스의 핵심내용이 된다. 이러한 빅데이터를 기반으로 기업들의 미래 영업활동과 제품의 수명주기를 위한 자동화는 빨라질 것으로 예상된다.

고객과 시장에 대한 데이터의 활용은 자원의 투명성을 향상시키고, 활용을 최적화하며, 프로세스의 품질과 성능을 개선하는 역할을 담당한다. 빅데이터의 중요성은 인식되고 있으나 아직 빅데이터의 활용은 대기업에서도 연구실 프로젝트 수준의 초기 단계에 머물고 있다. 최근 빅데이터를 활용하는 기업도 고객관계관리(CRM) 등 고객분석 정도에만 활용하고 있다. 물류유통 활동은 방대한 수량의 제품과 서비스를 다루고 추적하기 때문에 생성되는 막대한 분량의 데이터를 잘 활용하면 신속한 배송이나 물류비 절감이 가능할텐데 빅데이터의 정보를 완전히 활용하지 못하고 있다. 기업간의 협업을 통한 비즈니스 개발도 부족하다. 물류 분야는 서로 다른 물류 주체 간의 정보교환 및 공유, RFID(Radio Frequency Identification: 전자태그) 기반 환경에서 물류 계획의 실행과 개선, 화물에 대한 추적(Traceability)을 포함한 물류 관리 자동화 등 활용 분야가 다양하다. 클라우드 기반의 집하 및 배송 최적화, 실시간 물동량 예측, 전략적 네트워크 구축은 물론, 고객과의 상호작용 및 서비스를 최적화하고, 공급사슬 위험을 예측하고 선제적 예방을 하는 등 다양한 서비스에 활용될 예정이다.

급속도로 가속화되고 있는 글로벌 공급망은 단순히 거점관점의 글로벌 네트워크 규모 관리의 문제를 벗어나서, 이러한 공급망을 구성하는 공급~수요에 이르는 개별 요소(생산거점, 보관거점, 운송체계, 수요특성 등)들에 대한 정밀한 관리와 운영을 요구하는 단계로 이미 접어들었다.

5) 자율주행차(self driving car)

자율주행차는 운전자가 브레이크, 핸들, 가속 페달 등을 제어하지 않아도 도로 상황을 파악하여 자동으로 주행하는 자동차이다. 무인 자동차(driverless car, 운전자 없이 주행하는 차)와 다른 개념이지만 혼용하여 사용하고 있다. 현재 자율주행차 5단계 중 이제 2단계 수준에 머물러있다. 1단계는 페달에서 발을 떼고, 2단계는 스티어링 휠과 레버 등에서 손을 떼며, 3단계에서는 차량 전방을 주시하지 않아도 된다. 4단계에서는 운전에 대한 생각을 아예 하지 않는 단계를 말하며 5단계는 운전자 없이(Driverless) 자동차를 운행하는 상태이다.

자율주행차 운행을 위해서는 고속도로 주행 지원 시스템(HDA, 자동차 간 거리를 자동으로 유지해 주는 기술)을 비롯하여 후측방 경보 시스템(BSD, 후진 중 주변 차량을 감지, 경보를 울리는 기술), 자동 긴급 제동 시스템(AEB, 앞차를 인식하지 못할 시 제동 장치를 가동하는 기술), 차선 이탈 경보 시스템(LDWS), 차선 유지 지원 시스템(LKAS, 방향지시등 없이 차선을 벗어나는 것을 보완하는 기술), 어드밴스드 스마트 크루즈 컨트롤(ASCC, 설정된 속도로 차 간 거리를 유지하며 정속 주행하는 기술), 혼잡 구간 주행 지원 시스템(TJA) 등이 뒷받침되어야 한다.

자율주행 화물자동차인 자율주행 트럭은 고속도로에서 길게 무리지어 이동할 수 있는데 이런 경우 바람에 의한 마찰을 줄여 연료절약을 가능하게 해준다. 또 부분적으로라도 트럭이 스스로 주행하게 되면 트럭 운전자는 화물 배송을 더 빠르게 마칠 수 있다. 구글, 애플, 우버, 인텔, 엔비디아 등 기술 기업을 포함해 자동차 제조사까지 자율 주행 트럭의 기술 개발에 전력을 다하는 이유이다. 세계 최대 상거래 사이트를 운영중인 아마존이 자율주행 트럭에 많은 관심을 보이고 있는 이유이기도 하다.

월스트리트 저널의 보도에 따르면 아마존도 자율 주행 기술 특별 전담팀을 운영 중에 있다고 한다. 약 1년 전 12명으로 구성된 작은 조직을 조용히 만들었다. 다른 업체가 수백수천 명을 투입하고 있는 것과 비교할 수 없을 정도로 소규모 조직이다. 아마존의 전담팀은 자율 주행 자동차, 자율 주행 기술을 직접 개발하는 것이 아니라 자율 주행 기술을 어떻게 물류 배송에 활용할 것인가를 고민하는 일종의 싱크 탱크와 같은 조직으로 소규모로 운영된다.

아마존은 자율 주행 기술을 접목한 대형 화물 트럭, 배송 트럭, 지게차, 드론 등을 활용할 방법을 찾고 있다. 아마존은 물류 공급망 전체를 뒤흔들어 놓을 계획이 있다."라고 말을 한 바 있다. 구글은 2009년부터 자율주행차 개발을 시작했으며 2016년에는 웨이모(Waymo)를 분사하여 자율주행 트럭을 개발하고 있다. 웨이모는 트럭 1대를 테스트 중이며, 공공도로에서 트럭을 수동으로 운전하고 있다.

자율주행 화물 트럭은 쉬면서 달려야 하는 인간 운전자와 달리 24시간 쉬지 않고 달릴 수 있다. 장거리 배송 시간이 1/4 수준으로 단축될 수 있다. 자율주행 배송 트럭은 집 앞까지 배송을 완료한다. 현재 도로운송 관련 수배송 물류는 운전자에 대한 안전규제로 보통 하루의 절반 이하로 밖에 운행하지 못하나, 자율주행 자동차가 도입되면 24시간 배송이 가능하여 현재 인프라를 활용하여 처리할 수 있는 물동량이 2배 이상 증가하는 효과가 발생할 것으로 전망된다. 카쉐어링과 자율주행의 결합은 차세대 자동차 시장의 메인 트렌드가 될 것이다.

우버가 2016년 8월 오토사를 인수하여 자율주행 트럭의 연구에 박차를 가하고 있는데, 오토사의 자율주행 트럭은 비디오 카메라, 레이더, 마이크로 슈퍼컴퓨터를 장착한 라이다 특허기술을 적용하여 저렴한 비용으로 이용하고 있다.

[그림 14-6] 시험운행중인 오토사의 자율주행 트럭

자료 : TECH M, MIT선정 10대 혁신기술⑦] 자율주행 트럭, 2017.4.16.

아마존이 자율 주행차, 자율 주행 기술을 완전히 포기하지 않았고 이미 몇 가지 자율 주행 기술 관련 특허를 출원한 바 있다. 아마존 로보틱스 연구팀은 미래 운송 시스템 개발을 위한 엔지니어 모집 공고를 내고 인재를 영입하고 있다.

6) 블록체인(block chain)

블록체인은 네트워크상에서 참여자들의 신뢰를 통해 거래를 검증하고 데이터를 암호화하고, 분산·보관시켜 투명성과 보안성을 확보하는 기술로서 물류분야에도 도입되고 있다. 블록체인 기술은 2008년 사토시 나카모토라는 개발자가 처음 고안하여 사용하기 시작하였다. 블럭체인은 공공 거래 장부이며 가상 화폐로 거래할 때 발생할 수 있는 해킹을 막는 기술로서 분산 노드의 운영자에 의한 임의 조작이 불가능하도록 고안되어 해킹의 염려가 거의 없기 때문에 안전성이 높고 고가의 서버가 필요없어 비용도 저렴하다는 강점이 있다.

비트코인은 대표적인 온라인 가상화폐로 블록체인을 기반으로 한 기술이다. 블록체인 기술이 물류분야에 적용되면 데이터의 위조와 변조가 사실상 불가능하기 때문에 제품 생산부터 최종 소비자까지 화물이 인도될 때까지의 과정이 투명하게 관리된다. 특히 생산과 가공 등 유통과정에서의 원산지 조작, 제조일자나 유통기간의 변경 등을 방지할 수 있고, IoT 정보를 블록체인에 등록하여 실시간으로 화물의 위치정보를 공유해 가시성을 더욱 높일 수 있다. 또한 모든 정보를 종이 문서없이 실시간으로 공유할 수 있어 비용 절감이나 업무속도 향상도 기대할 수 있다.

[그림 14-7] 블록체인 작동원리

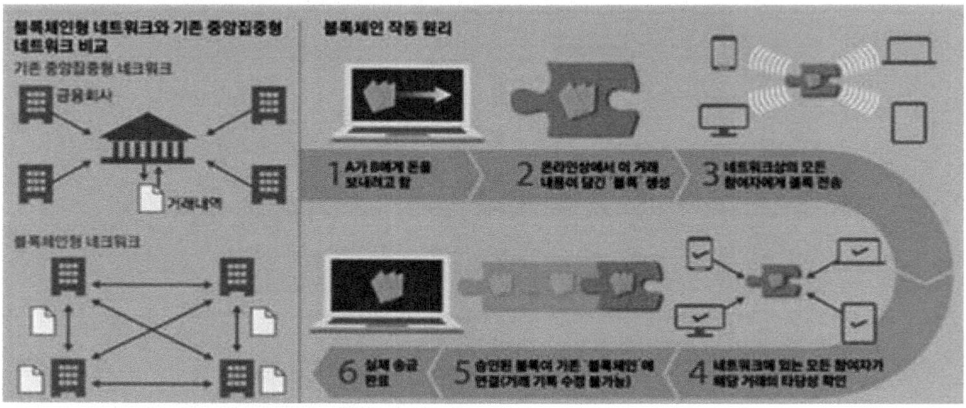

자료 : 조선비즈, 2016.6.13.

통관절차를 간소하게 하여 물류흐름의 신속성을 높이는 동시에 물류비용도 절감하게 할 수 있다. 2017 5월말 삼성SDS, 국내 물류기업과 IT서비스기업, 정부 및 국책 연구기관과 힘께 물류산업 발전을 위한 '해운물류 블록체인 컨소시엄'을 발족하였다. 이 컨소시엄은 블록체인 표준화와 통합을 기반으로 물류 비효율성을 방지하고, 미래 스마트 해운항만물류 정책의 조기실현과 더불어 물류 산업 발전에 기여할 것으로 예상하고 있다. 해상수송의 경우 그동안 화주, 선사, 보험사, 은행, 세관, 해양수산청 등 다양한 주체들이 관련 서류를 확인해야 했으나 신뢰성이 높은 블록체인이 종이 서류를 대체하면 각종 인허가와 검증에 걸리던 시간이 4분의 1 정도로 줄게 될 것으로 예상하였다.

7) 3D 프린터

3D 도면을 바탕으로 3차원으로 특정 물건을 찍어내는 장비를 말한다. 초창기에는 가공의 용이성 등 문제로 대부분 플라스틱을 재료로 사용하였지만 점차 종이, 고무, 콘크리트, 식품에 금속까지 재료의 범위가 점점 넓어지고 있어 단순히 조형물 출력뿐만 아니라 건축, 설계 등 분야로까지 발전하고 있다. 3D 프린팅 방식은 FDM(Fused Deposition Modeling) 방식, Material Jetting 방식, Powder Bed Fusion 방식, 등이 있다. FDM 방식은 ABS와 같은 플라스틱 재료를 녹여 노즐에서 분사하여 적층하는 방식으로 구성이 비교적 단순하고 저렴한 비용으로 제작할 수 있어 저가형 제품이나 DIY 제품은 이 방식을 활용하는 경우가 많다. Material Jetting 방식은 액상 광경화성 수지를 노즐에서 분사한 후 광에너지를 이용하여 굳혀 적층하는 방식으로 높은 정밀도를 자랑하나 소재가 제한적이다. Powder Bed Fusion 방식은 얇게 분말재료를 필드에 깐 다음 레이저로 선택된 부분만 녹여 굳히기를 반복하여 제품을 만드는 방식인데, 분말로 된 소재라면 무엇이든 제작이 가능하나 분말의 입자가 균일해야 하고, 각 소재별로 레이저의 세팅을 따로 해야 하며, 3D 프린터 가격과 유지비용이 높은 편이다.

새로운 제품을 만들려면 매번 디자인, 목업, 금형, 사출 등 일련의 과정을 거치고 여러 차례 시행착오를 거쳐야 한다. 그러나 3D 프린터를 활용하면 시제품을 제작한 후 지적·수정 사항이 있으면 설계 도면에 반영한 뒤 다시 출력하면 되기 때문에 시간단축이나 비용절감이 가능하게 된다. 이런 장점 때문에 3D 프린터는 4차 산업혁명에서 빼놓을 수 없는 기술중 하나로 인식되고 있다. 4차 산업혁명의 근간이 소비자 맞춤형 생산과 유통, 물류 서비스가 기반이 되기 때문이다. 신발 전문업체 아디다스는 '퓨처크래프트 3D'라는 이름으로 3D 프린팅을 활용한 개인맞춤형 운동화 제작 프로젝트를 시작했다. 미국 포드는 자동차 제조사 중 처음으로 스트라타시스와 협업을 통하여 3D 프린팅 기술을 활용한 자동차 부품 생산을 진행하고 있다. 의족과 의수 같은 의료용 보조기구 등 소비재 분야의 맞춤형 생산에도 3D 프린터가 활용될 것으로 전망된다.

[그림 14-8] 3D 프린터

미국 물류업체 UPS와 독일 소프트웨어 업체인 SAP가 3D 프린터를 이용하여 제조업과 물류산업의 발전을 도모하고 있다. UPS와 SAP는 3D 프린터로 제품생산을 위탁받아 고객문전까지 배송하는 온디맨드(on demand) 서비스를 2016년 여름부터 실시하고 있다. UPS의 60개 매장이 3D 프린터를 갖추고 주문 접수와 생산, 배송 등을 담당하고, SAP은 비용과 운송시간 절감을 위한 소프트웨어를 제공한다. 아마존은 배송 트럭에 3D 프린터를 탑재하고, 고객 주변에서 상품을 직접 제작하여 배송하는 서비스를 구상 중이며, 이 아이디어는 미국 특허청에 특허 출원까지 마쳤다. 예를 들면 고객이 A 상품을 주문하면 아마존은 고객 위치에서 가장 가까운 곳에 있는 3D 프린터 트럭에 주문상품 명세와 관련한 파일을 전송한다. 파일을 받은 트럭은 그 곳에서 상품을 제작하고 고객에게 배송하게 된다. 아마존은 이미 3D 프린터를 이용하여 맞춤식 제품을 판매하는 서비스인 3D 프린팅 스토어를 운영 중이다.

3D 프린터의 발전에 따라 장기적으로 단순히 제품을 운송하는 물류수요는 부분적으로

감소할 것으로 예상된다. 즉, 중국 및 아시아에서 생산됐던 상품이 북미나 유럽으로 생산지를 이전하게 되면서 해운 및 항공 수송 물동량에 영향을 줄 것으로 예상된다. 그러나 3D프린터로 인한 '대량 맞춤형 생산'으로의 변화는 주문생산방식으로의 전환을 뜻하며 재고를 축소시키고 창고 수요를 감소시킬 것으로 예상된다.

3D프린터의 등장으로 공급사슬이 변화하게 되고 '4PL'과 유사한 형태의 물류기업으로 발전하거나 서비스 중심의 기업으로 전환하는 등 물류업계에도 새로운 변화가 시작될 것으로 전망하고 있다. 4차 산업혁명과 더불어 발전할 새로운 비즈니스는 소프트웨어 개발, 운송 서비스, 파트너 관계관리, 계약관리, 인력관리 등 새로운 영역으로 사업이 확대될 가능성이 높다. 따라서 미래 물류기업은 수요계획, 생산, 판매, 배송, 시장모니터링, 서비스 관리와 회수·폐기 서비스로 구성된 솔루션을 설계하고 운영하는 주체가 되고, 제품수명주기를 관리하는 서비스 제공자로서 역할도 수행할 것으로 예상하고 있다.

8) 공유물류

공유경제는 모바일 기기의 발전에 따른 상호연계의 증가, 온라인 결제수단의 다양화, 알고리즘의 발전 등의 기술 발전과 세계 경제 침체에 따른 자산 공유의 필요성 증대, 밀레니엄 세대의 가치관 변화 등의 사회적 배경에 따라 주목받고 있다. 공유경제는 유휴자원의 활용을 극대화하기 위한 소비 트렌드로 자리잡고 있고, 공유물류는 운송자원을 최적화하고 분배와 재고비용을 최소화하는데 기여하기 때문에 물류 분야에서도 다양한 형태로 진행되고 있다.

예를 들면 미국 신선식품 구매대행 배달 스타트업인 인스타 카트(Insta Cart)는 우버 모델에 기초하여 별도의 물류 시스템이나 기존 소매 네트워크와 경쟁하지 않는 홈 배송 서비스이다. 인스타카트는 바쁜 직장인과 젊은 부부를 겨냥하여 시장갈 시간이 없는 가정을 위해 대신 장을 봐주고 배달하는 비즈니스 모델을 도입하였고, 대행 품목은 신선식품에 한정하고 당일 배달한다는 것이 모토다. 우버 러시(Uber Rush)는 지역 상점의 쇼핑객들을 위한 당일배송 서비스이며, 운송수단은 차와 자전거이다. 우버는 뉴욕에 자전거와 도보로 배달하는 인력을 배치했고, 시카고에서는 차량과 자전거 배달원을 혼합하여 배치하였다. 고객은 지역 상점 웹사이트에서 원하는 상품을 주문하면서 우버 러시를 선택하고, 당일 배송에 대해 체크하면 된다. 우버 러시 배송 주문이 접수되면 점주에게 주문을 알리는 이메일이 전송되며, 배송지와 주문내역이 담긴 페이지도 함께 전송된다. 포스트메이츠(Postmates)는 100여 개의 미국 주요 도시에서 휴대폰 기반 애플리케이션과 GPS를 이용해 지역 내 상점 등에서 물건을 주문하여 집까지 당일 배송해주는 서비스이다. 포스트메이츠는 각 도시의 로컬식당과 맥도널드, KFC 등 패스트푸드점 스타벅스 등의 음식을 1회당 거리에 따라 5 ~ 20달러의 배달비용을 받고 음식을 배달해 주는 대표적인 서비스이다.

DHL도 물류센터의 남는 공간을 활용하기 위해 DHL Spaces서비스를 시작하고, 모바일 앱에서 센터의 위치, 센터 내 사용가능한 공간의 넓이와 예약을 위한 연락처 정보를 제공하고 있다. 창고 업종에는 차고나 빈방 등을 활용해 물품을 보관해주는 셰어마이스토리지(Sharemystorage) 등이 있다. 공유물류의 핵심은 플랫폼 비즈니스 기술이며 기업 내부의 공유물류는 물론 서비스, 결제, 커뮤니케이션 등 다양한 플랫폼을 구성한 비즈니스 개발이 더욱 활발해질 것으로 예상된다.

3. 물류기술 정책 방향과 추진분야

1) 물류기술 정책방향

물류기술과 관련한 정부 부처는 과학기술정보통신부, 산업통상자원부, 국토교통부, 해양수산부, 교육부, 환경부, 농림축산식품부, 중소벤처기업부 등이며, 물류표준화와 함께 첨단 물류기기나 물류시설의 기술개발을 추진하고 있다. 우리나라 물류기술은 외국 물류기술과 비교할 때 분야별로 약간 차이는 있으나 대체로 선진국 물류기술 수준의 78% 수준에 머무는 것으로 파악되고 있다.

물류기술은 크게 하드웨어와 소프트웨어로 구분할 수 있다. 하드웨어 부분은 시설(facility)과 장비(equipment)와 관련된 기술을 의미하고, 물리적으로 보이지 않는 기술이나 정보 등은 모두 소프트웨어 범주에 포함된다고 볼 수 있다. 소프트웨어 부분은 단순한 물류정보를 취급하는 정보시스템뿐만 아니라 시설이나 장비를 효율적으로 운영하기 위한 운영시스템의 개념까지 포함한다. 또한 자동화된 시설이나 장비의 기계적 작동을 제어하기 위해 기계내에 내장된 프로그램은 기계시설이나 기계장비의 일부로 간주한다.

'2016~2025년 국가물류기본계획'은 제4차 산업혁명의 진전, FTA 확대와 거대 경제권의 출현, 이종산업간 융복합 등 경제 · 기술 · 사회적 변화를 반영하여, 그동안 정부 주도, 수출입 물류 중심으로 추진돼 온 물류정책 패러다임을 민간 주도의 생활물류, 신물류산업

지원으로 전환하고, 7대 유망서비스 산업인 물류산업의 경쟁력 강화에 초점을 두고 수립되었다.

물류정책은 "물류혁신과 신산업 창출을 통한 글로벌 물류강국 실현"을 비전으로 하고, '미래대응형 스마트 물류기술 개발・확산' 등 4대 추진전략을 마련하고, 2025년까지 물류산업 일자리 70만개, 국제물류경쟁력 10위, 물류산업 매출액 150조원을 목표로 제시하였다.

미래대응형 스마트 물류기술 개발 전략은 현재 진행중인 드론배송은 2017년까지 시범사업을 실시하고, 시범사업 결과를 반영하여 도서지역 등에 상용화를 추진한다. 스마트 물류센터 구축을 위한 자동피킹로봇, 셔틀로봇 등 첨단 물류기술은 테스트 베드 설치 등을 통해 조기 상용화를 지원하고, 스마트 컨테이너, 친환경 화물차, 인터모달(Intermodal) 시스템 등 핵심 스마트 물류기술 개발을 추진하여 세계 시장 진출을 추진한다. 또한 '물류 R&D 로드맵'을 수립(2016년)하여, 4대(VR, 자율물류, IoT, 웨어러블기기) 미래 물류기술을 포함한 차세대 물류기술 선점을 위한 중장기 전략도 추진하고 있다.

무인물류센터를 위한 가상현실(VR)+웨어러블+IoT 융합형 관리시스템, 초고속 물류・장거리 운송을 위한 하이퍼루프형 수송 시스템(1000km/h 이상), 자율주행트럭・군집주행기술, 고효율 중소형 화물전용기 개발 등을 위한 기반기술 확보 등도 중장기적으로 추진한다. 또한 해운항만분야에서는 IoT, 로봇기술을 활용한 무인자동화 기반 '고성능 신개념 하역시스템' 선도 기술 확보를 추진하고 현장에 필요한 R&D기술 발굴을 추진한다. 이번 국가물류기본계획은 제4차 산업혁명, 산업간 융복합 등 급변하는 환경에 대비하여, 신산업과 신서비스 창출, 해외진출, 스마트 기술 개발 등에 정책 역량을 집중하였다.

2) 물류기술 추진분야

(1) 물류시설 생산성 증대를 위한 기술 개발

① 항만자동화기술 개발
② 회수반송기술 및 관리시스템
③ 지하물류 시스템, 도심물류유통시스템
④ 복합운송을 위한 통관표준화시스템

(2) 첨단 물류장비 및 물류자동화 관련 기술 개발

① 물류시설 운영자동화 기술 개발

② 로봇, 드론, 자율주행 트럭, AGV 무인반송시스템
③ 검품 및 상하역 자동화 기술
④ 무인집배 시스템, 공유물류 시스템, last mile delivery 시스템

(3) 물류시스템 정보화 및 운영개선을 위한 기술 개발

① 인터넷 기반의 화물 및 화물차량 추적시스템 개발
② 무인창고 운영·관리시스템
③ 블록체인 시스템, POS 시스템
④ 빅데이터, 물류정보 공용 DB 구축

(4) 철도화물연계 물류시스템 개발

① 화물 복합 일괄수송체계 구축
② 종합 물류거점 화물기지 개발
③ 물류 표준화체계 개발

제4절 안전(Safety)

1. 안전의 의의

1) 안전의 정의

안전은 위험이 생기거나 사고가 날 염려가 없는 상태를 의미한다. 안전한 상태란 위험 원인이 없는 상태나 위험 원인이 있더라도 인간이 위해를 받는 일이 없도록 대책이 세워져 있고, 그런 사실이 확인된 상태를 뜻한다. 단지, 재해나 사고가 발생하지 않고 있는 상태를 안전이라고는 할 수 없고, 잠재위험의 예측을 기초로 한 대책이 수립되어 있어야 안전이라고 할 수 있다.

2) 안전관리와 안전문화

오늘날 우리는 태풍 · 지진 · 화재 · 교통사고 · 전염병 등 갖가지 예측하기 어려운 재난으로부터 안전을 위협받고 있다. 재난은 언제 어디서나 일어날 수 있다는 것을 깊이 인식하고, 국민의 생명과 재산을 보호하기 위해 정부와 기관 · 단체 그리고 기업은 안전관리에 앞장서 노력하여야 하며, 국민 모두는 스스로 참여하고 협력하여야 한다.

1990년대 중반 이후 안전에 대한 국민의 관심이 고조되면서 정부 주도의 안전관련 법령이 제정되고 효율적인 협력체제 구축과 관련하여 안전문화를 정의하고 있다. 즉 안전문화란 모든 활동 속에서 의식 관행이 안전으로 체질화되고 또한, 인간의 존엄성과 가치의 구체적 실현을 위한 행동양식과 사고방식, 태도 등의 총체적 의미이다.

2. 국제안전관리규약(ISM Code : International Safety Management Code)

1) 제정배경

국제해사기구(IMO)는 그 동안 해상안전 및 해양환경보전을 위해 선박 자체의 구조 · 설비에 관한 각종 기준을 강화해왔다. 그럼에도 불구하고 인적요소(Human Factor)에 의해 대형 해난사고와 해양 오염사고가 잇달아 발생하자 인적과실을 줄이기 위한 새로운 시스템을 개발하였다.

2) 연혁

선박경영자 및 육상과 해상 종사자의 안전과 책임의식 제고로 자율적인 안전관리체제를 확보하도록 하기 위해 1993년 10월 국제안전관리규약(ISM Code)을 채택하였고, 각국 정부가 이를 시행하도록 권고하였다. 또한, 1994년 5월 개최된 국제해상인명안전협약 당사국 회의에서 ISM Code를 강제화 하고, 항만국통제(PSC : Port State Control)시 확인하도록 하였다.

3) 적용대상과 적용시기

ISM Code는 해운선사 및 선박의 안전관리 조직 및 절차 등에 대한 국제적 통일기준에 관한 규약으로서, 선사 및 선박이 자체실정에 맞는 안전관리와 관련된 모든 업무의 절차를 마련하여 조직 구성원들이 수립된 절차에 따라 안전관리업무를 시행하도록 하는 제도이다. 선박회사는 ISM Code A편(시행)의 12개 요소(Elements)를 반영하는 선박의 안전관리시스템을 구축하고, 회사의 육상조직과 선박에서 그 시스템에 따라 안전관리 이행해야 한다.

선장은 DOC 사본과 SMC 원본을 본선에 비치해야 하고, 외국항에서 요구받으면 제시하여야 한다. 항만국(Port State)은 외국선박이 자국의 항만에 입출항 시 증서의 비치 및 안전관리체제 이행 여부를 확인하고, 유효한 증서가 비치되지 아니하거나, 부적합 사항이 발견된 경우에는 출항통제 등 조치를 취한다.

4) 우리나라 제도 도입

우리나라는 1997년 5월 해양수산부 고시로 “국제안전관리규약시행을위한선박안전경영규정” 제정・시행하여 ISM Code를 도입하였고, 1999년 2월 해상교통안전법 개정으로 ISM Code를 국내법으로 수용하는 법적 근거를 마련하였다. ISM Code는 국제항해 선박에 대하여 우선적으로 적용하고, 내항선에 대하여도 안전관리능력 제고를 위하여 2002년 7월부터 선박 종류에 따라 연차적으로 도입하였으며, 2003년 6월 해상교통안전법시행령 개정을 통해 200톤 이상 위험물운반선도 ISM Code 적용 대상에 포함시켰다.

3. 국제해상위험물규칙(IMDG Code : International Maritime Dangerous Goods Code)

1) 연혁

IMDG Code는 포장형태 위험물의 해상운송에 관한 국제규칙으로서 1965년 제정 이후 변화하는 산업의 요구에 발맞춤과 더불어 모든 운송형태에 대한 기본적 요건을 결정하는 “UN권고”와 조화를 이루기 위해 내용면에서 많이 변화되었다. 특히, 2004년부터 IMDG Code의 이행이 강제화되어 위험물 해상운송에 관하여 동 Code에 따르도록 되어있다.

2) 주요 내용

IMDG Code는 당해 물질의 위험특성에 따라 제1급(화약류)부터 제9급(유해성물질)까지 분류한 후, 위험물의 표시 및 표찰, 포장 및 용기, 선적 관련 서류, 컨테이너에 의한 위험물 운송, 적재방법 및 상호간의 격리, 위험물화재 또는 유출시 비상조치, 인명손상시 의료응급처치 등에 관한 사항을 규정하고 있다.

3) 표시 및 표찰

① 표시·표찰의 일반요건

표시·표찰은 쉽게 볼 수 있고, 읽기 쉬어야 하며, 포장화물을 해수에 적어도 3개월 동안 담가두었을 경우에도 포장화물상에 표시된 내용을 확인할 수 있어야 한다. 또한 포장화물의 외부 표면과 구별되는 색으로 표시하고, 본래 모양이 변형되지 아니하여야 하며, 용량이 450리터 이상인 중형산적용기(IBCs)에는 서로 반대되는 2곳에 표시하여야 한다. 용기 및 컨테이너에는 각각 한변의 길이가 100mm와 250mm인 마름모꼴 형태의 표찰을 부착하여야 한다.

② 표시의 종류

모든 포장위험물에는 해당 위험물의 명칭(적정선적명)과 이에 상응하는 유엔번호를 표시하여야 한다. 위험물명칭은 IMDG Code의 위험물목록(DGL)상에 대문자로 표기된 부분을 말하며, 유엔번호는 IMDG Code상에서 각 위험물별로 지정된 고유번호로서 일부 위험물은 동일 위험물명칭이라 하더라도 물질의 성상이나 농도에 따라 유엔번호가 다를 수 있다. 해양오염물질에 해당되는 경우 다음과 같은 표시를 하여야 한다.

③ 표찰의 종류

표찰은 화약, 고압가스, 인화성액체 등 위험물의 종류별로 다음과 같이 부착한다.

100℃ 이상의 온도에서 액체상태로 운송되거나 또는 240℃ 이상의 온도에서 고체상태로 운송되는 물질이 수납된 컨테이너 등 화물운송기구에는 고온주의표시(elevated temperature mark)를 양 측면과 전·후단에 부착하여야 한다. 훈증소독된 밀폐형 화물운송기구에는 훈증소독 주의표시(fumigation warning sign)를 그 설비에 들어가고자 하는 사람이 쉽게 볼 수 있는 위치에 표시하여야 한다.

4) 적재 및 격리

① 적재

위험물을 선박에 적재할 때 위험물별로 지정된 선박의 종류(화물선 또는 여객선), 위험물을 적재할 수 있는 위치(갑판상부 또는 갑판하부) 및 적재방법 등에 관한 요건을 준수하여 선적시 안전을 확보하여야 한다. 적재화물이 화약류인 경우 품목별로 선박종류 및 위치 등 적재구분이 지정되어 있으므로 이런 기준에 맞춰 적재해야 한다. 포장용기는 강재갑판(鋼材甲板)에 직접 놓이지 않도록 화물깔개를 사용하여야 하고, 이동, 전도, 압괴되지 아니하도록 적절한 결박(고박)을 하여야 한다.

② 격리

서로 다른 위험물들이 만약 함께 적재될 경우 누출, 유출 혹은 사고로 인하여 반응하게 되면 폭발, 화재, 독가스 발생 등 부적절한 위험을 초래할 수 있다. 따라서 위험물끼리 반응하기 쉬운 위험물들 간에 적절한 거리를 유지하여 위험을 방지해야 한다. 반응위험의 정도에 따라서 격리구분을 4가지로 나누고, 각 위험물별로 격리구분은 격리표에서 지정하고 있다.

4. 위험 · 유해물질협약(Hazardous and Noxious Substances : HNS)

1) 연혁

HNS협약은 해상물동량의 50% 이상을 차지하는 유류, 액화천연가스(LNG), 액화석유가스(LPG) 등 위험·유해물질(HNS화물)에 의한 손해를 배상 · 보상하는 국제규범을 마련하기 위하여 1996년 5월 런던에서 채택되었다. 이 협약은 종래 유류오염보상 관련 법률체계에서 적용되지 않는 HNS화물 등에 의한 손해를 선박소유자와 하주에게 책임을 분담시켜 손해 배상과 보상을 강화하는데 목적을 두고 있으며 HNS 협약은 2010년 4월 발효되었다.

2) 주요 내용

HNS협약은 해상운송중인 HNS화물과 관련하여 발생하는 손해와 그 배상책임에 대하여 규정하는 국제협약이다. HNS 협약에서 '해상운송'이란 HNS화물이 선적되어 선박설비의 일정 부분에 반입된 때부터 양하(揚荷)되어 선박설비에 더 이상 머무르지 않을 때까지의 기간을 의미하고, HNS화물을 선적 또는 양하하는 과정에서 사고가 발생하여 손해가 발생한 경우에는 HNS협약이 적용되지 않는다.

HNS협약이 적용되는 선박은 선박의 크기 · 선종 · 선질 등과 관계없이 해상을 통하여 HNS화물을 운송하는 모든 선박을 그 적용대상으로 하고 있다. HNS협약에서 배상 · 보상하는 손해는 ① HNS화물을 운송하는 선박내 · 선박 외부에서 그 물질로 인하여 야기된 인명 손실이나 부상, ② HNS화물을 운송하는 선박 외부에서 그 물질에 의해 야기된 재산의 멸실 · 훼손, ③ HNS화물에 의한 환경오염손해나 손실, ④ 방제조치 비용이나 방제조치에 의해 발생된 추가손실 손해 등 크게 네 가지이다. HNS협약에서 1차 배상·보상 책임은 기존의 유류오염손해민사책임협약(International Convention on Civil Liability for Oil Pollution Damagev: CLC FC)협약과 마찬가지로 HNS화물을 운송한 선박소유자가 부담하고, 선박소유자의 책임한도를 초과하는 손해는 국제위험·유해물질 보상기금(HNS Fund)에서 추가보상 하도록 규정하고 있다. HNS협약상 선박소유자의 책임은 무과실책임이기 때문에 선박소유자는 면책사유에 관한 입증을 하지 않는 한, 배상 · 보상책임을 부담해야 한다.

참고문헌

강종희 외 10인, 「21세기 글로벌 해운 물류」, 도서출판 두남, 2001.

강희찬, 외, “기후변화협약, 한국기업에 위기인가 기회인가” ,「CEO Information」, 제715호, 삼성경제연구소, 2009.

건설교통부, “일본 철도화물수송 동향”, 「한국철도기술」, 제2호, 건설교통부, 2005.

교통개발연구원,「국가경쟁력 강화를 위한 국가물류비 감소대책(1단계) – 국가물류비결정요인 분석」, 2003.

______________,「국가경쟁력 강화를 위한 국가물류비 감소대책(2단계)」, 2003.

구본관, “일본의 환경강국 전략과 시사점”, 「SERI 경제포커스」, 제207호, 삼성경제연구소, 2008.

국토해양부, 「교통안전연차보고서」, 2011.

______________, 「국가물류기본계획 수정계획(2010–2020)」, 2011.

______________, 「국토해양통계연보」, 각년도.

______________, 보도자료 (2009년 4월 3일).

______________, 보도자료 (2011년 6월 15일).

______________, 보도자료 (2011년 7월 26일).

권오경 외 2인, 「공급사슬물류관리」, 2009.

김길동 외, 「물류관리론」, 명진, 2010.

김병일, 「글로벌 물류관리」, 학현사, 2004.

김상윤, “한국형 4차 산업혁명 Framework과 3대 추진역량”, 「POSRI 보고서」, 2017.5

김선민 외 2인, 「물류관리론」, 한올출판사, 2005.

김영민, 「물류관리」, 현학사, 2006.

김용욱 · 류재수, 「물류관리론」, 한올출판사, 2002.

김웅진 외 2인, 「국제운송물류론」, 도서출판 두남, 2001.

김웅진 외 3인, 「물류관리론」, 경록, 2009.

김재일 외, 「물류 및 공급사슬관리의 이해」, 박영사, 2009.

김정환 · 이위식, 「보관과 하역관리」, 문영각, 2002.
김종경, 2015 표준기반 R&D 로드맵 스마트 SCM, 국가기술표준원, 한국표준협회, 2015
김종득, 「국제물류론」, 대진, 2008.
김창원 외, 「현대물류관리」, 학문사, 1999.
김찬성 · 이재훈, "영국의 철도화물사업 우대제도와 우리나라에의 시사점", 「교통정책연구」, 제11권 제1호, 교통개발연구원, 2004.
김태우, 「우리나라 화주기업과 제3자 물류기업간 파트너십 결정요인과 성과에 관한 실증연구」, 중앙대 박사학위 논문, 2004.
김태정, "택배시장 운송루트 다각화", 「물류매거진」, 제163호, 유통정보사, 2006.
김태현 · 문성암, 「물류 및 공급체인관리」, 2010.
김태현 외, 「전략적 물류경영」, 범한, 2011.
김형태, "국제환경규제동향 및 녹색물류 대응방안", 「녹색물류 경영전략 수립을 위한 세미나 프로시eld」, 한국무역협회, 2009.
노학래, "철도 성공을 위한 시장지향적 개념과 지역내 화물철도수송", 「한국철도기술」 제39호, 한국철도기술연구원, 2003.
녹색성장위원회, 「국가 온실가스 중기(2020년) 감축목표 설정 추진계획」, 2009.
____________, 「녹색성장 5개년 계획」, 2009.
대한상공회의소, 「물류관리편람」, 1990.
____________, 「우리나라 기업의 물류표준화 실태조사 보고」, 1993.
____________, 「물류공동화 추진 매뉴얼」, 1995.
로지스틱스21, 「물류관리론」, 한국물류정보서비스, 2004.
문진수 · 이재민, 「철도화물운송증대를 위한 지원제도 개선방안」, 한국교통연구원, 2007.
민연주 · 박진영, 「녹색교통물류체계 구축에 따른 온실가스 감축효과 추정모형 개발연구」, 한국교통연구원, 2010.
박귀환 외 4인, 「최신물류관리론」, 도서출판 두남, 2003.
______, 「화물운송론」, 도서출판 두남, 2004.
______외 2인, 「최신 물류관리론 이론과 실무」, 도서출판 두남, 2011.
박명섭, 「국제물류의 이해」, 법문사, 2011.
박명섭 외 2인, 「물류관리론」, 우용출판사, 2006.
박영태 외 2인, 「물류학개론」, 학문사, 2005.
박운성, 「현대구매관리」, 박영사, 1998.
박찬익 외, "SP기법을 이용한 철도물류서비스의 고객 선호도 분석", 2005년도 춘계학술 대회 논문집, 한국철도학회, 2005.
박춘선, "도약하자! Global 종합물류기업으로 KORAIL의 블루프린트", 「레일로 이어지는 행복플러스」, 제3권 제6호, 한국철도공사 홍보실, 2006.

방연근, "고속철도개통과 대륙횡단철도 전망", 「물류매거진」, 제140호, 유통정보사, 2004.
방희석, 「국제운송론」, 박영사, 2001.
방희석 외, 「물류관리론」, 청람, 2011.
방희석 · 이규훈, 「물류관리론」, 동성사, 2002.
백종실 · 김영민 · 우정욱,「국제운송론」, 두남, 2015.
(사)전국통운연맹, "철도 컨테이너 활용방안", 「물류매거진」, 제127호, 유통정보사, 2003.
(사)한국물류관리사협회 · 지속가능경영원, 「친환경 물류발전방향」, 2007.
(사)한국물류협회, 「물류관리사(이론편)」, 2006.
서상범 · 이재민, 「2005년 국가물류비 산정 및 추이 분석」, 한국교통연구원, 2007.
서현진 외 3인, 「물류관리」, 율곡, 1999.
송계의, 「물류경영론」, 문영사, 1998.
_____, 「인터넷물류론」, 삼영사, 2002.
_____, 「최신물류경영론」, 문영사, 2005.
_____, 「물류관리론」, 송계의, 탑북스, 2012.
신종국 · 천명환 · 박민숙, 「최신 유통원론(개정판)」, McGraw-Hill Korea, 2008.
신용호, "자율주행자동차 관련 기술의 스마트물류 분야 응용 및 발전 방향에 관한 탐색적 연구". 한국경영과학회 학술대회논문집, 2016.
안태호, 「현대물류론」, 도서출판 범한, 1996.
안승범 · 강연수, 「경부고속철도 개통이후 철도화물수송능력 증대를 위한 기초연구」, 교통개발연구원, 2000.
양창호, 「물류와 SCM의 이해」, 박영사, 2016.
에너지경제연구원, 「에너지통계연보」, 각년도.
연덕원, 「철도마케팅」, 계영사, 2005.
예충렬 외, "일본의 친환경물류정책과 시사점", 한국교통연구원 단기수시연구, 2008.
오영택, 「물류관리론」, 범한, 2012.
오원석 · 양정호, 「물류관리론」, 탑북스, 2011.
옥선종 외 3인, 「물류관리론」, 경록, 2004.
__________, 「보관하역론」, 경록, 2002.
우정욱 외, "우리나라 철도컨테이너 수송서비스 평가와 과제", 「한국철도학회」, 제12권 제5호, 2009.
우정욱 · 김진방, "한 · 일 화물자동차운송업의 현황과 과제 비교 연구", 「유통정보학회지」, 제8권, 제1호, 2005.
우정욱 · 김형기 · 문종법, 「화주 및 복합운송업체의 모달시프트 여건조사」, 한국철도기술연구원, 2008.
운송신문(2008년 10월 29일).

유승열 · 이재원 · 권용장, “Hierarchical Fuzzy Process법 및 퍼지관계방정식을 이용한 철도물류서비스의 경쟁우위 전략에 관한 연구”, 「한국철도학회」, 제9권 제4호, 2006.

유아사카즈오, 「물류관리론」, 우용출판사, 2001.

유재영, “국가 물류체계 개선을 위한 철도의 역할 강화”, 「교통」, 제74호, 교통개발연구원, 2004.

윤문규, 「물적 유통의 이론과 실제」, 성문각, 1985.

______, 「물류총론」, 도서출판 범한, 2002.

윤일현 외, 「물류관리론」, 형설출판사, 2009.

윤현덕 외, 「물류관리론」, 법영사, 2002.

이경철 · 도도로키 히로시, “일본 국유 철도화물의 합리화 과정”, 「한국철도기술」, 제38호, 한국철도기술연구원, 2002.

이순교 · 정태수, “빅데이터 시대에서의 스마트 물류 – 빅데이터 활용 사례 및 동향”, 「ie 매거진」, 23(4), 2016.12

이영해, 「SCM의 이론과 실제」, 문영각, 2001.

이용상, “일본철도화물수송의 현황분석 및 정책적 시사점”, 「대한교통학회지」, 제22권 제2호, 대한교통학회, 2004.

이용상, “철도화물수송체계의 현황과 시사점”,「한국철도학회」, 제7권 제1호, 2004.

이용재, “도로와 철도간 화물수송 역할분담 방안”, 「국토정보」, 제181호, 국토개발연구원, 1996.

이원동, 「물류관리」, 청람, 2013.

이재학, “국내 철도물류 이용실태 및 개선방안 연구”, 「물류학회지」, 제16권 제4호, 한국물류학회, 2006.

이재훈, “에너지저감형이며 친환경적인 철도화물수송 활성화를 위한 그린철도마크제도 도입방안”, 「에너지관리」, 제372호, 에너지동우회, 2007.

이철우, “한반도 철도네트워크의 미래와 그 의미 :대륙횡단철도와 해상네트워크의 비교”, 「평화연구」, 제14권 1호, 고려대학교 평화연구소, 2006.

이충배 외, 「국제물류론」, 박영사, 2009.

임석민, 「물류학원론」, 도서출판 두남, 2011.

임세헌, 박연우, 「SCM과 유통정보화 전략」, 한올출판사, 2005.

장융남, 「전략적 물류관리론」, 도서출판 두남, 2002.

전순환, 「국제운송물류론」, 한올출판사, 2011.

전준수, 「종합물류의 이해」, 박영사, 2004.

조선비즈, 2016.6.

정성용 · 정기연, “스마트 물류 IT 기술 및 사례”, 전자공학회지 제39권 제5호, 2012

정승주 · 문진수,「물류경쟁력 강화를 위한 철도화물운송 활성화 전략」, 교통개발연구원, 2004.

정승주, “철도연계터미널에서의 컨테이너 집배송전략의 개발과 평가”, 「대한교통학회지」, 제23

권 제2호, 대한교통학회, 2005.
정종석, 「물류산업 고도화를 위한 제3자물류 발전방안」, 산업연구원, 1998.
정훈 · 이한규, "드론을 이용한 물류서비스 추진 방향", 「우정정보」, 101호, 2015 여름
조주현, "블록체인(Block chain)의 등장과 기업 금융에 미치는 영향", 「POSRI 보고서」, 2016.12
조진행, "東海線철도와 시베리아횡단철도의 연결전략", 「물류학회지」, 제15권 제4호, 한국물류학회, 2005.
______, 「물류관리: 이론과 실제」, 도서출판 두남, 2011.
조찬혁, "물류제휴연구: CY업체-한국철도공사간 컨테이너의 운송문제를 중심으로", 「국제상학」, 제20권 제4호, 한국국제상학회, 2005.
조찬혁 · 김은채, "컨테이너 내륙운송에 있어서 철도와 도로의 서비스요인 비교 연구", 「물류학회지」, 제15권 제3호, 한국물류학회, 2005.
조한선·이동민·박상준, 「2008년 전국교통혼잡비용의 추정과 추이 분석」, 한국교통연구원, 2010.
(주)해운신문사, 「화물유통실무」, 1993.
(주)JR화물 리서치센터 편저, 최영수 외 역, 「일본의 물류와 로지스틱스-녹색물류와 철도」, 범한, 2010.
진형인 · 정홍주, 「국제물류의 이해」, 2003.
최기봉, 「직영용차 제도 도입을 통한 화물자동차 운송주선업 발전 방안」, 서경대학교 경영대학원 물류학 석사논문, 2011.
최재섭 · 배두환, 「e-biz시대의 유통정보론」, 현학사, 2003.
추창엽, 「물류의 이해」, 도서출판 두남, 2012.
______, 「국제화물운송론」, 도서출판 두남, 2004.
하영석, 「국제물류」, 도서출판 두남, 2012.
한국과학기술기획평가원, 「교통 R&D 중장기 계획수립 성과포험 발표자료」, 2007.
한국교통연구원, 「국가교통DB 구축사업」, 2002-2006.
______________, 녹색물류인증제도 도입방안 연구」, 2009년.
______________, 「전국 지역간 화물통행량 분석」, 각년도.
한국무역협회, 「수출기업의 물류합리화 방안」, 1991.
한국생산성본부, 「물류관리매뉴얼」, 1990.
한국철도공사, 「철도통계연보」, 각년도.
한국철도공사 물류사업단. 「업무현황」, 2008.
한국철도기술연구원, 「고속철도 개통 시너지 효과 극대화를 위한 철도시설 개량 방안 연구」, 2007.
____________________, 「디젤기관의 배출가스 대기오염현황 및 저감방안에 관한 연구」, 1997.
한국철도기술연구원 · 해양수산개발원, 「철도물류체계의 경쟁력 제고방안」, 2003.

한낙현, 「물류관리론」, 혀얼출판사, 2006.

한영광, 「배출가스(CO_2) 저감을 위한 관제시스템 활용 방안 : 화물자동차를 중심으로」, 서경대학교 경영대학원 석사논문, 2011.

한종길, 「물류관리론」, 청목출판사, 1999.

허성호・노홍승, 신기술 기반 신물류서비스 산업 발굴, 한국교통연구원, 이슈페이퍼 2015.10.

현대경제연구원, "사물인터넷(IoT) 관련 유망산업 동향 및 시사점", 「VIP Report」, 2016.7

화물자동차운수사업법 제2조 제3호.

Anklesaria, J., Supply Chain Cost Management, Amacom Books, 2007.

Anderson. J. and Gerving D.W., "Structural Equation Modeling in Practice: A Review and Recommended Two-Step Approach," Psychological Bulletin, Vol.103(3), 1988.

Ballou, Ronald H., Business Logistics Management, Prentice-Hall, 1992.

Baumol, W. J., "Contestable Markets: An Uprising in the Theory of Industry Structure", The American Economic Review, Vol. 72(1), 1982.

Bowersox, Donald J., Logistical Management, McMillan, 1978.

Campbell J. Locating Transportation Terminals to Serve an Expanding Demand, Transportation Studies, Vol. 2, 24B(3), 1990.

Chen, J. and Yao, S., Globalization, Competition And Growth in China, Routledge, 2006.

Cole, Stuart, Applied Transport Economics, Kogan Page Ltd., 2005.

Dales, J. H., "Land, Water, and Ownership", The Canadian Journal of Economics, Vol.1(4), 1968.

Drucker, Peter., "the Economy's Dark Continent", Fortune, April, 1962.

ECMT, Efficient Integration of Rail Freight Transport, 2004.

Ellam, Lisa. M. and M. C. Cooper, "Supply Chain Management, Partnerships, and the Shipper-Third Party Relationship", The International Journal of Logistics Management, Vol.1(2), 1990.

Eva Savelsberg, E., Innovation in European Freight Transportation - Basic, Methodology and Case Studies for the European Markets, Berlin; Heidelberg, Springer, 2010.

Ferrara, G. and Morvillo, A., Training in Logistics and the Freight Transport Industry, Ashgate, 2002.

Garrison, W. L. and Levinson, D. M., The Transportation Experience, Oxford Univ Press, 2005.

Gomez-Ibanez, Jose A., Competition in the Railway Industry, Edward Elgar, 2006.

Hair, J. F., Anderson, R.E., Tatham, R. L., and Black, W.C., Multivariate Data Analysis, Fifth-Edition, Prentice-Hall., 1998.

Hanlon, J. E., Handbook of Package Engineering, New York: Mcgraw-Hill Book Co., 1971.

Hayuth, Yehuda., Intermodality : Concept and Practice, Lloyd's of London Press Ltd., 1987.

_______________, "Inland Container Terminal-Function and Relation", Maritime Policy and Management, 1980.

José M. Anca Jr, Multimodal Safety Management and Human Factors, Ashgate, 2007.

Kogan, K. and Tapiero, C. S., Supply Chain Games, Springer Verlag, 2007.

Konings, R. and Priemus, H., The Future of Automated Freight Transport, Edward Elgar, 2006.

Kotler, Philip., Marketing Management, Prentice-Hall Inc., 1980.

La Londe, Bernard J., Martha C. Cooper and Thomas G. Noordewier, Customer Service: A Management Perspective, Council of Logistics Management, 1988.

Lambert, D. M., Strategic Logistics Management, IRWIN, 1993.

Lambert, D. M., James R. S. and Lisa M. E., Fundamentals of Logistics Management, Irwin McGraw-Hill, 2002.

Leinbach, T. R. and Capineri, C., Globalized Freight Transport, Edward Elgar, 2007.

Li Guoquan, CHISHAKI Takeshi, Determination of Yard Scale and Relevant Operation Facilities at Station, Journal of the Eastrn Asia Society for Transportation Studies, Vol.2(1), 1997.

Malik, A. S., "Markets for Pollution Control when Firms are Noncompliant", Journal of Environmental Economics and Management, Vol.18(2), 1990.

Malueg, D. A., "Welfare consequences of emission cerdit trading programes", Journal of Environmental Economics and Management, Vol.18, 1990.

McCarthy, P. S., Transportation Economics : Theory and Practice : A case Study Approach, Blackwell, 2001.

Milliman, S. R. and R. Prince, "Firm incentives to promote technological change in pollution control", Journal Environmental Economics and Management, Vol.17(3), 1989.

Mongtmery, W. D., "Market in Licences and Efficient Pollution Control Programs", Journal of Economic Theory, Vol.5(3), 1972.

Rose, Mark H., The Best Transportation System in the World, Ohio State Univ Press,

2006.

Ryan, L. and Turton, H., Sustainable Automobile Transport, Edward Elgar, 2008.

Saito, M., Yano, Y., and Hayashi, K., "Potential for modal shift in business strategies of Japanese shippers", Proceeding of World Conference on Transport Research, 2004.

UCTAD, Multimodal Transport, Workshop Handbook, 1987.

Van Geenhuizen, M. and Reggiani, A., Policy Analysis of Transport Networks, Ashgate, 2006.

Waters, D., Supply Chain Risk Management, Kogan Page Ltd., 2007.

青木均、石川和男、尾碕眞、斎藤忠志, 「新流通論」, 創成社, 2007.

阿保榮司, 「物流の基礎」 稅務經理協會, 1983.

荒井良雄、箸本健二, 「流通空間の再構築」, 古今書院, 2007.

アラン ハリソン、レムコ・ファン・フック,「ロジスティクス経営と戦略」, ダイヤモンド社, 2005.

池上寛,「東アジア物流新時代—グローバル化への対応と課題」, 日本貿易振興機構アジア経済研究所, 2007.

市來清也, 「物流經營論」, ぎょせい, 1983.

岩永忠康、西島博樹, 「現代流通の諸問題」, 五絃舍, 2009.

宇野重昭、鶴見和子, 「内発的発展と外向型発展—現代中国における交錯」, 東京大学出版会, 1994.

オーシャンコマース,『国際輸送のハンドブック』, 2012.

汪正仁, 「東アジア国際物流の知識」, 文理閣, 1999.

黄磷, 「新興市場戦略論—グローバル・ネットワークとマーケティング・イノベーション」, 千倉書房, 2002. .

唐澤豊, 「物流概論」, 有斐閣, 1989.

川口満, 「エアライン入門—航空輸送概論普及版」, 日本航空協会, 1983.

川嶋弘尚、根本敏則, 「アジアの国際分業とロジスティクス—生産、物流から見えるアジアそして日本」, 勁草書房, 1998.

菊池康也, 「高收益 物流の基本構圖」, 中央經濟社, 1993.

苦瀬博仁、高田邦道,「都市の物流マネジメント」, 勁草書房, 2006.

慶応義塾大学地域研究センター ,「アジアの物流—現状と課題」, 慶應義塾大学出版会, 1997.

国領英雄,「現代物流概論」, 成山堂書店, 2002.

角井亮一,「物流改善−進め方コストを下げ、品質を上げる」, かんき出版, 2007.

斉藤実 외, 「現代企業のロジステイクス」, 中央経済社, 2007.

佐藤誠, 「基礎から学ぶ流通情報システム」, 中央経済社, 2007.

佐藤治正、山内弘隆, 「航空産業における規制緩和の経済学」, 日本交通政策研究会, 1987.

桜井徹 외, 「交通運輸」, 大月書店, 2001.

(財)運輸政策研究センター、「長期的展望に立った鉄道貨物の在り方に関する調査報告書」, 1998.

ジェイアール貨物・リサーチセンター,「日本の物流とロジスティクス」, 成山堂書店, 2004.

中央職業能力開発協会,「ロジスティクス・オペレーション」, 中央職業能力開発協会, 2007.

土井佐侑, 「物流意義實態」, 八千大出版, 1986.

ドナルド・J. バワーソックス/デビット, 「サプライチェーン・ロジスティクス」, 朝倉書店, 2004.

中島啓雄、「現代の鉄道貨物輸送」、成山堂書店、1995年

中田信哉, 「流通論の講義」, 白桃書, 2007.

______, 「ロジスティクス・ネットワークシステム」, 白桃書房, 2001.

中田信哉 외, 「現代物流システム論」, 有斐閣, 2003.

西澤修, 「物流コストマニュアル」, 中央経済社, 1992.

日通總合研究所, 「運送の知識」, 日本經濟新聞社, 1975.

______, 「中国物流の基礎知識」, 大成出版社, 2005.

______, 「物流ハンドブック」, ダイヤモンド社, 1981.

日本開発銀行, 「期待される鉄道貨物輸送の復権ー貨物のコンテナ増送作戦ー」, 第123号, 2006.

日本政策投資銀行, 「調查」, 第88号、2006.

日本通産省 産業政策局, 「物流システム化の手引」, 1976.

野島侊郎, 「中小企業のための物流マニュアル」, 白桃書房, 1988.

長谷三良雄, 「物流と包装の基礎知識」, 交通日本社, 1974.

林克彦, "国際物流市場における機能統合と企業連携", 「海事産業研究所報」, No. 395, 1999.

三木楯彦, 「物流システムの構築」, 白桃書房, 1991.

物流システム開發センター, 「パレットプールシステム」, 1978.

流通経済大学流通問題研究所, 「中国現代物流研究」, 流通経済大学出版会, 1995.

増井健一、山内弘隆, 「航空輸送」, 晃洋書店, 1990.

松田隆盛, 「輸送革新産業」, 東洋經濟新報社, 1972.

宮崎伸一, "エアライン世界大再編", 「週間ダイヤモンド」, 1994.

宮下国生, 「日本物流業のグローバル競争」, 千倉書房, 2002.

________, 「日本物流業のグローバル競争」, 千倉書房, 2004.

水嶋康雅, 「価値発現のロジスティクス」, 白桃書房, 2004.

森隆行, 「現代物流の基礎」, 同文舘出版, 2007.

湯淺和夫, 「コムトグウン戰略」, 同友館, 1986.

湯浅和夫、内田明美子, 「最新在庫管理の基本と仕組みがよーくわかる本」, 秀和システム, 2006.

横田恵美, "国家間空港整備競争がはじまった," 「エコノミスト」, 1994.

横山保, 「物流システムと意思決定」, 東京, 中央經濟社, 1981.

吉田茂、高橋望, 「新版国際交通論」, 世界思想社, 2002.

吉田邦郎, "アジア航空会社　現状と展望," 日本航空協会, 「航空と文化」, 1993年 秋季号, 1993.
李為・白石善章, 「文化としての流通」, 同文館, 2007.
レビット, セオドア, T. レビット, 「マーケティング論」, ダイヤモンド社, 2007.
和多田作一郎, 「ボーダーレス時代のグローバル物流戦略」, 産能大学出版部, 1997.
渡辺達朗, 「流通システムの再編と政策展開 (第2版)」, 中央経済社, 2007.

국무총리실 블로그(http://pmoblog.kr/386).
녹색성장위원회(http://www.greengrowth.go.kr).
독일 재생가능에너지 산업 연구소(Int. Wirtschaftsforum Regenerative Energien).
물류신문(http://www.klnews.co,kr).
에너지경제연구원 홈페이지(http://www.keei.re.kr).
環境省ホームページ(http://www.env.go.jp).
国土交通省ホームページ(http://www.mlit.go.jp).
JR貨物ホームページ (http://www.jrfreight.co.jp)
日本国土交通省 (http://www.mlit.go.jp)

찾아보기

ㄱ

ㄷ

ㄹ

ㅁ

ㅂ

ㅅ

ⓞ

ㅈ

ㅋ

ㅌ

ㅍ

ㅎ

A

B

C

D

E

◆ 공저자 약력 ◆

■ 백 종 실

한국해양대학교 졸업(학사)
한국외국어대학교 해운경영학과 (경영학석사)
중앙대학교 무역학과(경영학박사)
한국해양수산개발원 물류전략팀장
물류관리사 자격시험 선정위원 및 출제위원
물류관리사 시험위원회 위원
경기도 물류정책위원회 위원
국무조정실 물류유통분야 규제완화 실무위원
국방부 규제완화위원회 위원
종합물류기업인증 심사위원, 국가교통DB 점검단
한국해운물류학회 부회장, 한국로지스틱스학회 상임이사
한국항만경제학회 회장
한국국제상학회 편집위원장, 한국물류학회 이사
현, 평택대학교 국제물류학과 교수(일반대학원 박사과정 국제물류학과 및 물류경영정보대학원 물류학과 주임교수)

〈저서〉
국제운송론(2015년, 도서출판 두남), 화물운송론(2011년, 박문각),
해운항만정책론(2009년, 박영사), 물류관리론(2013년, 도서출판 두남),

■ 김 영 민

중앙대학교 경영학박사(운송물류 전공)
한국산업경제연구원 유통연구실 연구원
APEC산업전략연구원 유통물류실 선임·책임연구원
물류경영연구원 책임연구원
물류관리사 자격시험 출제위원
한국능률협회컨설팅 경영대상 심사위원
중소기업청 중소기업 규제영향평가 자문위원
백석대학(전 천안외국어대학) 국제무역과 조교수
한국물류학회 이사 및 편집위원 역임 / 한국유통경영학회 이사 및 편집위원
현, 서울사이버대학교 국제무역물류학과 부교수

〈저서〉
물류관리론(2013년, 박문각), 국제운송론(2011년, 도서출판 두남),
물류관리론(2006년, 서울사이버대학교 출판부)

■ 우 정 욱

일본 메이지(明治)대학교 상학박사(교통론 전공)
인하대 정석물류통상연구원 연구교수 역임
일본물류학회, 일본교통학회, 일본해운경제학회 회원
한국경영교육학회 이사, 해양비즈니스학회 이사, 학국철도학회 논문편집위원
물류관리사 자격시험 출제위원 및 선정위원
경기도 교통영향분석·개선대책심의위원회 위원
국토교통부 철도선로배분 심의위원
한국철도대학 철도운수경영과 조교수
현, 한국교통대학교 철도경영·물류학과 부교수

〈저서〉
물류관리론(2013년, 박문각), 녹색무역의 이해(2012년, 성균관대학교 출판부),
국제운송론(2011년, 도서출판 두남)

물류관리론 – 개정판

초 판 1쇄 발행 —— 2013년 9월 6일
초 판 2쇄 발행 —— 2016년 2월 10일
개정판 1쇄 발행 —— 2018년 2월 28일
지은이 —— 백 종 실 · 김 영 민 · 우 정 욱
펴낸이 —— 전 두 표
펴낸곳 —— 도서출판 **두남**
서울시 강동구 성내로6길 34-16 두남빌딩
신 고 : 제25100-1988-9호
TEL : 02) 478-2065~7, 2311
FAX : 02) 478-2068
E-mail : dunam1@unitel.co.kr
http://www.dunam.co.kr

정가 28,000원

ISBN 978-89-6414-786-3 93320